职业教育三教改革

邓泽民　编著

中国教育出版传媒集团
高等教育出版社·北京

内容提要

本书首先对我国1978年恢复开办职业教育以来40多年的职业教育教师改革、教材改革和教学改革（三教改革）进行了文献综述，厘清了我国职业教育三教改革的方向和进程；然后分别对我国职业院校（包括应用型本科）教师改革、教材改革、教学改革案例进行了研究，展现了我国职业教育三教改革的先进经验和做法。

本书可作为职业院校（包括应用型本科）广大教师、职业教育研究人员参考用书，也可作为职业教育研究生、本科生的辅助教材。

图书在版编目（CIP）数据

职业教育三教改革 / 邓泽民编著. -- 北京：高等教育出版社，2023.3

ISBN 978-7-04-059661-8

Ⅰ. ①职… Ⅱ. ①邓… Ⅲ. ①职业教育－研究 Ⅳ. ①G71

中国国家版本馆CIP数据核字（2023）第009456号

ZHIYE JIAOYU SANJIAO GAIGE

策划编辑 黄琳娜　　责任编辑 黄琳娜　　封面设计 李卫青　　版式设计 张 杰
责任绘图 邓 超　　责任校对 刘丽娴　　责任印制 赵义民

出版发行 高等教育出版社　　网 址 http：//www.hep.edu.cn
社 址 北京市西城区德外大街4号　　http：//www.hep.com.cn
邮政编码 100120　　网上订购 http：//www.hepmall.com.cn
印 刷 北京中科印刷有限公司　　http：//www.hepmall.com
开 本 787mm×1092mm 1/16　　http：//www.hepmall.cn
印 张 14.75
字 数 350千字　　版 次 2023年3月第1版
购书热线 010-58581118　　印 次 2023年3月第1次印刷
咨询电话 400-810-0598　　定 价 45.70元

物 料 号 59661-00

前　言

我国 1952 年停办职业教育，1978 年恢复开办职业教育。从 1978 年至今已有 40 多年，伴随着改革开放和经济高速发展，我国职业教育已成为世界上规模最大的职业教育，同时广大职业教育工作者，特别是奋斗在职业教育实践一线的广大教师、学校管理人员开展了大量的实践研究，积累了丰富的经验，出现了大量可复制、可推广的典型案例。

为了发掘典型案例，推广职业教育三教改革先进经验，教育部职业技术教育中心研究所受教育部职业教育与成人教育司委托，利用教育部职业技术教育中心研究所国家科学研究公益基金项目立项开展研究。为了把握选取案例的先进性，本研究首先对我国 1978 年恢复办职业教育以来 40 多年的职业教育教师改革、教材改革和教学改革（三教改革）进行了文献综述，厘清了我国职业教育三教改革的方向和进程，据此，甄别选取我国职业院校（包括应用型本科）教师改革、教材改革、教学改革的先进案例，并对选取的先进案例进行研究。

在职业教育教师案例研究篇，书中首先选取思政教师的改革案例（即案例一）进行研究，主要原因如下：一是思政教育的重要性；二是《思想政治专员制度引领的思想政治教师队伍建设案例》的创新性比较突出，思政教师融入教师队伍、融入学生群体、融入基层教育工作，将思政学科教学和思政教育工作融为一体，思政教育的目的性和有效性大大增强。案例二和案例三两个教师改革的案例都来自民办学校，可见民办学校在教师改革上具有优势。两个案例都基于学校的办学价值定位对教师进行了分类分层，并基于这样的分类分层，制定了相应的激励政策，突破了基于职称职务的传统分层和是否“双师型”的分类及其激励措施。

在职业教育教材案例研究篇，书中没有选择基于学科知识结构设计编写的教材，因为这类教材已经十分成熟，也没有选择活页、工作页教材等其他教学材料类教材，而是主要选取了基于职业实践行动结构的教材。这种教材是我国 20 世纪 90 年代末自主研发的教材类型，对我国职业教育实现从以知识为本位到以能力为本位的转变，大幅提高职业教育教学效能和质量水平发挥了重要作用。但从课题征集上来的教材案例分析，许多教材案例仍然没有把握甚至没有理解基于职业实践行动结构的教材的基本逻辑结构。为了达到认识问题、解决问题、推广经验的目的，本书依据基于职业实践行动结构的教材案例存在的问题和水平分 3 个典型案例进行研究。

在职业教育教学案例研究篇，书中从全国职业院校技能大赛教学能力比赛一等奖中，精选 6 个案例进行研究。全国职业院校技能大赛教学能力比赛是全国职业院校广大教师展现教学改革先进经验和做法的舞台，其中，一等奖代表着我国职业院校教育教学先进水平。本书选取了一个思政教学、一个汉语教学、两个专业课程教学、一个双创教育和一个班级建设共 6 个一等奖典型案例。由于是从一等奖中挑选的，可以说是一等奖中的一等奖。这些案例在教学思想、理论、方法和教育技术上取得了实质性突破。

在课题研究过程中，我们收到了大量的案例，由于出版篇幅限制，本书只选取了 12 个典型案例，希望今后有机会出版更多的优秀典型案例。尽管案例不多，但也在一定程度上反映了我国职业院校三教改革的典型经验和做法，希望这本书能为我国职业院校广大教师、管理人员和研究工作者提供有益启示。对于案例的分析，由于对案例提供学校研究不够深入，有的分析可能存在不到位的地方，敬请案例提供学校和读者提供修改建议、指正。

最后，感谢教育部职业教育发展中心领导的指导和案例提供单位的大力支持。在本课题研究和本书编写过程中，李羽教授、王佰木教授、王庆海教授、霍丽娟研究员、王立职教授、张晶晶副教授、陈文编辑、董慧超女士、王婷工程师、梁香菊女士等都做了大量的工作，在此向他们表示感谢。

作者

2022 年 6 月

目　录

第一篇　职业教育三教改革综述

我国职业教育1952年停办，1978年恢复，从1978年至今，已有40多年。40多年来，我国职业教育三教改革，经历了几个阶段、取得了什么成果、未来改革发展方向如何，需要我们在开展职业教育三教改革案例研究前进行回顾和展望。为了尽量客观反映我国职业教育教师、教材、教学改革发展状况，我们基于中国知网（CNKI）收录的文献和中国国家图书馆收录的著作进行综述研究。

综述一　我国职业教育教师改革研究综述

教师队伍是发展职业教育的第一资源，是支撑新时代国家职业教育改革的关键力量。本节通过对我国改革开放以来国务院、教育部、人力资源和社会保障部等有关部门颁布的有关职业教育教师的政策文本的梳理，分析整理出职业教育领域教师改革的脉络，旨在厘清我国职业教育教师改革的进程，特别是我国职业教育教师改革发展的方向。本研究在北大法宝法律数据库以“职业教育”为标题进行检索，其中国家层面出台的职业教育政策文件453份，在结果中添加“教师”“师资”进行高级检索，涉及“师资、教师的”政策文件共189份（图1）。

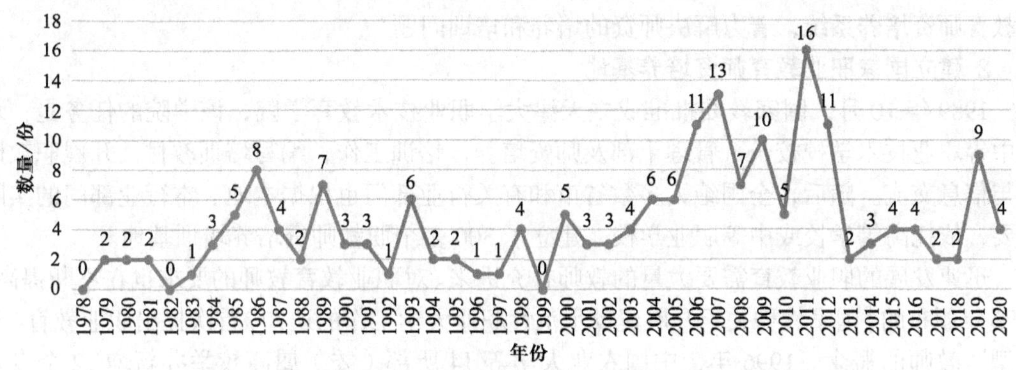

图1　1978—2020年我国职业教育涉及教师政策的文件数量

一、职业教育教师培养培训改革

为加强职业教育教师队伍建设，国家高度重视职业教育教师培养培训工作。1978—2020年，我国职业教育教师政策中涉及培养培训的政策达137件，占职业教育教师政策总数的近72.49%（图2）。

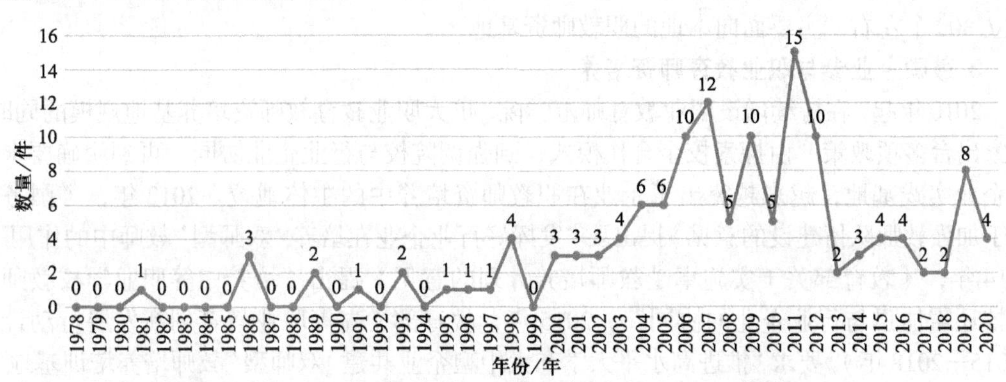

图2　1978—2020年我国职业教育教师培养培训政策数量变化图

（一）职业教育师资培养

在职业教育师资培养方面，国家政策大致体现为三个阶段：一是 1980 年开始鼓励筹建职业技术师范学院、师范系和师范班；二是 1997 年起，大力规划发展职业教育师资培养基地；三是 2010 年以来，倡导企业参与职业教育师资培养。

1. 积极筹办职业技术师范院校、师范系和师范班

1980 年《关于中等教育结构改革的报告》提出“省、自治区、直辖市应积极筹办职业技术师范学院”，同时指出“各地师范院校和各级教育学院（教师进修学校）应开办专业课教师培训班”。自此，1980—1987 年国家出台的相关政策文件均鼓励地方“积极筹办”或“试办”职业技术师范学院，提倡师范院校开办为职业教育服务的新专业、师范班等，要求有关大专院校、研究机构担负培养职业学校师资的任务，为中等职业技术学校培养专业课教师。1986 年，国家教育委员会颁发《关于加强职业技术学校师资队伍建设的几点意见》，其中针对职业学校中“师资严重不足和质量不高的问题十分突出：职业中学的专业课教师奇缺，且无稳定来源”等问题，提出“必须及时采取有力措施，建立健全职业技术教育师资培养系统，着力解决师资的培养和培训问题”。

2. 建立国家职业教育师资培养基地

1989 年 10 月，国家教委批准成立天津大学职业技术教育学院，该学院的任务是：承担中等职业技术学校校长、管理干部及师资培养、培训工作，编写培训教材，开展职教研究与信息交流。随后，全国绝大多数省市和有关行业部门也根据本地、本行业部门的实际需要，依托高等学校或中等职业学校，建立了 300 多个职教师资培养培训基地。

迅速发展的职业教育需要大量的教师补充进来。对职业教育教师的要求也在不断提高，1995 年颁布的《国家教委关于开展建设示范性职业大学工作的通知》首次提出职业教育“双师型”教师的概念。1996 年，中国农业大学等 14 所部（委）属高校举办新增 12 个专业的成人专升本职教师资班，总计招生 1040 人。1997 年《国家教委关于加强中等职业学校教师队伍建设的意见》（以下简称《意见》）出台，国家进入了职教师资培养基地的规模建设阶段。《意见》首次提出职教师资培养基地的概念，并提出在基地开设职教师范学院、系、班的建设思路。

1998 年起，国家对职教师资培养基地的建设规模进行了具体的统筹规划。2000 年，教育部印发了《关于进一步加强中等职业教育师资培养培训基地建设的意见》，规划经过 3~5 年的努力，教育部建设 50 个“能在全国起示范带头作用的职教师资基地”，地方共建立 300 个左右“主要面向本地的职教师资基地”。

3. 鼓励企业参与职业教育师资培养

2010 年起，在持续增设职业教育师范学院、扩大职业教育教师资培养基地规模的同时，国家出台多项政策，由探索校企合作模式，到强调院校与行业企业协同，再到明确要求建立企业实践基地，越来越突出了企业在职教师资培养中的主体地位。2012 年，《国务院关于加强教师队伍建设的意见》提出要“发挥好行业企业在培养‘双师型’教师中的作用”；2014 年，《教育部关于实施卓越教师培养计划的意见》提出“培养中等职业学校教师的高校还需加强与行业企业的协同”；2015 年，教育部《高等职业教育创新发展行动计划（2015—2018 年）》要求“推进高水平大学和大中型企业共建‘双师型’教师培养培训基地”；2019 年，教育部等四部门印发《深化新时代职业教育“双师型”教师队伍建设改革实施方案》

中提出“健全普通高等学校与地方政府、职业院校、行业企业联合培养教师机制，发挥行业企业在培养‘双师型’教师中的重要作用”。

（二）职业教育教师培训

我国职业教育教师培训制度建立较晚。对职后教师培训，国家在进行规范和量化要求之前，印发了多项政策，强调加强教师培训的重要性。在培训制度建立之后，国家根据职业教育教师培训的动态需求，不断增设培训项目，并对相关制度进行了补充和完善。

1. 职业教育教师培训制度的建立

改革开放后，国家高度重视职业教育教师培训工作，在多项重要政策和决定中，要求重视教师培训工作，强调重视职业学校教师企业实践能力的培养，重视教师学历提升。政策导向推动了教师培训实践的开展，也为出台正式法规制度奠定了基础。

1985 年，《中共中央关于教育体制改革的决定》将培训在职教师作为发展教育事业的战略措施，充分强调了教师培训的重要性，并提出了“要争取在 5 年或者更长一点的时间内使绝大多数教师能够胜任教学工作”的目标，为制定各项教师培训文件奠定了政策基础。1991 年，《国务院关于大力发展职业技术教育的决定》提出要建立职业技术教育教师、干部的轮训进修制度，推动教师培训制度建设。1996 年 9 月 1 日实施的《中华人民共和国职业教育法》（以下简称《职业教育法》）以法条形式要求政府及有关部门保障职业教育教师培训：“县级以上各级人民政府和有关部门应当将职业教育教师的培养和培训工作纳入教师队伍建设规划，保证职业教育教师队伍适应职业教育发展的需要。”

2002 年 8 月，《国务院关于大力推进职业教育改革与发展的决定》对加强职业教育教师队伍建设提出几点要求，如：要积极开展以骨干教师为重点的全员培训，提高教师的职业道德、实践能力和教学水平，培养一批高水平的骨干教师和专业带头人；要有计划地安排教师到企事业单位进行专业实践和考察，提高教师的专业水平；重视职业学校校长培训工作，逐步实行校长持证上岗的制度。2004 年 9 月，《教育部等七部门关于进一步加强职业教育工作的若干意见》再次要求建立符合职业教育特点的教师继续教育进修和企业实践制度。2006 年 9 月印发的《教育部关于建立中等职业学校教师到企业实践制度的意见》就建立中等职业学校（含中等专业学校、职业高中、成人中等专业学校）教师到企业实践的要求与主要内容、主要形式与组织管理以及相关工作要求提出具体意见，为制度的建立奠定了基础。

我国职业教育教师的培训制度逐步建立起来，从泛泛强调教师培训到聚焦教师企业实践，以切实提高职业教育教师的专业实践能力和教学实践能力。在这过程中，国家提出实施职业院校教师素质提高计划，在全国范围内启动了中等职业学校教师培训项目，加强骨干教师培训，实施全国教师教育网络联盟计划，加强“双师型”教师队伍建设。

2. 职业教育教师培训制度的完善

培训制度的完善离不开国家财政的支持。教育部颁布的《国家中长期教育改革和发展规划纲要（2010—2020 年）》提出“完善教师培训制度，将教师培训经费列入政府预算，对教师实行每五年一周期的全员培训”“加强校长培训，重视辅导员和班主任培训”。2011 年出台的《教育部关于进一步完善职业教育教师培养培训制度的意见》提出，要科学构建覆盖教师职前培养、职后培训全过程的各项制度。2013 年 9 月 20 日，教育部制定下发《中等职业学校教师专业标准（试行）》（以下简称《专业标准》），要求各级教育行政部门将《专业标准》作为中等职业学校教师队伍建设的基本依据，开展中等职业学校教师教育的院校将《专业标准》作为教师培养培训的主要依据。

2016年10月印发的《教育部　财政部关于实施职业院校教师素质提高计划（2017—2020年）的意见》，决定在“十三五”期间实施职业院校教师素质提高计划，组织职业院校教师校长分层分类参加国家级培训，带动地方有计划、分步骤实施五年一周期的教师全员培训。2017年4月，《教育部关于全面推进教师管理信息化的意见》，提出充分利用信息化手段全面提升教师管理水平的策略，在优化教师培训管理方面，特别指出“利用教师队伍大数据，研究分析教师素质能力发展现状，完善教师培养方案，为优化教师培养课程设置、开发教师培养资源、推进教师培养模式改革、跟踪教师培养质量等提供有力支撑”。

以上政策的出台，说明职业教育教师培训制度更加科学、规范、完善。从选派少数教师进修到广泛开展教师全员培训以及根据职业教育特点开展分层分类提升教师素质的培训，国家财政对职业教育教师培训的支持力度逐步加大，使教师培养工作真正进入职业教育事业发展的核心，有力地支持了课程改革与内涵建设，在职业教育发展的关键时期，发挥了重要作用。但深入调查发现，这并不能从根本上解决职业教育专业教师队伍专业实践能力和教学实践能力薄弱的问题，职业教育专业教师队伍水平有待提升，仍然是制约职业教育质量提高的主要因素。

在现有培训的基础上，对职业教育现有专业教师实施企业实践培训计划。凡企业实践不足5年的专业教师，应在一定时限内补足5年企业实践时间。同时，借鉴职业教育发达国家专业教师培训经验，实施教育更新、专业更新和企业实践常规培训计划等。2019年，《国家职业教育改革实施方案》提出：“实施职业院校教师素质提高计划，建立100个‘双师型’教师培养培训基地，职业院校、应用型本科高校教师每年至少1个月在企业或实训基地实训，落实教师5年一周期的全员轮训制度。”2019年，教育部等四部门印发《深化新时代职业教育“双师型”教师队伍建设改革实施方案》，提出要“聚焦1+X证书制度开展教师全员培训”“构建以职业技术师范院校为主体、产教融合的多元培养培训格局”。

二、职业教育教师准入招聘改革

根据《中华人民共和国劳动法》和《职业教育法》的规定，国家实行职业分类和职业资格证书制度，严格实行学历文凭、培训证书和职业资格证书并重，先培训拿证再上岗的劳动就业制度。其中，教师资格制度是国家职业许可制度的重要组成部分。教师资格制度的法律法规、政策依据是《中华人民共和国教师法》《教师资格条例》《〈教师资格条例〉实施办法》。我国1986年提出教师资格认证制度，2001年在全国正式实施。对职业教育的教师资格，国家一方面将学历要求、教师资格证书等纳入教师资格制度的统一规定，另一方面也针对职业教育的教师能力需求特点进行了特殊说明。

1978—2020年，我国职业教育教师政策中涉及准入、资格及招聘的政策达88件，占职业教育教师政策总数的46.56%（图3）。

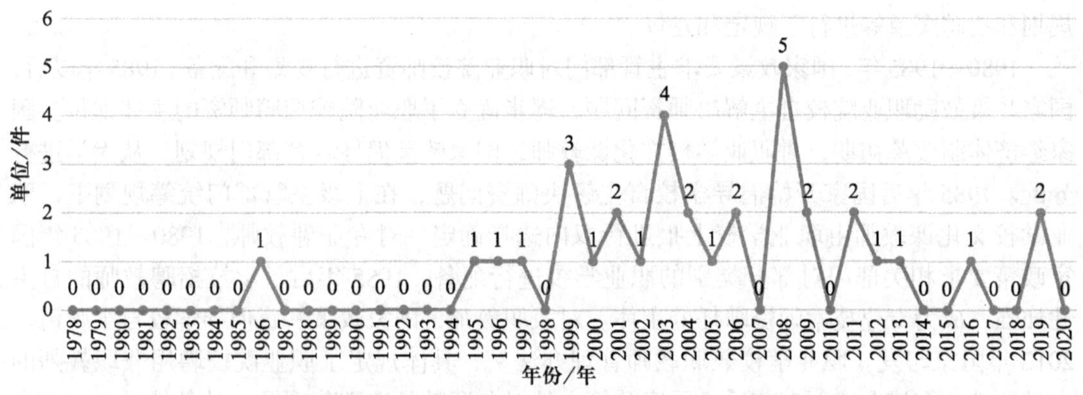

图 3　1978—2020 年我国职业教育教师政策中涉及准入、资格及招聘的政策数量变化图

（一）职业教育教师资格准入

依据《中华人民共和国教师法》的相关规定，1995 年我国颁布《教师资格条例》，将教师资格认定工作纳入法规体系。1999 年，《中共中央国务院关于深化教育改革　全面推进素质教育的决定》要求“全面实施教师资格制度，开展面向社会认定教师资格工作。”据此，教育部 2000 年 9 月 23 日发布《〈教师资格条例〉实施办法》，规定了教师资格认定条件、资格认证申请、资格认定、证书管理的具体办法。2001 年，教育部印发《关于首次认定教师资格工作若干问题的意见》，重申“教师资格制度是国家实行的一种法定的职业许可制度”，说明“教师资格是国家对专门从事教育教学工作人员的基本要求。教师资格制度全面实施后，只有依法取得教师资格者，方能被教育行政部门依法批准举办的各级各类学校和其他教育机构聘任为教师。教师资格一经取得，非依法律规定不得丧失和撤销”。

关于教师资格认定等一系列政策文件相继发布实施，职业教育教师资格特别是中等职业学校教师资格得以明确，并被纳入我国教师资格制度框架。2007 年，《教育部关于“十一五”期间加强中等职业学校教师队伍建设的意见》提出：“充实中等职业学校教师的任职资格条件，改进资格认定办法，对新任专业课教师除要求具有规定的合格学历外，逐步增加相关工作经历和职业能力等方面的要求。”之后，国家未出台职业学校教师资格认定的改进办法，只在相关政策文件中对企业实践经历进行强调。如 2011 年《教育部关于推进中等和高等职业教育协调发展的指导意见》规定“新进专业教师应具有一定年限的行业企业实践经历”。2013 年教育部颁布《专业标准》，称“各级教育行政部门要将《专业标准》作为中等职业学校教师队伍建设的基本依据”“制定中等职业院校教师准入标准，严把教师入口关”。2018 年，《中共中央　国务院关于全面深化新时代教师队伍建设改革的意见》提出：“完善职业院校教师资格标准，探索将行业企业从业经历作为认定教育教学能力、取得专业课教师资格的必要条件。”2019 年，《深化新时代职业教育“双师型”教师队伍建设改革实施方案》提出“推进以双师素质为导向的新教师准入制度改革”。

（二）职业教育教师招聘聘用

为保证职业教育师资满足不同阶段教育发展需求，帮助职业院校拓宽师资来源，提高新入职教师的师资水平，1980 年以来，国家出台多项政策，对职业院校新任教师的配备规划和招聘渠道等进行了规定和建议。

1980—1985 年，国家政策要求主管部门对职业院校师资进行规划和配备。1985 年以后，国家政策鼓励职业院校自主解决师资问题，逐步确立了职业院校招聘师资的主体地位。国家经济体制改革初期，对职业学校文化课教师，国家政策倡导教育部门规划，从大学进行分配。1985 年后国家开始倡导学校自主解决师资问题，在上级主管部门统筹规划下，职业学校文化课教师由职业学校上报进行双向选择确定。对专业课教师，1980—1985 年国家政策要求相关部门对部分类别的职业学校进行配备，1985 年后，学校招聘教师的自主性加强，成为专业技术师资聘任的主体。对兼职教师，国家政策一直倡导学校自主聘请。2012 年国家印发《职业学校兼职教师管理办法》，具体规定了职业院校聘用兼职教师的人员条件。在该办法颁布前后，国家政策文件对兼职教师选聘范围及人员条件进行了基本要求。

我国通过不断完善职业院校教师招聘制度，为职业院校师资建设提供了基本保障，但是整体来看，职业教育教师队伍发展没有跟上职业院校发展和改革的步伐，按照现行人事政策，我国职业学校作为事业单位，不能从企业招聘专业教师，属于所谓的逆人事政策流动。因此，我国职业教育专业教师招聘一直按照基础教育的做法，每年从大学应届毕业生中进行招聘。这些毕业生经过大学本科、研究生阶段的学习，掌握了比较系统的专业理论，取得了学历证书和学位证书。但由于没有在企业和学校长期工作的经历，他们的专业实践能力和教学实践能力十分薄弱。

依据职业教育专业教师全专业属性形成过程和职业教育专业教师队伍建设的应然路径，我国职业教育专业教师的招聘政策需要突破现有的，限制从企业招聘专业教师的，针对事业单位的人事招聘政策，主要从企业招收具有本科及以上学历和 5 年及以上专业工作经验的专业技术人员。这是职业教育发达国家招聘职业教育专业教师的基本条件。按照经验，专业实践能力的培养形成需要经过较长时间，一般 5 年左右的时间。按照我国教育现代化的进程计划，我国职业教育专业教师招聘基本条件也不能低于这样一个国际公认标准，并实施职业院校教师特岗计划，确实解决职业院校专业教师队伍建设问题。[1] 因此，《国家职业教育改革实施方案》中明确提出："2020 年起基本不再从应届毕业生中招聘""建立健全职业院校自主聘任兼职教师的办法，推动企业工程技术人员、高技能人才和职业院校教师双向流动"。

2019 年的《深化新时代职业教育"双师型"教师队伍建设改革实施方案》也指出，要"完善职业教育教师资格考试制度，在国家教师资格考试中，强化专业教学和实践要求，按照专业大类（类）制定考试大纲、建设试题库、开展笔试和结构化面试。建立高层次、高技能人才以直接考察方式公开招聘的机制。""自 2019 年起，除持有相关领域职业技能等级证书的毕业生外，职业院校、应用型本科高校相关专业教师原则上从具有 3 年以上企业工作经历并具有高职以上学历的人员中公开招聘"。

师资是职业教育最重要的资源，与此密切相关的教师招聘工作直接关系到职业教育的发展与未来。我国通过不断完善职业院校教师招聘制度，为职业院校师资建设提供了基本保障。

---

[1] 邓泽民．职业教育专业教师队伍建设的应然路径与选择 [J]. 职教论坛，2018（3）：81–82，100.

三、职业教育教师评聘管理改革

为了充分发挥教师为教育事业服务的积极性、创造性，激励教师提高教育水平、专业技术水平及履行相应职责的能力，保护学校和教职工的合法权益，教育部、人社部及相关部委出台政策，建立完善教师职务（职称）评聘制度。

《中华人民共和国教育法》规定：国家实行教师资格、职务、聘任制度；学校及其他教育机构中的管理人员，实行教育职员制度；学校及其他教育机构中的教学辅助人员和其他专业技术人员，实行专业技术职务聘任制度。我国 1986 年开始建立以中小学教师职务聘任制为主要内容的中小学教师职称制度，2015 年为深化中小学教师职称制度改革、完善符合中小学教师特点的专业技术职务任职评价制度，建立了统一的制度体系。

1978—2020 年，我国职业教育教师政策中涉及教师评聘管理的政策多达 120 件，占职业教育教师政策总数的 63.49%（图 4）。

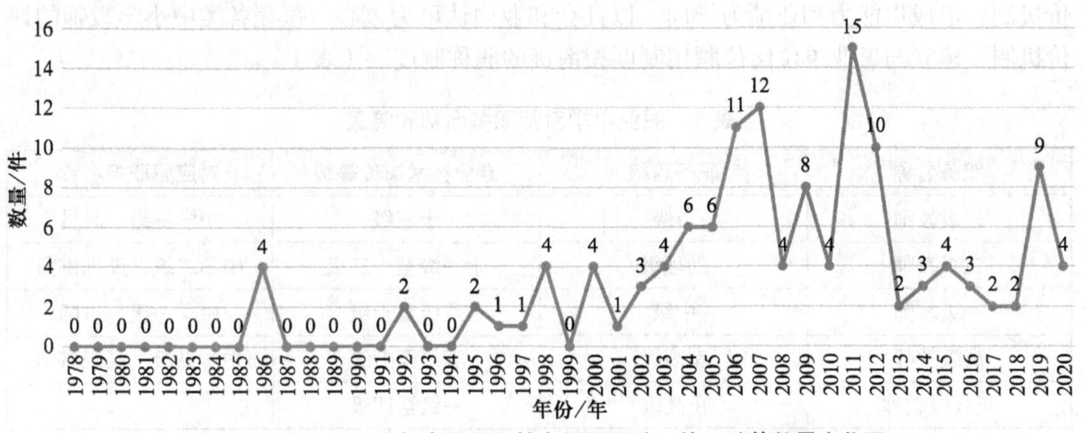

图 4　1978—2020 年我国职业教育教师评聘、管理政策数量变化图

（一）2015 年前职业教育教师评聘管理

1. 高等职业学校

1986 年 3 月，国家颁布《高等学校教师职务试行条例》，该条例将高等学校教师职务定义为："高等学校教师职务是根据学校所承担的教学、科学研究等任务设置的工作岗位。" 第二十三条规定 "本条例适用于普通高等学校。原则上也适用于其他类型的高等学校，其实施办法另订"。高等职业学院参照该条例执行教师职务评聘工作。

2. 技工学校

1986 年 4 月，国家颁布《技工学校教师职务试行条例》，说明 "技工学校教师职务是根据技工学校的特点和改革的需要而设置的，有明确的任职条件、工作职责、聘任（或任命）限额和任期"，并依此建立了技工学校教师职务评聘制度。

3. 中等专业学校

1986 年 5 月，国家颁布《中等专业学校教师职务试行条例》，说明 "中等专业学校教师职务是根据学校所承担的教学等任务设置的工作岗位"，针对中等专业学校教师职务进行了明确规定。

4. 职业中学

1986 年 5 月，国务院转发国家教育委员会《中学教师职务试行条例》，该条例将中学教师职务定义为“根据学校的教育教学工作需要设置的工作岗位”。该条例“适用于全国普通中学、职业中学、农业中学、盲聋哑学校中学部、工读学校及省、地、县教研室和校外教育机构。原则上也适用于中等专业学校和技工学校以外的其他类型的中等学校”。国家未针对职业高中出台专项职务条例，职业高中的教师职务制度参照该条例执行。

（二）2015 年后职业教育教师评聘管理

2015 年 8 月，人力资源和社会保障部、教育部印发《关于深化中小学教师职称制度改革的指导意见》，说明“本意见适用于普通中小学、职业中学、幼儿园、特殊教育学校、工读学校及省、市、县教研室和校外教育机构”。该意见指出改革的主要内容包括“深化中小学教师职称制度改革围绕健全制度体系，拓展职业发展通道，完善评价标准，创新评价机制，形成以能力和业绩为导向、以社会和业内认可为核心、覆盖各类中小学教师的评价机制，建立与事业单位岗位聘用制度相衔接的职称制度”（表 1）。

表 1　职业中学教师职务名称和等级

职务名称	职务等级	专业技术岗位等级	对应原职务名称
三级教师	员级	十三级	中学三级、教员
二级教师	助理级	十一级至十二级	中学二级、助理讲师
一级教师	中级	八级至十级	中学一级、讲师
高级教师	副高级	五级至七级	中学高级、高级讲师
正高级教师	正高级	一级至四级	

在此基础上，2017 年颁布的《国家教育事业发展“十三五”规划》继续要求完善教师职称制度，要求“实行教师职称评审与岗位聘用相结合的办法，全面推开中小学教师职务（职称）制度改革，在中小学设置正高级教师职务（职称），推进中等职业学校教师职务（职称）制度改革，探索在中等职业学校设置正高级职务（职称）”。《国家中长期教育改革和发展规划纲要（2010—2020 年）》提出职业教育应当制定符合自身特点的教师职称评定制度。2019 年，《两部门关于深化中等职业学校教师职称制度改革的指导意见》提出，要“实现职称评审与岗位聘用制度的有效衔接等措施，形成以品德、能力和业绩为导向，以社会和业内认可为核心的中等职业学校教师职称制度”，并出台了具体的《中等职业学校教师职称评价基本标准》。

由于我国的教师职务评聘制度产生于计划经济时代，多年来未做彻底的革新，因此遗留着计划经济时代的痕迹。新时代职业教育强调“双师型”教师队伍建设，但具有职业教育特色的“双师型”教师资格准入、聘用考核制度等还有待完善，国家应补充实训教师职务序列，建立“双师型”教师职务标准，减少政府行政干预，下放评审权，建立契约化管理模式，实施能上能下的聘任制度，实现由重资历到重能力的转变，要使教师职务能上能下、岗位能进能出、待遇能高能低，让教师既有充足的自我价值实现空间，也有不断的发展压力和动力。

四、职业教育教师考核评价改革

《中华人民共和国教师法》规定：学校或者其他教育机构应当对教师的政治思想、业务水平、工作态度和工作成绩进行考核。教师考核结果是受聘任教、晋升工资、实施奖惩的依据。2002 年，人事部下发《关于在事业单位试行人员聘用制度的意见》，要求聘用单位对受聘人员的工作情况实行年度考核；必要时，还可以增加聘期考核。据此，国家制定了职业学校教师考核的相关政策，对教师考核评价的主要内容、方式及考核的法律效力等方面做出规定。

1978—2020 年，我国职业教育教师政策中涉及教师评价的政策多达 65 件，占职业教育教师政策总数的 34.39%（图 5）。

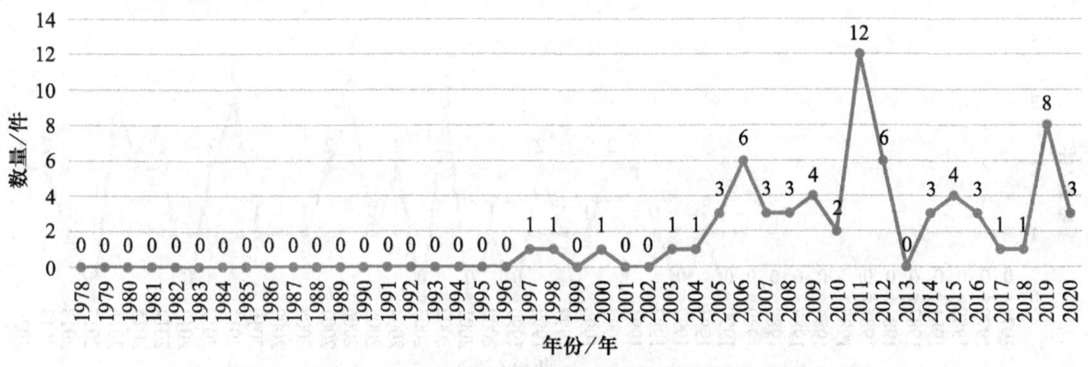

图 5　1978—2020 年我国职业教育教师评价政策数量变化图

2013 年，教育部印发《专业标准》，制定了师德为先、学生为本、能力为重、终身学习的基本理念，从专业理念与师德、专业知识、专业能力三个维度，在职业理解与认识、对学生的态度与行为等 15 个领域，共提出 60 项基本要求。《专业标准》是国家对合格中等职业学校教师专业素质的基本要求，是中等职业学校教师培养、准入、培训、考核等工作的基本依据。

在《专业标准》制定前后，国家有多项政策对职业学校教师考核内容及形式进行具体规定，也是对《专业标准》的重要补充，对教师考核制度产生了重要影响。

2016 年 8 月，印发《教育部关于深化高校教师考核评价制度改革的指导意见》，指出教师考核“仍然存在教师选聘把关不严、师德考核操作性不强；考核评价缺乏整体设计，对教师从事教育教学工作重视不够，重数量轻质量的情况还比较严重；考核评价急功近利”等主要问题和“唯学历、唯职称、唯论文”等倾向，提出“以师德为先、教学为要、科研为基、发展为本为基本要求，坚持社会主义办学方向，坚持德才兼备，注重凭能力、实绩和贡献评价教师”。

2019 年，《深化新时代职业教育“双师型”教师队伍建设改革实施方案》提出，要“引进第三方职教师资质量评价机构，不断完善职业教育教师评价标准体系，提高教师队伍专业化水平。”“深化突出‘双师型’导向的教师考核评价改革”，“完善考核评价的正确导向，强化考评结果运用和激励作用。”2020 年，《深化新时代教育评价改革总体方案》更是强调“改革教师评价，推进践行教书育人使命”，并提出要“健全‘双师型’教师认定、聘用、考核等评价标准，突出实践技能水平和专业教学能力”。

五、职业教育教师薪酬分配改革

改革开放以来，为提高教师社会地位，改善教师的生活学习和工作条件，增强教师队伍的稳定性，国家印发多项政策促进教师工资增长和住房及其他社会待遇的提升。对职业教育专职教师和兼职教师，国家也给予政策关注，提倡建立符合职业教育发展需求的教师收入分配与社会待遇制度。

1978—2020 年，我国职业教育教师政策中涉及教师薪酬、待遇的政策多达 43 件，占职业教育教师政策总数的 22.75%（图 6）。

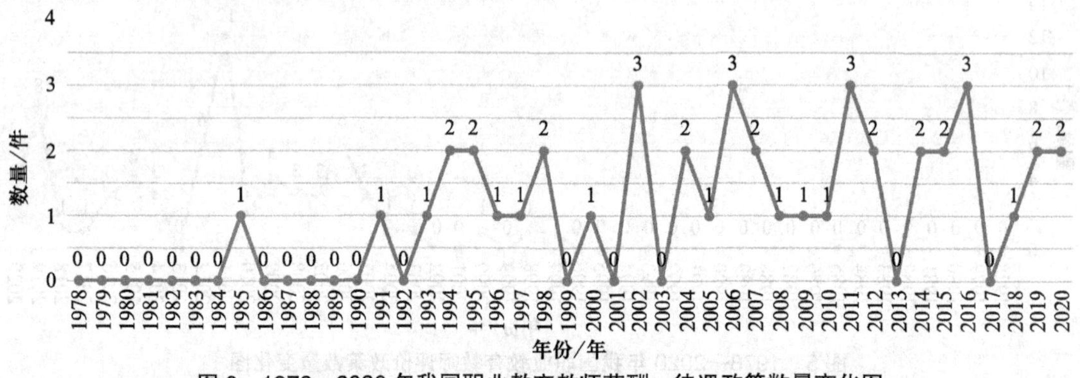

图 6　1978—2020 年我国职业教育教师薪酬、待遇政策数量变化图

（一）职业学校专职教师薪酬分配

1985 年 5 月，《中共中央关于教育体制改革的决定》指出“随着国民经济的发展和国家财力的增强，各级政府和有关部门今后每年都要为教师切实地解决一些问题”，将提高教师待遇问题列入国家教育体制改革的重点问题，为各项具体政策的制定奠定了基础。1994 年 1 月 1 日施行的《中华人民共和国教师法》，从法律层面对教师工资水平、津贴、补贴及社会力量办学教师待遇等都做了具体规定，如“教师的平均工资水平应当不低于或者高于国家公务员的平均工资水平，并逐步提高”。2002 年，教育部印发《关于加强高职（高专）院校师资队伍建设的意见》提出“学校在职务晋升和提高工资待遇方面，对具有‘双师’素质的教师应予以倾斜”，第一次将高校“双师”教师的待遇与其他教师进行区别。

2011 年 1 月，《全国教育人才发展中长期规划（2010—2020 年）》首次提出“探索建立教师职业年金制度”，再次强调提高教师地位待遇，依法保障教师合法权益。2014 年 6 月，教育部、国家发展改革委等 6 部门联合印发《现代职业教育体系建设规划（2014—2020 年）》，提出“改革职业院校用人制度”，要求建立符合职业院校特点的教师绩效评价标准，绩效工资内部分配向“双师型”教师适当倾斜。探索建立行业企业举办的职业院校和民办职业院校教师年金制度。2016 年 5 月，教育部、国务院国有资产监督管理委员会、国家发展和改革委员会等 7 部门印发《职业学校教师企业实践规定》，首次以部门规章形式，保障教师在企业实践期间的工资待遇。

2019 年，《深化新时代职业教育“双师型”教师队伍建设改革实施方案》提出：教师依法取得的科技成果转化奖励收入不纳入绩效工资，不纳入单位工资总额基数。教师外出参加培训的学时（学分）应核定工作量，作为绩效工资分配的参考因素。按规定保障中等职业学校教师待遇。

（二）职业学校兼职教师薪酬分配

由于职业学校教育教学的特殊性，职业院校兼职教师队伍不断壮大，国家制定了相应的政策，为保障兼职教师待遇、稳定兼职教师队伍提供支持。

2004 年，《教育部等七部门关于进一步加强职业教育工作的若干意见》提出“对于到职业院校担任教师的专业技术人员、高级工和技师可按照相关专业技术职务条例的要求评聘教师职务，实行聘任制度和合同管理，享受合同规定的相关待遇”。2007 年，《教育部关于“十一五”期间加强中等职业学校教师队伍建设的意见》指出：“对于在相关领域具有丰富实践经验和特殊技能的能工巧匠，也可经过必要的认定聘请到学校兼职任教。各地要制定具体的实施办法，明确聘请兼职任教人员的基本条件或录用标准，完善聘用和管理办法，解决好兼职任教人员的报酬和待遇。”2012 年，《国家教育事业发展第十二个五年规划》要求“完善职业院校兼职教师制度，允许职业院校自主聘用专业技术人才、高技能人才担任专兼职教师，在职称、待遇上打破学历限制”。2019 年，《国家职业教育改革实施方案》中明确提出要“提高技术技能人才待遇水平”“支持技术技能大师到职业院校担任兼职教师”。

国家出台多项政策保障教师的合法权益，并针对职业院校教师的工作特点，倡导竞争性、倾向性的薪酬分配机制。政策的不断完善有力保障了教师整体收入水平的持续增长，也对教师工作产生了积极的激励作用。但目前来看，薪酬整体水平不高、内部分配不合理等矛盾依旧比较突出，职业教育教师待遇政策还需要继续改革、完善。首先应淡化资历影响，强调实际贡献，全面调动教师工作积极性；其次，允许专职教师去企业兼职，实现收入和能力的同步增长；再次，落实第三方评价，科学考核教师工作绩效；最后，提升兼职教师待遇，加强考核管理，全面保障教学质量。总之，职业院校教师收入分配机制的改革，应当用更加开放、更加科学的态度和思路，大力加强制度的激励与约束功能，才能有效推动职业院校内涵发展。

综述二　我国职业教育教材改革研究综述

撰写职业教育教材研究与改革论文，首先需要了解我国职业教育教材研究改革的进程。通过对40年来我国职业教育教材研究文献的实证性研究，发现我国职业教育专业课教材从基于学科知识逻辑的教材结构设计转向基于职业行动逻辑的教材结构设计，又从基于职业行动逻辑结构的教材结构设计转向基于职业特质形成逻辑的教材结构设计。

通过对40年有关职业教育的文献进行统计，发现我国学者共出版相关著作527本（基于中国国家图书馆收录），以“职业教育 教材”进行篇名检索，共检索到673篇期刊论文和11篇硕士论文（基于中国知网检索），仅以“职业教育 教材”为篇名检索，研究难免会有遗漏，故而也以“高职 教材”“中职 教材”为篇名，共检索到3311篇期刊论文和136篇硕士论文，尚无相关博士论文。通过对检索到的著作、论文进行分析，整理出不同时期职业教育领域教材研究的重点，旨在厘清我国职业教育教材研究的进程，特别是厘清我国职业教育教材设计的走向。

一、基于学科知识逻辑的教材结构设计研究

改革开放之初，国家工作的重心转移到社会主义现代化建设上来，我国职业教育也随之全面恢复和发展。在早期，我国中等专业学校、高等专科学校乃至应用本科学校，受学科课程和结构主义教学观的影响，教材结构主要是基于学科知识逻辑设计。自1995年职业教育能力本位教育理念进入我国，职业教育教材出现了基于职业行动逻辑的教材结构设计，价值取向由学科知识学习转向职业行动能力的培养。

在1995年之前，我国关于职业教育教材的研究严重不足，从1978—1995年我国基于中国国家图书馆收录的已出版的76本职业教育学术著作来看，没有一本是专门研究职业教育教材的。虽然李志政等在1993出版了《中国式MES教材开发与培训指南》一书，但该书主要是作为MES（制造执行系统）开发人员的培训教材使用。[1]在中国知网以“职业教育　教材”为篇名进行检索，共检索到4篇文章。故扩大检索范围，以“高职　教材”“中职　教材”“职业　教材”为篇名进行检索，共73篇相关文献，无硕博论文。通过梳理这73篇文献发现，其中14篇是简讯，11篇是关于职业教育文化课教材的，14篇是关于职业教育专业课相关教材的，4篇为介绍德国职业教育教材的，其余30篇则是谈论职业教育教材建设等问题的。

沈秀兰提出构建职业高中财经类专业教材体系[2]。但该教材体系根据“三段式”的课

[1] 李志政，唐建鹏，陈乔良，等．中国式MES教材开发与培训指南[M].北京：兵器工业出版社，1993.

[2] 沈秀兰．构建职业高中财经类专业教材体系[J].职教论坛，1994（9）：29-30.

程体系构建，仍然在传统的学科知识框架下。王芳磊提出现行中等职业技术学校教材脱离实际的现象非常严重，技校教学急需的内容即便有，分量也不够，语焉不详，应改变这种教材现状[1]。孟方论述了全国职业高中种植类专业教材的编写，本着“浅、用、新”的编写原则，编写了《种植专业技能实训》等教材，这是在国内尚属首创[2]。杨述先介绍了中等职业学校汽车修理专业教材，各教材的结构基本是从理论基础开始，如《汽车发动机构造与修理》的主要内容包括：汽车发动机的工作原理与总体构造；气缸体曲轴箱的构造与修理等[3]。

可见，这一时期不但我国职业教育教材研究成果寥寥，而且职业教育专业课教材种类少，专门的高职教材尚且不到20%，专业课教材结构设计基本被禁锢在学科知识逻辑的架构中，虽然有学者提出要加强职业教育教材建设，但究竟如何设计，职业教育教材对此的相关论述十分不足。

二、基于职业行动逻辑的教材结构设计研究

自20世纪90年代起，能力本位教育理念进入我国，不仅影响着我国职业教育教学与课程的改革，而且对我国职业教育教材设计也产生了较大的影响。邓泽民在《CBE理论与在中国职教中的实践》一书中系统介绍了能力本位教育和在中国开展实践的情况[4]。邓泽民研究并提出了能力本位的职业教育教材的设计思想、理论和方法[5]。邓泽民撰写出版的《职业教育教材设计》（第一版），是国内第一本专门研究职业教育教材的书籍，作者提出目前职业教育教材结构设计都是基于学科知识逻辑的，是知识本位的教材，而职业教育需要能力本位的教材，这种能力本位的教材应是基于职业行动逻辑的结构设计，并提出了基于职业行动逻辑的职业教育教材结构设计的基础理论、基本模式和评价指标体系[6]。在中国知网收录的文献中，以“高职　教材”“中职　教材”为篇名检索，在1995年之后共检索到3310篇相关文章以及136篇硕士论文，无博士论文（图1），从发表论文的数量来看，针对职业教育的教材研究多集中于高职教材研究。

通过对上述文献研究发现，自1995年之后，我国职业教育教材结构设计逐渐打破了长期以来基于学科知识逻辑教材结构设计一统的局面。虽然有的称为任务驱动型教材，有的称为项目教材、工作过程教材甚至理实一体化教材等，但这些教材都是基于职业行动逻辑设计的教材结构，价值取向高于职业能力培养。

---

[1] 王芳磊．怎样改变中等职业技术学校教材的现状[J].教育与职业，1994（1）：25.

[2] 孟方．新颖、实用、精练——谈全国职业高中种植类专业教材特色[J].职教论坛，1995（3）：47.

[3] 杨述先．中等职业学校汽车修理专业教材[J].职教论坛，1995（9）：41.

[4] 邓泽民.CBE理论在中国职教中的实践[M].北京：煤炭工业出版社，1995.

[5] 教育部职业教育与成人教育司，教育部职业技术教育中心研究所．面向21世纪职业教育课程改革与教材建设规划研究与开发项目成果汇编：第6册[M].北京：高等教育出版社，1999.

[6] 邓泽民，侯金柱．职业教育教材设计[M].北京：中国铁道出版社，2006.

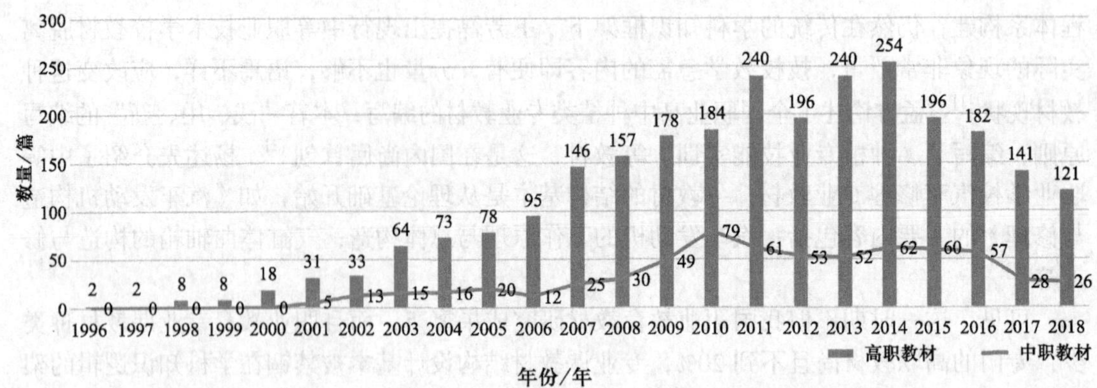

图 1 1996—2018 年我国中、高职教材研究相关文献数量

（一）任务驱动型教材研究

宋长池提出了任务驱动型教材设计的初步构想 [1]。吴晓桃指出，任务驱动型教材可按"安排任务→分析案例→介绍完成任务的方法→归纳结论→提高认识→巩固知识点并举一反三"的顺序引入相关概念、展开"任务驱动" [2]。王洪龄等指出用任务驱动法编写教材的基本模式有：单轨制，适用于专业课教材编写，其结构形式为：模块—课题—任务；双轨制，适用于专业基础课教材的编写，在单轨制的基础上采取版面分栏法，分左右栏，左栏为主栏，右栏为副栏 [3]。王希波认为，任务驱动型教材最显著的特点是以任务为载体，以任务实施的过程为主线，将知识点穿插到任务实施的过程中，在教师的指导下由学生自主完成任务从而构建知识体系，并完成能力目标和情感目标培养的教学 [4]。傅伟认为教材建设明显滞后于课程改革，并且已经严重阻碍了高职课改向纵深发展，因此提出以范式工作任务为知识载体，重构教材结构与内容体系 [5]。

任务驱动型教材的开发实践如火如荼。如邓泽民设计、李亚平等编著的教材《计算机通用能力教程》，依据计算机通用能力图表对能力领域的划分，分为 8 章，内容包括选择安装硬件、选择安装软件、管理计算机、编辑文档、处理电子表格、制作演示文稿、网上冲浪和网页制作等任务驱动学习 [6]。金加龙在高职汽车维修与运用技术专业中进行任务驱动型教材建设 [7]。梁东晓在机械类专业编写任务驱动型改革教材 [8]，遵循任务描述、任务

[1] 宋长池 . 任务驱动型教材设计的初步构想 [J]. 科技与出版，2003（4）：46-47.

[2] 吴晓桃 . 穿梭于高职教材中的任务驱动案例教学 [J]. 计算机教育，2005（2）：76-78.

[3] 王洪龄，周苏东 . 用任务驱动模式编写教材的研究探索 [J]. 中国培训，2007（7）：19-20.

[4] 王希波 . 正确把握教材结构，恰当选择教学方法——谈任务驱动型教材的特点与使用 [J]. 职业，2008（8）：9-10.

[5] 傅伟 . 高职教育工作过程导向教材开发与建设的研究 [J]. 中国高教研究，2011（9）：81-83.

[6] 李亚平，等 . 计算机通用能力教程 [M]. 北京：中国铁道出版社，2004.

[7] 金加龙 . 高职汽车运用技术专业"任务驱动型"教材建设的探索 [J]. 浙江交通职业技术学院学报，2006（S1）：65-67.

[8] 梁东晓 . 机械类高技能人才培养教材改革与实践——"任务驱动"型改革教材编写模式研究 [J]. 职业，2007（10）：79-80.

分析、知识学习、技能训练、完成任务的逻辑设计理念。何佳兵等根据实际生产中加工零件的类型及 CAD/CAM（计算机辅助设计 / 计算机辅助制造）软件功能开发了校本教材《数控加工自动编程》，将教材内容分为 5 个学习情境及若干个典型工作任务[1]。蒋文胜等编写的高职教材《冷库的安装与维修》，按照“安装—调试—运行—维护—管理”的工作主线来划分，各学习模块之间既相对独立，又存在着一定的关联，依次递进[2]。蒋成义等编写的高职教材《化工环保技术》，按照化工生产的流程任务，其内容分为化工生产与环境、化工废水污染防治、化工废气污染防治、化工固废污染防治及其资源化利用和化工清洁生产与循环经济共 5 个模块[3]。但从教材开发情况来看，有些教材的编写没有真正体现出任务驱动，如郑志勇等编写的“任务驱动”型教材《插花艺术》，其结构分为：专业入门模块、专业基础模块、专业技能模块[4]，显然仍有学科三段式的痕迹。鲁淑叶开发了数控技术专业教材《零件数控车削加工》，下设八个学习情境，基本涵盖了数控车工岗位的典型工作任务及常用数控系统[5]。

任务驱动型教材是通过一项项任务的完成，来引领学习、形成能力的。既然是完成任务，当然是通过实践活动来完成。因此，任务驱动型教材属于基于职业行动逻辑的教材结构设计。

（二）项目化教材研究

蔡锦锦等认为，项目化教材是以一个一个项目的形式来规划全书内容结构的，一个项目完成以后一般可以产出一个与现实工作中相对应的真实工作产品或部件[6]。叶健华认为，《C 语言程序设计》项目化教材开发的关键是项目的选取[7]。程显生等结合“数据库原理与技术（Access）”课程的实践研究，提出采用“双项目并行”的模式编写任务驱动型教材[8]。孙红艳也认为，项目的确立是项目化教材的总体结构形成的基础，而项目的排序是使这些确立的项目能够建立合适的逻辑，从而更好地发挥其教学功能[9]。刘明等基于当前机电类专业教材的需求，以“任务引领、实践主导、能力拓展、教学做一体”的思

---

[1] 何佳兵，肖军民. 基于工作过程导向的高职教材开发 [J]. 新课程研究（中旬刊），2009（12）：11-13.

[2] 蒋文胜，邓锦军. 职业教育任务驱动型教材编写研究——以《冷库的安装与维修》教材为例 [J]. 柳州师专学报，2012（5）：105-109.

[3] 蒋成义，胡婉玉，郝建文. 基于任务驱动模式的高职《化工环保技术》教材编写探索与实践 [J]. 职教通讯，2014（21）：75-78.

[4] 郑志勇，王立新，王德芳. 高职教育“任务驱动”型教材编写研究 [J]. 中国职业技术教育，2011（14）：44-47.

[5] 鲁淑叶. 基于工作过程的《零件数控车削加工》教材的开发 [J]. 电子测试，2013（22）：199-200.

[6] 蔡锦锦，张枝军. 职业教育项目化教材结构设计探讨 [J]. 消费导刊，2009（21）：180-181.

[7] 叶健华.《C 语言程序设计》项目化教材建设初探 [J]. 南京工业职业技术学院学报，2010（4）：79-80.

[8] 程显生，王俊，吴姗. 浅谈任务驱动型教材编写的研究与探索 [J]. 计算机教育，2009（18）：150-151，108.

[9] 孙红艳. 职业教育项目化教材设计研究 [D]. 上海：华东师范大学，2010.

路开发编写了一体化教材《PLC 技术及应用》，教材结构包括：任务描述、任务目标、相关知识、任务实施、任务评价和知识拓展巩固训练[1]。管永权等基于职业能力视角，开展高职会计专业项目化实训教材建设，并指出项目化实训教材的内容设计要具有高度仿真性[2]。汪丹认为，项目化教材是以项目化的课程为主要依据，参照教学内容、教学目标、职业资格等设计与开发的，配合学生进行项目化学习的辅导材料[3]。干方群等开发了高职环保专业项目化教材《环保设备选择与应用》，开发的核心环节是项目化的工作任务，教材围绕南京市江南垃圾综合处置场处理工艺进行整体设计，根据工艺流程设置七个能力训练任务[4]。

项目化教材是以项目课程为基础的，而项目课程的内容是工作任务，通过完成一项项的工作任务，最后完成一个项目。由于在人们的实践中，事务大量存在，但更多的不是以项目的形式出现的，所以项目课程及其教材，有一定的局限性。但项目化教材也是基于职业行动逻辑的教材结构设计。

（三）工作过程教材研究

冯军标提出职教教材应打破学科系统化的模式，采用以项目为单元的工作过程系统化模式，并在中职数控加工专业进行实践[5]。周爱兰认为，基于"工作过程"的高职教材应该包括实训和理论两个部分，强调"怎么用"，淡化"怎么来"[6]。宋良玉认为基于工作过程的汽修专业教材应该是一本图文并茂的，包含课件、录像、模型等内容的立体书[7]。仲剑锋等在校企合作的基础上，开发了基于工作过程的任务驱动型校本教材《制药通用设备》，并建设了多元特色立体化教学资源[8]。

工作过程教材是受工作过程系统化课程的影响提出的。从教材的呈现形式上，基于工作过程的教材，最终的呈现形式基本是项目、任务，当然也是基于职业行动逻辑的教材结构设计。

（四）理实一体化教材研究

刘志平等认为，优秀教材来自教学改革的实践，它充分体现了理论与实际的结合，而

---

[1] 刘明，陈剑锋．职业院校任务引领式一体化教材的开发与实践——以《PLC技术及应用（三菱）》为例[J]．新课程研究（中旬刊），2013（11）：42-45.

[2] 管永权，金榜．基于职业能力视角的高职会计专业项目化实训教材建设[J]．教育与职业，2013（26）：152-154.

[3] 汪丹．中等职业教育项目化教材开发研究[D]．上海：上海师范大学，2014.

[4] 干方群，唐荣，谢伟芳，等．高职《环保设备选择与应用》项目化校本教材的开发探索[J]．高教学刊，2016（8）：241-241.

[5] 冯军标．工作过程系统化教材模式与行为导向教学的思考[J]．中等职业教育，2006（20）：47-48.

[6] 周爱兰．基于"工作过程"的高职教材建设的思考[J]．职业，2008，（21）：56-57.

[7] 宋良玉．基于工作过程职业教育汽修专业教材建设的思考[J]．中国职业技术教育，2011（35）：24-26.

[8] 仲剑锋，于天明，逄志敏．基于工作过程的任务驱动型教材开发实践探索——以高职《制药通用设备》校本教材为例[J]．高教论坛，2013（3）：36-39.

职业高中的教材建设要由单一知识体系向能力体系转换[1]。张新民提出高等职业教育教材开发应注意理论与实践的关系、知识传授与能力培养的关系，在教材开发过程中要特别重视培养学生的学习能力[2]。丁洪东认为，理实一体化教材内容要突出体现学生将来做什么、教师就教什么[3]。张扬群等对职业教育理实一体化教材的设计与编写进行了探讨，提出教材结构应坚持职业活动逻辑、学习动机发展逻辑、能力形成心理逻辑进行设计[4]。王平等依据"认知+技能+能力+实践"的理实一体化教学规律，开发机械制造技术专业教材《钳工工艺》，教材以项目为整合，将内容编制成划线、锯削、锉削等十个项目、四十二个任务[5]。刘春娟认为，在实施"理中有实、实中有理"的理实一体化教学模式的同时，来开发理实一体化教材《食品理化检测技术》，教材采取项目任务式的章节结构[6]。

理实一体化教材是从解决理论和实践在教学中分离的问题提出的。实际上，这样的提法和做法，并没有把问题真正看透。理论有自己的结构和体系，实践也有自己的结构和体系。这两个体系一体化，由于结构不同，不可能实现。所以从上述研究和教材可以发现，所谓理实一体化教材是实践引领学习理论，其教材结构设计所沿的主线是实践行动逻辑。所以，理实一体化教材最终的呈现形式基本也是项目、任务，实际上也是基于职业行动逻辑的教材结构设计。

三、基于职业特质形成的教材设计研究

邓泽民在其《职业教育教学论》一书提出职业特质是从事不同职业所特有的、成就其卓越的职业素质，包括成就卓越职业活动所具有的职业思维、职业行为、职业语言、职业情感等[7]，并指出基于职业行动逻辑的教材结构设计对于职业院校学生职业特质形成的必要性。自2010年起，基于职业特质的教材及研究不断出现，邓泽民等在《职业教育教材设计》（第二版）一书中提出了基于职业能力和特质的职业教育教材设计模式，并提出根据对从事不同职业或同一职业不同职业活动的技术技能人才特质的分析，基于职业活动逻辑的教材设计主要分为三个基本类型：过程导向教材、情景导向教材和效果导向教材[8]。

---

[1] 刘志平，刘卫珍，杨艳，等．对职业高中教材建设的研究［J］．中国职业技术教育，1999（2）：25-27.

[2] 张新民．谈高等职业教育的教材开发［J］．职业技术教育，2002，23（34）：47-49.

[3] 丁洪东．浅谈理实一体化教材的建设［J］．科技信息，2010（18）：580.

[4] 张扬群，邓泽民．职业教育理实一体化教材设计与编写探析［J］．中国职业技术教育，2011（24）：68-72.

[5] 王平，冯海平．浅析中等职业学校钳工课程理实一体化教材的开发［J］．当代职业教育，2014（10）：20-23.

[6] 刘春娟．《食品理化检测技术》理实一体化教材建设研究［J］．吉林省经济管理干部学院学报，2015，29（3）：88-90.

[7] 邓泽民．职业教育教学论 [M]．北京：中国铁道出版社，2011：7.

[8] 邓泽民，侯金柱．职业教育教材设计 [M].2 版．北京：中国铁道出版社，2012.

（一）过程导向教材设计研究

通过对具有过程导向特征的职业教育教材及相关文献内容进行分析，发现过程导向教材多为技术类专业教材，结构设计上注重学习者过程导向思维、规范行为、准确语言和严谨态度的形成，一般为：过程描述、过程分析、相关知识、技能训练、态度养成和标准达成。

如邓泽民等设计出版中等职业学校数控技术专业系列教材，以数控加工过程为引领，以精度和高标准为价值取向，注重学生操作规范和态度的严谨。曾鑫等主编的《汽车车身电器检修》一书，设计6个项目19个任务，每个任务按照"学习目标—任务描述—任务分析—相关知识—技能训练—任务实施—思考练习"的过程安排。作为高职高专汽车类专业教材，该书于 2015 年出版了第 2 版 [1]。吕允英从编辑的视角，以《电子工艺技术》一书为例，介绍了教材的选题策划及编辑出版过程，该教材选取了 9 个典型电路，分解为 17 个项目，每个项目下设 7 个环节，基本涵盖了每一典型电路工作的主要内容 [2]。王艳芳等在《焊接实训》教材的开发过程中，细致分析了焊接职业岗位工作任务所覆盖的职业能力并结合各种焊接工艺的特点，将焊接实训分为 8 个模块，每一模块下设多个任务，任务按"实训目标""实训图样""实训须知""实训准备""实训步骤及操作要点""评分标准"六个不同结构功能块顺序进行设计 [3]。殷欢等开发了 PLC（可编程逻辑控制器）校本教材，教材开发基于工作过程或企业工艺流程的工学交替、学做合一的理念，以任务驱动法的编写方式导入教学内容 [4]。曹大红通过分析我国疫苗生产技术教材开发现状发现，国内高职高专"十二五"规划教材中没有疫苗生产技术的专门教材，故而提出开发《疫苗生产技术》教材，该教材应依据工作过程的课程开发理论 [5]。王飞龙在《数控加工工艺与编程》的教材开发过程中，提出建立以过程为导向的教材知识结构模式，教材结构由任务描述、任务工单、相关知识、任务分析、零件加工、检测评价、注意事项等内容组成，结构内容源于企业的实际工作过程 [6]。

（二）情景导向教材设计研究

通过对具有情景导向特征的职业教育教材及相关文献内容进行分析，发现具有该类特征的教材多是服务类专业教材，教材结构设计上注重学习者情景导向思维、规范基础上灵活的行为、富有情感的语言以及热情诚恳态度的培养过程。教材结构一般设计为：情景描述、情景分析、相关知识、技能训练、态度养成和完成任务。

---

[1] 曾鑫，高吕和 . 汽车车身电器检修 [M].2 版 . 北京：中国铁道出版社，2015.

[2] 吕允英 . 以职业技能为目标 把关改革创新教材——以《电子工艺技术》为例 [J]. 中国职工教育，2012（18）：114-115.

[3] 王艳芳，杨兵兵，邓志博 . 高职焊接实训教材的开发与实践 [J]. 铸造技术，2014，35（11）：2711-2713.

[4] 殷欢，卢香平 . 职业院校信息化支撑下的立体化教材探索 [J]. 读与写（教育教学刊），2015，12（7）：73.

[5] 曹大红 . 现代职业教育课程教材开发探析——以《疫苗生产技术》教材为例 [J]. 教育现代化，2017，4（5）：208-210.

[6] 王飞龙 . 中职学校《数控加工工艺与编程》任务驱动式教材开发研究 [D]. 长春：长春师范大学，2018：46.

邓泽民设计了酒店服务与管理专业 18 本情景导向的系列教材，到 2018 年，有的教材印刷达到 30 多次。其中《餐饮服务与管理》教材共三篇，每一篇均以一次完整的接待服务过程为实例，将教学内容分成若干单元 [1]；《前厅服务与管理》设置“服务篇”6 个单元共 16 个典型工作情景，“安全管理篇”1 个单元 2 个任务，通过情景导向学习活动的开展，培养学生具备情境导向思维，追求惊喜个人的服务价值的职业特质 [2]；《饭店服务心理与待客技巧》采用情景导向教材结构，设置了前厅服务心理与待客技巧、客房服务心理与待客技巧、餐饮服务心理与待客技巧、康乐服务心理与待客技巧、吧间服务心理与待客技巧、VIP（贵宾）服务心理与待客技巧、员工及管理者心理与调适技巧共 7 个单元 19 个典型工作情景 [3]；《康乐服务与管理》设置认识酒店康乐、球类服务、健身服务、娱乐服务、保健服务、安全服务与管理 6 大单元共 18 项任务 [4]；《饭店管理》教材中根据对学生能力和职业需求的调查，设置了认识酒店管理、酒店组织管理、酒店前厅管理、酒店客房管理、酒店餐厅管理、酒店康乐管理、酒店安全管理、酒店营销管理及酒店财务管理 9 个单元共 26 个案例 [5]。邓泽民设计了中等职业学校文秘专业 12 本情景导向的系列教材，其中《沟通能力训练》，创设文秘工作情境，包含接待服务、办公事务、会议服务和出行服务 4 大部分情景下的文秘沟通 [6]。谢丽英所著的《餐厅领班》在编写过程中，设计了例会主持、督导检查、沟通协调、HR 管理、员工培训、优质服务 6 个单元共 17 个任务，采用情景导向的教材结构创设情景，引领学生轻松愉快地学习，培养学生发现问题、提出问题、分析问题、解决问题的能力 [7]。童以鸿等所编《会议组织与服务（第二版）》内容紧扣秘书工作的“办会”任务，设计了 12 个单元 40 个任务，通过情景导入、相关知识、技能训练、学习评估、能力评价等多个环节的设计，使中职学生在情景导向教学过程中实现职业特质的培养 [8]。刘晓慧在高职护理英语教材《新职业英语——医护英语》中通过图片、讨论等生动有趣的活动引入单元主题，帮助学生了解单元的微工作过程和核心职业词汇，78% 学生对此部分比较感兴趣 [9]。董大伟认为，情境式教材的设计对高职院校教学做一体化情境教学组织是非常重要的 [10]。冯佳通过对物流英语教材的调研分析发现，在现行教材内容中，模拟工作情景对话和课文讲解最受学生喜欢 [11]。

---

[1] 邓泽民 . 餐饮服务与管理 [M].2 版 . 北京：中国铁道出版社，2014.

[2] 邓泽民 . 前厅服务与管理 [M]. 2 版 . 北京：中国铁道出版社，2017.

[3] 邓泽民 . 饭店服务心理与待客技巧 [M]. 北京：中国铁道出版社，2018.

[4] 邓泽民 . 康乐服务与管理 [M]. 北京：中国铁道出版社，2009.

[5] 邓泽民 . 饭店管理 [M]. 北京：中国铁道出版社，2010.

[6] 邓泽民 . 沟通能力训练 [M]. 北京：科学出版社，2012.

[7] 谢丽英 . 餐厅领班 [M]. 北京：中国铁道出版社，2014.

[8] 童以鸿，石含洲 . 会议组织与服务 [M].2 版 . 北京：科学出版社，2014.

[9] 刘晓慧 . 基于需求分析的高职护理英语教材《新职业英语——医护英语》实用性分析 [J]. 佳木斯职业学院学报，2015（11）：330-331.

[10] 董大伟 . 高职院校情境式教材开发与实践研究 [J]. 科技经济导刊，2016（33）：163.

[11] 冯佳 . 高职物流英语教材实证研究——以广东省为例 [J]. 广东交通职业技术学院学报，2017，16（3）：95-98，102.

（三）效果导向教材设计研究

通过对具有效果导向特征的职业教育教材及相关文献分析，具有效果导向特征的教材多为艺术类专业教材。教材注重学习者效果导向思维、不拘一格的行为、夸张语言及奔放情感的形成过程。教材结构一般为：效果描述、效果分析、相关知识、效果达成和效果超越。

邓泽民设计出版了职业院校酒店服务与管理专业系列教材，其中《咖啡调制与服务》以经典单品咖啡调制、花式咖啡调制、浓缩咖啡调制、时尚花式咖啡调制 4 大类 18 个咖啡饮品的效果引领学习[1]；《插花艺术与服务》以客房花艺、餐厅花艺、会议与宴会花艺、前厅花艺等 13 个典型作品的效果引领学习，通过学习完成这些作品，学生能够领略花艺文化独特的魅力，尤其是中国传统插花文化的传承，并获得初步花艺创业能力[2]。王楠在选用艺术类中职钢琴专业教材时，根据学生实际，以效果为导向，选择适合学生学习的案例教材，取得了良好效果[3]。邓泽民设计出版了学前教育专业系列教材，其中《幼儿手工》[4]、《幼儿歌曲弹唱》[5] 等 5 本艺术类教材，以作品的效果引领学习。陈桂兴等开发设计了中职艺术设计（家具）专业课程校本教材《设计素描与色彩》，教材以形的塑造（设计素描）—色的表现（设计色彩）—实战案例（综合应用）”为设计主线，内容丰富、图文并茂，专业性较强，对提升艺术设计专业的学生造型能力、视觉思维模式起到很好的作用[6]。

---

[1] 邓泽民．咖啡调制与服务 [M]．北京：中国铁道出版社，2008.

[2] 邓泽民．插花艺术与服务 [M].2 版．北京：中国铁道出版社，2017.

[3] 王楠．艺术类中职钢琴专业教材选用之我见——以呼和浩特市艺术学校钢琴专业教材选用为例 [J]．内蒙古教育（职教版），2015（10）：68.

[4] 邓泽民．幼儿手工 [M]．长春：吉林音像出版社，2018.

[5] 邓泽民．幼儿歌曲弹唱 [M]．长春：吉林音像出版社，2018.

[6] 陈桂兴．智慧环境下的中职艺术设计（家具）专业课程校本教材开发研究 [C]// 十三五规划科研成果汇编：第三卷，十三五规划科研管理办公室，2018：4.

综述三　我国职业教育教学改革研究综述

《我国职业教育教学研究 40 年综述》这篇文章，通过对 40 年来我国职业教育教学研究文献的实证性研究，发现我国职业教育教学从知识本位教学走到能力本位教学，又从能力本位教学走向发展本位教学，经历了从学习国外经验，跟跑、伴跑到开始领跑的过程。

通过对 40 年来职业教育相关文献进行统计，发现我国学者共出版相关著作 527 本（基于中国国家图书馆收录）；以“职业教育教学”进行篇名检索，共检索到 5736 篇期刊论文和 101 篇硕博论文（基于中国知网检索）。通过对检索到的著作、论文进行分析，整理出不同时期职业教育领域教学研究的重点，旨在厘清我国职业教育教学研究的进程，特别是厘清我国职业教育教学研究的方向。

一、我国职业教育教学从知识本位教学发展而来

1978 年，党的十一届三中全会召开，标志着我国党和政府的工作重心转移到社会主义现代化建设上来。社会主义现代化建设对技术技能人才的需求促使我国职业教育全面恢复和发展。在我国职业教育全面恢复和发展初期，我国中等职业学校主要由普通高中、中等专业学校转变而来，由高职学院“三改一补”而来，知识本位教学特征十分突出。直到 1995 年，职业教育能力本位教育理念才开始被我国职业教育界所认识。

从 1978 年到 1995 年，这期间出版的基于中国国家图书馆收录的我国职业教育教学研究有关学术著作共 76 部，其中只有一本专门论述“职业教育教学”的著作；以“职业教育教学”“中等专业教育教学”“高等专科教育教学”为篇名在中国知网检索到的文章只有 34 篇，没有一篇硕博论文。

《技术职业教育教学法》一书 1984 年在台北民正书局出版，对大陆职业教育教学影响不大，34 篇文章中有 11 篇介绍国外职业教育教学经验，4 篇文章谈职业教育应发展电化教学，1 篇属于简讯，其他 18 篇文章中绝大多数的文章知识本位教学色彩较重。如董操提出，教学计划中文化课是为专业基础课、专业课打基础的，专业基础课又是为专业课打基础的，先学《植物与植物生理》才能学《作为栽培》[1]。李东旭认为，生物学是水产养殖实践的理论基础，没有比较全面的生物学基础知识，就不可能学好水产养殖专业课[2]。柴全喜认为，植物保护、林学、园艺学专业的微生物学教学应重点讲授各大类微生物特别是真菌的一般形态、各分类单元的特征及其代表种类[3]。杨述先概述了职业高中建

---

[1]　董操．职业中学教学计划初探［J］．职业教育研究，1983（4）：25−27，5.

[2]　李东旭．职业中学水产养殖专业的生物学教学［J］．生物学教学，1993（7）：25.

[3]　柴全喜．农职中果树专业教学改革的探索［J］．职教论坛，1994（11）：37.

筑施工、电子电器、服装制作、饭店服务、中餐烹饪等专业的教学计划及教学大纲，如中餐烹饪的课程以烹饪概论开始[1]，再如畜牧专业《家畜解剖生理学教学辅导大纲》中共有二十八章，前十四章为解剖学的内容，主要讲授家畜各器官系统的形态、位置和构造，后十四章为生理学的内容，主要讲授各器官系统的生理机能。这种学科知识本位教学使我国职业教育教学离生产实践有一定距离[2]。此时也有不少学者或地方提出应打破知识本位教学的桎梏并进行新的尝试，如董剑桥提出应打破"学科本位课程"模式[3]，南京市教育局提出，坚持教学、实习与生产、经营相结合发展职业教育。但 1995 年以前，我国职业教育教学普遍基于学科知识。

1978—1995 年，达 17 年之久，跨度很大，而我国职业教育教学研究成果可谓寥寥。这和我国职业教育发展之初，其专业教学计划和课程教学大纲的指令性有关。所谓指令性，就是教育行政部门确定之后，学校必须严格按照教学计划和大纲实施，致使职业院校教师教学改革研究空间受限。随着我国职业教育实施指导性专业教学计划和课程教学大纲，这种受限虽然解除，但我国职业教育教学当时基本运用基础课、专业基础课、专业课"三段式"教学模式。在这种教学模式中，职业教育课程科目教学大纲对教学目标的基本描述方式都是"了解""理解""掌握"，职业教育教师教案的教学目标按照大纲的要求也须是"了解""理解""掌握"，而对于这种以"了解""理解""掌握"为目标的知识本位教学也已基本固化。

二、我国职业教育教学经历了能力本位教学

1995 年之前，基于中国国家图书馆收录目录，只有一本 1984 年台湾出版的专门论述"职业教育能力本位"的著作[4]。邓泽民发表文章介绍加拿大社区学院教育，对其能力本位教育进行了论述[5]。唐虔撰文认为当前中国职教改革急需解决的问题是摆脱计划经济体制下的办学模式的束缚，而加拿大 CBE 的实施方式对职教改革具有借鉴意义[6]。1995 年，邓泽民撰写出版了《CBE 理论与在中国职教中的实践》，较全面系统地介绍了能力本位教育和在中国开展的实践[7]。1995 年至今出版的 451 部职业教育著作几乎都或多或少地受到了能力本位教育理念影响，以"职业教育"为主题，以"能力本位"或以"能力为本位"或以"CBE"为关键词进行检索，共有 2546 篇文章，其中硕博论文 300 篇。通过对上述文献的分析，我国职业教育开展能力本位教育教学研究可以分为以下几个阶段。

---

[1] 杨述先. 职业高中部分专业教学计划及专业课程教学大纲简介 [J]. 职教论坛，1995（7）：41.

[2] 河南省农业广播学校.《家畜解剖生理学教学辅导大纲》（畜牧专业）[J]. 河南科技，1987（3）：41-44.

[3] 董剑桥. 打破"学科本位课程"模式　重建师专课程体系——兼论深化师专教育改革的"突破口"[J]. 江苏高教，1992（2）：58-61.

[4] 黄孝淡. 能力本位职业教育 [M]. 台北：正文书局，1984.

[5] 邓泽民. 加拿大社区学院教育 [J]. 中等煤炭教育，1991（4）：1-3.

[6] 唐虔.CBE 及其对中国职教改革的意义 [J]. 中国职业技术教育，1993（1）：34-35.

[7] 邓泽民.CBE 理论与在中国职教中的实践 [M]. 北京：煤炭工业出版社，1995.

（一）引进实践阶段

邓泽民在其《CBE 理论与在中国职教中的实践》中系统介绍了职业分析[DACUM（教学计划开发）]和技能学习指导书（skill learning guide）及其在我国职业教育实践探索。从中可以看出，我国职业教育教学在探索实践中促使学校从基于学科教育的教学中走了出来，发展到了基于能力教育的能力本位教学阶段，破解了我国职业教育教学远离生产实践问题，实现了我国职业教育教学零距离对接企业生产的实践。邓泽民等指出，对 CBE 理论改革教学模式的借鉴，在经历了一个学习、实验和逐步推广的实践过程后，取得了一定的成果，如专业培养目标具体化、操作性强，任务学习模块化、教学过程科学化、合理化[1]，对接企业工作能力要求。黄日强等认为，能力本位职业教育在适应现代产业结构不断变化和生产技术飞速发展的条件下，将发挥重大作用[2]。魏咏梅在《导游业务》课的教学中借鉴 CBE 理论，且经过初步的教学实践证明，它的确增强了学生学习的责任感和主动性，使学生在学习过程中不仅获得了求职的本领，而且还掌握了学习的策略（目标、途径和方法），并将使学生在终身教育中受益[3]。王吉林在电工技训实践环节进行教学改革实践，实践显示，试点专业学生的技能水平（以劳动部门技术等级考核中级工为标准）和对口就业率远高于其他专业，同时企业对学生岗位实习的肯定反馈至学校，进一步推动学校教学工作向更深层次迈进[4]。蒋丽认为，职业教育能力本位不同于传统的知识本位、学科本位的职教价值观，它为职业教育教学改革提供了新的思想动力[5]。吴仕荣则从八个方面将能力本位教学模式与传统教学模式进行比较，并认为能力本位职业教育已成为职业教育改革的一个重要方面[6]。王建华在水利水电建筑工程专业的“工程测量”课程进行实践改革，在取得成效的同时，也出现了诸如教学实践与学年学分制如何结合等问题[7]。徐丹从高职学生普遍存在的心理和行为特点出发，认为要做到以能力为本，老一套的教学体制必须要打破，针对职校生的特点，采用灵活多变的教育方式：启发激励式、扬长避短尊重个性、以“实用”为标准[8]。向敏等将 CBE 理论引入高职药理学教学实践中，促进了学生能力的构建和自学能力提升，教学向“以学生为中心”转变，促进学生主动学习，真正形成“教学相长”的良性循环[9]。黄尧提出职业教育要从学科本位向能力本位迈进，才能适应国家发展对人才的需求[10]。庞世俊等认为，能力本位理念符合人本主义注重人的全面发展的原

---

[1] 邓泽民，郭化林．借鉴 CBE 理论改革教学模式 [J]. 职业技术教育，1996（11）：20–21.

[2] 黄日强，周琪．能力本位职业教育：当代职业教育的发展趋向 [J]. 外国教育研究，1999（2）：37–41.

[3] 魏咏梅．《导游业务》课的 CBE 实践 [J]. 芜湖职业技术学院学报，2000（2）：74–76.

[4] 王吉林．借鉴 CBE 模式改革专业实践教学 [J]. 职教论坛，2002（6）：51–52.

[5] 蒋莉．能力本位职业教育思潮 [J]. 职教论坛，2004（22）：62–63.

[6] 吴仕荣．能力本位教学模式与传统教学模式的比较 [J]. 重庆教育学院学报，2007（3）：138–140.

[7] 王建华．基于能力本位的《工程测量》课程改革与实践 [J]. 职业教育研究，2008（5）：101–102.

[8] 徐丹．以能力为本位 以学生为中心——高职学生特点的分析和教育方法的探索 [J]. 中国校外教育（理论），2008（12）：127.

[9] 向敏，刘远嵘，凌婧 .CBE 理论在高职药理学教学中的应用研究 [J]. 中国高等医学教育，2009（7）：30–31.

[10] 黄尧：我国职业教育要从学科本位向能力本位迈进 [J]. 中等职业教育（理论），2009（11）：12.

则，反映了教育学规律，体现了职业教育学习的多样性态势，对于当代教育特别是职业教育改革实践具有理论意义与实践启示[1]。陈振成运用 CBE 教学模式在“工业分析”课程中进行教学改革，通过比较改革前后学生的职业意识、技能和对职业的描述能力发现，CBE 教学将课本的理论知识与岗位实际应用有效融合，能较大地提高学生的实验技能和职业能力[2]。

（二）认识消化阶段

在 CBE 理论影响下，我国职业教育教学研究和改革终于打破了僵局，实现了从知识本位价值观到能力本位价值观的转变，激发了我国职业教育教学研究与改革活力。但也有学者由于对能力本位教育理念中能力的内涵中包括态度这一方面不是很了解，因此称虽然能力本位现状是职业教育发展主流，但是随着科学技术的迅速发展和数字化时代的来临，只重视物，而忽略人的品质、内在精神培养的“能力本位”职业教育，将越来越暴露出诸多缺陷[3]。邓泽民撰写的《职业学校学生职业能力与教学模式研究》专著，系统研究了职业教育能力本位的教学模式，并指出，在我国“能力”这个词的内涵不包括态度，但能力本位教育的“能力”包括知识、技能还有态度，这里的态度就是人的品质、内在精神对外界的反应倾向。朱佩兰认为，应积极探索能力本位教学模式，并认为能力本位是培养学生达到预定能力的一种教育方式，即在教学之前先确定从事某种专业或职业所必需的知识、技能和态度，按照既定的教学内容培养学生，使毕业生达到预定的知识、技能水准[4]。杨汉洲认为，构建能力本位教学模式要以能力为重点，以学生为中心，以就业为导向，同时还要突出教学的能力本位取向，加强实践教学，注重订单式培养[5]。刘德云等构建了高职药学专业“能力本位”实践教学体系，解决了以往教学模式中的学习过程与实际工作岗位相脱离的问题，培养了学生根据实际情况解决问题和分析问题的能力[6]。

（三）本土化改造阶段

到 2002 年，我国开始出现基于能力本位教育理念的职业教育教学专著，这是能力本位教育教学在我国职业教育教学领域本土化的标志。邓泽民先后出版了基于能力本位的《职业教育教学设计》《职业教育教材设计》《职业教育行动教学》等多部专著。唐玉凤[7]、

[1] 庞世俊，姜广坤，王庆江.“能力本位”教育理念对职业教育的理论意义与实践启示[J].中国大学教学，2010（10）：21-23.

[2] 陈振成.CBE 教学模式在《工业分析》课程中的实践[J].化学工程与装备，2011（8）：226-227.

[3] 周明星.论职业教育的出发点问题——兼评职业教育的三种基本理念[J].职业技术教育，2003，24（25）：8-11.

[4] 朱佩兰.积极探索“能力本位”教学模式[J].中国体育教练员，2001（3）：8-9.

[5] 杨汉洲.构建“能力本位”的高职教学模式[J].教育与职业，2008（17）：55-57.

[6] 刘德云，陈国华，曹庆景.高职药学专业“能力本位”实践教学体系的构建[J].中国职业技术教育，2012（35）：49-51.

[7] 唐玉凤.职业教育教学论[M].长沙：湖南科技出版社，2004.

孟庆国[1]、赵志群[2]等分别出版了职业教育教学专著。

在本土化改造过程中，我国传统的“做中学”的教育理念和范例教学理论也发挥了作用。在中国知网，以“做中学 教学”为篇名进行检索，共计545篇相关文章。吴颖等以能力为本位，以学生为中心，以教师为主导，在畜牧机械实践课中实行做中教、做中学、做中会，以培养学生的实践能力和适应职业变化能力[3]。陈庆合等认为能力本位教学体系的构建需要政策支持、教师保证、评价导向[4]。关崇梅在农学系进行CBE本土化实践探索，取得明显成效：敞开校门，按需办学；以能力培养为中心，按需施教；废除“三段式”和“灌输式”课堂教学模式，加强实际操作训练；成绩考核方式采用学生实际操作和面试[5]。袁永富等在中职数控专业开展教改试点，通过创设做的内容及情境，改革成绩评定方式，加强实践技能考核，实现“从做中学”，改革取得一定效果，但也发现教学投入比较大，而学校资源有限的情况影响了非教改试点的实践教学[6]。刘长生等在高职计算机专业教学中开展教学改革，借鉴“做中学”理论，提出以“一体化教学”实现“从做中学”[7]。胡振文将瑞典的CDIO（构思、设计、实现、运作）和“做中学”有机结合起来，探索了高等职业教育“CEC—CDIO做中学”课程模式[8]。耿健认为，实现“做中学，做中教”的关键是任务、情境、规范和知识所构成的多元化教学内容，并在机电技术应用专业每一门课程中都实施“做中学、做中教”的教学模式[9]。除在专业课中开展实践外，在一些基础课中部分学者也开展了“做中学”教学实践，如李霑将“做中学”理念应用于中职语文教学中，通过构建模块化教学素材、创设活动化的教学手段、落实多元化的评价体系三个途径来体现职教特色，提高学生的综合语文素质[10]。

另在中国知网，以“范例教学”为篇名进行检索，共计143篇相关文章。陈杰运用范例教学论与多元智力理论指导课件制作[11]；董小青将范例教学应用于中职的“网页设计制作”课程中，并进行对照组实验，结果显示，学生不仅掌握将来工作学习必备的计算机知识与技能，更重要的是掌握一种学习的方法，实现了由知识向能力的转变[12]；孙建芳认为，

---

[1] 孟庆国．职业教育教学论[M]．北京：北京师范大学出版社，2008.

[2] 赵志群．职业教育行动导向的教学[M]．北京：清华大学出版社，2016.

[3] 吴颖，王春华．做中教 做中学 做中会——加强实践教学的体会[J]．辽宁教育学院学报，2002（4）：77.

[4] 陈庆合，于淑娟，侯金柱．论能力本位教学体系的支持系统[J]．职教论坛，2003（6）：18-19.

[5] 关崇梅，徐志英，刘玉凤．CBE教育本土化的探索与实践[J]．职教论坛，2004（18）：13-15.

[6] 袁永富，阳彦雄．“从做中学”教学法实践与探索[J]．职教论坛，2004（33）：12-14.

[7] 刘长生，刘新桥，唐歆瑜，等．“从做中学”与高职计算机教学模式改革[J]．长沙通信职业技术学院学报，2008（1）：104-106.

[8] 胡振文．高职教育CEC—CDIO做中学课程模式的探索与实践[J]．计算机教育，2010（11）：35-40.

[9] 耿健．“做中学，做中教”教学模式的实践与思考[J]．中国职业技术教育，2012（14）：26-30.

[10] 李霑．“做中学，学中做”在中职语文教学中的应用[J]．职业教育研究，2012（4）：110-111.

[11] 陈杰．现代教学改革的新方向——论范例教学论与多元智力理论在课件制作上的应用[J]．肇庆学院学报，2003（6）：85-88.

[12] 董小青．三段式范例教学模式在中职《网页设计制作》教学中的应用研究[D]．呼和浩特：内蒙古师范大学，2007.

基于能力本位的“餐饮服务与管理”课程教学方法有任务驱动教学法、项目教学法、竞赛教学法、体验教学法，从而实现帮助学生运用所学有效地进行餐饮业的管理运行[1]。王雪英等在“妇产科护理学”课程中开展范例教学实践探索，一方面转变了教师传统的教学理念，认识到以学生为主体的重要性，切实提高了课程的教学质量，另一方面提高了教师的教学水平，培养了学生的综合素质[2]；严树林在土建类高职数学教学中基于能力本位进行教学方法的探索，包括案例教学法、个性化教学法、数学实验以及渗透数学文化等方法，以达到提升学生职业核心能力的目的[3]。陈润生通过范例教学模式在高等职业教育学院《应用写作》教学中的实际应用，发现学生从中获取相关经验以及学习的技巧，并能有效地运用于现实生活中，从而具有良好的处事和实际工作能力[4]。

三、我国职业教育教学正走向发展本位教学

职业教育教学从知识本位发展到了能力本位，特别是教学的能力本位价值取向在教学目标上不再是了解、理解、掌握这种学科知识目标，而是知识目标、技能目标、态度目标和能力目标。然而，随着我国科技高速发展，产业升级加速，航天航空、高速铁路、大型工程等对技术技能人才提出了更高的要求，职业教学目标已经不能停留在会不会做、能不能做，而是要求做到卓越，才能达到所要求的技术标准、操作规范，才能确保安全和质量。邓泽民在其《职业教育教学论》一书中对此问题进行了全面系统深入的研究，提出了职业特质是从事不同职业所特有的、成就其卓越的职业素质，包括成就卓越职业活动所具有的职业思维、职业行为、职业语言、职业情感等[5]，并提出了职业特质是较职业能力更高级的职业教育教学目标，为了培养职业特质，针对不同职业对接的专业教学，提出了效果导向教学、情景导向教学和过程导向教学的基本教学原则，形成了以学生职业特质发展为本位的教学。自2010年以来，关于职业教育特质教学研究的文献大量涌现，在中国知网以“效果导向教学”“情景导向教学”和“过程导向教学”为篇名检索达504篇，作为关键词和主题检索达千篇以上。

（一）效果导向教学研究

在中国知网以“效果导向教学”为篇名进行检索共有95篇文章，其中，关于效果导向教学的实践效果，徐萍认为，餐饮摆台设计教学运用效果导向行动教学，可以让学生体会到设计创新的快乐感、成功感，从而建立学生的自信心，塑造学生健全的人格，提高学生的综合素养，特别对于培养学生效果导向的思维、形成创造能力十分有效，而这也正是

[1] 孙建芳.基于能力本位的《餐饮服务与管理》课教学方法设计[J].旅游纵览（行业版），2011（10）：43-44.

[2] 王雪英，邢朝云，张园园，等.高职院校《妇产科护理学》范例教学模式的研究[J].科技创新导报，2013（29）：110，112.

[3] 严树林.以职业能力为本位的土建类高职数学教学方法探索[J].职教通讯，2013（18）：69-70.

[4] 陈润生.探究范例教学模式在《应用写作》教学中的运用[J].吉林广播电视大学学报，2013（2）：58-59.

[5] 邓泽民.职业教育教学论[M].北京：中国铁道出版社，2011：7.

文化艺术类人才所需要的不同于其他职业人才的特质[1]。有学者将效果导向运用于教学评价中，如石芬芳以7所高职院校为研究对象，提出以效果为导向构建高职院校教学评价标准体系的基本设想[2]。还有学者将效果导向教学与传统方法教学进行比较，如陈水斌等人通过实证研究分析成果导向教学与传统方法教学在高职人力资源管理课程的教学方面的不同，分析得出成果导向教学法相比传统教学方法对学生课堂行为及学习效果的影响更大，并认为效果导向教学模式的应用与开展，更有利于激发学生的主观自主学习能力，提高教学活动的效率[3]；李晨等人将效果导向教学进行教学实验，并得出结论：使用产出导向法教学模式的学生期末成绩、学生听力、词汇与翻译水平总体显著高于使用传统教学模式的学生[4]。

（二）情景导向教学研究

在中国知网以"情景导向教学"为篇名进行检索共有37篇文章，在情景导向教学实践方面，多出现在服务类专业和医护类专业，如徐萍等运用情景导向的行动教学法开展酒店服务与管理专业教学实践，酒店服务与管理专业学生情景导向思维特质十分明显，服务水平得到行业专家高度评价，取得了较好的效果[5]；董茜在会计基础实践教学中，以"工作情景"为导向加强岗位分工，构建实际"工作情景"[6]；谢丽英认为，情景导向教学模式是旅游服务类工作过程系统化课程教学实施的一种创新模式，在培养学生关注客人情感变化、提高应变情景的职业能力、养成良好的职业特质方面取得了良好的教学效果[7]；郑晓云等在护理学基础实训课程中以真实的临床护理工作过程为主线，通过模拟各科室、岗位的工作情景，设计紧密衔接任务，在真实工作情景中培养护士的专业能力、处事能力、职业素质[8]。还有学者将情景导向教学与普通教学进行对比实验，如刘俊香等通过在学校实施教学实验，发现以职业能力为导向的情景模拟教学更有助于培养学生的实践能力、心理素质及综合职业能力[9]。近年来，情景导向教学更是与现代信息技术结合，如谢颖怡等

---

[1] 徐萍．宴会摆台设计的效果导向行动教学浅探[J]．中国职业技术教育，2010（35）：22–23，32.

[2] 石芬芳．以效果为导向的高职院校教学评价探析[J]．中国职业技术教育，2017（23）：42–46.

[3] 陈水斌，殷明．"成果导向教学（OBE）"在高职课程的实践及效果的比较研究[J]．广东水利电力职业技术学院学报，2016，14（2）：39–42.

[4] 李晨，吴婷，郑锦菁．新形势下的大学英语"产出导向法"教学效果实验研究[J]．吉林广播电视大学学报，2018（4）：62–64，67.

[5] 徐萍，邓泽民．饭店服务与管理技能型人才职业特质与情景导向的行动教学[J]．中国职业技术教育，2010（17）：81–82.

[6] 董茜．以"工作情景"为导向的基础会计实践教学模式探讨[J]．辽宁高职学报，2011，13（2）：69–70.

[7] 谢丽英．基于系统化教学设计理论的"情景导向教学模式"的开发策略[J]．中国职业技术教育，2015（20）：84–88.

[8] 郑晓云，石莹，史丽平，等．护士真实工作情景导向教学在护理学基础实训课程中的应用[J]．教育现代化，2016，3（35）：212–213.

[9] 刘俊香，汪芝碧，丁洪琼．以职业能力为导向的情景模拟教学——在成人护理实践教学中应用的效果评价[J]．卫生职业教育，2013，31（20）：113–114.

针对当前康复专业高职学生的英语职业需求，借助 Moodle 信息化平台，形成基于 Moodle 平台的高职康复英语听说一体化情景教学。通过行动研究发现，该教学模式可以发挥高职康复学生的学习主观能动性和创造性[1]。

（三）过程导向教学研究

在中国知网以“过程导向教学”为篇名进行检索共有 372 篇文章，各研究领域主要集中在“教学实践、教学设计、教学方法”等方面。邓泽民等认为，过程导向实践模式的特点是，职业活动的过程固定，一旦确定下来，一般不再发生改变。这类职业活动常常出现在制造业特别是高端制造业[2]。在具体教学实践方面，阮艳将过程导向教学原则在具体课程中实施应用，并根据毕业生的反馈信息，发现该教学模式下学生进入企业后，无须经过二次培训便可直接投入实际设计生产工作中，自信心更强[3]；陈哲认为，基于职业过程导向的教学改革后的会计制度设计课程，提供了更多培养学生职业能力的机会，也为高职毕业生就业打下坚实的基础[4]。在教学设计方面，樊旭等以过程任务为组织形式，以完整的职业行动过程作为教学活动设计基础，设计了网络教学活动和学习环境支持[5]。谢丽珺认为，采用过程导向行动教学策略培养的维修电工专业学生的职业特质明显，受到顶岗实习单位的高度评价[6]。

基于职业特质的职业院校学生发展本位教学研究是我国职业教育教学研究工作者开辟的，从职业教育教学的价值取向是职业思维、职业行为、职业语言、职业情感等职业特质的形成，到效果导向、情景导向、过程导向行动教学原则的提出，实现了我国职业教育教学理论研究与实践从学习一般教育教学论到借鉴国外先进职业教育教学论，再到开始探索出我国职业教育教学的理论。因此，可以说我国职业教育教学研究 40 多年，实现了从跟跑到伴跑再到进入领跑的跨越。

---

[1] 谢颖怡，徐煜俊，曾艾玲．“产出导向法”下基于 Moodle 平台的高职康复英语听说一体化情景教学行动研究 [J]. 中国医学教育技术，2018，32（1）：70-73.

[2] 邓泽民，姚梅林，王泽荣．职业技能教学原则探究 [J]. 教育研究，2012，33（5）：74-78.

[3] 阮艳．“过程导向、任务驱动”在《印刷电路板设计》教学中的应用 [J]. 职业，2008（29）：41-42.

[4] 陈哲．基于职业过程导向的高职会计制度设计课程教学改革 [J]. 哈尔滨职业技术学院学报，2010（2）：25-26.

[5] 樊旭，崔晶，梁品超．基于过程导向的职业教育混合式教学模式构建 [J]. 河北工程技术高等专科学校学报，2014（3）：86-88.

[6] 谢丽珺．维修电工技能型人才职业特质与过程导向的行动教学 [J]. 电脑知识与技术，2017，13（25）：123-124.

第二篇　职业教育教师案例研究

我国职业教育师资队伍建设从“单师型”到提倡“双师型”，取得了重大进展，但我国职业教育教师队伍普遍专业理论强而专业实践能力和教学实践能力弱，即“一强两弱”的特点仍然十分明显[1]。为了从根本上解决问题，《国家职业教育改革实施方案》提出：“从2019年起，职业院校、应用型本科高校相关专业教师原则上从具有3年以上企业工作经历并具有高职以上学历的人员中公开招聘。”从此我国职业教育教师队伍建设走上了基于职业院校教师成长规律的应然路径。但我国职业院校教师队伍管理激励机制仍然创新不足。一些职业院校开始基于学校办学的价值定位来探索建设和管理师资，使得教师队伍变得充满活力，其成功经验值得借鉴。

---

[1] 邓泽民．职业教育专业教师队伍建设的应然路径与政策选择［J］．职教论坛，2018（3）：81–82，100.

案例一　思政专员制度引领的思政教师队伍建设案例

一、案例背景

2016年12月8日，习近平在全国高校思想政治工作会议上强调："要坚持把立德树人作为中心环节，把思想政治工作贯穿教育教学全过程，实现全程育人、全方位育人。"2018年9月10号全国教育大会上，习近平再次指出：坚持立德树人，加强学校思想政治工作。2019年3月18日，习近平主持召开学校思想政治理论课教师座谈会并发表讲话，提出要打造高素质思想政治教师队伍，并对思想政治课教师提出6条要求，提出创新思想政治教学，不断增强思想政治课的思想性、理论性和亲和力、针对性。

二、案例介绍

在此背景下，河南机电职业学院深度分析思政课程的价值取向，为促进思想政治理论与思想政治工作结合、思想政治课与专业课结合，增强思想政治教育教学工作的针对性、适应性、实效性，开启了以思政专员制度为抓手的思想政治教育工作改革。为此，学校出台了《中共河南机电职业学院委员会关于落实加强新时代思想政治教育教学工作的意见（试行）》《河南机电职业学院思想政治专员管理制度（试行）》《河南机电职业学院线场思想政治实施方案》和《河南机电职业学院线场学分实施方案》，打造了一支思想政治教育师资队伍，把企业生产场景作为育人场景，将思想政治教育教学与企业生产实践紧密结合，形成以社会主义核心价值观为引领、以德技并修为重点、以思想政治教学为主线的高职思想政治教育体系。

（一）加强顶层设计，发挥制度优势

1. 树立新思想政治观

学校领导班子和中层干部切实认识到思想政治课教学和思想政治工作的重要性，常思"培养什么人、怎样培养人、为谁培养人"这一根本问题，常做推动"思想政治课建设、思想政治工作建设、思想政治队伍建设"的重要工作，不断深化对"中国特色社会主义教育是知识体系教育同思想政治教育的结合与综合"[1]的新思想政治观认识，科学把握思想政治工作的定位，整合各方育人资源，推动"三全育人"。只有学校各级领导观念转变，

---

[1]　"三全育人"综合改革试点工作建设要求和管理办法（试行）[EB/OL].（2018-05-28）[2020-03-02]. http：//www.moe.gov.cn/srcsite/A12/moe_1407/s253/201805/t20180528_337433.html.

真心重视思想政治工作，才能带动全校师生形成正确的思想政治观念，才能使思想政治工作教师队伍内心稳、信心足、工作强。

2. 构建大思政工作格局

学校先后制定了《中共河南机电职业学院委员会关于落实加强新时代思想政治教育教学工作的意见（试行）》《河南机电职业学院思想政治专员管理制度（试行）》《河南机电职业学院线场思想政治实施方案》和《河南机电职业学院线场学分实施方案》等文件，构建以学校为主导、宣传统战部为统筹、马克思主义学院为枢纽、二级学院为主体的大思政工作机制。在学校党委统一领导下，宣传统战部突出发挥统筹协调作用，马克思主义学院统筹学校思政教育教学工作，加强思政教育教学的规划、指导、培训、评价、督导等；二级学院作为实施思政教育教学的主体，负责思政教学运行、课程开发、队伍建设等具体工作。

3. 确立思政队伍融合

一是设立思想政治专员工作岗位。学校党委选派优秀思想政治课教师作为思想政治专员，分派到各二级学院开展思想政治教育教学工作，思想政治专员的主要职责是结合行业、产业、专业，开展思想政治课程和课程思想政治教学改革，指导和参与二级学院创新，开展学生思想政治工作。思政专员实行双重管理，行政管理在二级学院，马克思主义学院负责思政专员的业务管理。二是将思想政治课教师和辅导员打通使用，构建一支思政课教师即是辅导员、辅导员即是思政课教师的思政工作队伍。全体思想政治课教师兼任辅导员工作，思想政治课教师根据个人情况承担不少于1个班的兼职辅导员工作，主要目的是通过深入了解和参与学生学习、生活、实习，更准确地把握教学对象，增强思想政治课教学的针对性和实效性，发挥思想政治课教师的专业优势，为学生提供人生指引。同时，挑选和培训优秀辅导员承担思想政治课教学工作，提升辅导员的马克思主义理论素养，探索思想政治课教学与学生日常思想政治工作相结合的工作机制。三是思政工作队伍实施开放动态管理。按能者为师的原则，组织一支思政实践教学突出、示范带动能力强、专兼结合的思政工作队伍，聘请优秀企业家、技术能手、劳动模范、优秀校友等校外专家学者，融入学校思政工作队伍。

4. 完善制度保障

学校制定促进辅导员队伍和思想政治课教师队伍融合发展的配套制度，在工作考核、待遇提升、职称评定、评优评先、进修培训等方面加大制度支持力度。如设立思想政治专员岗位津贴，提高思想政治课教师参与思想政治工作的积极性和荣誉感；将辅导员纳入思想政治课教师体系，可以晋升思想政治课教师专业技术职称，思想政治工作队伍职称评聘实现指标单列、标准单设、单独评审，解决辅导员职称发展的“天花板”问题；提高思想政治课教师和辅导员待遇，建立动态开放的思想政治工作队伍体系，吸引更多的优秀教师安于、乐于、勤于从事思想政治教育教学工作。

（二）搭建工作平台，推进协同创新

构建“一会议三平台”，即思想政治工作联席会议、集体备课平台、实践育人平台、人本管理平台，分别由宣传部、马克思主义学院、校团委、校学生工作处牵头负责，推动思想政治课教师和辅导员协同办公。实现思想政治工作“三创新”，即课程教学创新、实

践育人创新、学生管理创新，课程教学创新主要突出思想政治课程和课程思想政治，实践育人创新打造活动思想政治、社团思想政治和公益思想政治，学生管理创新突出人本化管理和精细化管理。如图1所示。

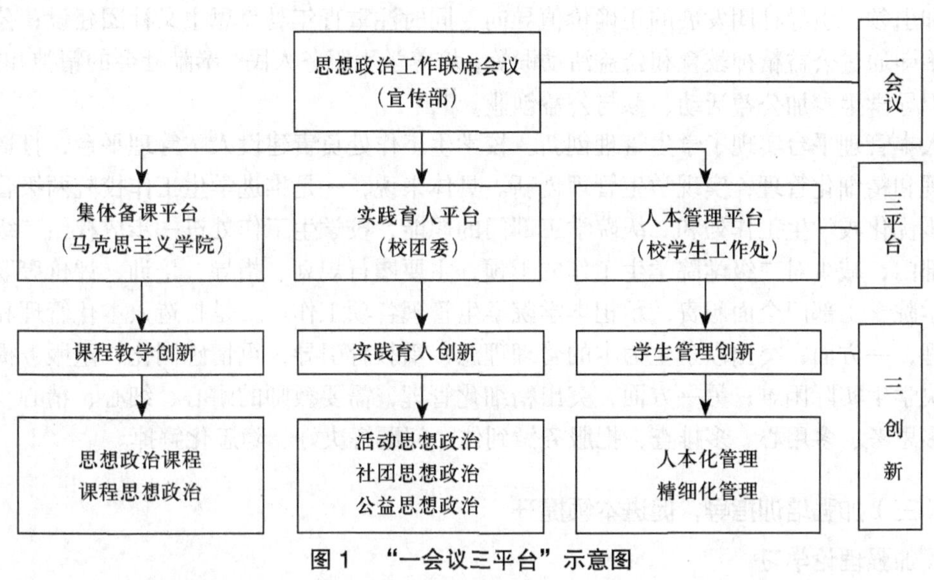

图1 “一会议三平台”示意图

1.“一会议”：思想政治工作联席会议

思想政治工作联席会议是由学校宣传部牵头组织，为统筹安排思想政治工作、集中解决思想政治重大问题、形成思想政治工作合力，构建的多部门思想政治工作共商、共议、共建机制。具体来说，一是定期组织学校层面思想政治工作会议，汇聚学校、企业、社会多方思想政治力量；二是联席会议的主要内容是统筹安排思想政治工作、集中解决思想政治重大问题、开展思想政治理论和实践研究专题讨论等；三是联席会议需保持职能部门人员的稳定性和代表人员的广泛性，既注重把握思想政治工作方向和工作规划，又注重全面掌握思想政治工作现状。思想政治工作联席会议是推动思想政治工作队伍融合发展的重要机制，通过联席会议广泛讨论、深入调研、多方谋划，推动两支队伍融合发展。

2.“三平台”与“三创新”

集体备课平台实现了课程教学创新。马克思主义学院负责建设思想政治集体备课平台，持续开展思想政治课程和课程思想政治教学探索，实现课程教学创新。具体来说，构建“三层级”集体备课平台，即马克思主义学院组织的学校层级集体备课平台、马克思主义学院组织的教研室集体备课平台、各二级学院组织的思想政治课程和课程思想政治教学团队集体备课平台，分别从宏观教学规划和教师备课要求、课程具体规划和教师授课标准、结合专业特点和特色创新课程设计三个层面开展集体备课活动。

实践育人平台实现了思想政治实践创新。校团委负责建设思想政治实践育人平台，通过活动思想政治、社团思想政治、公益思想政治，实现思想政治实践育人创新。具体来说，一是建立“两级”思想政治实践育人平台，校团委从宏观上规划安排学校思想政治实践育人工作，结合上级单位活动指示精神，系统谋划学校实践育人系列活动，二级学院在学校宏观规划下，合理安排本院学生特色思想政治实践育人活动。二是思想政治实践育人平台以活动思想政治、社团思想政治、公益思想政治为抓手，活动思想政治即通过举办学生活动有机融入思想政治价值导向，提升学生活动内涵和价值；社团思想政治即通过对社团的教育和引领，引导社团发展的正确价值导向，同时注重青年马克思主义社团建设；公益思想政治即通过公益精神教育和公益活动锻炼，培养学生服务人民、奉献社会的精神和能力，积极倡导学生参加公益活动、参与公益创业。[1]

人本管理平台实现了学生管理创新。校学生工作处负责建设人本管理平台，打造人本化管理和精细化管理，实现学生管理创新。具体来说，一是推进学生工作校院两级管理，进一步优化校学生工作处和二级院学工部门的职能，校学生工作处进一步放权给二级学院学工部门，减少对二级学院学生工作的干预，主要履行规划、指导、培训、评价等职能，二级学院学工部门全面履责，承担本学院学生管理各项工作。二是打造人本化管理和精细化管理，一方面，突出以学生为本的管理理念，重教育引导，重情感同化，重服务提升，重解决学生实际困难；另一方面，突出精细化管理，需要教师的耐心、细心、精心，需要教师多思考、多用心、多排查，把服务做到位、问题解决好、隐患化解掉。

（三）加强培训指导，促进本领提升

1. 加强理论学习

一是宣传部、学生工作处、马克思主义学院联合创办“知行论坛”，邀请社会先进典型人物、社科理论专家、优秀企业家、优秀思想政治课教师，定期为思想政治工作队伍举办多层面、高质量的理论学习。二是各二级学院发挥思想政治专员的理论宣讲作用，深入开展马克思主义理论学习，提升全体教师的政治理论素养和“三全育人”理念。三是全体思想政治课教师自觉加强理论学习和理论研究，读原著、悟经典、勤思考、重践行，筑牢马克思主义理论功底，提升个人马克思主义理论素养。

2. 提升业务技能

马克思主义学院和学生工作处协同工作，帮助思想政治工作者提升业务技能，促进思想政治工作队伍融合发展。一是加大培训力度，提升辅导员的教学水平，提升思想政治课教师的思想政治工作能力，促进角色融合；二是制订青年思想政治工作者培养计划，协助每一位青年思想政治工作者适应新角色，科学规划职业生涯，顺利开展思想政治工作；三是以赛促练，提升业务能力，办好学校思想政治课教学技能比赛和辅导员大赛，选拔培养优秀选手参加省级以上水平的比赛。

3. 开展实践研修

一是马克思主义学院持续开展思想政治课教师实践研修，组织思想政治课教师到省内外红色教育基地开展现场教学，到企业生产一线开展实践调研，到各级政府机构、城市社区、周边乡村开展研讨调研和服务。二是各二级学院党组织根据学院实际情况，组织党员师生赴红色教育基地开展实践学习活动，增强理论的感染力和亲和力。

---

[1] 张震，涂凯迪，严剑冰 . 将公益创业融入高职思政教育［J］. 中国高等教育，2017（24）：28-29.

（四）做好考核评价，形成激励机制

思想政治教育教学工作是理论教育与实践教学的统一，是显性教育与隐性教育的结合。思想政治工作队伍教师既要承担思想政治课教学，又要承担学生日常思想政治工作。考核评价是为了对标对表、相互学习、不断进步、形成激励。因此，对思想政治工作队伍的考核评价需要从多个方面进行。

1. 坚持过程评价与结果评价相结合

过程评价侧重考评教师承担思想政治课教学和日常思想政治工作的“量”，考察其能否按照标准和要求开展各项工作；结果评价侧重考评教师承担思想政治课教学和日常思想政治工作的“质”，考察其是否达到了较好的教学效果和育人效果，是否创新性地开展工作并取得了实效。过程评价充分尊重每位教师日复一日地辛勤劳动和艰苦付出，积极肯定每位教师为学校思想政治工作做出的巨大努力；结果评价倡导教师关注结果、突出实效、积极创新。

2. 坚持工作业绩与个人成长相结合

思想政治工作队伍教师不能囿于繁重的日常工作而放弃个人成长，因为学生在变化、社会在变化、知识在变化，思想政治教育教学方法也在与时俱进，放弃个人成长的教师，会导致一定时间节点后的本领恐慌，导致缺乏职业发展的可持续动力。因此，对思想政治工作队伍教师的考评坚持工作业绩与个人成长相结合，是对教师的指引和导向。将教师年度工作业绩与个人成长规划一同纳入考评体系，督促教师主动学习新知识，加强实践锻炼，提高自身本领，增强工作效果。

3. 坚持学生评价与部门评价相结合

思想政治工作队伍教师身兼多职、隶属多个部门、服务多位学生，从考核评价的有效性上看，需要坚持学生评价和部门评价相结合。但需要多部门协同办公，不宜让思想政治工作队伍人员多部门重复述职和进行重复评价，可以通过一个评价方案，多部门进行主观评价和客观评价，既能全面客观地对教师进行评价，又能提高考评工作效率。

三、案例效果

（一）“大思政”观念深入人心

学校通过宣传动员、制度安排、职能整合、示范带动、绩效考核等层层推进思政改革工作，营造了浓厚的“大思政”氛围，彻底扭转了“思政教育是思政课教师的任务”“思政课不重要”的错误观点，全员全过程全方位的育人观念深入人心。校级领导带头上思政课、讲党课，二级学院领导主动学思政理论、做学生思想工作，全体教师真心将教书与育人相统一、育人与育己相结合，后勤工作人员自觉在工作中热心服务学生，达到润物无声的育人效果。我校信息工程学院获评河南省全省高校第二批“三全育人”综合改革试点单位。

（二）课程育人效果明显

通过整合思政课程，形成思政课必修课、限修课、限选课于一体的思政课程群，保质保量开足开齐国家规定的思政理论课，强化思政课实践教学，推进思政课程与专业课程的

融合。通过大力开展课程思政，在专业课程中融入思政元素，实现思政教育与技术技能教育的有机统一。目前已出版《大学生思想政治教育实践教程》《大学生心理健康实用教程》2本教材，各二级学院开发完成《智能制造生职业发展与职业素养》《成长为宇通优秀员工》《大学生职业素养与职业发展训练教程》《初始职场》等多本素养类课程教材。思政课教师和专业课教师在各级各类教学比赛中频频获奖。

（三）思政工作异彩纷呈

思政工作改革后，二级学院迸发出极强的思政工作活力。思政专员以专业的视角和敏锐的洞察力，推动思政工作扎实开展、创新发展，形成了多个特色思政工作品牌。我校机电工程学院探索“1+2+3+X”思政工作模式，汽车工程学院打造专业社团育匠人，电气工程学院探索“党建+”思政育人模式，中铁轨道交通学院开展小火车文化宣传工作室，设计学院创办“丹青绘党情”公益宣讲团，好想你乡村振兴学院举办声乐思政“红色之路”……每个学院将思政教育教学与专业、产业、行业紧密结合，探索出独具特色的思政工作道路。

（四）思政队伍吸引力增强

思政课教师和辅导员从原有的单一身份中走出，思政课教师就是辅导员，辅导员就是思政课教师，有效化解了思政课教学与思政工作“两张皮”的问题，一定程度上弥补了思政工作队伍人员储备长期不足的短板，解决了辅导员职称道路“天花板”的难题。目前，学校首批12位优秀思政课教师作为专兼职思政专员，已经被派到二级学院1年多时间，他们认真贯彻上级部门的思政工作精神，落实学校思政课程教学要求，有效推动了思政课程与专业课程融合，创新开展思政工作；全体思政课教师已承担辅导员工作，80%以上的辅导员经培训合格已承担思政课教学工作，两支队伍融合发展、优势互补、协同育人；思政工作队伍职称评审指标单列、单设条件、单独评审，绩效工资待遇上浮10%~30%，吸引了更多的优秀教师走进思政工作队伍。

（五）学生获得感普遍增强

学生是思政工作改革的最大受益者。思政课讲到了学生心里，思政工作走进了学生生活，学生们在课堂中领悟真理、激发思维、形成认同，在车间里勤学苦练、深化认识、塑造自我，在社会的大课堂中展示风采、贡献力量、回馈社会。我校学生郝奕霖获得2020年“出彩河南人”第三届最美大学生荣誉称号；2020届华必伟同学毕业后，放弃了在大城市高薪工作的机会，选择到新疆维吾尔自治区阿勒泰市清河县做一名西部计划志愿者；每年多位学生在全省技能大赛、创新创业大赛等多项赛事中获奖。思政工作改革为了学生、一切以学生为中心、让学生收获实实在在的获得感是验证改革成败的标准。

四、案例分析

（一）破解了思想政治课程与思想政治工作脱节问题

思政工作改革解决了理论教学与实践教学结合不紧密、职教特色不鲜明、教学方法和手段单一、教学形式不灵活、教学效果不佳等问题。思想政治教育专员下到二级学院后，与专业课教师一起备课，与企业生产人员密切接触，与学生一起学习生活，能够做到思想政治课教学与思想政治工作相结合、与专业发展相结合、与企业生产相结合，使得思想政治课教师的教学更具针对性，也能够把抽象的政治理论变得更有亲和力，更加生动和有趣。

（二）有利于挖掘思想政治课和课程思想政治课素材

思政工作改革深入挖掘行业、企业、岗位工作的思想政治元素，形成思想政治素材资源库；结合现场全科、专科、专长课程模块，将家国情怀、工匠精神、创新创业精神等思想政治元素融入各类现场专业课程教学，使现场教学与现场思想政治同向同行，实现职业技能和工匠精神并育的现场课程思想政治体系。

（三）做到了思想政治教育课鲜活亲和既入心又入脑

作为思想政治课专职教师，更多地把精力放在了教学内容上，虽然苦苦钻研教学方法，但很难做到鲜活亲和，更谈不上入心入脑。思想政治专员制度是打通育人“最后一公里”的有益尝试。作为思想政治专员，有三层身份，第一层身份是所到二级学院的思想政治专员，第二层身份是思想政治课教师，承担思想政治教学工作，第三层身份是班级辅导员。这三层身份将二级学院的思想政治工作、思想政治教育和学生工作结合起来，解决了“几层皮”的问题。

案例二　创新创业价值取向引领的教师队伍建设案例

一、案例背景

2014 年，国务院召开的全国职业教育工作会议做出了引导一批普通本科高校向应用技术型高校转型发展的战略部署。据不完全统计，到 2019 年有 25 个省（自治区、直辖市）正式发文确定了 334 所高校整体转型，122 所高校部分转型以及 438 个专业（集群）转型。[1]2019 年以来，教育部先后批准了 22 所本科层次职业教育试点学校。无论是普通本科向应用型转变，普通高校开办应用技术类型专业或课程，还是职业教育本科试点建设，师资都是其建设的核心要素，尤其它们是肩负着培养在就业中具有创新意识和创业能力的高水平应用型人才责任的师资队伍建设。

二、案例介绍

宁波财经学院作为首批 10 所浙江省应用型建设试点示范学校之一，积极开展了应用型试点示范建设工作。先后制订《本科高校应用型建设试点方案》（以下简称《试点方案》）、《关于应用型大学建设的实施意见》（以下简称《实施意见》），明确了学校应用型建设工作的指导思想、建设思路、建设目标，同时成立了以校长为组长的应用型建设试点工作领导小组和 9 个专项工作小组，对建设工作任务进行详细分解落实。目前，宁波财经学院已在转变办学理念、创新办学机制、改革培养方式、加强教师队伍建设、优化学科专业、增强创业能力等各方面取得阶段性成效。其中，宁波财经学院在地方本科转型应用技术大学过程中形成的“三类型四层次”应用型教师发展体系，是研究应用型本科教师发展的一个典型案例。

（一）宁波财经学院师资队伍基本情况

学校秉持“引培并举，以培为主，校企联通，重在应用”的师资队伍建设策略，人才引进与培养双管齐下，不断改善与优化人才生态，提高教师人才培养能力与素养，建成了一支专兼结合、素质优良、结构合理，满足学科、专业建设以及应用型人才培养和服务社会需要的师资队伍。学校现建有省级教学团队 2 个，浙江省 151 人才工程 7 人次，浙江省高校领军人才培养计划 6 人，省级中青年学科带头人培育对象 8 人，宁波市哲学社会科学青年学科带头人 5 人，宁波市领军拔尖人才 46 人次，列入省青年教师资助计划 12 人，进

---

[1]　邓泽民．优先发展教育应优先优化教育结构．职教论坛，2020（5）：81-86.

入全国创业导师库 2 人，浙江省优秀民办学校优秀教师 5 人。

1. 教师数量与结构

学校现有专兼职教师 1 442 人，专任教师 845 人。专任教师中具有副高及以上专业技术职务的教师占 34%（图 1），硕士、博士学位教师占 89%（图 2），45 岁以下中青年教师 683 人，占 80%。

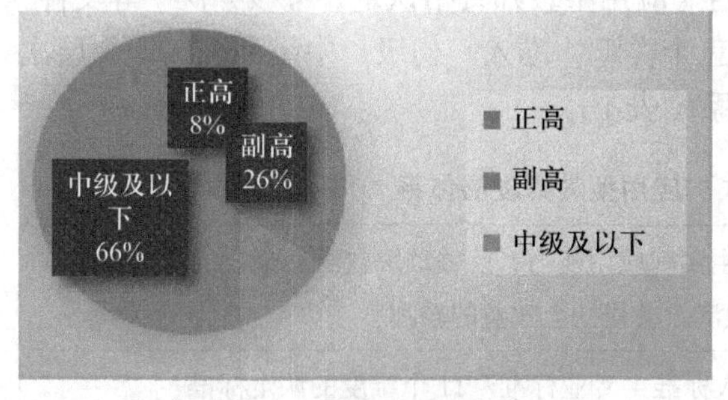

图 1　专任教师职称结构

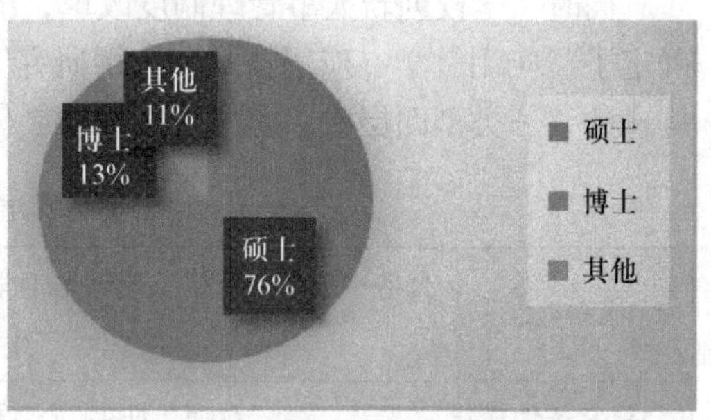

图 2　专任教师学历结构

2. 教师发展与服务

学校依托教师发展中心，按照“引培结合，以培为主”的教师发展策略，重点采取“项目 + 活动”的形式，突出教师发展工作的针对性和实效性。学校在做好青年教师助讲培养、高校教师教育理论培训、高校教师网络培训等常规培训工作的基础上，夯实已有教师发展项目，如青年教师成长工作坊、卓越教师成长工作坊、创业导师成长工作坊、创业导师高级研修班、课程负责人培训班等教师发展项目，仅 2019—2020 学年参与教师发展项目的教师就达 229 人。

（二）“三类型四层次”应用型教师建设

1. 应用型教师来源

（1）内部转型

① 学校鼓励现有教研岗、科研岗教师立足专业发展与人才培养需要，自主参加或由组织安排参加行业企业实践锻炼，获取行业特许的职业资格或工程系列的专业技术职称，参与应用型课程开发、实践教学基地建设或从事应用性研究工作。

② 对取得应用型教师资格的教师除了给予必要的补贴外，还将在职称晋升、实践锻炼、课题研究以及交流学习方面同等条件优先考虑，帮助其不断提升实践应用能力和资格等级。

（2）外部引进

① 引进渠道：一是从社会上公开招聘，引进具有学校正式编制的应用型教师；二是与行业企业合作，聘任兼职应用型教师，重点是应用研究型和应用技术型教师。

② 招聘计划：应用型教师的招聘计划由各学院根据学科、专业和实践教学发展需要做出，由学校人事处汇总、审核后，交由学校主管校领导批准。

③ 引进责任：应用型教师引进工作由二级学院具体负责实施，学校人事处协调、考核，地方服务与合作处配合。

2. 应用型教师认定

学院通过制定《教师参加社会、企业实践管理办法》《外聘教师管理规定》《促进教师教学能力若干意见》等文件，校企共建应用型教学团队，坚持教师到企业挂职制度化和企业进校指导常态化，不断提升校内教师专业实践能力和教学水平，发挥企业中高级管理和技术人员在培养应用型人才中的作用。

同时，学校创新人事管理制度改革，出台《应用型教师资格认定、考核办法》等文件，确定了“应用教学、应用技术和应用研究”三个类型，准入、初级、中级和高级四个层次构成的“三类型四层次”应用型教师发展体系（表 1）。

表 1　“三类型四层次”应用型教师发展体系

<table>
<tr><td>内涵定义</td><td colspan="5">具备“双师”资格，能够培养学生实践应用能力，能够解决政府、企业的实际问题，产生经济效益或社会效益的教师</td></tr>
<tr><td>认定条件</td><td colspan="5">“双师”证书、“准入标准 + 专业标准”11 个维度的认定标准</td></tr>
<tr><td rowspan="6">分层分类及津贴标准</td><td rowspan="2">层级设置</td><td rowspan="2">津贴标准</td><td colspan="3">类型设置</td></tr>
<tr><td>应用教学型</td><td>应用技术型</td><td>应用研究型</td></tr>
<tr><td>准入</td><td>200 元 / 月</td><td rowspan="4">应用教学为主，符合应用型教师的基本标准，且当前和未来从事专业课和专业基础课教学工作的教研岗教师</td><td rowspan="4">技术实践为主，符合应用型教师的基本标准，且当前和未来从事实践教学工作和社会服务为主的教辅岗教师</td><td rowspan="4">应用研究为主，符合应用型教师的基本标准，且当前和未来从事应用研究、社会服务为主的科研岗位教师</td></tr>
<tr><td>初级</td><td>400 元 / 月</td></tr>
<tr><td>中级</td><td>600 元 / 月</td></tr>
<tr><td>高级</td><td>1000 元 / 月</td></tr>
<tr><td>聘期及考核</td><td colspan="5">3 年为一个聘期，按照专业知识、专业能力、专业素养、专业发展四个维度，制定科学细化的分类分层考核标准并实行资格津贴</td></tr>
</table>

3.“双创”导师构成

“双创”导师即创新创业导师，是指具有创新创业必要的理论知识与实战经验，指导学生创新创业活动，并经认定达到学校相应标准的校内外教师，是学校应用型教师的重要组成。学校“双创”导师由校内导师和校外导师构成。

（1）校内导师

校内导师由学校在职教师兼任。

（2）校外导师

校外导师指熟悉国家相关政策法规，熟悉企业管理、市场运作、技术创新，并对科技、经济、市场发展有预判能力，在大学生创新创业指导、培训、创办或管理企业等方面有丰富经验或专业特长，以及有资金、技术、市场等资源的投融资机构和管理咨询机构的资深专家和其他创业成功人士。

4. “双创”导师认定

学校出台了《创新创业导师管理试行办法》，对“双创”导师队伍的构成、等级标准、认定标准、聘任与考核、津贴标准、成长发展等都进行了明确规定（表 2）。

表 2　“双创”导师发展体系

导师队伍	等级标准		认定标准	津贴标准
校内导师	初级	初次参加校内创新创业导师认定经认定达到标准的教师	“准入标准 + 专业标准”6 个维度的认定标准	400 元 / 月
	中级	原则上取得初级创新创业导师资格满 3 年，考核业绩优秀，且业绩位列校内创新创业导师前 20% 的教师；或虽初次参加认定但取得成果在学校具有首创性、标志性或产生重大影响，经学校创新创业教育工作领导小组审定，可破格认定为中级创新创业导师		600 元 / 月
	高级	原则上取得中级创新创业导师资格满 3 年，考核业绩优秀，且业绩在中级创新创业导师中位列前 20% 的教师；或取得成果在学校具有首创性、标志性或重大影响力的初级创新创业导师，经学校创新创业教育工作领导小组审定，可破格晋升为高级创新创业导师		1000 元 / 月
校外导师	校外双创导师不分层级，每一个聘期评选出 20% 左右的优秀“双创”导师，给予相应的奖励。实行“年度工作补贴 + 聘期绩效奖金”的方式			
聘期及考核	“双创”导师资格认定工作每年一次，安排在上半年举行；教师创新创业导师资格聘期为 3 年			

三、案例效果

（一）构建了“双创”价值引领的应用型人才培养模式

确立了传承浙商文化，发扬甬商精神，“致良知、育实才、立善业”的办学理念，通过社会多元参与，建成了由创业投资基金、2 万余平方米项目孵化空间、150 余名创业导师在线、800 余个创业案例构成的创业支撑平台；采取校企科创深度融合，服务中小企业创新发展，建成了具有研发、转化、服务等功能的 66 个协同创新中心。采用“项目制”“股份制”“混合制”等合作形式，对接区域新产业、新业态发展，校企共建大宗商品商学院、长城商学院、家族财富研究院等 7 家产业学院；以创新创业课程为引领，以综合性实践课程为主导，科学设置专业技术前沿课程、跨学科技术模块课程等，形成了“双创”价值引领、突出能力培养的应用型课程体系；创建创业导师、科研人员、企业专家和教师组成的教学创新团队 50 个，打造四类型三层次应用型教师队伍；建设 291 实验（实训）室组成的基础实践能力、专业核心能力、综合应用能力三层能力培养应用型实践体系；建设 98 间新型翻转课堂教室，年均开设 120 余门改革课程，微学分在线课程达 412 门；创立一年一度的“双创博览会”、科技文化节，实施创新创业训练计划，营造创新创业文化环境；形成了“双创”价值引领创研学产一体的应用型人才培养模式。

（二）培养学生在“双创”价值引领下进行创业

学校培养近4万名本科生毕业生，90%以上就业于区域中小企业，涌现出一批艰苦创业、带动就业、回馈社会的优秀学子，如程风、林海瑞、曾华华等。近5年学生参与浙江省新苗计划128项，国家大学生“双创”训练项目立项200项；300多个创客团队、2000多名在校生参与创业项目孵化，毕业生成功创业2000余家，其中12家毕业生公司年产值达1000万元以上。学生获“创新创业杯”全国管理决策大赛特等奖等省部级以上A类相关大赛奖项476项，在校生获得国家大学生创新创业训练项目45项。平均每届都有7万多人次参与“创博会”活动项目的实践，覆盖在校生70%以上。

学校近6届毕业生创业率位列全省本科院校前列（2次排名第一、2次排名第二）。涌现出一大批青年先进典型：创业管理专业大三学生赏吉飞的“区块链跨境供应溯源管理系统”项目获得天使投资200万元，公司估值2000万元；机械设计制造及其自动化专业张翔宇设计的动力骨骼创业项目受到国家副主席李源潮同志的现场问询指导，被中央电视台、浙江电视台、宁波电视台、东南商报等多家媒体报道。

（三）成立了多所研究机构助推区域中小企业创新发展

近年来，学校与企业联合建立商业模式实验室（含创投基金）、蓝源家族财富管理研究院、宁波市国泰安高校创新创业教育中心、创新经济研究所、新经济与创新创业研究基地等以产业技术研发与应用为重点的63个研究院（所），服务了区域内800家中小企业，签订横向课题650项，经费总额7180万元。教师成果转化直接收益600余万元，教师指导学生团队成果转化收入178万元。

四、案例分析

宁波财经学院在地方本科转型应用技术大学过程中创新形成的“三类型四层次”应用型教师发展体系，是在我国应用本科高校办学的历史使命和社会责任基本定位的基础上提出的，突破了长期以来我国一直提倡的“双师型”教师队伍建设的提法，更好地反映了我国应用本科高校的办学价值定位对教师队伍的要求。

（一）以办学的价值为前提

教师是学校实现办学价值的主体。因此，一所学校教师的培养、团队的建设应以学校办学的价值定位为基本前提，并在学校办学的价值引领下，采取各项举措，建立相应的激励机制。学校办学的价值取向对教师的价值观、态度、信念、道德规范和行为等产生直接或间接的影响，因此学校的教师队伍建设必须首先明确学校办学的价值定位。

我国研究型大学以科学发现和技术创新，特别是0–1创新为办学价值追求，价值取向十分清晰，而我国应用型大学虽然经过长期的探索实践，基本的价值定位一直停留在培养应用型人才、服务经济社会发展等。宁波财经学院经过系统深入广泛的调查研究，发现我国中小企业数量庞大，占比达 95% 以上，同时创造了全国 60% 的 GDP，而且我国中小企业数量持续增长。我国中小企业数量持续增长，取决于创业人数不断增加，创业者主要是应用型大学的毕业生，甚至在校生比例占到 40% 以上，而且还在增加。创业一般是在创新基础上实现的，创新常常是创业的前提。因此，应用型大学的办学价值，应定位在追求创新创业。当然，不是说所有的应用型大学的毕业生都能做到创新创业，实际上，研究型大学也不是全部毕业生都能做出科学发现和 0–1 创新的成就。

宁波财经学院所处浙江、江苏和上海区域，中小企业占比远高于全国平均水平，浙商、甬商之名更是远播海内外。作为一所坐落在宁波市的应用型财经类大学，应担负起服务区域中小企业数量持续增长和中小企业创新发展的使命和责任。因此，学院把中小企业数量持续增长和创新发展需要的创新创业人才培养作为办学的价值追求，并以此“双创”价值为引领，建立创新教师队伍激励机制，把教师分为教学型、应用型、应用研究型、创业型，突破并发展了应用型大学长期秉持的“双师型”教师队伍建设理念。历经十余年的实践探索，重点服务区域中小企业发展，学院实现了由学科知识引领的人才培养理念向“双创”价值引领转变；由知识型学习的单一人才培养环境向创产学多维学习成长环境转变；由学术型人才培养模式向应用型转变；由单一学术型教师结构向多元教师队伍构成转变；形成了“双创”价值引领下创产教一体的地方应用大学办学模式，培养出了大批具备创新意识和创业能力的高素质应用型人才。

（二）以“双创”价值为引领

宁波财经学院以服务区域中小企业数量增长与创新发展所需的创新创业人才培养为使命与责任，而应用型教师则是培养应用型人才、应用性学科专业建设以及服务地方经济发展的根本保证。因此，学院在师资培养培训过程中，首先让教师认同学校的价值取向，然后内化为自身的价值取向，并使之在“双创”价值引领下，带领学生为社会和产业发展而创业，为创业而创新，通过创新推进社会和产业发展，以推动社会和产业发展的使命驱动教师进行教育教学、应用研究、社会服务等，从而点燃激发教师的内生动力，实现自己的价值。

（三）遵循教师成长应然路径

学院在师资建设中坚持“引培并举，以培为主”，在培养培训教师的过程中，遵循职业教育专业教师先大学学习再企业实践最后到院校从事教育工作的专业全属性形成过程和职业教育专业教师队伍建设的应然路径。

学院通过“内部转型、外部引进”的方式来构建应用型教师队伍，并出台了《应用型教师资格认定、考核办法》《教师参加社会、企业实践管理办法》《创新创业导师管理试行办法》等办法，规定应用型教师必须达到在近 5 年具有行业企业工作经历至少连续 3 年及以上，或近 3 年具有行业企业实践经历（脱产）连续半年或（非脱产）累计一年及以上；具有工程师、经济师、会计师或国家人社部门认可的中级及以上本专业相关专业技术资格或经专家论证的职业资格；担任过两年及以上大中型企业管理、技术主管等中层及以上职务等标准。之后才可以从事具体的教研岗、科研岗和工程试验岗等工作。

（四）形成分类分层发展机制

应用型教师应具有实践应用能力并能够培养学生的实践应用能力，或能够解决政府、企业的实际问题，产生经济效益或社会效益。由于这种能力在实际工作中表现出不同的特征和发展方向，为此学院将应用型教师细分为应用教学型、应用研究型、应用技术型三种类型。应用教学型主要是从事教学工作的教研岗教师（含双岗位教师）；应用研究型主要是从事应用研究和社会服务的科研岗教师；应用技术型主要是主要从事实践（实验）教学的工程实验岗教师，并制定了“三类型四层次”应用型教师专业发展标准及聘期考核机制，出台科研、竞赛指导教师激励办法，明确逐级晋升的发展机制。“双创”导师也是应用型教师队伍的重要组成，按照校内导师和校外导师两种类型，形成了校内创业导师逐级认定、校外创业导师择优奖励的创业导师分类评价模式。

此外，学院设立教师发展中心，按照“引培结合，以培为主”的教师发展策略，重点采取“项目 + 活动”的形式，突出教师发展工作的针对性和实效性，并建立了应用性成果与学术性成果等值认定体系，明确各类人员的职业方向和考核重点，鼓励教师将应用性成果运用到教学当中。

案例三　成果转化价值取向引领的教师队伍建设案例

一、案例背景

我国高等职业院校通过“三改一补”建设，成为我国职业教育的中坚力量。但长期以来，我国高等职业院校价值定位并不清晰，以至于它与中等职业学校人才培养的定位区别众说不一。随着《国家职业教育改革实施方案》明确了职业教育的“类型”地位，“双高计划”启动实施，高等职业院校普遍把教师队伍建设列为工作重点，但从国家和地方“双高计划”建设学校的方案分析，高等职业院校师资队伍建设始终停留在“双师型”上。这就出现了各级各类职业院校，无论是中等职业学校还是高等职业学校，甚至职业本科学校都进行“双师型”教师队伍建设的现象。从理论上看，由于这三级学校价值定位不同，在教师队伍建设上应该有着根本的不同。

二、案例介绍

漯河食品职业学院是河南省人民政府批准、教育部备案成立的全国唯一一所以食品工业为背景的普通高等职业院校，主要为河南省万亿食品工业和漯河中国食品名城建设培养亟须的高素质技术技能型人才。学院是全国职业教育先进单位、国家级重点职业院校、中央财政支持的职业教育实训基地，是河南省优质高职院校建设单位、河南省职业教育品牌示范特色院校、河南省高技能人才培养培训示范基地、河南省城乡劳动者培养培训品牌基地、河南省扶贫开发“雨露计划”培训基地、河南省职业院校师资培训示范基地、河南省首批中等职业学校“双师型”教师培养培训基地、河南省职业教育现代学徒制试点单位。

漯河食品职业学院在省双高校建设过程中，从学校价值定位出发，探索形成了成果转化价值取向引领下的“四类型四层次”教师发展体系。

（一）漯河食品职业学院师资队伍情况

学院积极响应市委市政府“人才强市”工作部署，紧紧围绕打造豫中南区域性职教中心和建设高水平职业学校的目标，实施人才强校战略，加大高层次人才培养和引进力度，取得了显著成效，推动了学院升本工作，提升了服务经济社会的能力。学院现有专任教师432人，生师比为17.9∶1。在专任教师中具有副高以上职称的教师147人，占专任教师总数的35.6%；具有研究生学历教师131人，占专任教师总数的31.3%；“双师型”教师205人，占专任教师总数的50.1%。另有来自行业、企业的兼职教师111名。在专任教师中，全国优秀教师2人，国家万人计划入选人员1人，省职业教育专家2人，省级教学名师2人，省教育厅学术技术带头人9人。学院是河南省职业院校师资培训示范基地、河南省首批中等职业学校“双师型”教师培养培训基地，获批国家级骨干专业2个、国家级生产性实训基地2个、国家级骨干职业教育集团1个、国家级应用技术协同创新中心1个。

（二）成果转化价值取向引领的教师队伍建设

1. 教师队伍来源

（1）内部培养

学院鼓励校内公共课教师、专业课教师、实习实训教师立足学校价值定位确立自己的发展定位，并通过学校成果转化和应用创新过程和各种平台培养锻炼教师，将科研成果、技术成果转化活动开发成为教学资源。

（2）外部引进

学院坚持“不求我有，但求我用”的原则，不断增加人才总量，优化人才结构，提高人才素质。学院所需人才包括：在同行业内有较大影响力或经验较丰富的高级专业技术人才，特别是具有成果转化经历的技术人员；紧缺和急需的专业研发的技能人才；懂项目管理、善经营管理的复合型人才；紧缺和急需专业的应届毕业生；研究院当前紧缺和急需的各类执业持证人员。

2. 教师培养体系

学院成立教师发展中心，以成果转化作为价值引领，制定“5323”师资提升工程计划，以人员聘用、考核评价、收入分配等为切入点，出台了《专业群教学创新团队建设方案》《科研、竞赛指导教师激励办法》《漯河食品职业学院教师学历提升及管理办法》《漯河食品职业学院“双师型”教师管理办法（暂行）》《漯河食品职业学院师德教育实施办法》《漯河食品职业学院兼职教师管理办法》《漯河食品职业学院教科研奖励办法（暂行）》等管理办法，明确成果转化价值引领的“四类型四层次”教师认定标准和逐级晋升的发展机制。

（1）认定标准

教师资格认定标准是培养教师的指南，是引领教师发展的导向。学院基于转化与创新的“四类型四层次”教师资格认定标准由准入标准和专业标准两部分组成。准入标准是教师应具备的基本条件，必须达到学院出台的《漯河食品职业学院“双师型”教师管理办法（暂行）》中的认定标准，才可申请认定为准入级教师；专业标准是对各类、各级教师的识别条件，也是各类、各级教师的考核标准，符合其中若干项，可认定其达到初级及以上教师资格（表1）。

（2）激励措施

学院与多所高校、科研机构、企业共建漯河市食品产业公共研发平台。通过平台，不同类型不同层次的教师都可以根据从事的具体工作及专业发展方向，申请认定成果转化价值引领的“四层次四类型”教师资格。为此，学院出台《科研、竞赛指导教师激励办法》《漯河食品职业学院教科研奖励办法（暂行）》，并对已获得认定资格的教师进行具体的激励措施。

表 1　基于成果转化与创新的“四类型四层次”教师发展体系

<table>
<tr><td>认定条件</td><td colspan="5">“双师”证书、“准入标准 + 专业标准”的四层次认定标准</td></tr>
<tr><td rowspan="6">分层分类</td><td rowspan="2">层级设置</td><td colspan="4">类型设置</td></tr>
<tr><td>教学型</td><td>生产型</td><td>技术型</td><td>创业型</td></tr>
<tr><td>准入</td><td rowspan="4">专业教学为主，符合“双师”教师的基本标准，且能将成果转化为教学资源的教学型教师</td><td rowspan="4">生产实践为主，符合“双师”教师的基本标准，且能将成果转化为生产产品的生产型教师</td><td rowspan="4">技术创新为主，符合“双师”教师的基本标准，且能基于成果转化进行创新的技术型教师</td><td rowspan="4">创新创业为主，符合“双师”教师的基本标准，且能基于成果转化进行创业的创业型教师</td></tr>
<tr><td>初级</td></tr>
<tr><td>中级</td></tr>
<tr><td>高级</td></tr>
</table>

① 教师获得成果转化价值引领的“四类型四层次”教师认定后，发给 500~1000 元的奖金，从次月开始，按学院工资结构中职称工资的规定增加工资；

② 学院为教师申报非教育系列职称提供方便并报销必要费用，教师参加提高双师水平的学习培训费用由学校报销 50%；

③ 受学院指派到企业生产一线，核定给一定数量的工作量（课时数）计发课时工资；

④ 在年度综合考评中，获学校认定的各级各类教师证书的增加基础分 1~5 分，并在晋升上一级职称时有优先权；

⑤ 在实践性教学、实验、实训设备安装调试科研任务分配时，优先安排“四类型四层次”教师主持或参与；

⑥ 各系部（专业）每建成一个“双师型”教师培训基地，学校给予 3000 元的奖励。以后学校每年拨给一个基地 1500 元的运转经费。

（3）动态管理

各级各类教师资格实行每年认定一次，聘期一年。教师受聘后，除要积极参加学校组织的相关应用能力提升活动外，每年还需要继续参加行业企业实践或挂职锻炼活动，以获得最新的行业信息，继续提升实践教学或应用性研究能力，企业实践或挂职锻炼的管理按学校有关规定执行。

各学院成立教师资格认定与考核工作小组，组长由各学院院长担任，具体负责应用型教师人员引进、资格认定与考核工作组织、审核工作。

三、案例效果

（一）基于转化与创新的教师发展体系

学院创新师资队伍建设机制，构建了成果转化价值引领的“四类型四层次”教师资格认定与考核体系。制定准入、初级、中级、高级四层次的教学型、生产型、技术型、创业型教师的认定与考核标准，并实施“师资共享”，选派专业课教师定期到企业实践锻炼，了解行业企业的新技术、新工艺、新规范，强化实践技能，提升专业能力。近年来，学院所有专业课教师均有到企业实践锻炼的经历，专业课教师“双师”比例达 80% 以上。同时学院聘请 90 多名企业行业专家、高技能人才、专业技术人员和能工巧匠到学校兼职任教，有效改善了师资结构，提升了实践教学能力。各级各类教师将科研成果、技术成果等转化为教学资源或进行生产或进行创新创业。目前，学院教师在核心期刊上发表科研论文 514 篇，主编、参编出版专著、教材 59 部，获市厅级以上科研成果奖 184 项，获国家授权专利 136 项，进行科技咨询服务 346 次，科技项目推广 37 个，联合研发项目 18 个。

（二）基于成果转化的全过程创新人才培养体系

学院建设了食品企业技术需求信息库、食品产业专利库、高校科研院所成果库，将食品企业技术研发、升级等创新需求与高校科研院所的成果通过 31 个小试、20 个中试车间和 10 个标准化生产车间进行转化，建成中试产业学院；将食品成果进行第三方食品检测认证服务机构检测，并建成了食品检测产业学院；通过技术链、产业链和创新链推进食品产业发展，将推动食品产业发展使命驱动学生的专业学习，最终实现技术研发—成果转化—孵化产业化全链条。

目前，学院已为社会培养了 5 万多名实用型、技术技能型人才，毕业生就业率达到 98% 以上，大部分毕业生安置在双汇集团、乐天澳的利集团、三全集团、思念集团等河南省著名食品企业，多数已成为企业的生产经营骨干，为推动河南食品产业的发展作出了贡献。

（三）建设研发平台服务食品产业的转型升级

学院成立了漯河市食品研发公共平台，平台“一头连着高校院所，一头连着中小企业”。平台自建设以来，已入驻该市 32 家骨干食品企业，通过柔性引进和市场选聘，引进食品专业博士 28 名，汇聚行业拔尖人才 67 人。聚焦益生菌、休闲食品、功能性食品、食品添加剂等行业领域，引入省药食同源功能食品工程技术研究中心等 13 家专业研发机构。通过实地调研和咨询等形式，收集汇总企业研发需求，并根据技术领域，在专家人才库进行综合比对，确定适合对路的专家，为企业“量体裁衣”提供技术解决方案，帮助漯河中小食品企业解决各类技术难题近百项，为企业增加销售收入 13 亿元。面对高校院所一些科技成果应用推广不够的问题，平台结合产业需求，按照增加的产品销售利润，科研机构、平台、企业以 2∶1∶7 的比例建立利益共享机制，鼓励专家教授利用平台设备和生产线，开展技术成果产业化。目前平台已转化成果 28 项，丰富了漯河食品产品种类，促进了产业转型升级。

食品企业有了“共享实验室”

“2019 年营业收入同比增长 35%，利润翻番。今年虽有疫情，但势头不减。”据河南三剑客农业股份有限公司总经理常小静介绍，他们的一款运用了新型益生菌专利的系列产品已经占到销售总额的 70%，对业绩增长发挥了关键作用。但就在两年前，“三剑客”还在为产品创新、研发而烦恼，企业发展也面临困境。

河南漯河是中国食品名城，食品业产值达2000亿元，拥有7000多家相关企业，但大多为中小企业，创新研发能力薄弱，产品同质化严重，成为制约漯河食品产业转型升级的瓶颈。为此，2017年9月，漯河市建立了旨在服务中小企业科技创新的食品产业公共研发平台。

2018年初，创业20年的“三剑客”发展速度减缓，产品品质不高、缺乏竞争力，急需研发新产品。负责技术攻关的常小静瞄准前沿领域，希望研发美味、健康、能改善肠道菌群的功能性益生菌乳制品。但财务一核算，科研设备购置、试验耗材等费用需要投入近500万元，创新有风险，一旦失败，损失巨大；购入的价值上百万元设备使用之后面临闲置，浪费不小；企业也缺乏可以从事相关研究的人才。“人、财、物都缺乏，中小企业要创新是真的难！”算完账，常小静长叹了一口气。

了解到“三剑客”的困难后，漯河市食品产业公共研发平台负责人高愿军积极行动起来，利用2018年10月一次组织漯河本地企业家前往中科院参观学习的机会，帮助“三剑客”和中科院老专家技术中心建立了联系。一接触才知道，“三剑客”需要的技术，中科院的专家早就在实验室里做出来了，并且申请了专利，只是缺乏成果转化途径，一直“躺在纸上”。双方一拍即合，“三剑客”以30多万元价格购买了专利，花费还不到自己研发所需成本的1/10，并且规避了失败风险。

但新的困难随之出现。专利买来了，还需要进行生产线上的中试才能投产。“三剑客”的生产线规模大，试验一次要投入10吨原材料，成本十多万元，并且需要外聘主持试验的专家。人、财、物的问题再次出现。关键时候，又是食品产业公共研发平台帮了忙。借助平台的专用中试生产线，“三剑客”测试15次，花费还不到3000元。

2018年底，运用相关专利技术的系列新型益生菌产品顺利投产，立刻成为“三剑客”转型升级的拳头产品。2019年，这家公司实现销售额2.3亿元，预计今年将达到2.6亿元。

“平台主要服务于中小食品企业的科技创新。”据漯河市科技局局长袁国亮介绍，针对中小食品企业人才、资金和设备缺乏，创新能力薄弱的现状，漯河市政府牵头，依托漯河食品职业学院建立了食品产业公共研发平台，投资2.1亿元，依靠“柔性引智”的专家库和合作的有关科研院所，可以提供科研设备共享、技术咨询、产品开发、委托测试以及科技成果转化等服务。

据悉，平台建立以来，已帮助漯河中小食品企业解决技术难题百余项，增加企业销售收入约13亿元。

《人民日报》（2020年9月18日12版）

四、案例分析

漯河食品职业学院在建设高水平高职学校过程中形成的基于转化与创新的“四层次四类型”教师发展体系是在学校办学的历史使命和社会责任基本定位的基础上提出的，丰富并发展了职业院校中长期秉持的“双师型”教师队伍建设理念，更好地反映了我国高水平高职院校办学价值定位对教师队伍的要求。

（一）明确高职院校办学价值定位

漯河食品职业学院地处河南省食品名城漯河市，该市的食品工业是河南省两个万亿主导产业之一，食品生产企业近 7000 家，形成了 2000 亿级食品产业集群。2009 年，学院对河南省，特别是漯河市食品产业发展开展深度调查，发现当地食品企业近 7000 家，但规模以上企业仅 200 多家，食品产业以中小微企业为主，中小企业的技术水平不高，产品附加值低。面对中小企业在新产品研发和技术引进方面的迫切需求，学院作为唯一以食品命名的高等职业院校，通过开展定向研发、成果转化和技术服务，重点服务区域食品中小企业创新发展，实现大量的技术创新成果转化为现实生产力，从而确立了学校以培养能够进行成果转化与创新的人才培养价值定位。

（二）以成果转化价值取向为引领

漯河食品职业学院以培养能够进行成果转化与创新的人才为责任与使命，而教师是实现办学价值的主体，这就要求教师队伍能够通过成果转化全过程来培养食品技术技能人才，把国家经济社会发展、产业升级发展和学校的价值定位与对教师的激励政策统一起来，点燃教师发展的内生动力。漯河食品职业学院在教师培养培训过程中，提供给不同类型不同层次教师发展的平台和空间，让教师能够在教学过程中实现自身价值。

（三）搭建平台提升教师专业能力

学院通过牵头成立河南省食品职业教育集团、漯河市食品产业知识产权战略联盟、漯河市食品产业技术创新战略联盟，建设了食品企业技术需求、专利、成果信息中心；协同江南大学等 9 所食品领域知名高校科研院所、13 家专业食品研发机构，聚焦益生菌、休闲食品、功能性食品、食品添加剂等食品行业领域，共同打造开放式的漯河市食品研发公共平台。

平台实行市场化运作，在兼顾公益性的同时，合理确定服务收费标准，拓宽收入渠道。通过研发中心，整合高端资源，集聚创新要素，服务企业研发需求；在实训中心推行仪器设备共享，降低企业创新成本；成果转化生产性车间促进科技成果转化，培育新的增长点；开展第三方检测服务，助力提升产品质量；沙澧众创空间则满足创新创业需求。学院建设专家人才库，制定《人才引进管理办法》《漯河市食品产业公共研发平台科研基金管理办法》等文件，平台结合产业需求，按照增加的产品销售利润，科研机构、平台、企业以 2∶1∶7 的比例，建立利益共享机制，鼓励专家教授利用平台设备和生产线，开展技术成果产业化。通过平台，教师们为企业“量体裁衣”提供技术解决方案，在为企业解决各类技术难题过程中提高了专业能力。

（四）制定分类分层教师激励发展

为了实现价值定位，学校将教师细分为教学型、生产型、技术型四种类型。教学型教师以专业教学为主，具备“双师型”教师的基本标准，且能将成果转化为教学资源的教学型教师；生产型教师以生产实践为主，具备“双师型”教师的基本标准，且能将成果转化为生产产品的生产型教师；技术型教师以技术创新为主，具备“双师型”教师的基本标准，且能基于成果转化进行创新的技术型教师；创业型教师以创新创业为主，具备“双师型”

教师的基本标准，且能基于成果转化进行创业的创业型教师。

学院制定了基于转化与创新的“四类型四层次”教师激励发展体系，建立教师职业成长阶梯和标准，在各级各类教师的职务评聘或职称晋升过程中，重视成果转化工作所占的评价比重，把科研和为行业企业提供技术咨询、培训服务等列入考核指标，明确各类人员的职业方向和发展路径。

第三篇　职业教育教材案例研究

在本篇中，没有选择基于学科知识结构设计编写的教材，因为这类教材已经十分成熟，也没有选择活页、工作页教材等其他教学材料类教材，而是选取了基于职业实践行动结构的教材。这类教材是我国20世纪90年代末自主研发的教材类型，对我国职业教育实现从以知识为本位到以能力为本位的转变，大幅度提高职业教育教学效能和质量水平发挥了重要作用。但从课题征集上来的教材案例分析，许多教材案例仍然没有把握甚至没有理解基于职业实践行动结构的教材应遵循的基本逻辑结构。为了达到认识问题、解决问题、推广经验的目的，本书依据基于职业实践行动结构的教材案例存在的问题和水平分3个典型案例进行研究。

案例一　技术专业类教材案例

一、案例背景

随着科学技术的快速发展，我国产业升级加快，并在高铁、电力、建筑等领域达到了世界领先水平，其他行业也正在由大国向强国迈进。这对于从事相关产业的技术技能人才提出了更高的要求，要求不仅能干，而且要干出职业水平，要达到职业水平，在能干的基础上形成职业特质。

二、案例介绍

笔者选择了《机械制图》（第 2 版）、《建筑信息模型（BIM）建模技术》《肉及肉制品加工》3 本比较有代表性的教材进行技术专业类教材案例研究，力图反映我国技术专业类基于职业实践行动结构教材的实践概貌。

（一）《机械制图》（第 2 版）教材

书号：978-7-04-050211-4

主编：彭晓兰

出版社：高等教育出版社

出版时间：2018 年 9 月

该书是“十二五”职业教育国家规划教材的修订版，结合了最新的技术制图和机械制图等职业技校专业教学标准，并作为高等职业院校机械类、近机械类专业的制图课程教材。该书印数累计 100 000 册。

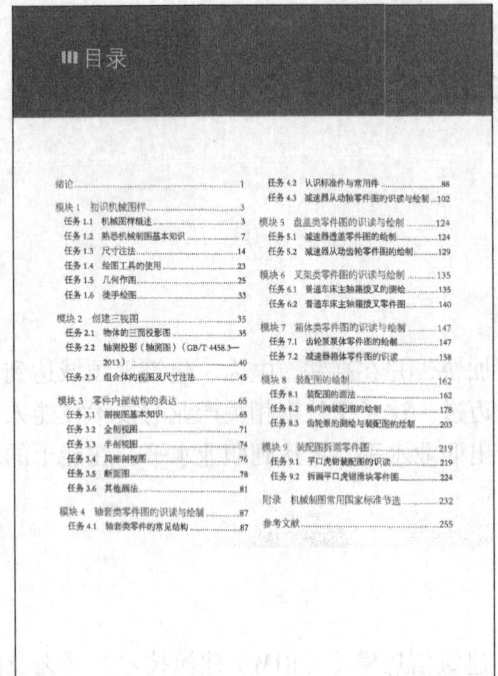

目录

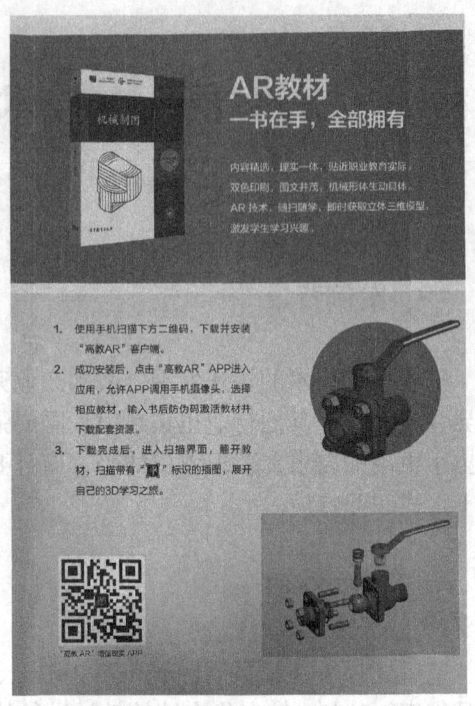

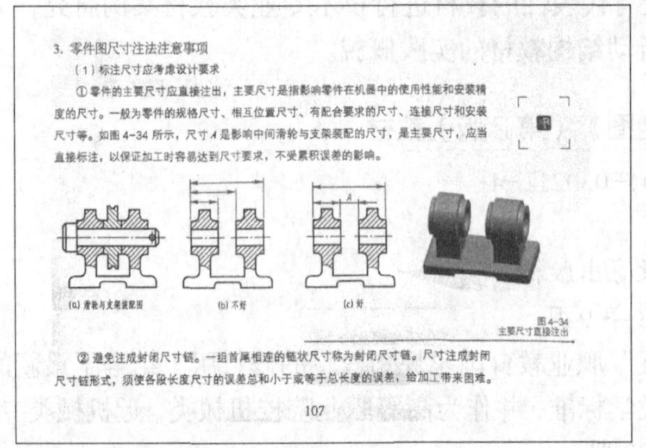

3. 零件图尺寸注法注意事项

（1）标注尺寸应考虑设计要求

① 零件的主要尺寸应直接注出，主要尺寸是指影响零件在机器中的使用性能和安装精度的尺寸。一般为零件的规格尺寸、相互位置尺寸、有配合要求的尺寸、连接尺寸和安装尺寸等。如图 4-34 所示，尺寸 A 是影响中间滑轮与支架装配的尺寸，是主要尺寸，应当直接标注，以保证加工时容易达到尺寸要求，不受累积误差的影响。

(a) 滑轮与支架装配图　(b) 不好　(c) 好

图 4-34 主要尺寸直接注出

② 避免注成封闭尺寸链。一组首尾相连的链状尺寸称为封闭尺寸链。尺寸注成封闭尺寸链形式，须使各段长度尺寸的误差总和小于或等于总长度的误差，给加工带来困难。

107

（二）《建筑信息模型（BIM）建模技术》教材

书号：978-7-04-053673-7

主编：周信　王静

出版社：高等教育出版社

出版时间：2020 年 6 月

该书可供参加“1+X”建筑信息模型（BIM）职业技能等级证书考试的中职、高职、本科院校学生及工程行业从业人员学习使用，自 2020 年 6 月出版以来已重印 1 次，累计印数达 14 000 册，全国数十所“1+X”BIM 考试试点院校使用该教材。

"十三五"职业教育国家规划教材
"1+X"建筑信息模型（BIM）职业技能
等级证书配套系列教材
BIM
Building
Information
Modeling
"1+X"建筑信息模型(BIM)
职业技能等级证书
建筑信息模型
（BIM）建模技术
廊坊市中科建筑产业化创新研究中心
职业教育培训评价组织
组织编写
主 编 周 信 王 静
副主编 霍光辉 陈 瑜
高等教育出版社

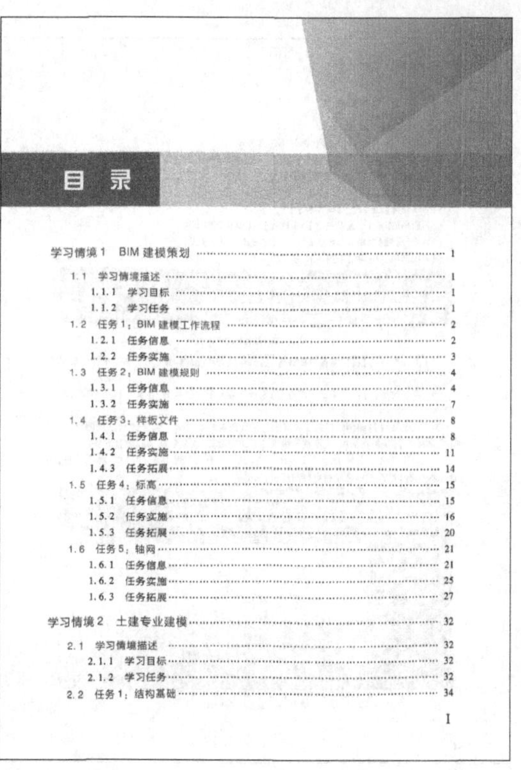

目 录

I

目录

II

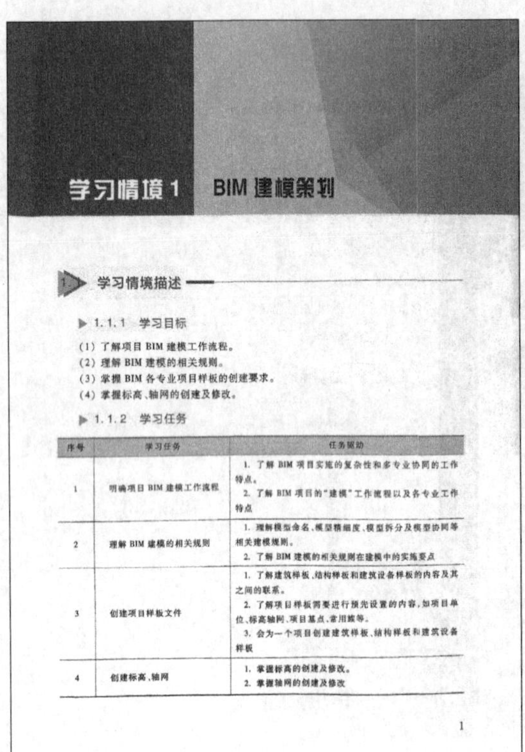

学习情境1　BIM建模策划

1.1 学习情境描述

1.1.1 学习目标

(1) 了解项目BIM建模工作流程。
(2) 理解BIM建模的相关规则。
(3) 掌握BIM各专业项目样板的创建要求。
(4) 掌握标高、轴网的创建及修改。

1.1.2 学习任务

序号	学习任务	任务驱动
1	明确项目BIM建模工作流程	1. 了解BIM项目实施的复杂性和多专业协同的工作特点。 2. 了解BIM项目的"建模"工作流程以及各专业工作特点
2	理解BIM建模的相关规则	1. 理解模型命名、模型精细度、模型拆分及模型协同等相关建模规则。 2. 了解BIM建模的相关规则在建模中的实施要点
3	创建项目样板文件	1. 了解建筑样板、结构样板和建筑设备样板的内容及其之间的联系。 2. 了解项目样板需要进行预先设置的内容，如项目单位、标高轴网、项目基点、常用族等。 3. 会为一个项目创建建筑样板、结构样板和建筑设备样板
4	创建标高、轴网	1. 掌握标高的创建及修改。 2. 掌握轴网的创建及修改

1

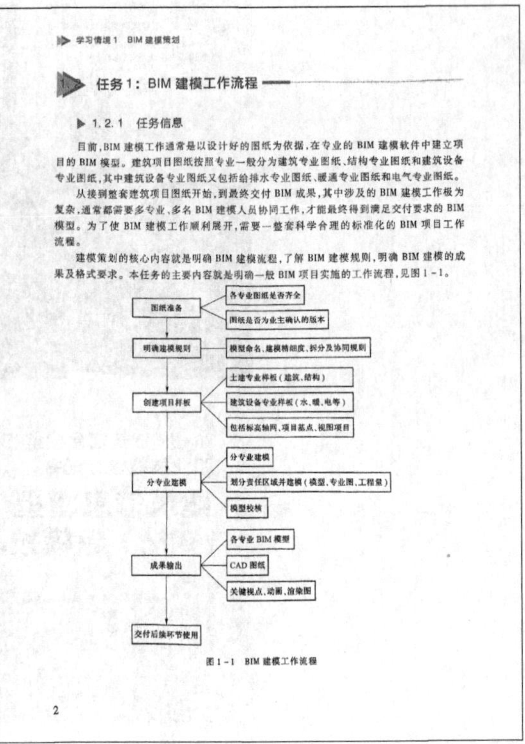

学习情境1　BIM建模策划

1.2 任务1：BIM建模工作流程

1.2.1 任务信息

目前，BIM建模工作通常是以设计好的图纸为依据，在专业的BIM建模软件中建立项目的BIM模型。建筑项目图纸按照专业一般分为建筑专业图纸、结构专业图纸和建筑设备专业图纸，其中建筑设备专业图纸又包括给排水专业图纸、暖通专业图纸和电气专业图纸。

从接到整套建筑项目图纸开始，到最终交付BIM成果，其中涉及的BIM建模工作极为复杂，通常都需要多专业、多名BIM建模人员协同工作，才能最终得到满足交付要求的BIM模型。为了使BIM建模工作顺利展开，需要一整套科学合理的标准化的BIM项目工作流程。

建模策划的核心内容就是明确BIM建模流程，了解BIM建模规则，明确BIM建模的成果及格式要求。本任务的主要内容就是明确一般BIM项目实施的工作流程，见图1-1。

图1-1　BIM建模工作流程

2

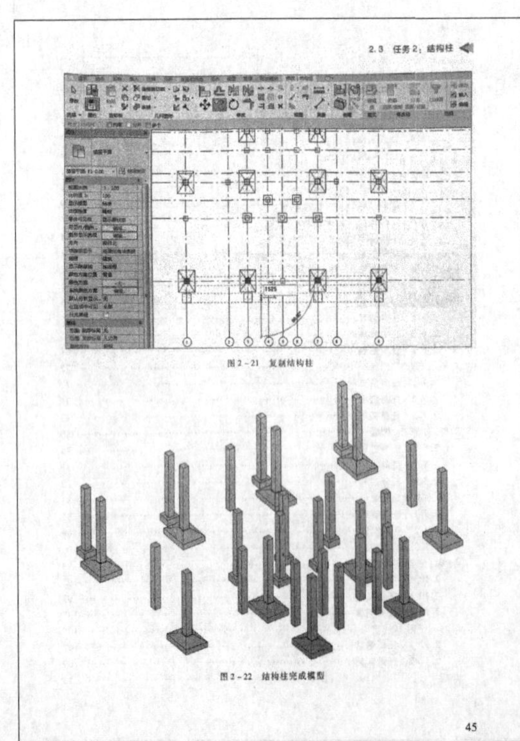

2.3　任务2：结构柱

图2-21　复制结构柱

图2-22　结构柱完成模型

45

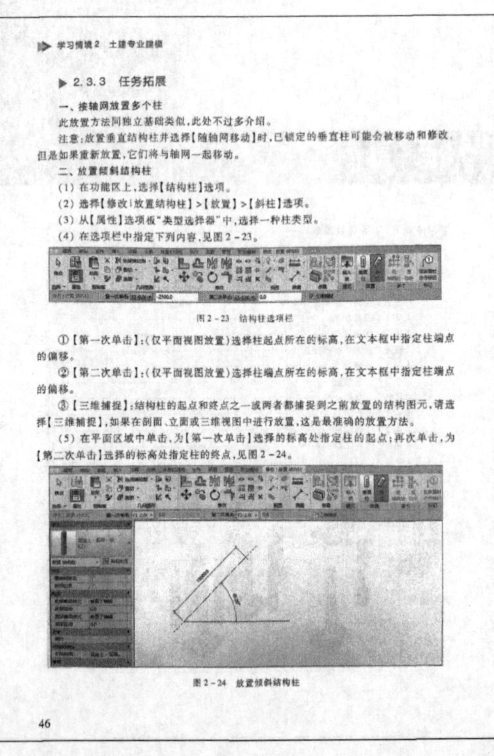

学习情境2　土建专业建模

2.3.3 任务拓展

一、按轴网放置多个柱

此放置方法同独立基础类似，此处不过多介绍。

注意：放置垂直结构柱并选择【随轴网移动】时，已锁定的垂直柱可能会被移动和修改，但是如果重新放置，它们将与轴网一起移动。

二、放置倾斜结构柱

(1) 在功能区上，选择【结构柱】选项。
(2) 选择【修改|放置结构柱】>【放置】>【斜柱】选项。
(3) 从【属性】选项板"类型选择器"中，选择一种柱类型。
(4) 在选项栏中指定下列内容，见图2-23。

图2-23　结构柱选项栏

①【第一次单击】：(仅平面视图放置)选择柱起点所在的标高，在文本框中指定柱端点的偏移。

②【第二次单击】：(仅平面视图放置)选择柱端点所在的标高，在文本框中指定柱端点的偏移。

③【三维捕捉】：结构柱的起点和终点之一或两者都捕捉到之前放置的结构图元，请选择【三维捕捉】，如果在剖面、立面或三维视图中进行放置，这是最准确的放置方法。

(5) 在平面区域中单击，为【第一次单击】选择的标高处指定柱的起点；再次单击，为【第二次单击】选择的标高处指定柱的终点，见图2-24。

图2-24　放置倾斜结构柱

46

(6) 完成倾斜结构柱放置。

注意：放置倾斜结构柱并选择【随轴网移动】时，由于斜柱端点有唯一的方向属性，因此锁定到轴网时需要有位置指导。

① 如果两个端点都锁定到轴网，并且一个端点处的轴网不是另一个的子集，则结构柱的“柱样式”参数将更改为“倾斜 – 端点控制”。

② 对角度驱动的柱锁定到的轴网进行移动时，整个结构柱会随之移动。

③ 而对端点驱动的结构柱锁定到轴网进行移动时，只要结构柱的端点会随之移动，结构柱会根据轴网的新位置而加长或缩短。

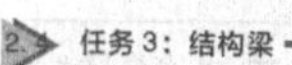

任务 3：结构梁

2.4.1 任务信息

一、结构梁基本概念

结构梁作为建模平台中常用的结构构件，在 Revit 软件平台中属于族构件，如果在项目中放置此类构件，需要提前将所用的族载入到项目中，才能进行下一步工作。

另外，结构梁模型在 Revit 软件平台中是一个具有数据交换功能的分析模型。

二、结构梁的放置与修改

1. 结构梁的放置

在【项目浏览器】中双击平面视图中楼层平面或三维视图中【三维】，切换到相应视图，然后选择【结构】>【梁】选项，激活【修改|放置梁】选项卡，在【属性】选项板“类型选择器”中选择结构梁类型，见图 2 – 25，在绘图区域进行放置。

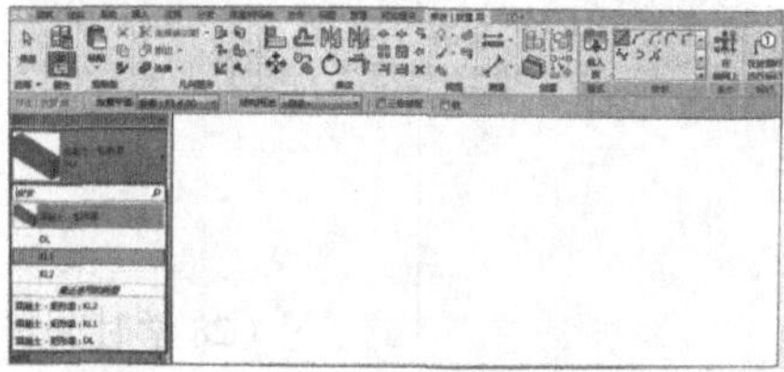

图 2 – 25 选择结构梁类型

放置结构梁时可在选项栏上指定以下内容，见图 2 – 26。

(1) 指定放置平面(如果需要工作平面，而不是当前标高)。

(2) 指定梁的结构用途(包括大梁、水平支撑、梁托、檩梁、其他)，如果选择【自动】选

项，将根据支撑梁的结构图元自动确定。

(3) 勾选【三维捕捉】复选框，可捕捉任何视图中的其他结构图元，可在当前工作平面之外绘制梁。

(4) 勾选【链】复选框将依次连续放置梁；在放置梁时的第二次单击将作为下一个梁的起点；按 Esc 键完成链式放置梁。

图 2 – 26 结构梁选项栏

在绘图区域进行结构梁绘制的方法主要包括以下几种，见表 2 – 1。

表 2 – 1 结构梁绘制方式及实现操作方式

序号	图标	绘制方式	绘制描述	链	偏移	半径
1		直线	在两点间绘制直线	●	●	连续绘制时，在线段连接处以相切圆弧连接
2		起点 – 终点 – 半径弧	确定起点、终点和半径绘制圆	●	●	指定弧半径
3		圆心 – 端点弧	确定圆弧中点、半径，圆弧起点和终点绘制圆弧	○	●	指定弧半径
4		相切端点弧	捕捉开放图元端点、绘制方向和半径与所选图元相切绘制圆弧	●	○	指定弧半径
5		圆角弧	拾取两个已有图元，绘制与已有图元相切圆弧，并修剪已有图元	○	○	指定圆角半径
6		半椭圆	确定长轴起点、终点和短轴半径方式绘制半椭圆	●	○	○
7		样条曲线	通过多个控制点绘制样条曲线	○	○	○

2. 结构梁的修改

选中已放置的结构梁，激活【修改|结构框架】选项卡，选择【编辑族】选项可进入【族编辑器】修改其属性，在【属性】选项板中可修改其【约束】【几何图形位置】【材质和装饰】【结构】等实例参数。如果要修改结构梁的类型属性，则需要单击【属性】选项板【编辑类型】按钮，进入【类型属性】对话框，修改其【类型】【尺寸标注】【标识数据】等类型参数，见图 2 – 27。

注意：在 Revit 中，结构梁的放置主要有绘制单个梁、创建梁链、选择位于结构图元之间的轴线、创建梁系统 4 种绘制方法；梁的结构属性在放置梁之前或之后都可以修改。

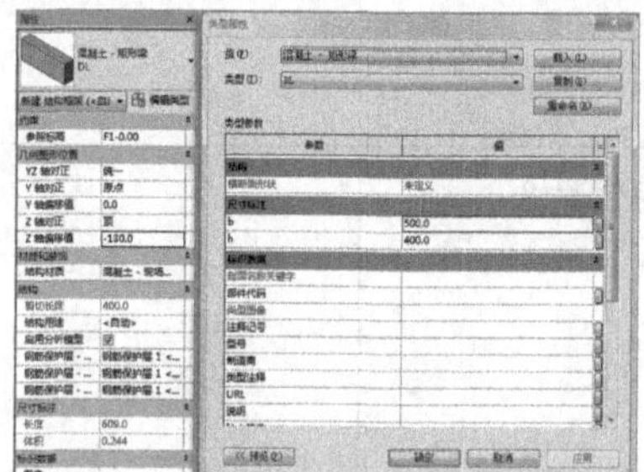

图 2 – 27 结构梁属性编辑

2.4.2 任务实施

了解结构梁的放置与修改之后，接下来就需要在上一节任务已经创建好的结构基础、结构柱模型中继续放置结构梁。

查看结构图中的地下基础及地梁模板图，然后依据图中的结构梁进行放置。

(1) 打开【F1 – 0.00】平面，进入【属性】选项板，选择【范围】>【视图范围】选项，单击【编辑】按钮，弹出【视图范围】对话框，将各参数调整至地梁可见视图范围，同结构基础绘制时，对视图范围进行调整。

(2) 选择【结构】>【梁】选项，在“类型选择器”中选择【混凝土 – 矩形梁】，在【属性】选项板中修改实例参数【约束】>【参照标高】为“F2 – 3.00”、【几何图形位置】>【Z 轴偏移值】为“ – 130.0”；单击【属性】选项板中【编辑类型】按钮，弹出【类型属性】对话框，根据图纸中 DL1 尺寸修改结构梁尺寸及类型名称，并在【修改|放置梁】选项卡中选择直线工具绘图，见图 2 – 28。

(3) 同以上方法将地梁及一层梁绘制完成，结果见图 2 – 29。

2.4.3 任务拓展

使用轴网工具放置结构梁：如图 2 – 30 所示，在所有结构柱之间均有结构梁，且结构梁居中轴网布置，那么就可以利用轴网工具来放置结构梁。

(1) 进入【结构】选项卡，选择【结构】>【梁】选项。

(2) 选择【修改|放置梁】选项卡【多个】>【在轴网上】选项。

图 2 – 28 绘制地梁

图 2 – 29 结构梁完成模型

(3) 选择要沿其放置结构梁的轴线，按住 Ctrl 键可选择多个轴网，结果见图 2 – 30。选择【多个】>【完成】选项，即可完成所有结构梁的放置，结果如图 2 – 31 所示。

注意：利用【轴网】工具选择轴线时，可将结构梁自动放置在其他结构图元(如柱、结构

（三）《肉及肉制品加工》教材

本教材是“职业教育三教改革案例研究”课题成果之一（尚未正式出版），在课题组指导下，由参与课题研究的职业院校教师编写并开展验证性试用。

《肉及肉制品加工》教材目录

模块	任务	建议课时数
一、畜禽的屠宰加工	项目一　猪的屠宰加工 10 任务一　猪的屠宰 任务二　猪的分割 任务三　猪肉的冷加工 项目二　牛的屠宰加工 6 任务一　牛的屠宰 任务二　牛的分割 任务三　牛肉的冷加工 项目三　羊的屠宰加工 6 任务一　羊的屠宰 任务二　羊的分割 任务三　羊肉的冷加工 项目四　鸡的屠宰加工技术 6 任务一　鸡的屠宰 任务二　鸡的分割 任务三　鸡肉的冷加工	（28 学时）
二、常用原辅材料的辨别与检验	项目一　常用原料肉的辨别与检验 8 任务一　种类辨别 任务二　新鲜度辨别 项目二　常用辅料的认知 6 任务一　香辛料 任务二　调味料 任务三　添加剂 项目三　常用包装材料的认知 4 任务一　内包装材料 任务二　外包装材料	（18 学时）
三、热加工熟肉制品加工	项目一　酱卤肉制品加工 6 任务一　道口烧鸡加工 任务二　五香牛肉加工 任务三　香卤猪头肉加工 任务四　其他酱卤肉制品加工	（32 学时）

续表

模块	任务	建议课时数
三、热加工熟肉制品加工	项目二　熏烧烤肉制品加工 6 任务一　精品培根加工 任务二　北京烤鸭加工 任务三　梅花烤肉加工 任务四　其他熏烤肉制品加工 项目三　肉灌制品加工 6 任务一　高温火腿肠加工 任务二　台湾风味烤香肠加工 任务三　三明治火腿加工 任务四　其他肉灌制品加工 项目四　熟肉干制品加工 6 任务一　太仓肉松加工 任务二　牛肉干加工 任务三　靖江猪肉脯加工 任务四　其他熟肉干制品加工 项目五　油炸肉制品加工 4 任务一　油炸鸡柳加工 任务二　油炸黑椒牛肉丸加工 任务三　其他油炸肉制品加工 项目六　其他熟肉制品加工 4 任务一　猪皮肉冻加工 任务二　血豆腐加工	（32 学时）
四、腌腊肉制品加工	项目一　中式腊肠制品加工 6 任务一　广式腊肠加工 任务二　川味香肠加工 任务三　其他腊肠加工 项目二　腊肉制品加工 6 任务一　广式腊肉加工 任务二　南京板鸭加工 任务三　其他腊肉制品加工 项目三　火腿制品加工 4 任务一　中式火腿加工 任务二　西式火腿加工（带骨整腿加工） 任务三　其他火腿加工	（16 学时）

续表

模块	任务	建议课时数
五、预制调理肉制品加工	项目一　冷藏预制调理肉类加工 4 任务一　鱼香肉丝加工 任务二　可乐鸡翅加工 任务三　其他冷藏预调理肉类加工 项目二　冷冻预制调理肉类加工 4 任务一　速冻蒜香鸡肉丸加工 任务二　速冻黑椒牛排加工 任务三　肥牛卷加工 任务四　其他冻藏预调理肉类加工	（8 学时）
六、发酵肉制品加工	项目　发酵灌制品加工 4 任务一　萨拉米发酵香肠加工 任务二　其他发酵灌制品加工 附录　肉制品加工质量与安全管理 主要参考文献	（4 学时）

样章

模块四　腌腊肉制品加工

上古夏朝时，农历十二月合祭众神叫作腊，因而十二月叫腊月。腊肉是在寒冬腊月将肉类以盐渍经风干或熏干制成而得名。腊肉作为湖南、四川、广东等地区的特产，已有几千年的历史，并经湖湘儿女游历中原，而走出三湘四水，传播四方。

著名作家梁实秋说湖南的腊肉最出名，此言不虚。据记载，早在两千多年前，张鲁称汉宁王，兵败南下走巴中，途经汉中红庙塘时，汉中人用上等的楚地（湖南）腊肉招待过他。

20 世纪的 1912 年，以关遂昌等人为代表，对腊味的加工制作做进一步研究和发展，经过不断积累经验，终于创造出别具一格、风味独特的腊味。由于品质独特，浓香可口，回味无穷，一时间，腊味声名远扬。至 20 世纪 30 年代，老字号"遂昌号"腊味已经热销马来西亚、新加坡、菲律宾等东南亚地区。

随着持续的传承和发展，保有"肉质紧密、红白分明、风味独特、香而不腻、便携运和耐贮藏"特色的中式腊肠、腊肉和火腿等腊肉制品，深受欢迎。

通过本模块学习，您能：

1. 做好中式腊肠制品加工
2. 做好腊肉制品加工
3. 做好火腿制品加工

项目一 中式腊肠制品加工

中式腊肠以广式腊肠、川味腊肠为代表，腊肠又称香肠。古时候，羊城（今广州）一家肉铺，掌柜为人聪明，善于经商。一天，有位顾客，两眼盯着腊肠转，左看右看，最后拿起一根来，用鼻子闻了闻，问道："这是什么肠子？"掌柜回答："腊肠。"顾客听了，二话没说，扭头就走，掌柜心里纳闷，怎么不问价钱就走呢？他拿了两根煮熟的腊肠，追了上去，道："先生，赠送您两根尝尝。"顾客摆摆手说："我不吃辣椒，谢谢。"掌柜这才明白，顾客误把"腊"听成了"辣"，便进行解释。顾客这才接过腊肠，一嚼，满嘴里浓郁的香味，满心欢喜地买了几斤。从此，掌柜把腊肠改名为"香肠"，并用纸写上"香肠"两个大字，挂在腊肠上。这样一来，肉铺生意也兴旺起来。这家肉铺，也改名香肠店了。

任务一 广式腊肠加工

广式腊肠，也叫广式香肠，是中式香肠的代表，我国流行的传统腊肠品种之一。它具有外形美观、红白分明、色泽明亮、肥而不腻、香醇可口的特点，享誉海内外，深受广大消费者的青睐。

学习目标

1. 能依据广式腊肠配方选配修正原材料；
2. 能依据广式腊肠工艺规划加工过程；
3. 能执行配方、遵照工艺加工广式腊肠。

一、任务描述

肉制品加工车间（流水线）拿到主管部门提供的广式腊肠生产配方、加工工艺和批量加工任务，立即安排加工技师投入生产。

二、任务分析

优秀的肉制品加工技师懂得生产安全、食品安全、特色稳定、效益最优、效率最高是品牌成功的关键，严格遵照生产配方、严格执行工艺成为品牌出品的保证，对能够保证高品质腊肠出品的加工配方和工艺等要素极为敏感，以遵照配方、执行工艺、规范加工，来实现稳定的腊肠的品牌特色。优秀的肉制品加工技师在腊肠加工全程之所以凸显职业化、专业化的作为和风范，要从"价值取向、工作依据、加工过程"三方面分析，具体如下。

（一）价值取向分析

广式腊肠加工技师的价值取向要从"广式腊肠品牌文化、腊肠加工技师职业"进行价值分析，分析这份职业立足事业的价值高低，职业角色是否发现事业价值；分析这份职业的价值高低，职业角色是否发现这份职业的价值。

1. 广式腊肠品牌文化

广式腊肠作为历史悠久的知名传统美食，发展前景广阔，其外形美观、色泽明亮、香味醇厚、鲜味可口、皮薄肉嫩。只要提到广式腊肠，就能立即唤醒客户美妙的关于腊肠美食的记忆。广式腊肠深受喜爱的品牌特色早已深入人心。食品稍有"瑕疵"，便被市场挑剔，更何况家喻户晓、风味独特的广式腊肠。

优秀技师深知市场对广式腊肠美食的期望，深知腊肠品牌“易坏”而带来的危机重重和品牌保鲜的价值，充分认识到打造知名品牌是国家、企业、客户、员工等共赢的桥梁，是美食传承、发展的关键。正是对广式腊肠品牌价值的发现和认同，引发优秀技师爱业、敬业、乐业。

2. 腊肠加工技师职业价值

广式腊肠品牌加工技师这份职业，立足在前景广阔的腊肠美食事业，职业化、专业化水平要求很高，要能感知广式腊肠品牌文化内涵和价值，具备与品牌文化匹配的价值追求，为完成品牌传承和创新发展的使命，而具备遵照配方、执行工艺、规范加工、严格达标的职业素养和能力。

长期的品牌广式腊肠加工技师的职业历练，推高规范精准价值取向的发现与追求，推动卓越工作素质能力高水平发展，这份职业造就了工程技术领域能够工作卓越的职业特质，成就了高质就业和生涯最优发展美好愿景，广式腊肠加工技师职业是达成高水平的美食品牌传承发展、服务社会、个人成长的共赢平台和契机。

价值追求是广式腊肠加工技师爱岗敬业的内因，也是热爱学习、生活的要因。

（二）工作依据分析

广式腊肠职业化、专业化加工，依据的是品牌配方和加工工艺。

1. 品牌配方分析

品牌配方决定了食品风味、风格、档次、功效等初定位，是腊肠加工选料、备料的依据。加工技师拿到广式腊肠配方表，确定本批广式腊肠主料为猪Ⅳ号肉，辅料为猪背膘，调味料为食盐、白糖、冰水、白酒、味精、淀粉，食品添加剂为红曲红、D-异抗坏血酸钠、亚硝酸钠；并确定原材料规格、含量，具体如下表所示，据此做好加工选料备料工作。

原辅料	含量 /%	原辅料	含量 /%
猪Ⅳ号肉	62.4	白酒	2.32
猪背膘	15.6	味精	0.216
食盐	1.56	D- 异抗坏血酸钠	0.048
白糖	6.24	淀粉	3.84
冰水	7.76	亚硝酸钠	0.0108
红曲红	0.0052		

2. 加工工艺分析

广式腊肠加工工艺是基于生产安全、食品安全、特色稳定、效益最优、效率最高，而规定了的加工流程（加工工序）、设备设施、技术手段、技术参数，是职业化、专业化腊肠生产加工的依据，加工工艺分析如下：

工序	主要设备设施	技术手段	技术参数	工作要求
原料选择	×××	×××	×××	×××
原料肉选修	×××	×××	×××	×××
绞制、切丁	绞肉机、切丁机	×××	猪Ⅳ号肉绞制成 10mm 颗粒	×××
腌制	×××	×××	×××	×××
肉馅制作	搅拌机	×××	×××	×××
罐装	真空定量灌肠机	×××	×××	×××
针刺、挂杆	×××	×××	×××	×××
热加工	×××	×××	×××	×××
冷却	×××	×××	×××	×××
包装	真空定量包装机	×××	×××	×××

请在 ××× 处具体填写。

（三）加工过程分析

依据品牌配方和加工工艺分析，加工技术按照“加工准备、加工操作、盘点交接和检查清场”三个工作阶段完成本班次任务，具体如下：

1. 加工准备

（1）个人准备

职业形象准备：加工技术规范工服着装、佩戴工号牌；

职业身心调适：保持愉快的工作情绪，保持良好的沟通合作状态，保持健康体魄，精力旺盛地投入工作。

（2）准时到岗到会（班前会）

按照工作制度要求准时到岗到会（班前会）。

（3）环境及设备设施准备

保持加工场地、工位、设备设施符合工作要求（卫生、安全、完好）。

（4）原料准备

按照配方要求选料备料，做好原料肉的选修。

原料肉选用经兽医卫生检验、检疫合格的猪Ⅳ号肉和猪背膘，但有时企业考虑到成本因素，会选用一部分猪前腿肉来替代原料中猪Ⅳ号肉或者用一部分鸡腿肉代替猪Ⅳ号肉。

原料肉选修时，应修去猪Ⅳ号肉表面的筋腱、淤血、淋巴、碎骨等，并洗涤干净，控干水分备用；应修去猪背膘上的皮、毛等，放冻库微冻备用。

通过配方表的含量比例、生产任务、合理损耗比例准确测算领料量，做到规范领料。

2. 加工操作

（1）绞制、切丁

将选修好的猪Ⅳ号肉在绞肉机上绞制成10mm大小的颗粒，若是大型绞肉机，无须将瘦肉分割成小块，小型绞肉机需将修好的肉分割成直径为5cm的小肉条，绞制好的肉温不要超过10℃；微冻的背膘用切丁机分切成0.5cm^{3}的肉丁。

（2）腌制

加工广式腊肠所用的瘦肉和肥膘均需要腌制，常采用干腌法进行腌制，具体操作：称取原料肉（瘦肉和背膘）重2%的食盐、0.015%的亚硝酸钠，用硝量20倍的水溶解亚硝酸钠，倒入食盐中混匀；将混合均匀的腌制料分别与绞制的瘦肉馅或肥膘丁一同加入真空搅拌机内，搅拌5~6min，搅拌至料馅均匀、瘦肉部分有一定的黏度即可；搅拌后将瘦肉和肥膘分别盛装在洁净的容器内，压实，并在上面覆盖一层塑料膜，放在2~4℃的环境中腌制，瘦肉腌制24~48h，背膘腌制48~72h。

（3）肉馅制作

将腌制成熟的猪Ⅳ号肉、背膘分别加入搅拌机中，启动搅拌机，依次加入冰水、混合料（白糖、味精、异抗坏血酸钠、红曲红）、淀粉、白酒进行搅拌，搅拌均匀即可，时间控制在3~5min。

（4）灌装

选用直径为20mm的胶原蛋白肠衣，将肠衣穿到灌装管上，设定工艺参数：定量25g/节，打扭圈数为3圈，按照操作规程操作灌肠机进行灌装。灌装后的肠体饱满，松紧度适宜。

（5）针刺、挂杆

将灌装好的肠体摆放在干净的操作台上，用针板进行针刺。针刺要做到均匀，不能把肠体刺破。针刺完成后整齐、均匀地悬挂到挂肠车上。

（6）热加工

将挂满肠的小车推进熏蒸炉（企业里多采用烘房，不进行针刺，干燥时长为72h）中进行干燥。干燥工艺参数设定：温度55℃，300min；温度50℃，780min。

（7）冷却

干燥结束后，采用自然冷却法冷却至室温即可。

（8）真空包装

冷却的肠体要一根根分剪，然后装入塑料包装袋中，6根一袋，用真空包装机进行包装，每袋重量在142±1g，也可以散装卖。

3. 盘点交接与检查清场

（1）盘点记录

一是盘点广式腊肠正品和残品数量，二是盘点原材料使用量和余量，三是盘点检查用具用品完好和损耗损坏情况，四是按照制度反思工作安全、质量、效率、能耗情况，填入工作记录，签字提交。

（2）规范交接

倒班生产时，与接班员工共同盘点货品、原料数量，共同检查用具用品、设备设施，交代待完成工作，为接续班次工作顺利，应提供必要信息，填写工作交接单，按照规范完成工作交接。

（3）检查清场

末班生产结束时，做好三归位，即环境归位、设备设施归位、工具用品归位；做好三查，即安全检查、设备设施检查、卫生检查。工作全程配合部门质检和仓储工作。

三、相关知识

（一）中式腊肠的种类、特点

1. 中式腊肠的种类

我国腊肠历史悠久，东西南北各有其口味特点和消费习惯，各地均有其原料特色，从而使我国出产的腊肠品种繁多、风格各异，按风味有广味、川味之分。广味腊肠是广东省的传统肉制品，全国各地均有生产，因以产于广东地区的腊肠最为著名，故而得名，又名广式腊肠，肠衣选用胶原蛋白肠衣和羊小肠，用糖、酒量比较大，产品甜度高；川味腊肠是四川一带的传统腌腊肉制品，加糖量小，甜度低，口感咸鲜，常在辅料中加入辣椒、花椒，有"麻辣肠"之称。

2. 中式腊肠的特点

中式腊肠具有表面干爽、色泽明亮、瘦肥红白分明、组织紧密、腊香味独特的特点。

（二）腌制发展历程

自古以来，肉类腌制是肉的一种防腐贮藏手段，也是肉类制品生产中一种古老的加工方法。它既是腌制品加工的独立工艺，又是某些肉制品加工中的一道工序。公元前3000多年，人们就开始用食盐保藏肉类和鱼类。至今肉类腌制仍被普遍使用，但今天腌制的目的已从单纯的防腐保藏，发展到改善风味和颜色，以提高肉制品的品质为主。腌制是用食盐或以食盐为主，并添加硝酸盐或亚硝酸盐、蔗糖和香辛料等腌制材料对肉进行处理的过程。

（三）腌制的作用

通过腌制使食盐、发色剂等渗入食品组织中，降低水分活度，提高渗透压，抑制腐败菌的生长繁殖，从而防止肉类腐败变质，使其达到较长的保存期，并获得稳定的色泽和成熟的风味。具体从以下几个方面来说。

1. 腌制的防腐作用

（1）食盐的防腐作用

食盐是腌制的主要配料，一定含量的食盐能够抑制大多数腐败菌的繁殖，对腌制品起到防腐作用。食盐的防腐作用主要表现在以下几个方面。

① 脱水作用

食盐在肉中产生的渗透压，能够引起微生物细胞质膜分离，导致微生物细胞脱水、变形，使有害菌的生长繁殖受到抑制，从而达到防腐的目的。影响渗透压的主要因素是盐分的浓度和腌制时的温度。盐分越高，渗透压产生的越大，则水分渗出越快；腌制时的温度高，分子运动加快，扩散作用加强，腌制时间缩短，但温度过高，微生物也容易生长活动，肉容易发生腐败，所以腌制时的温度一般以2～4℃为宜。

② 影响细菌的酶活性

未经腌制的肉在放置过程中，微生物分泌的蛋白分解酶可以分解肉中的蛋白质，是由微生物分泌的酶和肉蛋白质肽键结合引起的。而肉经过腌制后，高浓度的食盐可以优先与肉蛋白质的肽键结合，抑制了微生物分泌的酶与肉中蛋白质结合，从而降低了微生物对肉蛋白质肽键的利用率，因此肉就不易腐败变质。

③ 毒性作用

低浓度的食盐可以刺激微生物的生长，但当 Na^+ 的浓度较高时，它能够与微生物细胞质中的阴离子结合，从而破坏微生物通过细胞壁的正常代谢。

④ 离子水化作用

食盐溶解于水后，立即发生解离，生成 Na^+ 和 Cl^-，由于分子间的极性作用，在每个离子周围都包围着一层水分子，离子周围水分的量随着食盐浓度的增加而增加，使微生物得不到游离水，从而抑制了微生物在腌制肉品上的生长繁殖。

⑤ 影响氧气的含量

腌制肉品中食盐的含量越高，氧气的含量就会越低，形成缺氧状态，对于那些好氧性微生物的生长繁殖能起到很好的抑制作用。

以上这些因素都影响了微生物在肉中的生产繁殖，但食盐只能抑制微生物的活动，而不能杀死大多数微生物。若要延长腌制肉品的储存期，必须提高食盐的浓度，或与低温、烟熏、干燥等储藏方法配合，效果更佳。

（2）硝酸盐和亚硝酸盐的防腐作用

硝酸盐和亚硝酸盐可以有效地抑制肉毒梭状芽孢杆菌的生长，也可以抑制其他类型腐败菌的生长。这种作用在硝酸盐浓度为 0.1% 或亚硝酸盐浓度为 0.01% 左右时最为显著。肉毒梭状芽孢杆菌能产生肉毒梭菌毒素，这种毒素具有很强的致死性，对热稳定，大部分肉制品进行热加工的温度仍不能将其杀灭，而硝酸盐和亚硝酸盐能抑制这种菌的生长，防止食物中毒事故的发生。

硝酸盐和亚硝酸盐的防腐作用受 pH 值的影响很大。腌肉的 pH 值越低，食盐含量越高，它们对肉毒梭状芽孢杆菌的抑制作用就越强。当 pH 值为 6.0 时，对细菌有明显的抑制作用；当 pH 值为 6.5 时，抑菌能力降低；当 pH 值为 7.0 时，则不起作用。

（3）香辛料的防腐作用

许多香辛料具有抑菌或杀菌作用，如月桂、白芷、胡椒等都具有一定的抑菌效力。

2. 腌制的发色作用

（1）硝酸盐和亚硝酸盐的发色作用

为了使肉制品呈鲜艳的红色，在加工过程中多添加硝酸盐或亚硝酸盐。硝酸盐在细菌硝酸盐还原酶的作用下，还原成亚硝酸盐，亚硝酸盐是一种高活性的化学物质，而肉是一种极其复杂易变的体系，亚硝酸盐在肉中能够以多种方式与许多功能团反应。亚硝酸盐在酸性条件下会生成亚硝酸。亚硝酸在常温下，也可分解产生亚硝基（NO），此时生成的亚硝基会很快与肌红蛋白（Mb）反应生成暗红色的亚硝基肌红蛋白（NOMb）。再通过热变性作用，色素变为稳定的亚硝基血色原，它的颜色是粉红色。

亚硝基形成的速度与介质的 pH 值、温度、浓度以及还原性物质等的存在有关，因此形成亚硝基肌红蛋白的过程需要一定时间。加入抗坏血酸（$C_6H_8O_6$）能加速 NO 的形成，由亚硝酸和抗坏血酸首先生成中间复合体，然后中间复合体再分解生成 NO。该反应在低温情况下进行缓慢，但在烘烤和熏制时会急剧加快。在抗坏血酸存在时，可阻止 NOMb 在空气中氧化，使形成的颜色更加稳定。

腌肉所使用的硝酸盐和亚硝酸盐都有利于肉色稳定，但采用亚硝酸盐使肉发色迅速，对稳定肉色更直接，所以现在亚硝酸盐广泛地取代硝酸盐是现代肉类加工的一种趋势。对腌制、熟化周期长的肉制品，一般使用硝酸盐或硝酸盐和亚硝酸盐混合物。

研究表明，亚硝酸盐与肉中肌红蛋白色素反应所消耗的亚硝酸盐量明显地与产品的色素含量成正比，几乎可以肯定，两摩尔的亚硝酸盐能与一摩尔的热变性色素反应。而非血红素蛋白质对添加的亚硝酸盐中的氮元素俘获量为 20% ~ 30%，以气体逸出形式的损耗量不超过 5%。

（2）（异）抗坏血酸及其钠盐的助色作用

肉制品中常用（异）抗坏血酸及其钠盐、烟酰胺等作为发色助剂，使发色效果更加稳定，其助色机理与硝酸盐及亚硝酸盐的发色过程紧密相连。发色助剂具有很强的还原性，其助色作用是促进 NO 的生成，防止 NO 及亚铁离子的氧化。它能促使亚硝酸盐还原成为 NO，并消耗氧气，创造厌氧条件，加速亚硝基肌红蛋白的形成，完成助色作用。烟酰胺也能形成烟酰胺肌红蛋白，使肉呈红色，但同时使用抗坏血酸和烟酰胺，其助色效果更好。抗坏血酸的使用量一般为 0.02% ~ 0.05%，最大使用量为 0.1%。

（3）还原糖的助发色作用

在腌制过程中往往加入一些糖类，其中一些还原糖（葡萄糖等）具有还原性，能够吸收消耗空气中的氧气，防止肉被氧化褪色。

3. 腌制的保水作用

（1）食盐的保水作用

肉中起保水和黏结作用的关键性物质是结构蛋白中的肌球蛋白。用离子强度为 0.6 的盐溶液提取肌球蛋白时，仅在屠宰后短时间内进行处理，才能得到纯肌球蛋白。用死后时间稍长的肉提取时，因部分肌球蛋白与肌动蛋白生成肌动球蛋白，故提取出来的是肌球蛋白、肌动球蛋白的混合物，此混合物称肌球蛋白 B，而纯肌球蛋白称为肌球蛋白 A。

未经腌制肌肉中的蛋白质处于非溶解状态或凝胶状态，而肉经腌制后由于离子强度的作用，使蛋白质转变为溶解状态或溶胶状态。腌制时肌球蛋白 B 被提取是保水性增加的根本原因。处于凝胶状态的肌球蛋白 B，能吸水膨润，本身也具有一定的持水能力，但这种溶剂化作用所形成的吸水膨润是有限的，持水性局限在极小的范围内。在充分的离子强度下，肌球蛋白的溶解性增强，肌球蛋白 B 能从凝胶状态变成溶胶状态，吸水无限膨润。

在加热过程中，由于蛋白质变性，原来被包藏在蛋白质二级结构内的非极性基团暴露出来，造成了疏水条件，使持水力大大降低。未经腌制的肉煮制时大量失水，就是这种原因。

腌制使凝胶状态的肌球蛋白B由有限膨润转变为无限膨润，是高度溶剂化的表现。在一定离子强度下，可以使这种溶剂化过程表现得最充分，也就是使持水能力达到最高程度。在加工过程中经搅拌、斩拌、滚揉，溶胶状的肌球蛋白B从肌纤维内释放出来，起黏着作用。如肉馅加4.6%~5.8%的食盐时保水性最好。若食盐用量超过这一标准，因食盐的脱水作用，肉的保水性反而降低；若食盐用量低于这一标准，最好办法是用磷酸盐来弥补由此引起的保水效果不足的缺点。当加热的时候，溶胶状态的蛋白质形成巨大的凝胶体，将水分及脂肪封闭在凝胶的网状结构里。此外，用湿法腌制的片状火腿原料肉或腌制灌肠原料肉时发现，肉的吸水膨润度与肉的pH值、腌制的盐水浓度、原料肉与腌制盐水的比例有一定的关系。肉的pH值越高，膨润度越大。盐水浓度在8%~10%时，肉的膨润度最大，而当浸渍盐水的浓度增大，特别当盐水浓度超过22%时，保水性反而显著降低。

（2）磷酸盐的保水作用

磷酸盐的作用主要是提高肉的保水性，提高肉的嫩度和出品率。但由于磷酸盐对肉的作用机制比较复杂，尚无一致说法，现将已清楚的几点介绍如下。

① 提高肉的pH值

焦磷酸钠、三聚磷酸钠和六偏磷酸钠都是强碱弱酸盐，水解后呈碱性，加入肉中使肉的pH值上升，偏离肌球蛋白的等电点，从而能增强肉的保水力。

② 增加离子强度

多聚磷酸盐是多价阴离子化合物，即使在较低的浓度下也具有较高的离子强度，使处于凝胶状态的肌球蛋白溶解度显著增加（盐溶现象）而达到溶胶状态，提高了肉的持水性。

③ 与金属离子发生螯合作用

多聚磷酸盐能与肌肉结构蛋白质中的Ca^{2+}、Mg^{2+}阳离子结合，使蛋白质的羧基游离出来，羧基之间的同性电荷相斥作用，使蛋白质结构松弛，以提高肉的持水性。

④ 解离肌动球蛋白

焦磷酸盐和三聚磷酸盐有解离肌动球蛋白的功能，肌球蛋白的增加相应地提高了肉的持水性。

⑤ 抑制肌球蛋白的热变性

肌球蛋白是决定肉保水性的重要成分，但是，肌球蛋白对热不稳定，其凝固温度为42~51℃，在盐溶液中30℃就开始变性。肌球蛋白过早变性会使其持水能力降低。焦磷酸盐对肌球蛋白的变性有一定的抑制作用，可以使肌肉蛋白质的持水能力稳定。

（3）糖的保水作用

糖极易氧化形成酸，使肉的酸度增加，利于胶原蛋白的膨润和松软，从而提高了肉的保水性，使肉的嫩度增加。

4. 腌制的呈味作用

肉经腌制后形成了特殊的腌制风味。在通常情况下，出现特有的腌制香味大约需要腌制10~14天，腌制21天香味明显，40~50天香味达到最大限度。香味和滋味是评定腌制品质的重要指标，对腌制风味形成的过程和风味物质的性质目前尚没有一致结论，现就清楚的几点介绍如下。

（1）蛋白质等有机物的变化

一般认为腌制风味是在组织酶、微生物产生的酶的作用下，由蛋白质、浸出物和脂肪变化成的络合物形成的，主要为羰基化合物、挥发性脂肪酸、游离氨基酸、含硫化合物等物质，加热时就会释放出来，形成特有风味。

（2）亚硝酸盐的作用

亚硝酸盐除发色作用外，对腌肉的风味有着重要影响。亚硝酸盐可抑制脂肪的氧化，能减少因脂肪氧化所产生的过度蒸煮味。加亚硝酸盐腌制的火腿，羰基化合物的含量是不加时的2倍。

（四）腌制的方法

肉的腌制方法根据肉制品种类和消费口味的不同，大致可分为干腌法、湿腌法、混合腌制法和注射腌制法四种。无论采用哪种方法，都要求腌制剂均匀地渗透到肉的内部，达到腌制成熟的目的。

1. 干腌法

干腌法是把食盐或混合盐（盐、硝）、糖等，均匀地涂擦在肉的表面，然后逐层堆在腌制架上或腌制容器内，依靠外渗汁液形成盐液而进行的一种腌制方法。在腌制过程中，需要定期将上、下层肉翻转，以保证腌制均匀，此过程称为“翻缸”。

在食盐的渗透压和吸湿性的作用下，肉的组织液渗出水分并溶解于其中，形成食盐溶液，但盐水形成缓慢，盐分向肉内部渗透较慢，腌制时间较长，因而这是一种缓慢的腌制方法，但腌制品有独特的风味和质地。干腌法腌制后肉制品的重量减小，并损失一定量的营养物质（15%～20%），损失的重量取决于肉块的大小、肥瘦的程度、腌制的温度等，原料肉越瘦、肉块越小、温度越高，损失的重量就越大。由于腌制时间长，特别对带骨火腿，表面污染的微生物很容易沿着骨骼进入深层肌肉内，而食盐进入深层的速度缓慢，很容易造成肉的内部变质。

干腌法的优点是简单易行、制品干爽、蛋白质流失少、耐贮藏，具有特殊的腌制风味。其缺点是盐不能重复利用，咸度不均匀，色泽较差，汁液流失多，制品的重量和营养成分减少得很多，且腌制时间长，冷藏间容积大，费工。

我国名产火腿（如金华火腿）、咸肉、烟熏肋肉以及鱼类常采用此法腌制。国外的乡村火腿、干腌培根等也采用干腌法。

2. 湿腌法

湿腌法即盐水腌制法，就是将肉浸泡在装有预先配制好食盐溶液的容器内，并通过扩散和水分转移，让腌制剂渗入肉的内部，并获得比较均匀分布的一种腌制方法。其常用于腌制分割肉、肋部肉等。

湿腌时盐的浓度很高，肉类腌制时，首先是食盐向肉内渗入而水分则向外扩散，扩散速度决定于盐液的温度和浓度。高浓度热盐液的扩散率大于低浓度冷盐液。硝酸盐也向肉内扩散，但速度比食盐要慢。瘦肉中可溶性物质则逐渐向盐液中扩散，这些物质包括可溶性蛋白质和各种无机盐类。为减少营养物质及风味的损失，一般采用老卤腌制，即老卤水中添加食盐和硝酸盐，调整好浓度后再用于腌制新鲜肉，每次腌制肉时总有蛋白质和其他物质扩散出来，最后老卤水内的浓度增加，因此再次应用时，腌制肉的蛋白质和其他物质损耗量要比用新盐液时的损耗少得多。随着卤水越来越陈，会出现各种变化，并有微生物生长，糖液和水给酵母的生长提供了适宜的环境，可导致卤水变稠并使产品产生异味。

湿腌法腌制时间基本上和干腌法相近，主要决定于盐液浓度和腌制温度。湿腌法的优点是渗透的速度快，肉质柔软，盐分分布均匀，制品盐分少，含水分多。其缺点就是其制品的色泽和风味不及干腌制品，腌制时间长，蛋白质流失多（0.8%～0.9%），不易保藏，冷藏室容积要求宽大。

3. 混合腌制法

这是一种干腌和湿腌相结合的腌制方法。肉类腌制可先行干腌而后放入容器内用盐水腌制。

用注射腌制法和干腌或湿腌结合进行，也是混合腌制法，即盐液注射入鲜肉后，再按层擦盐，然后堆叠起来，或装入容器内进行湿腌，但盐水浓度应低于注射用的盐水浓度，以便肉类吸收水分。

干腌和湿腌相结合可以避免湿腌法因食品水分外渗而降低腌制液浓度，也可避免发生干腌时食品表面脱水现象。另外，内部发酵或腐败也能被有效阻止。

肉腌制时，肉块重量要大致相同，在干腌法中较大块的肉放最底层并脂肪面朝下，第二层的瘦肉面朝下，第三层又将脂肪面朝下。以此类推，但最上面一层要求脂肪面朝上，形成脂肪与脂肪、瘦肉与瘦肉相接触的腌渍形式，腌制液要淹没肉表面。腌制过程中，每隔一段时间要将所腌肉块的位置上下交换，以使腌渍均匀，其要领是先将肉块移至空槽内，然后倒入腌制液，腌制液损耗后要及时补充。

另外需要提到的是水浸。它是一道腌制的后处理过程，一般用于干腌或较高浓度的湿腌工序之后，为防止过量盐分及污物附着，需将大块的原料肉再放入水中浸泡，通过浸泡，不仅去除掉过量的盐分，还可调节肉内吸收的盐分。浸泡时应使用卫生、低温的水，一般浸泡在约等于肉块重量 10 倍的静水或流动水中，所需时间及水温因盐分的浸透程度、肉块大小及浸泡方法而异。

混合腌制法可以增加制品贮藏时的稳定性，防止产品过多脱水，营养成分流失少，成品色泽好，咸度适中，但操作较复杂。

4. 注射腌制法

为了加快食盐的渗透，防止腌肉的腐败变质，目前广泛采用盐水注射法进行腌制。这是因为通过机械注射，不但增加了出品率，同时盐水分散均匀，再经过滚揉，使肌肉组织松软，大量盐溶性蛋白渗出，提高了产品的嫩度，增加了保水性，肉的颜色、层次、纹理等得到了极大的改善，同时，也大大缩短了腌制周期。

注射腌制法就是将配制好的盐水通过盐水注射机注射到肉内部的一种腌制方法。此法可以分为动脉注射腌制法和肌肉注射腌制法两种，但常用的是后者。

（1）动脉注射腌制法

此法是用泵将盐水或腌制液经动脉系统压送入分割肉或腿肉的腌制方法。但一般分割胴体并不考虑肉原来动脉系统的完整性，故此法只能腌制前后腿。注射时将注射用的单一针头插入前后腿的股动脉的切口内，然后将盐水或腌制液用泵压入腿各部位上，使其质量增加 8% ~ 10%，有的增加 20% 左右。腌制液除水外，还有食盐、糖和硝酸钠或亚硝酸钠（后两种都可同时采用）。为了提高肉的保水性和产量，还可以添加磷酸盐。

此法的优点是腌制液不但能迅速渗透到肉的深处，腌制速度快，而且不破坏组织的完整性，产品得率高。其缺点是只能用于腌制血管系统没有损伤、放血良好的前后腿，胴体分割时还要注意保证动脉的完整性，产品容易腐败变质，必须进行冷藏。

（2）肌肉注射腌制法

此法有单针头注射法和多针头注射法两种。肌肉注射的针头大多为多孔的。单针头注射法多适合于分割肉，一般每块肉注射 3 ~ 4 针，每针注射量为 80 g 左右，以增重 10% 左右为准；多针头注射法适合于形状整齐的去骨肉，肋条肉最合适。腌制过程中采用揉搓的方法，加速腌制液进入肌肉组织。

肌肉注射腌制法可以缩短操作时间、提高生产效率、降低生产成本，但其成品质量不及干腌制品，风味较差，煮熟后肌肉收缩程度高。

盐水注射的优点是：可以预先计算出各种添加剂的添加量；可以制造出添加剂更加均匀分布的制品；可以利用多种添加剂；可以提高制品的出品率；还可以节省人力。目前的盐水注射是通过数十根乃至数百根规则排列的注射针完成的，注射机有低压注射（注射压力 3 ~ 5 bar）和高压注射（10 ~ 12 bar）两种，低出品率高档产品一般多采用低压注射，高出品率多充填物的产品则采用高压注射。使用低压注射机无法成功地注射高压注射机制作的产品，同样高压注射机也无法制作出低压注射机制作的产品。

无论是何种腌制方法，在某种程度上都需要一定的时间，为此，第一，要求有干净卫生的环境；第二，需保持低温（2 ~ 4℃），环境温度不宜低于 2℃，因为这将显著延缓腌制速度。这两种条件无论在什么情况下都不可忽视。盐腌时一般采用不锈钢容器，现在使用合成树脂做盐腌容器的较多。

（五）影响腌制质量的因素

1. 原料肉品质

猪的肌肉纤维颜色的差别是由肌红蛋白的含量不同而引起的，有的肌肉呈深红色，有的肌肉呈浅红色，腌制成熟后产品色泽也有深浅，所以要选用肉色相近的肉做原料。尽量不用 PSE 肉做火腿，以免影响腌肉的色泽和保水性。肉的 pH 接近肉的等电离点时，腌肉的保水能力最差。肉发色的 pH 最适范围一般为 5.6 ~ 6.0。

2. 腌制材料

（1）食盐的纯度

食盐中除含有氯化钠外，还含有氯化钙、氯化镁和硫酸钠等杂质，在腌制过程中，它们会影响食盐向肉中的渗透速度，其中硫酸镁和硫酸钠含量过多还会使腌制品有苦味。另外，食盐中若含有微量的铜、镁、铬，它们会使腌肉中脂肪氧化酸败。因此肉品加工中最好使用氯化钠含量在 99% 以上的精制盐。

（2）食盐的使用量和盐水浓度

腌制时食盐用量应根据腌制目的、环境条件（如气温）、腌制对象、腌制种类和消费者口味而有所不同。为了达到完全防腐的目的，要求肉内盐分浓度在7%以上。因此，所用盐水浓度应在25%以上。腌制时气温低，用盐量可降低些；气温高，用盐量宜多些。另外，为防止肉类腐败，腌制时还加硝酸盐。但是，腌肉中盐分含量过高就难以食用。从消费者能接受的肉制品咸度来考虑，其盐分含量以2%～3%为宜。现在国外肉制品一般都趋向于采用低盐水浓度进行腌制。

（3）硝酸盐或亚硝酸盐用量及残留量

国标规定硝酸钠的最大使用量为0.5 g/kg，亚硝酸钠的最大使用量为0.15 g/kg。在安全范围内使用发色剂的量与原料肉的种类、加工工艺条件及气温情况等因素有关。一般来说，气温越高，呈色作用越快，发色剂添加量可适当减少。发色结束后，残留量以亚硝酸钠量来计，灌制品不超过0.03 g/kg，肉类罐头不超0.05 g/kg，西式火腿不超过0.07 g/kg。

（4）温度

腌制速度与温度成正比，也就是说温度越高，食盐进入肉中的速度就越快。但是，利用温度来提高腌制速度必须谨慎小心，防止食盐在渗入肉内以前就出现腐败变质现象。为此，腌制仍在低温条件下进行。如果没有冷库，一般在立冬后到立春前的这段季节里进行腌制；有冷库时，肉类腌制温度控制在2～4℃。因为，低于2℃腌制速度缓慢；高于4℃又易引起腐败菌的大量生长。

（5）空气

肉类腌制时，保持缺氧环境可避免褪色。当肉中无还原物质存在时，暴露于空气中的肉表面的颜色就会被氧化变暗。因此，实际腌制过程中，在腌肉表面盖上不透气的塑料薄膜来防止氧化或者在腌制剂中加入抗氧化物质（如D–异抗坏血酸钠）。

（6）其他因素

除上述几种因素影响腌肉质量外，磷酸盐、抗坏血酸盐、还原糖等对腌肉的质量都有改善作用。

影响腌制品的因素较多，只有勤检查，观察色泽变化情况，才能逐步探索出本地区各个季节、各个品种的最佳腌制时间。就北京而言，通常腌制时间如下：盐水火腿、熏圆腿为2～3天，培根为10～13天，生熏火腿为15～16天，灌制品原料为1～3天。部分传统制品，如镇江肴肉、肘花、肉卷（用五花肉）需湿腌5～6天。

（六）亚硝酸盐（硝酸盐）的使用方法

硝酸盐和亚硝酸盐使用量很小，因此必须控制用量和用法。根据腌制方法和产品工艺的不同，亚硝酸盐（硝酸盐）的使用方法有以下几种：

1. 亚硝酸盐（硝酸盐）和盐混合使用

把硝酸盐和食盐均匀地拌和在一起。由于硝酸盐用量很少，为了使硝酸盐与盐拌和均匀，常加入硝酸盐量20倍的水，调和成液体，再放入盐，拌匀后使用。如加工欧式火腿、培根、熏腿等都采用这种方式。

2. 亚硝酸盐（硝酸盐）和盐加水溶液使用

把硝酸盐和盐同时溶在水中并搅拌成均匀的盐水。湿腌法均采用此种方法。应先确定盐水浓度和100 kg原料肉消耗的盐水量，再确定加硝量。

3. 亚硝酸盐（硝酸盐）与调味料混合使用

将硝酸盐拌和在调味料中，也可以达到发色作用，如广式腊肠、腊肉等产品均采用这种方式。

4. 亚硝酸盐（硝酸盐）和水混合使用

把硝酸盐溶于水中，配成硝酸盐水溶液使用。当硝酸盐量不足或腌制时间短，色泽不鲜艳，需加硝酸盐水补充时用这种方法。

（七）腌制终点的判断

不管采用哪一种方法进行腌制，都要求把肉块腌透、腌好。一般说来，以腌制液完全渗透到肉内为腌透标志。目前尚无仪器能测量，全靠眼睛观察肉的色泽变化来判定。方法是用刀切开最厚的肌肉，若整个断面呈玫瑰红色，指压弹性均相等，无黏手感，说明肉已腌透；若中心部颜色仍呈暗红色则表明肉未腌透。腌制好的肥膘断面呈青白色，切成薄片时略带透明，这是脂肪被盐作用后老化的结果。脂肪中含有盐分，在与肌肉或其他溶液相遇时，容易相互结合，遇到其他含盐量低的液体，盐就会从脂肪中释放出来，使脂肪结构发生变化，给乳化带来方便。生产上，对肥膘的腌制常常被人们忽视，尤其是用作灌制品时，未经腌制的肥膘往往被绞成粥状，未经加热即已出油，影响灌制品的质量。

（八）切丁机安全操作规程

（1）检查刀架是否安装正确，规格是否符合规定，压板是否锁紧。

（2）启动设备前，必须保证进料区域的所有异物都已清除。

（3）启动电动机，使其达到全速工作状态后，平稳、均匀地从进料口加料。

（4）操作过程中，不要让异物如石头、工具、瓶罐等硬件进入进料区域，以免损坏切割机零件。

（5）不要持续过量加料，以免电机过载、进料口堵塞或使切割刀具卡住，影响产品质量。

（6）刀具仓门关闭后，不得将任何物品或手伸进切割槽底部。

（7）当机器出现故障时，请立即关闭电源开关。

（8）用钝的刀片，必须由专人进行磨刀，才可继续使用。

（9）更换切料规格和维修设备时，必须先断开和锁上电源，确认设备已经完全停止后，才可以取下盖板和防护板。

（10）机器运转 4~6 小时必须加注食用润滑油脂一次，保持机器的灵活运转。

（11）用后要关闭电源。拆卸机器清洗安装，需在机修的指导下进行，注意各零部件的先后顺序，清洗时不要用水管直接冲洗开关及电气部分。

（九）广式腊肠加工中常见问题及处理方法

……

四、技能训练

训练 1　腌制准备

老师示范本项操作，讲解操作要点、理论依据，提出训练要求；小组合作，跟进训练，做好评价。

技能评价表

评价项目	评价标准	自评	他评
原料肉的修整	修整后的原料肉无淤血、无碎骨、无筋腱、无淋巴、无风干氧化层、无污物	Y N	Y N
瘦肉绞制	猪Ⅳ号肉绞制，大小为 10 mm 的颗粒	Y N	Y N
	肉温≤ 10℃	Y N	Y N
肥膘切丁	背膘切丁，大小为 0.5 cm^3	Y N	Y N
绞肉机安装与清洗	正确安装、拆卸绞肉机	Y N	Y N
	绞肉机表面光洁干净，无生产遗留物，无油污、污物污染	Y N	Y N
切丁机清洗	切丁机外表面、内部与物料接触的表面均无肉眼可见的异物	Y N	Y N

训练 2　肉馅制备

老师示范本项操作，讲解操作要点、理论依据，提出训练要求；小组合作，跟进训练，做好评价。

技能评价表

评价项目	评价标准	自评	他评
腌制	食盐、亚硝酸钠称量准确	Y N	Y N
	瘦肉腌制后呈玫瑰红色，弹性相等，无黏手感	Y N	Y N
	背膘腌制后呈青白色	Y N	Y N
辅料配备	计算正确，称量准确，无遗漏	Y N	Y N
肉馅制作	辅料添加顺序正确	Y N	Y N
	搅拌后瘦肉与背膘及辅料混合均匀，肉馅温度≤ 15℃	Y N	Y N
搅拌机操作与清洗	规范使用搅拌机	Y N	Y N
	搅拌机外表面、内部与物料接触的表面均无肉眼可见的异物	Y N	Y N

训练 3　灌制

老师示范本项操作，讲解操作要点、理论依据，提出训练要求；小组合作，跟进训练，做好评价。

技能评价表

评价项目	评价标准	自评	他评
灌肠机操作与清洗	规范使用灌肠机	Y N	Y N
	灌肠机外表面、内部与物料接触的表面均无肉眼可见的异物	Y N	Y N
肠体状态	肠体饱满，松紧度适宜	Y N	Y N
针刺	刺孔是否均匀，有无破损，肠体表面是否有肉馅	Y N	Y N

训练 4　热加工

老师示范本项操作，讲解操作要点、理论依据，提出训练要求；小组合作，跟进训练，做好评价。

技能评价表

评价项目	评价标准	自评	他评
熏蒸炉操作	规范使用熏蒸炉	Y N	Y N
产品状态	外形良好，无污垢、无破损	Y N	Y N
	外部呈金黄色，切面色泽为粉红色，颜色均匀一致，有光泽	Y N	Y N
	组织紧密，有弹性，切片完整，切面无密集气孔	Y N	Y N
	有浓郁的烟熏风味，咸淡适中，滋味鲜美，无异味	Y N	Y N

训练 5　检查清场

老师示范本项操作，讲解操作要点、理论依据，提出训练要求；小组合作，跟进训练，做好评价。

技能评价表

评价项目	评价标准	自评	他评
三归位	环境归位规范	Y N	Y N
	设备设施归位规范	Y N	Y N
	工具用品归位规范	Y N	Y N
三检查	规范安全检查	Y N	Y N
	规范设备设施检查	Y N	Y N
	规范卫生检查	Y N	Y N
工作记录	填写完整规范	Y N	Y N
	准确及时	Y N	Y N

五、任务实现

老师布置广式腊肠生产任务，提出工作要求；小组合作，运用所学，完成本项任务，做好学习评价。

学习评价表			
评价项目	评价内容	他评	自评
职业特质	具备过程导向思维	Y N	Y N
	遵照规程、执行规范，追求精准达标的职业价值	Y N	Y N
职业能力	能依据广式腊肠配方选配修正原材料	Y N	Y N
	能依据广式腊肠工艺规划加工过程	Y N	Y N
	能执行配方、遵照工艺加工广式腊肠	Y N	Y N
知识相关	中式腊肠的种类和特点（广式腊肠的风味特点）	Y N	Y N
	腌制的作用	Y N	Y N
	腌制的方法	Y N	Y N
	影响腌制品质量的因素	Y N	Y N
	亚硝酸盐（硝酸盐）的使用方法	Y N	Y N
	腌制终点的判定	Y N	Y N
	切丁机安全操作规程	Y N	Y N
通用能力	团队协作能力	Y N	Y N
	制度执行能力	Y N	Y N
	心理调适能力	Y N	Y N

六、课外作业

1. 以“广式腊肠”做关键词进行网络搜索，选出您最喜欢的品牌，解读品牌特色，在班级群分享品牌介绍，谈谈分享理由。

2. 以小组为单位，收集河南一带生产的腊肠图片，并讨论这些腊肠之间的区别。

三、案例效果

从技术专业类教材案例研究选择的《机械制图》（第 2 版）、《建筑信息模型（BIM）建模技术》《肉及肉制品加工》3 本比较有代表性的教材使用或验证效果分析发现，职业教育技术专业类教材设计编写实现了两次跨越。《机械制图》（第 2 版）、《建筑信息模型（BIM）建模技术》2 本教材实现了由知识学习到能力培养、由知识体系到行动体系的跨越，尽管《机械制图》（第 2 版）还带有很重的知识本位的内容、形式和色彩。《肉及肉制品加工》实现了由能力培养到职业水平要求的职业特质培养的跨越。

（一）《机械制图》（第 2 版）教材

该教材是国家规划教材的第 2 版。由使用此教材的教师和学生反馈分析，可知其达到了以下效果：

1. 教材定位

该教材全面贯彻了机械制图、技术制图最新国家专业教学标准，按照机械零件分类，精选内容设置模块教学，配套建设了数字化资源和慕课（MOOC），既满足高职机械专业类学生“机械制图”课程线上线下混合式教学需要，又满足社会学习者学习需求，是新形态一体化教材，能够较好满足高职机械专业类学生用书需要。

2. 教材结构

该教材采用模块化结构设计，按照由简到繁、由浅至深的顺序设计了 9 个教学模块，介绍机械图样识读与绘制方法，基本符合学生认知规律。

3. 教材内容

该教材内容衔接专业课程学习，采用机械零件常用分类方法，精选轴套类、盘盖类、叉架类、箱体类机械零部件，分为初识机械图样、创建三视图、零件图内部结构的表达、轴套类零件图的识读与绘制、盘盖类零件图的识读与绘制、叉架类零件图的识读与绘制、箱体类零件图的识读与绘制、装配图的绘制、装配图拆画零件图 9 个模块，符合高职机械专业类学生的工作需要。

4. 配套资源

该教材开发大量数字教学资源，并采用 AR 技术帮助读者方便快捷地找到教材配套资源；增加 AR 模型索引页，在教材边栏凸显 AR 标识存在，方便教师根据资源提前设计教学方案，方便学生按页码查找资源所在；运用了丰富的 AR 资源呈现方式，辅之以丰富的随扫随学 AR 技术三维立体模型和微课教学，配套习题集和网络课程提供了大量读图和绘图训练。其采用了 360° 旋转、拆装等不同的资源展现形式。360° 旋转展示形式可以让学生培养三维立体感，多设计在制图类教材中的简单模型中。拆装可以让学生了解部件内部结构与安装顺序，多设计在复杂模型结构分析中。

（二）《建筑信息模型（BIM）建模技术》教材

建筑信息模型（BIM）职业技能等级证书是教育部“1+X”证书制度首批试点的 5 个领域的职业技能等级证书之一。各出版社围绕“1+X”BIM 证书考试出版了多个版本的考试教材。通过查询统计可知，“1+X”BIM 职业技能等级证书教材有高等教育出版社、中国建筑工业出版社、化学工业出版社 3 个版本。本研究以高等教育出版社版本作为案例进行研究。由使用此教材的教师和学生反馈分析，可知其达到了以下效果。

1. 教材定位

该教材基于“1+X”建筑信息模型（BIM）职业技能等级标准和考评大纲的要求编写而成，具有紧扣考点、针对性强，便于学生进行具有针对性的学习和练习的特点，其可作为定位于职业院校学生“1+X”建筑信息模型（BIM）职业技能等级考核准备用书，也可以作为证课融合或一体化的教材。

2. 教材结构

该教材按案例编写，创新了国内建筑信息模型（BIM）教学的方式与方法。每个学习情境以案例为引导，通过对实际案例的介绍，串起全部知识点和技能点，提升教材使用人员对建筑信息模型（BIM）知识的理解与应用，使其具备通过相应级别考试的能力。

3. 教材内容

该教材按照“1+X”建筑信息模型（BIM）职业技能等级标准和考评大纲要求，组织教材内容，设置灵活新颖模块，并采用双色版式，以及双色图片和栏目，突出内容重点，降低了学习者学习教材时的枯燥感，提升了学习者的学习效率。

4. 配套资源

该教材配套了教学课件、电子图纸等资源，配备微课二维码和数字课程。丰富的课程资源可以最大化地助力学习者备考和练习。

（三）《肉及肉制品加工》教材

该教材是“职业教育三教案例研究”的成果之一。在该教材研究和使用验证过程中，由教师和学生反馈分析，可知其达到了以下效果。

1. 教材定位

该教材能够引领学生发现所从事肉及肉制品加工工作的职业价值，并能够进一步引领学生为实现自己的职业价值而选择学习肉及肉制品加工，并且了解肉及肉制品加工的食品质量安全标准。该教材较好地实现了高等职业院校学生肉及肉制品加工技术技能人才职业特质的培养。

2. 教材结构

该教材基于肉及肉制品加工技术技能人才职业特质过程设计教材结构，有助于学生肉及肉制品加工技术技能人才职业价值正确取向、思维、行为等职业特质的形成，可使其养成严格遵循规范、确保肉及肉制品加工的食品质量安全的行为习惯。

3. 教材内容

该教材筛选肉及肉制品加工典型任务组成教材内容。采用任务驱动教学，由任务描述、任务分析、相关知识、技能训练、任务实现、课外作业构成教学各个环节。任务分析匹配职业水平要求的价值感知和价值实现的工作过程与行为规范。通过真实任务实现和在技能训练中的技能评价，在任务完成后知识、技能、态度、职业能力和职业特质的评价，促进学生与职业水平工作匹配的价值取向、思维方式、职业行为、职业素养、职业能力的形成。

4. 配套资源

该教材将配套必需的各类视频、微课、PPT等资源，为高水平、高效率的学习活动、教学活动提供配套资源。

四、案例分析

尽管技术专业类教材案例研究选择的《机械制图》（第2版）、《建筑信息模型（BIM）建模技术》《肉及肉制品加工》3本教材实现了由知识学习到能力培养，再到职业特质培养的跨越，但仍然存在进一步改进完善的空间。

（一）《机械制图》（第2版）教材

1. 教材定位分析

该教材定位于识图制图能力培养。从教材目录看，该教材虽然采用了任务驱动形式，但实际上仍是知识体系。因此，难以达到职业教育所要求的工程技术类人才机械制图能力培养的定位要求，也更谈不上实现所从事职业的特质要求。

2. 教材结构分析

从目录上看，该教材试图采用任务驱动教学模式设计教材结构，但没有按照任务驱动的教学过程逻辑设计教材结构，培养目标限于掌握制图方法层面，机械制图的价值取向、思维行为等职业能力和特质培养不到位。

3. 教材内容分析

该教材试图筛选典型制图工作作为任务，为其提供了工作流程和规范，但任务的价值、价值达成思维方式、卓越绘图的职业精神和特质产生要因分析和解读有所欠缺甚至空白，难以推动学生职业素质和能力高水平发展。

4. 配套资源分析

该教材教学资源比较丰富，但与生产实践实际的匹配度尚有改进的空间。

（二）《建筑信息模型（BIM）建模技术》教材

1. 教材定位分析

该教材原本定位于能力培养，基本达到了知晓会做的目标，但距离职业特质的追求仍有改进的空间。

2. 教材结构分析

该教材根据“1+X”职业技能等级证书以及BIM技术应用的特点，整个教材体系下设若干项目模块，每个项目模块分为若干工作任务，工作任务再由“任务信息—任务实施—任务拓展”组成最终的知识点体系，引入相关职业技能，提出技能要求和知识要求，形成了完整的技能学习及评价考核的体系。教材运用了任务驱动结构，但缺乏卓越要求的职业特质形成的逻辑对教材结构的引领。

3. 教材内容分析

该教材突出了任务信息、任务实施的内容，但没有做任务分析和构建必需的知识和技能体系，能力培养要素缺失。

4. 学习评价分析

该教材没有技能训练和评价设计，也没有任务实现后的知识、技能、态度以及职业能力和职业特质的分层次和整体性评价。

5. 配套资源分析

该教材没有发现配套的视频、微课、PPT等资源。

（三）《肉及肉制品加工》教材

1. 教材定位分析

该教材基于肉及肉制品加工职业水平要求的职业特质培养，在引领学生发现肉及肉制品加工的职业价值的前提下，在促进学生学习并形成卓越的职业素质和能力等方面进行了研究和实践验证。但还应该进一步扩大实践验证范围，特别是在目标、内容等方面，要进一步验证教材的定位。

2. 教材结构分析

该教材采用了职业价值引领，以及基于职业特质形成过程的教材结构设计。从验证结果看，该教材确实有助于学生职业价值正确取向的确立，职业思维、行为、情感、语言等职业特质的形成，引领学生追求严格达标、确保食品安全的思维，以及严格遵守工艺和规范的职业行为习惯，但还需将课程思政与学生职业价值正确取向有机结合起来。

3. 教材内容分析

该教材筛选典型肉制品加工任务作为教材内容。但肉制品具有较强的区域性、文化性等，我国地大物博，食品文化色彩缤纷，教材内容利用典型肉制品加工，给典型制品的选择带来了挑战，需要进一步加以研究，筛选出更全面、系统的典型肉制品加工作为典型制品任务。

4. 学习评价分析

该教材在技能训练中设计了技能水平训练评价；在任务实现部分中设计了职业能力评价要求的计划、组织、实施、反馈等；并在此基础上，基于卓越匹配的价值、思维、行为、语言等职业特质要求，且要素充分。但要关注食品作为一种文化的特点，随着人民生活水平的提高，食品的文化特点更加凸显出来。

5. 配套资源分析

该教材虽然开发了配套的必需的视频、微课、PPT 等资源，但内容还不完整，技术水平还需提高，形式还应更加多样。

案例二　服务专业类教材案例

一、案例背景

随着经济社会的快速发展，为适应现代城市和现代产业的发展需求，服务业突破了消费性服务业领域，形成了新的生产性服务业、智力（知识）型服务业和公共服务业的新领域；通过服务功能换代和服务模式创新而产生新的服务业态；高文化品位、高技术含量、高增值服务，高素质、高智力的人力资源结构；高感情体验、高精神享受的消费服务质量。这对从事现代服务业的技术技能人才提出了更高的要求，要求能够与卓越服务匹配的惊喜服务价值取向、情景导向的思维方式、服务与开口之前的素质和能力。

二、案例介绍

选择了《推销与沟通技巧》《呼叫中心客户服务与管理（初级技能）》和《前厅服务与管理》（第二版）3 本比较有代表性的教材进行服务专业类教材案例研究，力图反映我国服务专业类基于职业实践行动结构教材的实践概貌。

（一）《推销与沟通技巧》教材

书号：978-7-04-017892-0

主编：崔利群　苏巧娜

出版社：高等教育出版社

出版时间：2010 年 1 月

本教材是教育部职业教育与成人教育司推荐教材配套用书，也可作为中等职业学校市场营销专业教学用书。

前　言

本教材依据中等职业学校市场营销专业教学指导方案和职业教育教学改革的方向与重点——“以就业为导向”、“以能力为本位”编写，是中等职业学校市场营销专业及相关专业的专业教材，也可作为企业推销人员培训和自学参考用书。

本教材以任务引领、实践导向为特色，根据学生认知规律，以任务目标→进入第一个活动→案例导入→正文→导入案例解答→体验活动→拓展链接→进入下一个活动（循环）→单元回顾→综合练习的递进循环结构模式，提高学生动脑、动口和实践操作能力；以探究教学、案例教学、实践教学为手段，通过贴近学生、贴近岗位、贴近就业环境的教学过程设计，由浅入深地提高学生推销与沟通能力和综合职业素质。该过程设计旨在提高学生的学习兴趣，满足学生就业和职业发展的需要。为方便教学，针对本教材还特别制作了 PPT 和电子教案。

本课程建议 72 学时，学时分配见下表（供参考）：

学时分配建议表

单元	课程内容	学时数			
		合计	讲授	实践	机动
1	走近推销	6	4	2	
2	推销沟通	16	10	6	
3	寻找顾客的方法与沟通技巧	6	4	2	
4	约见、接近顾客的方法与沟通技巧	8	4	4	
5	推销洽谈的方法与沟通技巧	14	8	6	
6	达成交易的方法与沟通技巧	8	4	4	
7	推销管理的方法	6	4	2	
机动		8			8
合计		72	38	26	8

参加本书编写的有崔利群（第一单元）、苏巧娜（第二单元）、梁国珍（第三单元）、齐萍（第四、五单元）、魏华（第六、七单元），由高级讲师崔利群、苏巧娜任主编，并负责总纂统稿。本书由中国职业技术教育学会教学工作委员会商贸专业教学研究会进行审定。本书在编写过程中，编者借鉴了国内外诸多专家学者的学术观点，参阅和引用了许多论著、论文、案例和网站资料，在此一并表示由衷的感谢！由于篇幅所限，书后参考文献可能存在遗漏，对我们引用文献但未列出的作者表示真诚的歉意，并希望得到谅解。

由于编者水平有限，书中疏漏之处在所难免，敬请专家和读者批评指正。

编　者

2009 年 9 月

目　录

·II·

第二单元　推销沟通

任务一　理解推销沟通

任务目标

理解沟通和推销沟通的概念、特点及作用；
熟悉沟通的基本类型，懂得非语言沟通的重要性；
澄清沟通中的错误观念，树立正确的沟通观念。

活动一　理解推销沟通的含义

案例导入

一位顾客通过推销人员推销，看上了某牌冰箱。在推销员准备开票时，顾客像突然想起了什么。

顾客：你们的售后服务怎么样？

推销员：您放心吧，我们的服务绝对一流。我们公司多次被评为“消费者信得过”企业，我们的售后服务体系通过了 ISO9000 认证，我们的服务宗旨是顾客至上。

顾客：是吗？我是说假如它出现问题怎么办？……

推销员：您尽管放心，我们服务的承诺是一天之内无条件退货，一周之内无条件换货，一月之内无偿保修。

顾客：是吗？

推销员：那当然，我们可是中国名牌，您放心吧。

顾客：那好吧，我知道了，我再考虑考虑。谢谢你，再见。

推销员：唔？……

问题：你能帮助推销员找出推销沟通失败的原因吗？

一、沟通的含义和过程

（一）沟通的含义

沟通的本意就是疏通沟渠，使两水相通、顺畅。而沟通的引申意义则是人与人之间由于观念、学识、想法、做法等的不同，彼此间自然就会形成隔阂、误会、猜忌，甚至是冲突。面对人与人之间的障碍、心灵的鸿沟，就必须搭建彼此交流的桥梁，疏通障碍，使彼此之间能够通情、通理、通心，以构建和谐的生活、工作环境。所以，简单地说，沟通是指为了设定的目标，把信息、思想、情

· 30 ·

感在个人或群体之间传递、反馈，并达成共识的过程。

沟通包含以下五方面的含义：

(1) 沟通是人与人之间进行联络的手段，也就是说单独的个人是不会发生沟通的，沟通不是发送者单方的活动，沟通必须是至少由两个及以上的人共同完成的活动。

(2) 信息一定被传递，即发信者将信息发给对方并为对方接受。信息没有发出也就是信息传递未发生。信息虽然已发出，但未为对方所接受，即信息传递未完成，等于未进行沟通。

(3) 所传递的信息一定被对方所理解。沟通不仅指信息被对方所接收，还要为对方所理解。沟通中，接收者接收到的仅仅是一些符号(如声音、文字、图像、数字、手势、姿势、表情)而已，而不是信息本身。接收者必须将这些符号按照发送者的原意进行翻译，正确理解发信者的意思，沟通才算成功。如果接收者对这些符号不能理解，不能将这些符号翻译成与发信者原意相符的信息，那么沟通就未完成。所以，理解就是指发信者心中要表达的意思几乎不走样地传达到接收者心中。要想达到完全理解，必须具备三个基本条件：

第一，共同的语言背景。比如说，学历基本相同，生活经历大体相同，对词语有基本相同的定义，语言哲学上称之为“公共话语”。

第二，具有相同的思维方式和价值观。

第三，信息不缺损。人的大脑是一个巨大的删减系统，它会对个人收集到的信息进行删减。大脑对两类信息敏感：对个人有利的和对个人有害的，其他的则会自动删除。

只有具备上述三个基本条件，才能把一个人心中的意思准确地接收而不变形、不走样，达到完全地理解信息。

(4) 有效的沟通并不是双方达成一致意见，而是准确地理解信息的含义。这里容易造成对沟通的误解，以为只有双方达成一致意见、说服对方才算是沟通有效，这是不正确的理解。

(5) 沟通是一个双向、互动的反馈和理解过程。沟通也需要反馈来保证沟通的有效。

(二) 沟通的过程

沟通的过程就是沟通的路径，是信息从发信者到接收者，再从接收者到发信者的过程。如图 2-1 所示，图中反映了沟通所需要的 8 个要素，其中每个要素都会对沟通的效果产生影响。

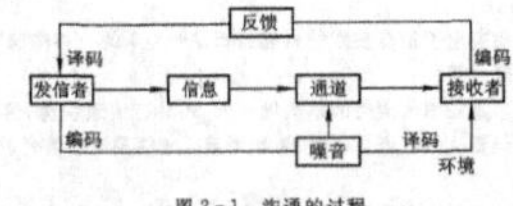

图 2-1 沟通的过程

1. 发信者

发信者即信息发送者，是沟通过程中的主要要素之一。在信息沟通过程中，发信者负有大部分的、直接的责任。发信者拥有信息，选择信息的传递，控制信息的发送，掌握了整个信息沟通的主动权。发信者可以是个人，也可以是组织。

2. 信息

信息就是发信者所发送的内容，是由发信者与听众分享的思想和情感组成的。所有的沟通

信息都是由语言和非语言两种符号组成的，思想和情感只有在表现为符号时才得以沟通。

3. 编码与译码

编码是发信者将其思想编成一定的文字语言符号及其他形式的符号。译码则恰恰与之相反，是接收者在接收信息后，将符号化的信息还原为思想，并理解其意义。

完美的沟通，应该是发信者的思想经过编码与译码两个过程后，接收者形成的思想与发信者的思想完全吻合，也就是说，编码与译码完全“对称”。“对称”的前提条件是双方拥有类似的经验，如果双方对信息符号及信息内容缺乏共同经验，则容易缺乏共同语言，从而使编码、译码过程不可避免地出现误差。

4. 通道

通道是发信者用于传递信息的媒介物，如面对面交谈、书面通知、电话、电报、互联网等。

我们所熟悉的大众媒体有：电子类传播媒体，如广播、电视、电话、互联网等；印刷类传播媒体，如报纸、杂志、书籍等；其他媒体，如会议、演说、报告、谈判等。这些都是商务沟通中的重要信息沟通通道。

不同的信息内容要求使用不同的通道。如政府报告就不宜通过口头形式而应采用正式文件作为通道，而若是邀请朋友吃饭采用备忘录的形式就显得不伦不类了。有时，人们也可以使用两种或两种以上的传递通道，例如，双方先口头达成一个协议，然后再予以书面确认。由于各种通道各有利弊，我们在传递信息时，应选择最恰当的媒介载体。

5. 接收者

信息的接收者，也是听众，是发信者信息传递的对象。大多数情况下，沟通是一个可逆的双向过程，即发信者与接收者在同一时间既发送信息又接受信息。如在人际沟通中，发信者与接收者可以面对面地进行交流，接收者也要及时地将自己的意见和情感反馈给发信者一方。

在不同的沟通场合，信息发送者可能会有不同的听众群，一般来说，沟通中的信息接收者包括 5 类，如表 2-1 所示。

表 2-1 信息接收者的类型

信息接收者的类型	说明
主要听众	又称直接听众，即那些直接从发信者处得到口头或书面信息的人或团体。他们可以决定是否接受你的信息，是否按照你的提议行动，各种信息只有传递给主要对象后才有可能达到预期的目的
次要听众	又称间接听众，即那些间接获得信息的听众，或通过道听途说，或受到信息波及的个人或团体。他们可能会对发信者的提议发表意见，或在发信者的提议得到批准后负责具体实施
联络听众	即发信者和最终听众之间的“桥梁听众”，他可能会因为某些理由而封锁信息，或阻止信息传递给其他对象，因而他们有权决定信息是否能够传递给主要听众。有时联络听众在组织的最高层，有时联络听众来自组织的外部
意见领袖	即听众中具有强大的、非正式影响力的人或团体。他们可能没有权力阻止信息传递，但他们可能因拥有相当的社会地位和经济实力，而对信息传递产生巨大影响
核心决策人	即能够影响整个沟通结果的人，如存在，就要依据他们的判断标准调整信息内容

以上几种听众中，有些听众可以同时充当几类听众。例如，一个人是主要听众的同时，又可以是意见领袖。而作为一名推销员，在进行推销沟通时，要根据不同听众的特点来选择沟通的通道及形式。

6. 反馈

反馈是指接收者接受发信者所发出的信息，通过消化吸收后，把产生的信息返回给发信者，并对信息是否被理解进行核实。反馈是沟通体系中的一个重要方面。在没有得到反馈之前，我们无法确认信息是否已经得到有效的编码、传递和译码。通过反馈，才能真正使双方对沟通的过程和有效性加以正确地把握。在沟通过程中，反馈可以是有意的，也可以是无意的。例如，推销沟通过程中，顾客可以直接用语言沟通方式向推销人员反馈出他们对推销品不感兴趣或者是不满，也可以用面对推销人员的推销显得疲惫、精神不集中这种无意间的神情与表情的流露，反馈出他们对推销品不感兴趣或者是不满。无论是何种反馈，都有利于增强沟通的有效性。

7. 噪音

这里的噪音指沟通过程中对信息传递和理解产生干扰的一切因素。噪音存在于沟通过程的各个环节，如难以辨认的字迹，沟通双方的语言障碍，电话中的噪声干扰，身体的不适，对对方固有的成见等，都可以称之为噪音。当噪音对编码或译码过程产生干扰时，就有可能导致信息的失真。

8. 环境

沟通总是在一定环境中发生的，任何形式的沟通都要受到各种环境因素的影响。一般认为，对沟通过程发生影响的环境因素包括物理环境、社会环境、心理环境和文化环境。

(1) 物理环境。物理环境指沟通发生的具体场所。特定的物理环境往往造成特定的沟通气氛。在一个千人礼堂演讲与在自己办公室里慷慨陈词，其气氛和沟通过程是大相径庭的。

(2) 社会环境。社会环境包括两方面的含义。一方面，指沟通双方的社会角色关系。不同的社会角色关系，有着不同的沟通模式。上级可以拍拍你的肩头，告诉你要以公司为家，但你绝不能拍拍领导的肩头，告诫他要公而忘私。因为对应于每一种社会角色关系，无论是上下级关系，还是朋友关系，人们都有一种特定的沟通方式预期，只有沟通在方式上符合这种预期，才能得到人们的接纳。但是，这种社会角色关系也往往成为沟通的障碍，如下级往往对上级投其所好、报喜不报忧等。这就要求上级能主动改变、消除这种角色预期带来的负面影响。

另一方面，社会环境还包括沟通中对沟通发生影响但不直接参加沟通的其他人。例如，只有两个人的沟通，和有许多旁观者在场，人们的言谈举止是不一样的；同性之间的沟通和与异性沟通的方式也是不同的。

(3) 心理环境。心理环境是指沟通双方的情绪和态度。它包含两个方面的内涵。其一是沟通者的心情、情绪，处于兴奋、激动状态与处于悲伤、焦虑状态下，其沟通意愿、沟通行为是截然不同的。后者往往沟通意愿不强烈，思维也处于抵制或混乱状态，编码、译码过程受到干扰。其二是沟通者对对方的态度。如果沟通双方彼此敌视或关系淡漠，沟通过程则常由于偏见而出现误差，双方都较难准确地理解对方思想。

(4) 文化环境。文化环境指沟通者长期的文化积淀，也是沟通者较稳定的价值观、思维模式、心理结构的总和。由于文化已转变为精神的核心部分而为人们自动保持，是思考、行动的内在依据，因此，通常人们体会不到文化对沟通的影响。实际上，文化影响着每一个人的沟通过程，影响着沟通的每一个环节。当不同文化发生碰撞、交融时，人们往往能发现这种影响。如用拇指

和食指捏成一个圈向别人伸出时，在美国、在日本、在阿拉伯人当中，象征的含义就各不相同。

文化环境的不同，使东西方在沟通方式上存在着较大的差异：如东方人重礼仪、多委婉，西方人重独立、多坦率；东方人多自我交流、重心领神会，西方人少自我交流、重言谈沟通；东方人和谐胜于说服，西方人说服重于和谐。因此，在沟通时，要考虑不同文化环境的差异。

可见，沟通虽然是我们每天都要做的事情，但影响沟通的因素却很多，沟通发生的环境也很复杂，因此，要保证有效的沟通并不是一件非常容易的事，要求沟通双方掌握好沟通过程中的各个要素。

二、推销沟通的含义

推销沟通是广义沟通在商品推销活动中的具体运用。它是指为了更好地满足顾客需要、实现推销目的，推销人员与顾客之间、推销人员之间有关信息、思想与感情的传递，并寻求反馈，求得理解、支持与合作的活动过程。推销沟通的特点如表 2-2 所示。

表 2-2 推销沟通的特点

推销沟通的特点	说明
目的性	推销沟通首先要有明确的目的，然后围绕该目标与顾客沟通，不能偏离目标，否则效率低下
随时性	推销无处不在，推销员所做的每一件事情都是沟通
双向性	推销员既要传递信息，又要收集反馈的信息
主动性	推销人员在沟通中应采取积极主动的态度，才可赢得沟通的成功
策略性	在与顾客沟通中，推销人员会接触形形色色的顾客，面对不同的顾客，推销员应采取不同的策略
情绪性	推销沟通的结果会受到沟通双方情绪的影响
互赖性	推销沟通的结果是否成功有赖于双方来决定

根据沟通信息的路径，推销沟通的过程如图 2-2 所示。

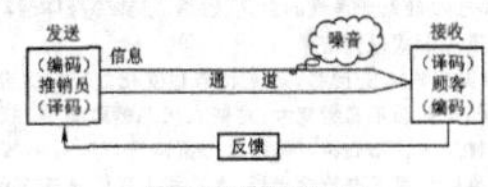

图 2-2 推销沟通的过程

在推销沟通中，买卖双方通过声音，文字，图像，表情，体态等多种方式相互沟通信息。从图 2-2 中我们可以看到：推销沟通过程是由推销员、顾客、信息、编码译码、通道、反馈和噪音等主要因素组成。推销沟通过程始于推销员，止于顾客。推销员为了表达自己的观点，就必须按照顾客的具体情况，借助一定的沟通通道，如面对面、电话、电台、电视、互联网、报刊、书籍等，正确地将自己的观点、知识和相关材料等转换成信息代码发送给顾客。当顾客接收到信息代码后，按照自己的理解对其信息进行分析处理(译码)，以试图了解推销员所传递信息的真正含义，而后再将

其理解转化成信息代码反馈给推销员，这就是信息反馈。推销沟通过程的信息反馈是十分必要的。没有顾客反馈的沟通是单向沟通，单向沟通不能称为真正意义上的沟通。有反馈，才有交流，才能实现推销沟通。所以，推销员为了确定沟通的有效程度并消除曲解，一定要让顾客正确理解传递的信息，并获得顾客的反馈。

当然，整个推销沟通过程中会受到各种各样因素（噪音）的影响。它可能来自周围环境，也可能是通道本身的问题，还可能是推销员或顾客的心理因素所致。由于这些因素会影响沟通的效果甚至导致沟通失败，因此，推销员在与顾客沟通的过程中，必须尽可能地了解顾客的类型及其需要特征，将其与自己所推销的产品及其企业有机地联系起来，并设计出有针对性的沟通方案。对与自己见解不同的顾客应善于接受对方的意见，并设法取得一致。同时，推销员还要设法创造一个顾客愿意表达其需要和兴趣的交流氛围，避免产生本能的购买障碍。这是每个推销员实现成功沟通所必备的素质。

三、推销沟通的作用

推销沟通是推销人员以满足顾客需要为核心，通过与顾客之间的成功沟通，实现推销目的的活动。推销沟通是实现推销的基础，是实现推销的手段，是实现推销的保证。推销人员重视推销沟通，其重大意义有以下方面。

（一）收集信息

推销沟通过程实际上就是信息双向交流的过程。推销人员与顾客成功的沟通可以让顾客心情舒畅，进而更多地了解顾客的类型、需求、购买力等情况，了解竞争对手的情况，了解自己的产品与企业在顾客心目中的形象等，以作为企业改进经营、推销人员改进推销策略的依据。

（二）获得合作

通过成功、有效的推销沟通，顾客接收到并理解推销人员的意图后，通常会作出相应的反应，乐于作答、乐于合作。

（三）协调关系

成功、有效的推销沟通在推销活动中可以消除顾客心中的紧张和怨恨，能减少顾客的误解，能使顾客感到自己被尊重、被重视，从而增进彼此的了解，改善相互关系。

（四）凝聚力量

企业内部推销人员之间有效地思想与感情的传递和反馈，可以化解矛盾，协调企业内部个体间的关系，增进互助与合作，打造企业的团队精神，体现凝聚力的作用。

四、推销沟通的基本类型

推销沟通是推销人员与顾客之间、推销人员之间思想与感情的传递和反馈的过程，以求得思想达成一致和感情的通畅。它包括语言沟通和非语言沟通。语言沟通包括口头沟通、书面沟通和电子媒介沟通，非语言沟通包括身体语言沟通、副语言沟通、物体的操纵。最有效的沟通是语言沟通和非语言沟通的结合，如图 2-3 所示。

（一）语言沟通

语言沟通是以语言文字为载体的沟通，可细分为口头沟通、书面沟通和电子媒介沟通三种形式。

· 35 ·

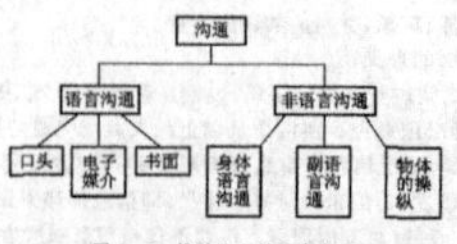

图 2-3　推销沟通的基本类型

1. 口头沟通

绝大部分的信息是通过口头传递的。口头沟通是最直接、最灵活的一种沟通形式。它既可以是两人间的娓娓交谈，也可以是群体中的雄辩舌战；既可以是正式的磋商，也可以是即兴发挥。

口头沟通最大的优点是快速、简便和即时反馈。在这种沟通方式下，信息可以直截了当地快速传递并当场得到对方的反应，若信息接收者有疑问或曲解，当即澄清。此外，口头沟通还有一个优点就是可以附以表情、手势等体态语言或声调、语气等副语言，加强沟通的效果。

口头沟通也有其缺陷。信息以口头方式经过多个层次传递时，信息衰减和失真严重。

2. 书面沟通

书面沟通是比较正规的沟通形式，包括备忘录、协议书、信函、布告、通知、报刊、文件等以书面文字或符号进行信息传递的形式。

书面沟通的优点是有形有据、可保存、可核对。此外，书面语言在正式发表之前，可以反复琢磨修改，因此，一般比较周密、逻辑性强，较好地表达作者所要发表的信息。

书面沟通也有自己的缺陷。相对于口头沟通而言，书面沟通主要是耗费较多的时间和不能提供即时反馈。在相同的时间内，口头要比书面所传达的信息多得多。口头沟通可以当场核实对方对信息的理解是否符合发信者的原意，但书面沟通做不到这一点。书面沟通无法确保所发出的信息能被接收到；即使接收到信息，也无法确保接收者对信息能正确理解。信息发送者往往需要花费很长的时间对此进行了解、确认。

3. 电子媒介沟通

电子媒介沟通是随着电子信息技术的兴起而新发展起来的一种沟通形式，包括传真、闭路电视、计算机网络、电子邮件等。

电子媒介沟通除了具备书面沟通的某些优点外，还具有传递快捷、信息容量大、成本低和效率高等优点。一份信函要从国内寄往国外，恐怕要数天才能到达收信者的手中，而通过电子邮件或传真，可即时收到。

电子媒介沟通的缺点是大多看不到对方的表情，在网络上的某些交流中，甚至搞不清对方的真实身份。

（二）非语言沟通

非语言沟通是通过某些非口头、非书面形式的媒介进行信息交流。例如，沟通中，若有所思的神情、扬扬眉毛、有力地耸耸肩、突然离去等，都能够交流许多有价值的信息。据有关资料表明：一条信息所产生的全部影响力中 7%来自于语言（仅指文字，说什么），38%来自于声音（其中包括语音、音调以及其他声音，怎么说），剩下的 55%则全部来自于无声的肢体语言（表情、动作、举止等）。

· 36 ·

通常，在语言沟通中，非语言沟通往往是附属于口头信息传递的形式，是一种重要的语言沟通的辅助工具。沟通中，仅仅依靠语言往往会有语言枯燥、词不达意或难尽其意甚至是难以启齿的情况。非语言信息虽然不经过语言沟通，但它有时胜过语言，它往往能够非常有力地传达真正的本意。

例如，一份措辞严谨的商品说明书，让一位顾客自己阅读，顾客不免会觉得枯燥，不感兴趣。这是因为书面语言抽去了非语言的线索。如果推销人员一方面让顾客阅读商品说明书，另一方面通过自己生动的语言、丰富的肢体动作等向顾客做进一步说明，顾客就会比较感兴趣。再如，商场内，经过推销人员的推销，顾客对商品很感兴趣，只是希望推销员能够再给些价格优惠，但又不好意思说出口。于是顾客迟迟不肯成交、反复比看着商品，还不时现出一副若有所思的神情。推销人员应敏锐地读懂顾客的非语言信息，巧妙地促成交易。

所以，在语言沟通的同时非常需要借助非语言沟通来辅助、弥补语言的局限，以使信息表达更完整、更充分。

非语言沟通的内涵非常丰富，通常包括以下几种：

1. 身体语言沟通

身体语言简称体语，指非词语性的身体符号。其形式如图 2-4 所示。身体语言是人们内心愿望所发出的信号，每一个看似无足轻重的表情、眼神、手势和体态，都透露着人的情感、智慧、修养和心思。我们在与人交流沟通时，即使不说话，可以凭借对方的身体语言来探索他内心的秘密，对方也同样可以通过身体语言了解到我们的真实想法。人们可以在语言上伪装自己，但身体语言却经常会“出卖”他们，因此，解译人们的体语密码，可以更准确地认识自己和他人。

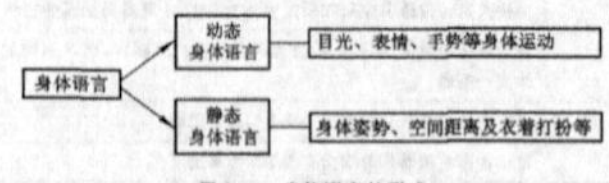

图 2-4　身体语言的形式

身体语言沟通就是通过动态无声性的目光、表情、手势等身体运动或者是静态无声的身体姿势、服饰仪态和空间距离等形式进行沟通。

(1) 目光。眼睛可以反映人的情绪、态度和情感变化。情绪变化首先反应在瞳孔变化上。情绪由中性向愉悦改变，瞳孔会不自觉变大；对使人厌恶的刺激物，瞳孔明显缩小。情绪状态由“晴”转“阴”时，亦有同样反应。俗话说，“眼睛是心灵的窗口”，身体其他部位的沟通也与目光接触有关，人际沟通中如果缺少目光交流的支持，将会使人际沟通过程变得不愉快，而且很困难。

推销人员对顾客应持有和善、亲切的目光，要自然地与顾客进行目光交流。例如，与顾客洽谈时，推销员最好要自然地看着顾客脸上的三角部分，即以双眼为底线，上顶角到前额。这样，会显得推销员严肃、认真，顾客也会感到推销员很有诚意。推销员在倾听顾客谈话时，要通过目光充分表达倾听的专注和对顾客的尊重、鼓励。在交流过程中，推销员的目光始终自然地落在这个三角部位，就会把握沟通的主动权和控制权。推销员日常与顾客进行感情联络时，眼睛最好看着顾客脸上的另一个三角区部位：以两眼为上限，嘴为下顶角，即双眼和嘴之间。这会营造出一种友善的社交氛围。

· 37 ·

(2) 表情。表情是指借助面部肌肉的变化准确传达不同的心态和情感。任何一种面部表情都是由面部肌肉整体功能所致，但面部某些特定部位的肌肉对于表达某些特殊情感的作用更明显。嘴、颊、眉、额是表现愉悦的关键部位，鼻、颊、嘴表现厌恶，眉、额、眼睛、眼睑表现哀伤，眼睛和眼睑表现欣喜与恐惧。当目光与面部表情不一致时，目光是表达个体真实心态的有效线索。

(3) 身体姿势。身体姿势是人们在交流沟通过程中运用身体表达某种情感及态度的体语，也是常见的沟通方式，应用范围比较宽泛。比如前倾、后仰、托腮沉思等状态或姿势。研究表明，无论多么老练、深沉的沟通，人们对待他人的态度都很难在体姿上给予掩盖或隐藏。虽然体姿不能完全表达个人的特定情绪，但它能反映一个人的紧张或放松程度。

销售人员若能准确识别并判断不同体姿透露出来的不同信息，对于促成销售，提升销售业绩具有极大的帮助。

例如，直销员王女士约好了与她的一位顾客在茶楼见面。见面的时候王女士看见对方正双手交叉地抱在胸前，跷起二郎腿坐在凳子上。王女士立刻读懂了对方的身体语言：对方对自己缺乏信任。经验丰富的王女士明白自己需要做的第一步就是取得对方的信任。“你好，我姓王，某某的朋友。很高兴认识你。”王女士友好的问好，表现得落落大方。接着王女士将手掌朝上地摊开双手，那意思是在说：“我是友好的。”在谈话的时候她还把一只手伸向对方，消除对方的警惕心理。也许是被王女士开放的身体语言所打动，对方的身体语言发生了变化，慢慢将交叉的双臂放下，二郎腿也慢慢放下，为了看清楚王女士展示的资料，他将身体微微前倾。等到交流结束，对方的身体语言已经变得和王女士同步了。他们的沟通自然也达到了预期的效果。

对消费行为的深入研究发现，销售沟通过程中，顾客一般会通过三种身体语言来传递非语言信息，表明对推销人员的传递的信息持反对、犹豫还是接受的态度。这三种身体语言就是面部表情、身体角度和动作姿势。推销人员熟知这些身体语言，对于把握顾客购买心理，审时度势作出销售决策至关重要。

需要强调的是，虽然大多数身体语言的含义明显且明确。但推销人员务必须要分清楚的是顾客的身体语言是其沟通过程中的一个组成部分，且是伴随着顾客一连串的语言沟通中的一部分非语言暗示，推销人员切勿断章取义，但也不能熟视无睹。推销人员需要随时捕捉这些微小的非语言信号，并结合整个沟通过程进行正确地“翻译”或“解码”。

常见的身体语言的含义如下：

① 手势语。身体运动是人们最易发现的一种体语，其中手势语占有重要位置。常见的手势语有：

摆手：表示制止或否定。

双手外推：表示拒绝。

双手外摊：表示无可奈何。

双臂外展：表示阻拦。

双臂交叉抱于胸前：表示自我保护。

搔头或搔颈：表示困惑。

搓手、拽衣领：表示紧张。

· 38 ·

拍头：表示自责。

耸肩：表示不以为然或无可奈何。

双手举过头顶：表示暴怒。

双手往上伸直：表示激动。

双手枕在头下：表示舒展。

一只手托着下巴：表示疑惑。

耸肩、双手外摊：表示不感兴趣。

颔首、双手放在胸前：表示害羞。

不同国家、不同地区、不同民族，由于文化习俗的不同，手势的含义也有很多差别，甚至同一手势表达的含义也不相同。

掌心向下的招手动作。中国表示招呼别人过来，美国是叫狗过来。

跷起大拇指。一般都表示顺利或夸奖别人。但也有很多例外，在美国和欧洲部分地区，表示要搭车，在德国表示数字“1”，在日本表示“5”，在澳大利亚就表示骂人“他妈的”。与别人谈话时将拇指翘起来反向指向第三者，即以拇指指腹的反面指向除交谈对象外的另一人，是对第三者的嘲讽。

OK 手势，即拇指、食指相接成环形，其余三指伸直，掌心向外。OK 手势源于美国，在美国表示“同意”、“顺利”、“很好”的意思；而法国表示“零”或“毫无价值”；在日本是表示“钱”；在泰国表示“没问题”，在巴西是表示粗俗下流。

V 形手势。这种手势是第二次世界大战时的英国首相丘吉尔首先使用的，是表示“胜利”。如果掌心向内，就变成骂人的手势了。

举手致意。它也叫挥手致意，用来向他人表示问候、致敬、感谢。当你看见熟悉的人，又无暇分身的时候，就举手致意，可以立即消除对方的被冷落感。要掌心向外，面对对方，指尖朝向上方。千万不要忘记伸开手掌。

与人握手。在见面之初、告别之际、慰问他人、表示感激、略表歉意等时候，往往要握手。一是要注意先后顺序。握手时，双方伸出手来的标准的先后顺序应为“尊者在先”，即地位高者先伸手，地位低者后伸手。如果是服务人员通常不要主动伸手和服务对象相握。握手时，一般握上 3 到 5 秒钟就行了，且应该用右手和人相握。

双手抱头。很多人喜欢用单手或双手抱在脑后，这一体态的本意，也是放松。在别人面前特别是给人服务的时候这么做的话，就给人一种目中无人的感觉。

摆弄手指。反复摆弄自己的手指，要么活动关节，要么捻响，要么攥着拳头，往往会给人一种无聊的感觉。

手插口袋。在工作中，通常不允许把一只手或双手插在口袋里的。这种表现，会让人觉得你在工作上不尽力，忙里偷闲。

② 站姿。

两腿开立：表示放松、自然。

两腿交叉站立：表示封闭、防御、自我保护。

两手叉腰站立：表示随时准备发起攻击。

笔直站立，上身微前倾，头微低，目视对方：表示洗耳恭听。

· 39 ·

③ 坐姿。

坐在椅子的边侧：表示谦恭或随时行动。

骑跨在椅子上：表示挑衅与支配的欲望。

坐着摇腿或晃脚：表示缺乏耐心或紧张。

(4) 服饰仪态。一个人的仪表包括相貌、身材、衣着及饰物等。相貌和身材是与生俱来的身体特征，而衣着、打扮确是按照人们自己的审美观点和标准刻意追求的外在美的显现。人们的装饰，从发型、服饰、化妆到所携带的物品，都在透露其相关的信息。事实上，人们也正是试图通过各种装饰来透露自身的信息，且很少人对自己的服饰、仪表全无知觉。

推销人员的服饰和发型是其沟通风格的延伸与个性的展示。有研究显示，服饰和发型的重要性，甚至成了销售人员通向成功之路的决定性因素之一。人们普遍认为，着装正式不仅是职业化的表现，更是对客户的尊重。此外，销售人员还需要关注自己的发型。来自对客户的抽样调查认为，销售人员的发型不宜过于个性化与时髦、前卫，否则会给客户留下过于超前、不太稳重的印象。因此，销售人员通过其服饰与发型等外表所传递的非语言信息应该是积极、进取、热情、开朗、沉稳、健康的，这样才容易获得客户的认同。

(5) 空间距离。由于人们的关系不同，因此，人际距离也就不同。美国学者霍尔根据对美国白人中产阶级的研究提出四种人际距离。

① 公众距离 3.657～7.62 米，是在正式场合、演讲或其他公共事物中的人际距离，此时沟通往往是单向的。

② 社交距离 1.219～3.657 米，是彼此认识的人们的交往距离，许多商业交往多发生在这个距离上。

③ 个人距离 0.457～1.219 米，是朋友之间交往的距离。此时，人们说话温柔，接受大量体语信息。

④ 亲密距离 0～0.457 米，这是亲人、夫妻之间的距离。在此距离上双方均可感到对方的气味、呼吸、体温等私密性感觉刺激。不同的文化、民族、社会地位、性别等直接影响人际间的空间距离。

推销人员在与顾客沟通中要依据具体情况，与顾客保持合理、良好的空间距离。

2. 副语言沟通

副语言也称辅助语，是指有声而无固定意义的声音符号系统，包括音质、音量、音幅、音调、音色、语速及节奏等。说话不仅是在交流信息，同时也是在交流感情。许多复杂的情感往往通过不同的语音、语调和语速表现出来。副语言通常伴随着口头语言的有声暗示组成，有时，它能表现出比语言沟通更多的含义。

例如，听顾客的语音、语调，推销人员就能知道他的心情以及他所要表达的内容。反之亦然，顾客也可以通过推销人员的语音、语调来判断其服务是否用心。因此，推销员在与顾客交流的时候，要注意语言的声音、音调和速度的运用。同时还要特别注意的是，推销员在与顾客沟通中，要善于发现能够和顾客顺利交流的共同频率，这将利于成功地进行推销沟通。

例如，直销员阿涛的一个顾客是退休老教师，说话速度特别慢。这个老教师保健意识很强，每个月都要消费不少的保健品，对直销商而言是个优质顾客。可是之前有不少年轻的直销员无法接受这个顾客说话很慢的特点，在和他交谈时往往打断这个老师的谈话，表现得很不耐烦。老

· 40 ·

教师很不满意，于是经常在不同的直销员那里购买保健品，直到他遇到阿涛。阿涛也是个年轻人，可当他遇到像这个老教师一样说话很慢的顾客，他就努力放慢说话的速度。正是这一点，让他深受这个老教师的喜爱，这个老教师也成了他最忠实的客户。

3. 物体的操纵

除了运用身体语言表达思想、情感之外，人们也可以通过物体的运用、环境的布置等手段进行非语言的沟通。例如，一位车间主任在和工长谈话的时候，心不在焉地拾起一小块碎砖。他刚一离开，工长就命令全体员工加班半小时，清理车间卫生。实际上，车间主任并未提到清理卫生一个字。

推销人员在推销沟通过程中，也要善于学习、运用这种方法，让推销收到意想不到的效果。

导入案例解答

表面上看这是一宗到手的生意，推销员的服务也热情、周到。但推销结果却出人意料。究其原因：推销员没能与顾客进行有效沟通。

顾客要买冰箱，并特别关心售后服务问题，推销员的回答似乎全面、无懈可击。但是，顾客需要的是被尊重，是实实在在的措施。推销员在顾客提问后，应该站在顾客的立场上，体贴地进一步向顾客确认问题，然后再回答。让顾客感到推销员对顾客的尊重，对提出问题的重视、认真。而不是一听到顾客问题，就迫不及待给出自以为是的、千篇一律的回答。

所以，推销人员在与顾客沟通过程中一定要根据顾客的具体情况，把谈话焦点放在顾客身上，用顾客容易接受的语言、方式，把心中要表达的意思几乎不走样地传达到顾客心中。否则，尽管推销人员向顾客传达了有关信息，但终究顾客会因感到不被尊重，感到不被理解，而使推销失败。

体验活动

1. 找出 3 对学生分别扮演推销人员和顾客，推销 MP3；比一比看谁运用不同的肢体语言表达同意或不同意时做得既准确又多样；其余学生认真观看、点评。

2. 以你自己为例，是否有沟通不当而造成同学、朋友间消极影响的例子？请举例说明。

拓展链接

如何与顾客沟通：http://zhidao.baidu.com/question/826858.html.

活动二　探究推销沟通观念

案例导入

某电子厂业务员到某礼品公司订做一批促销小礼品，厂长小张接待了他。尽管订制礼品的数量仅 1 万个，挣不了多少钱，但小张立足长远，还是承接了这单生意，并说好礼品做好后通过火车货运发货，运费电子厂自负。

礼品生产刚刚下线，小张就接到了电子厂业务员打来的电话，称他们现在促销如火如荼，小

· 41 ·

（二）《呼叫中心客户服务与管理（初级技能）》教材

书号：978-7-111-65974-7

主编：劾文颖　冯俊芹

出版社：机械工业出版社

出版时间：2020 年 8 月

本教材可作为 1+X 职业技能等级证书（呼叫中心客户服务与管理）培训教材，也可作为应用型本科院校客户信息服务、电信服务与管理、电子商务、市场营销等相关专业的教材。

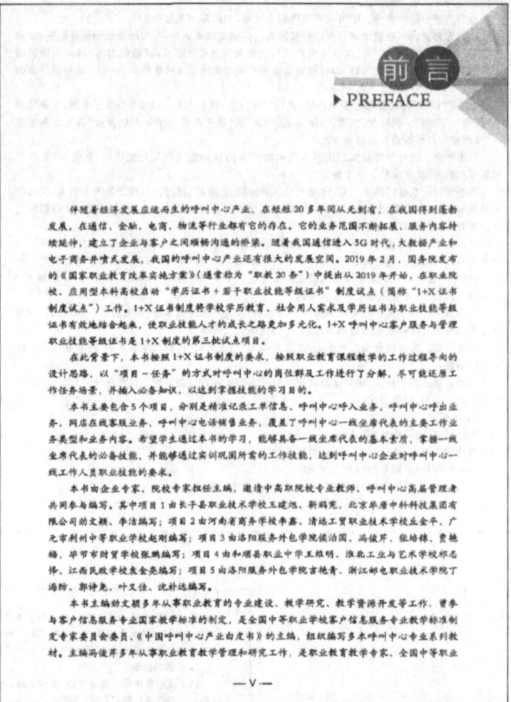

前言

PREFACE

伴随着经济发展应运而生的呼叫中心产业，在短短 20 多年间从无到有，在我国得到蓬勃发展，在通信、金融、电商、物流等行业都有它的存在。它的业务范围不断拓展、服务内容持续延伸，建立了企业与客户之间顺畅沟通的桥梁。随着我国通信进入 5G 时代，大数据产业和电子商务井喷式发展，我国的呼叫中心产业还有很大的发展空间。2019 年 2 月，国务院发布的《国家职业教育改革实施方案》（通常称为“职教 20 条”）中提出从 2019 年开始，在职业院校、应用型本科高校启动“学历证书 + 若干职业技能等级证书”制度试点（简称“1+X 证书制度试点”）工作。1+X 证书制度将学校学历教育、社会用人需求及学历证书与职业技能等级证书有效地结合起来，使职业技能人才的成长之路更加多元化。1+X 呼叫中心客户服务与管理职业技能等级证书是 1+X 制度的第三批试点项目。

在此背景下，本书按照 1+X 证书制度的要求，按照职业教育课程教学的工作过程导向的设计思路，以“项目 – 任务”的方式对呼叫中心的岗位群及工作进行了分解，尽可能还原工作任务场景，并插入必备知识，以达到掌握技能的学习目的。

本书主要包含 5 个项目，分别是精准记录工单信息、呼叫中心呼入业务、呼叫中心呼出业务、网店在线客服业务、呼叫中心电话销售业务，覆盖了呼叫中心一线坐席代表的主要工作业务类型和业务内容。希望学生通过本书的学习，能够具备一线坐席代表的基本素质，掌握一线坐席代表的必备技能，并能够通过实训巩固所需的工作技能，达到呼叫中心企业对呼叫中心一线工作人员职业技能的要求。

本书由企业专家、院校专家担任主编，邀请中高职院校专业教师、呼叫中心高层管理者共同参与编写。其中项目 1 由长子县职业技术学校王建旭、靳鹏宪，北京华唐中科科技集团有限公司劾文颖、李洁编写；项目 2 由河南省商务学校李鑫、清远工贸职业技术学校丘金平、广元市利州中等职业学校赵刚编写；项目 3 由洛阳服务外包学院侯治国、冯俊芹、张培锋、贾艳梅，毕节市财贸学校张鹏编写；项目 4 由和顺县职业中学王维明、淮北工业与艺术学校祁志怿、江西民政学校袁金尧编写；项目 5 由洛阳服务外包学院吉艳青、浙江邮电职业技术学院丁海防、郭诗尧、叶又佳、沈朴远编写。

本书主编劾文颖多年从事职业教育的专业建设、教学研究、教学资源开发等工作，曾参与客户信息服务专业国家教学标准的制定，是全国中等职业学校客户信息服务专业教学标准制定专家委员会委员、《中国呼叫中心产业白皮书》的主编，组织编写多本呼叫中心专业系列教材。主编冯俊芹多年从事职业教育教学管理和研究工作，是职业教育教学专家、全国中等职业

— V —

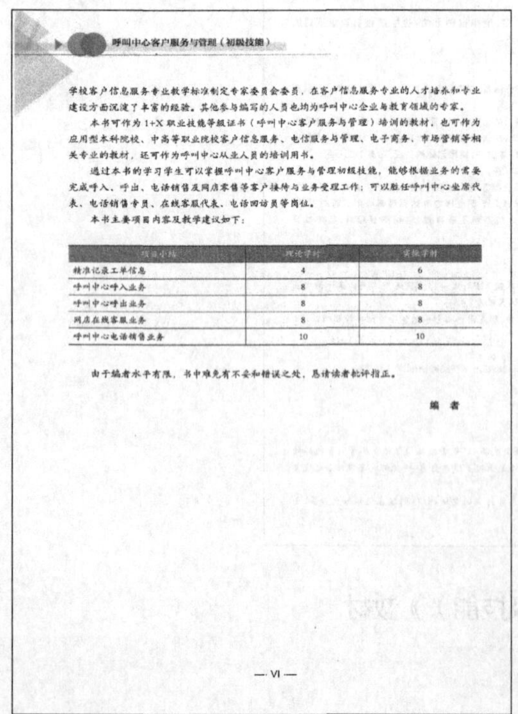

呼叫中心客户服务与管理（初级技能）

学校客户信息服务专业教学标准制定专家委员会委员，在客户信息服务专业的人才培养和专业建设方面沉淀了丰富的经验。其他参与编写的人员也均为呼叫中心企业与教育领域的专家。

本书可作为 1+X 职业技能等级证书（呼叫中心客户服务与管理）培训的教材，也可作为应用型本科院校、中高等职业院校客户信息服务、电信服务与管理、电子商务、市场营销等相关专业的教材，还可作为呼叫中心从业人员的培训用书。

通过本书的学习学生可以掌握呼叫中心客户服务与管理初级技能，能够根据业务的需要完成呼入、呼出、电话销售及网店客售等客户接待与业务受理工作；可以胜任呼叫中心坐席代表、电话销售专员、在线客服代表、电话回访员等岗位。

本书主要项目内容及教学建议如下：

项目小结	理论学时	实操学时
精准记录工单信息	4	6
呼叫中心呼入业务	8	8
呼叫中心呼出业务	8	8
网店在线客服业务	8	8
呼叫中心电话销售业务	10	10

由于编者水平有限，书中难免有不妥和错误之处，恳请读者批评指正。

编 者

— VI —

目录

CONTENTS

— VII —

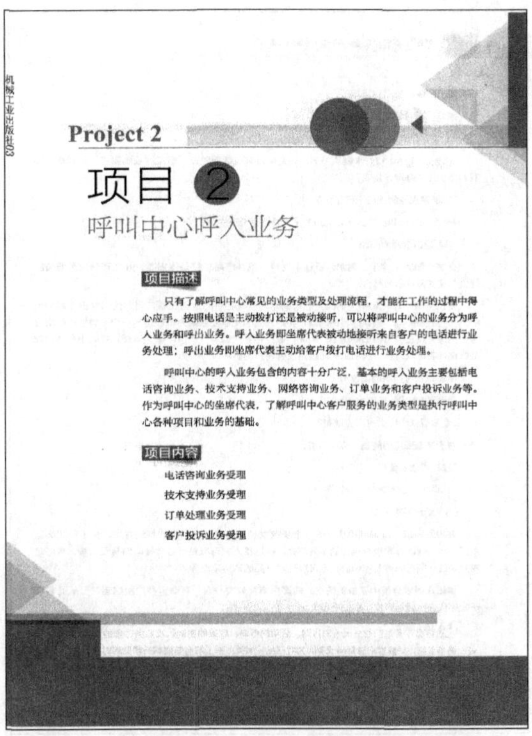

Project 2

项目 2 呼叫中心呼入业务

项目描述

只有了解呼叫中心常见的业务类型及处理流程，才能在工作的过程中得心应手。按照电话是主动拨打还是被动接听，可以将呼叫中心的业务分为呼入业务和呼出业务。呼入业务即坐席代表被动地接听来自客户的电话进行业务处理；呼出业务即坐席代表主动给客户拨打电话进行业务处理。

呼叫中心的呼入业务包含的内容十分广泛，基本的呼入业务主要包括电话咨询业务、技术支持业务、网络咨询业务、订单业务和客户投诉业务等。作为呼叫中心的坐席代表，了解呼叫中心客户服务的业务类型是执行呼叫中心各种项目和业务的基础。

项目内容

电话咨询业务受理
技术支持业务受理
订单处理业务受理
客户投诉业务受理

任务 1 电话咨询业务受理

电话咨询业务是呼叫中心坐席代表的一项重要业务内容。通常来讲，客户来电咨询一般是对企业有所需求，在客户的眼里，第一次接触最能表明企业能否满足他们的需求，也是决定之后交往的关键。因此，电话咨询业务是企业客户服务工作的重要环节。

同时，想要成为一名优秀的坐席代表，扎实的电话咨询业务知识和良好的服务技巧不仅会提高客户满意度，更重要的是可以为企业带来更多的效益。因此，电话咨询业务是企业客户服务工作的重要环节，学习和掌握电话咨询业务的基础知识及其在各行业的应用，对客户服务人员来讲是十分重要的。

任务情景

花花：师傅，我们是不是要从今天开始学习电话咨询业务的受理了？

糖糖：是啊，随着我们公司业务的不断拓展，各类咨询电话随之增加，我们要做好呼入电话的业务咨询工作啊。

花花：师傅，我想成为一名优秀的坐席代表，做好电话咨询业务，这个业务应该很简单吧。

糖糖：相比很多投诉类业务来说，电话咨询业务相对简单，挑战不是很大，但是想要做得非常优秀也是需要下一番功夫的。你首先要热情、礼貌、耐心地接听每一位客户的来电，准确、详细地解释业务内容，用自己的专业和服务来树立自己的形象、维护公司的形象。其次，你还要注意收集关于公司概况、新产品动态、产品性能、技术服务、促销活动等相关内容的资料，以便迅速、准确地为客户的咨询提供解答。

花花：原来作为一名坐席代表还需要掌握这么多知识啊。

糖糖：那当然了，让我们一起来努力吧。

任务分析

电话咨询业务包括业务流程的咨询、活动的咨询、政策的咨询以及业务办理的咨询等内容，简单来说，只要客户有疑问或者因为对产品（服务）不了解而需要解答帮助的时候，客户就会打电话去咨询坐席代表。不管客户咨询何种信息，坐席代表都应该热情地回复，并能够专

业地解答客户的咨询。这是坐席代表需要具备的基本素质。优秀的坐席代表还应该在与客户的对话过程中，通过倾听和提问的方式挖掘客户需求，一方面可以为客户解决问题做到有的放矢，另一方面还可以为公司争取到二次销售的机会。

在本任务中，主要掌握通过呼叫中心客户管理系统查询咨询业务的相关知识信息、咨询业务的受理流程以及电话咨询业务的服务指标，通过学习和实训来提高电话咨询业务的受理质量和效率。

任务实施

受理一般的电话咨询业务，作为坐席代表，一要掌握受理电话咨询的一般话术和流程，二要熟练应用呼叫中心业务查询系统迅速查找相关客户咨询的相关信息。

1. 电话咨询业务话术应答的一般流程

（1）问候语 / 开场白

尽管在呼入型通话中，客户是发起沟通的人，他们知道在与谁（客服中心）通话，也知道呼叫的具体原因，但是坐席代表仍要礼貌地问候客户、介绍公司和自己，让客户知道是在与谁（坐席代表）通话，并为通话营造一个友好、信任的气氛。通话的最初几秒钟对建立一个良好的人际关系至关重要。所以要通过问候语告知客户自己的姓名或工号、公司名称、部门和所能提供服务的特点等。

电话咨询业务中坐席代表可使用的问候语有：

“欢迎致电 ×× 客服中心，我是 ××，请问有什么可以帮您？”

“您好，欢迎致电 ×× 客服热线，坐席代表 ×× 很高兴为您服务，请问您需要什么帮助？”

“早上 / 中午 / 下午好，×× 公司，我是坐席代表 ××，请问有什么可以帮您？”

“新年好！ ×× 客服中心，请问有什么可以帮您？”

（2）倾听与回应

在客户打电话进来的时候，应该先了解客户的问题，让客户感受到我们在听他们诉说。一旦了解了来电原因后，就可以通过发问的技巧，让客户慢慢跟着我们的节奏走，直到最后提出解决方案，并得到客户认可。

在客户表达自己的问题时，可以对客户所讲述的事情适时地进行回应或复述，让客户感觉到你在用心地听他说话，并且理解了他的意思，这样有利于建立融洽和谐的沟通氛围。当然，当客户喋喋不休没有重点时，你也可以有技巧地适时打断；对客户所描述的事情进行总结

呼叫中心客户服务与管理（初级技能）

和重复，使业务能顺利进行下去。

坐席代表可使用的语言有：

“先生，如果我的理解是正确的，您是否需要……”

“先生，现在让我们来确认一下，您之前打来电话反映过，但没有收到回复，您现在需要我们尽快为您办理，是吗？”

“您的意思是您无法上网了，是吗？”

“听起来您对我们今天可以完成您的要求感到很高兴。”

（3）提出合适的问题

在客户服务工作中，需求分析通常就是寻找客户需求的具体内容，并把产品或是服务的好处与这些需求紧密结合。

提出恰当、即时和相关的问题能帮助你建立与客户的信任关系，因为他们看出你对他们的具体问题很关心。如果你不提问题，客户就会感觉你在勉强为他们想出一个一般性的解决方案，而没有真正考虑他们的想法。因此，通过恰当的提问找到信息至关重要。呼叫中心客户服务咨询代表可以通过一些简单的问题来找到客户的需求。

坐席代表可使用的语言有：

“请问您考虑的是哪方面呢？”

“您希望我们什么时间完成呢？”

对于结果固定的问题，你可以说：

“您是否依然要买……”

“我现在为您下单可以吗？”

（4）给出解决方案

客户的需求一旦得到确认，下一个步骤就是寻找并给出相应的解决方案。由于呼叫类型不同，因此解决方案也有相应的不同形式。在这里方案可以是对客户提问的简短回答，可以是对复杂技术问题的诊断和解决，也可以是对产品的购买建议等。

根据在需求分析中了解的情况，向客户解释解决方案，有助于客户接纳建议，从而有利于坐席代表挖掘新客户、巩固老客户。

（5）核实信息

当坐席代表确认所服务的客户的所有问题都已经解决，这时需要再次核实客户的主要信息以确保整个服务过程的完整性。

— 38 —

项目 2
呼叫中心呼入业务

坐席代表可使用的语言有：

“先生，方便留下您的联系方式，以便以后为您提供更好的服务吗？”

“女士（视情况说“对不起”），我不太了解您名字的写法，您能具体说一下吗？”

“赵女士，帮您核实一下，您的邮寄地址是……”

“请问还有什么可以帮助您？”

“请问您还有其他的问题需要解决吗？”

“还有什么是我可以为您做的？”

（6）结束通话

通话结束前，坐席代表首先应核实与客户所谈的相关事宜，询问客户是否还需要其他帮助，避免出现不必要的信息错误。其次，要对客户的来电表示感谢，让客户感受到你的诚意。

坐席代表可使用的语言有：

“感谢您致电 ×× 公司，请您记下您的订单号码，以便将来我们可以迅速地查到您的资料。”

“非常感谢您对我们工作的支持。”

“您是否还需要一些其他的服务呢？”

“谢谢您与 ×× 公司的合作，祝您工作顺利，再见。”

“感谢您使用我们的服务，祝您生活愉快，再见。”

2. 快速查询呼叫中心业务系统

客户咨询电话，大部分都是咨询和产品、服务相关的内容，有的问题需要坐席代表即时通过呼叫中心业务系统进行查询，并提供方案给客户，供客户选择。例如，在商旅行业中，客户来电要求预订机票或者酒店，那么坐席代表就要立刻查询客户要求的酒店或机票信息，并为客户在线做出预订。

在接听客户来电咨询的同时，边讲话边查询系统，要求坐席代表具备快速听打录入能力，熟练掌握呼叫中心系统的功能和业务查询操作流程。例如，图 2-1 所示是机票预订查询系统，客户在要求坐席代表订机票的时候，坐席代表就要快速打开机票查询系统，录入客户要求的始发地、目的地以及起飞时间，如果客户还有特殊需求，比如折扣机票、航空公司等信息，还要快速检索出符合客户条件的信息并告知客户，在与客户再次核实信息后进行在线预订，并将机票预订信息发送给客户。

— 39 —

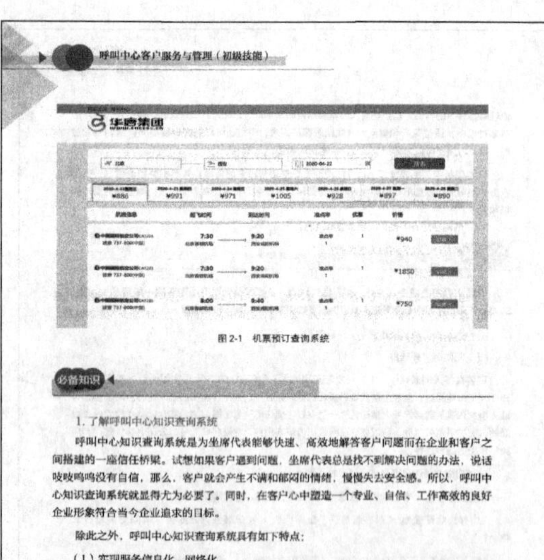

呼叫中心客户服务与管理（初级技能）

图 2-1 机票预订查询系统

必备知识

1. 了解呼叫中心知识查询系统

呼叫中心知识查询系统是为坐席代表能够快速、高效地解答客户问题而在企业和客户之间搭建的一座信任桥梁。试想如果客户遇到问题，坐席代表总是找不到解决问题的办法，说话吱吱呜呜没有自信，那么，客户就会产生不满和郁闷的情绪，慢慢失去安全感。所以，呼叫中心知识查询系统就显得尤为必要了。同时，在客户心中塑造一个专业、自信、工作高效的良好企业形象符合当今企业追求的目标。

除此之外，呼叫中心知识查询系统具有如下特点：

（1）实现服务信息化、网络化

呼叫中心查询系统，是充分将电信通信技术、计算机应用技术及网络技术相结合，多功能集成化的综合信息服务系统，利用现代通信手段，有效地为客户提供高质量的服务。

（2）知识库功能为决策服务

呼叫中心知识库可以说是共享的常见问题归集，系统在建设前期及运行期间添加大量信息数据形成结构化的业务应答知识体系；可通过查询检索方式，为坐席代表受理和解答问题，提供更为全面、专业、及时的储备资料，从而进一步提高应答效率和服务质量；并可依据知识库的更新情况来调整业务决策服务。

— 40 —

项目 2
呼叫中心呼入业务

2. 掌握咨询业务的知识查询方法

在呼叫中心中，无论是呼入还是呼出，其业务核心的本质都是信息的传递、知识的解答。它承担的作用是把产品和服务相关的信息传递给客户，同时又要把客户的需求、疑问和建议反馈给产品的生产者，以便坐席代表能够专业、高效地解答客户的问题，它是企业提高客户满意度和忠诚度的关键。作为给坐席代表强大支撑作用的知识库，可以支持知识搜索和查询功能，支持对知识正文、关键字的搜索，支持对附件文档内容的搜索，协助坐席代表快速找到信息。下面介绍几种咨询业务的知识查询方法，如图 2-2 所示。

（1）目录定位查询

坐席代表通过知识库目录进行分类查询，利用主要及次要分类逐层打开，分门别类地查询浏览知识条目。目录查询因为内容较多、知识范围的关联等原因，一般需要坐席代表二次定位，相对而言就会延长整个检索的时间，影响工作效率。

（2）关键字查询

一般而言，知识库在上传时，系统会自动在每个文档中添加“关键字”字段，非常便于查询。另外，系统对存在相似或者内容相关联的知识，支持知识关联功能，关键字录入的时候也可以进行关联查找。

（3）重要信息查询

重要信息查询需要坐席代表清楚客户所要解决的关键问题，然后针对性地输入相对应的问题类别、产生问题的想象，并检索出正确、有效的解决方法。

关键字查询
重要信息查询
目录定位查询

图 2-2 咨询业务的知识查询方法

— 41 —

3. 了解呼叫中心服务指标基本概况

在呼叫中心领域中，所谓服务指标就是 KPI（Key Performance Indicator），即指关键绩效指标，是通过对组织内部某一流程的输入端、输出端的关键参数进行设置、取样、计算、分析，衡量流程绩效的一种目标式量化管理指标，是把企业的战略目标分解为可运作的远景目标的工具，是企业绩效管理系统的基础。KPI 可以使部门主管明确部门的主要责任，并以此为基础，明确部门人员的业绩衡量指标。

建立明确的、切实可行的 KPI 体系，是做好绩效管理的关键。因此，在呼叫中心，服务指标起着非常关键的作用。

第一，作为公司战略目标的分解，KPI 的制定有力地推动了公司战略在各部门的执行；

第二，KPI 使各层级人员对职位工作职责和关键绩效要求有了清晰的共识，确保了各层级人员努力方向的一致性；

第三，KPI 为绩效管理提供了透明、客观、可衡量的基础；

第四，作为关键经营活动绩效的反映，KPI 帮助各职位员工集中精力处理对公司战略有最大驱动力的工作；

第五，通过定期计算和回顾 KPI 执行结果，管理人员能清晰地了解经营领域中的关键绩效参数，并及时诊断存在的问题，采取行动予以改进。

常见的电话咨询业务中常用的服务指标如下：

（1）呼叫放弃率

放弃电话是指已经被接通到中心，但又被呼叫者在坐席代表接听之前自动挂断了的电话。放弃率是指放弃电话数与全部接通电话数的比率。呼叫中心系统可以每日、每周和每月为中心提供此相关数据，来测试“短时放弃”的时间长度是多少，是否高于或低于标准时长 20 秒等问题。

目前全行业大多数的标准为 3%，建议在 3% 至 5% 之间。由于这项指标完全依赖于客户，因此可能会因为客户打电话时的动机和紧急程度及电话是否是免费等因素而有所不同，是许多因素共同作用的结果，并不都是因为呼叫等待时间太长而挂断电话，例如，或许是客户认为自己拨错了号码，或者被人 / 事打断，或者要接另外一通电话等，都可能导致呼叫放弃率的增长。

如果呼叫放弃率过高，客户平均等待的时间过长，就会使客户难以忍受，导致客户满意度下降。

（2）事后处理时间

事后处理时间是指一次呼叫电话接听完毕，坐席代表完成与此呼叫有关的整理工作所需

要的时间。这个指标是按班组和个人来进行统计，制成日表、周表和月表，与过去的记录进行比较。呼叫中心行业中的事后处理时间的行业平均时间为 60 秒，可供参考或建议目标时间是 30 ~ 60 秒。

4. 运用以上服务指标提高咨询业务受理速度

（1）降低呼叫放弃率

提高咨询业务受理速度和呼叫放弃率之间是负相关的关系，也就是说呼叫中心呼叫放弃率越低，一定程度上意味着咨询业务的受理速度会有所加快。由于呼叫放弃率受客户的影响比较大，是一个不能够完全控制的数字，因此，在考虑呼叫放弃率的时候就应该结合平均等待时间和平均通话时间等几项指标，综合定位。

一般而言，在坐席代表基本素质与业务能力都充分发挥的条件下，如果一个呼叫中心电话咨询业务的呼叫放弃率太高，有如下两种情况可供参考：一、证明坐席代表岗位数量短缺，可以适当增加咨询员。增加咨询员就会增加呼叫中心的运营成本，这是所有呼叫中心最不愿意看到的结果，但是，如果一定程度的成本付出可以换来低的呼叫放弃率，那这个对企业而言也是值得采取的措施。二、通过检查放弃的数目及没有拨通的情况的排队时间，看是否存在呼叫者拔不进来的情况，来检测坐席代表的利用率。

（2）缩短事后处理时间

事后处理时间与提高咨询业务受理速度之间同样是负相关的关系，显而易见，如果事后处理时间越长，那坐席代表系统显示忙的状态时间就越长，这势必会影响咨询业务的受理速度。

针对以上情况，有如下措施可供参考：①加强演练，通过缩减没必要的程序来减少事后处理时间。例如，可以让每一个坐席代表把呼叫结束后处理所需的动作都做一遍，认真观察并评价每个动作，看是否所有程序都必须，如果存在可有可无的小程序或者小习惯，建议减去或改掉；②鼓励坐席代表在谈话时做好信息处理。一般情况下，坐席代表将数据录入到客户账户中时，通话会在客户断开后继续。如果能够在通话过程中录入数据，坐席代表就不必在通话结束之后花费大量时间确保数据被记录了，这样就能相对减少事后处理时间。

任务拓展

1. 实训任务：电话咨询业务受理。

2. 任务形式：两人一组，每个人独立完成后进行互评。

3. 任务时限：20 分钟。

4. 任务要求：

1）小组成员熟悉背景资料，两人一组完成客户和坐席代表的电话咨询业务受理。

2）模拟客户的同学请按照背景资料提出的与产品或服务有关的问题，模拟坐席代表的同学熟悉资料后要求快速、准确地回答客户咨询的相关问题。

3）一组扮演结束后进行总结评价，并在时间允许的情况下互换角色进行模拟实训练习。

背景资料

企业资料

华唐短租

华唐短租是中国领先的短租民宿预订平台，致力于为家庭出游提供一种全新的住宿方式。为满足用户“个性化”的住宿需求，华唐短租平台上的房源类型包括独栋别墅、酒店式公寓、民宿、客栈、四合院、木屋、树屋、房车、帐篷等。华唐短租在中国 300 多个城市及旅游目的地拥有 30 多万套房源。2016 年是华唐短租向“品质安心”发力的一年：2 月推出“优质住宿计划”，从房源品质、房屋设施、房东服务 3 个维度细致拆分，涉及 9 个标准，27 个细节。华唐短租将“品质高”“设施全”“服务佳”的优质房源标记为“出游优选”，方便房客快速找到优质且满意的房子。10 月又推出“房客安心计划”，该计划包括预订、入住、客服 3 个环节，涉及 9 个标准、16 条细则，旨在国内建立短租行业服务保障新标准。“房客安心计划”是继“优质住宿计划”后，华唐短租为进一步给用户提供全方位服务保障的又一次行业首创。为了让用户更放心地预订短租房，“房客安心计划”制定了一套极为严格的服务保障体系，其中理赔标准甚至高于酒店行业。

华唐短租特色

1. 家庭出游新选择

1）自驾游、自助游住宿首选，尤其适合家庭游、闺蜜游、团建等群体的旅游住宿；

2）独栋别墅、酒店式公寓、民宿、客栈、四合院、木屋、树屋、房车、帐篷等多种房型；

3）“一站式”旅行服务，景点门票优惠及代买、接送机、租车、本地导游等；

4）“私人定制”旅行攻略，房东推荐只有当地人才知道的特色餐馆，只有当地人才会去的度假景区，令您的自由行与众不同；

5）超乎想象的性价比，1 套短租房 =2 间酒店房间，比同等酒店便宜 50%，花一半的钱，住更舒适的房。

2. 方便快捷的预订方式

1）“临海房”“主题公园房”“周边游房”“毕业旅行房”等各种专题房源，通过专题入口能轻松地选到满意的房源；

2）“一键选房”，房客一键发布房源需求，系统自动推送给符合条件的房东，坐等一大波好房来供您选择；

3）如果对房源细节还有疑惑，可通过手机客户端与房东随时沟通。华唐短租为优秀房东开通电话直拨功能令沟通更方便；

4）支付方式自由选，信用卡、储蓄卡、微信、支付宝均可支付。

3. 住宿安全华唐来保障

1）30 分钟内答复客诉结果，24 小时内完成客诉处理；

2）到店无房赔付首晚，房源实际与描述不符赔首晚，恶意涨价补差价；

3）为确保资金安全，房客在线支付的房款会由华唐短租先行保管，待正常入住后，华唐短租才会按天支付给房东；

4）华唐短租为房东房客免费上财产险、意外伤害险，保障双方权益。

房客指南

可以通过搜索找到满足您要求的房屋租住。房客预订房间时经过房东确认、支付订金，即可看到双方的联系方式并进行入住。订金会在每天入住完成后支付给房东，以确保您的利益。用住旅店的价格享受星级酒店的待遇，给您家一般的住宿体验。

房东指南

可以将自己的房间发布到华唐短租进行出租，在享受缤纷生活的同时还可以获得不错的经济回报，何乐而不为？并且相比于传统的长租，网上操作免去了您带房客看房的辛苦，价格上更有优势，短租形式将为您带来更多的经济回报。

坐席代表资料

你是华唐短租客户服务中心的一名坐席代表，入职已经半年多的时间，主要的工作职责有：

- 负责为客户提供来电咨询、业务办理等服务工作；
- 负责收集客户意见，提供客户服务业务流程的优化改善意见和建议；
- 负责受理各类客户投诉，根据客户投诉发生的原因选择相应的解决措施，及时解决客户问题。

（三）《前厅服务与管理》（第二版）教材

书号：978-7-113-22943-6

主编：王立职　王新瑞

丛书主编：邓泽民

出版社：中国铁道出版社

本教材作为中等职业学校旅游、酒店类专业的前厅服务与管理课程教材。累计印数31600册，使用学校达300余所。

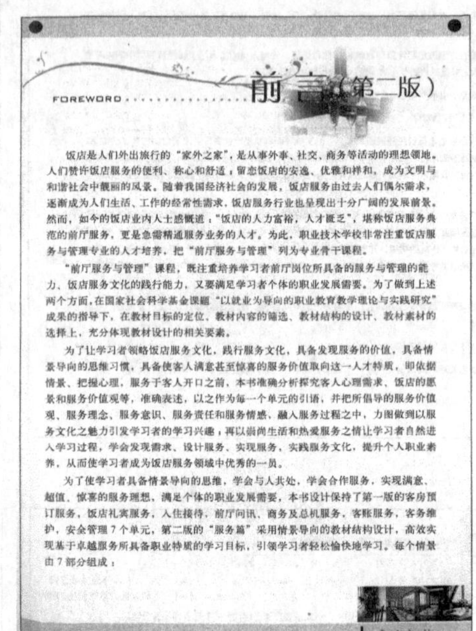

FOREWORD 前言（第二版）

饭店是人们外出旅行的"家外之家"，是从事外事、社交、商务等活动的理想领地。人们赞许饭店服务的便利、称心和舒适，留恋饭店的安逸、优雅和祥和，成为文明与和谐社会中靓丽的风景。随着我国经济社会的发展，饭店服务由过去人们偶尔需求，逐渐成为人们生活、工作的经常性需求，饭店服务行业也呈现出十分广阔的发展前景。然而，如今的饭店业内人士感慨道："饭店的人力富裕，人才匮乏"，堪称饭店服务典范的前厅服务，更是急需精通服务业务的人才。为此，职业技术学校非常注重饭店服务与管理专业的人才培养，把"前厅服务与管理"列为专业骨干课程。

"前厅服务与管理"课程，既注重培养学习者前厅岗位所具备的服务与管理的能力、饭店服务文化的践行能力，又要满足学习者个体的职业发展需要。为了做到上述两个方面，在国家社会科学基金课题"以就业为导向的职业教育教学理论与实践研究"成果的指导下，在教材目标的定位、教材内容的筛选、教材结构的设计、教材素材的选择上，充分体现教材设计的相关要素。

为了让学习者领略饭店服务文化，践行服务文化，具备发现服务的价值，具备情景导向的思维习惯，具备使客人满意甚至惊喜的服务价值取向这一人才特质，即依据情景、把握心理，服务于客人开口之前，本书准确分析探究客人心理需求、饭店的愿景和服务价值观等，准确表述，以之作为每一个单元的引语，并把所倡导的服务价值观、服务理念、服务意识、服务责任和服务情感，融入服务过程之中，力图做到以服务文化之魅力引发学习者的学习兴趣；再以崇尚生活和热爱服务之情让学习者自然进入学习过程，学会发现需求、设计服务、实现服务，实践服务文化，提升个人职业素养，从而使学习者成为饭店服务领域中优秀的一员。

为了使学习者具备情景导向的思维，学会与人共处，学会合作服务，实现满意、超值、惊喜的服务理想，满足个体的职业发展需要，本书设计保持了第一版的客房预订服务，饭店礼宾服务，入住接待，前厅问讯、商务及总机服务，客账服务，客务维护，安全管理7个单元，第二版的"服务篇"采用情景导向的教材结构设计，高效实现基于卓越服务所具备职业特质的学习目标，引领学习者轻松愉快地学习。每个情景由7部分组成：

Antehall

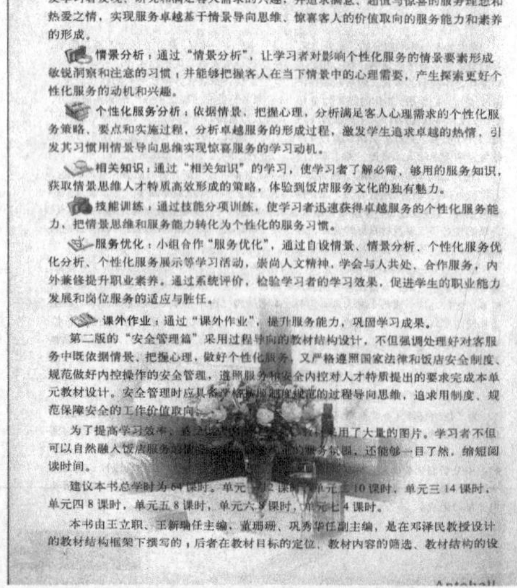

情景描述：精心选择了"能够满足客人经常性需求，能够促进学生情景导向的思维和惊喜服务价值取向形成，并具有较强的感染力，促进学生具备卓越服务能力和素养形成"的服务活动作为服务情景。通过情景描述，使学习者自然进入情境，引发学习者发现、研究和满足客人需求的兴趣，并追求满意、超值与惊喜的服务理想和热爱之情，实现服务卓越基于情景导向思维、惊喜客人的价值取向的服务能力和素养的形成。

情景分析：通过"情景分析"，让学习者对影响个性化服务的情景要素形成敏锐洞察和注意的习惯；并能够把握客人在当下情景中的心理需要，产生探索更好个性化服务的动机和兴趣。

个性化服务分析：依据情景、把握心理，分析满足客人心理需求的个性化服务策略、要点和实施过程，分析卓越服务的形成过程，激发学生追求卓越的热情，引发其习惯用情景导向思维实现惊喜服务的学习动机。

相关知识：通过"相关知识"的学习，使学习者了解必需、够用的服务知识，获取情景思维人才特质高效形成的策略，体验到饭店服务文化的独有魅力。

技能训练：通过技能分项训练，使学习者迅速获得卓越服务的个性化服务能力、把情景思维和服务能力转化为个性化的服务习惯。

服务优化：小组合作"服务优化"，通过自设情景、情景分析、个性化服务优化分析、个性化服务展示等学习活动，崇尚人文精神，学会与人共处、合作服务，内外兼修提升职业素养。通过系统评价，检验学习者的学习效果，促进学生的职业能力发展和岗位服务的适应与胜任。

课外作业：通过"课外作业"，提升服务能力，巩固学习成果。

第二版的"安全管理篇"采用过程导向的教材结构设计，不但强调处理好对客服务中既依据情景、把握心理，做好个性化服务，又严格遵照国家法律和饭店安全制度、规范做好内控操作的安全管理，遵照服务和安全内控对人才特质提出的要求完成本单元教材设计。安全管理时应具备[illegible]的过程导向思维，追求用制度、规范保障安全的工作价值取向。

为了提高学习效率，[illegible]采用了大量的图片。学习者不但可以自然融入饭店服务[illegible]服务氛围，还能够一目了然，缩短阅读时间。

建议本书总学时为64课时。单元[illegible]课时，单元二10课时，单元三14课时，单元四8课时，单元五8课时，单元六8课时，单元七4课时。

本书由王立职、王新瑞任主编，董珊珊、巩秀华任副主编，是在邓泽民教授设计的教材结构框架下撰写的，后者在教材目标的定位、教材内容的筛选、教材结构的设

Antehall

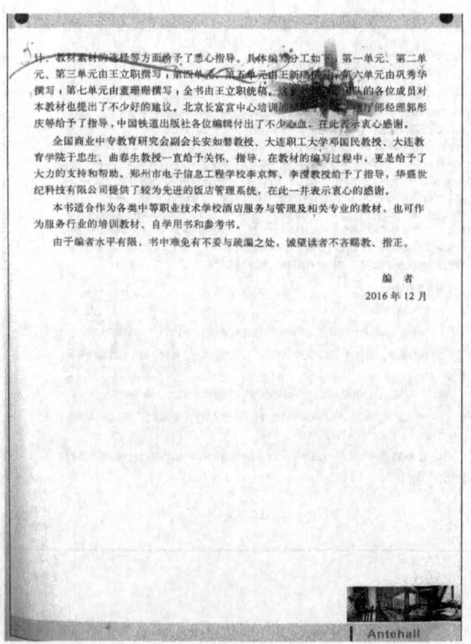

计、教材素材的选择等方面给予了悉心指导。具体编写分工如下：第一单元、第二单元、第三单元由王立职撰写，第四单元、第五单元由王新瑞撰写，第六单元由巩秀华撰写，第七单元由董珊珊撰写，全书由王立职统稿。[illegible]团队的各位成员对本教材也提出了不少好的建议。北京长富宫中心培训[illegible]厅部经理郭彤庆等给予了指导，中国铁道出版社各位编辑付出了不少心血，在此表示衷心感谢。

全国商业中专教育研究会副会长安如磐教授、大连职工大学邓国民教授、大连教育学院于忠生、曲春生教授一直给予关怀、指导，在教材的编写过程中，更是给予了大力的支持和帮助。郑州市电子信息工程学校李京辉、李滢教授给予了指导，华盛世纪科技有限公司提供了较为先进的饭店管理系统，在此一并表示衷心的感谢。

本书适合作为各类中等职业技术学校酒店服务与管理及相关专业的教材，也可作为服务行业的培训教材、自学用书和参考书。

由于编者水平有限，书中难免有不妥与疏漏之处，诚望读者不吝赐教、指正。

编　者

2016年12月

Antehall

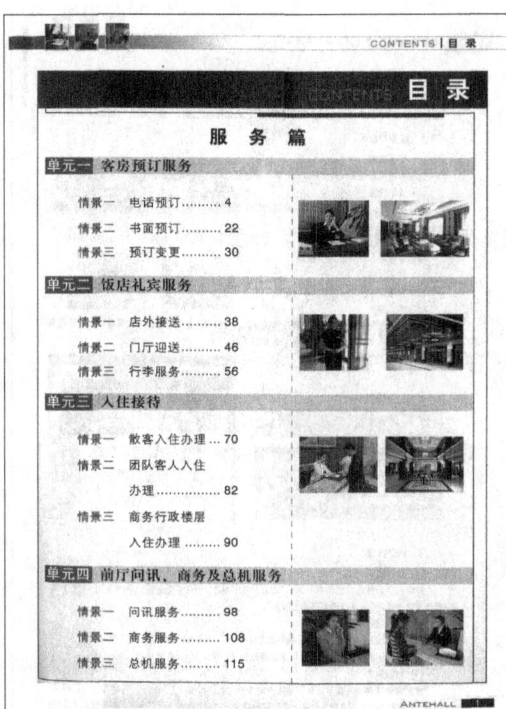

CONTENTS | 目 录

CONTENTS 目录

服务篇

ANTEHALL 1

前厅服务与管理（第二版）●●●

目录 CONTENTS

安全管理篇

2 ANTEHALL

单元一

客房预订服务

为了选择理想的入住饭店；避免旺季到饭店时客满无房间；或者需要饭店满足其特殊的住店需求，客人会通过电话或其他方便的方式与饭店联络，进行客房预订或咨询，希望住到自己喜欢的饭店，并希望该饭店也已准备就绪。

饭店也特别需要开展客房预订业务，提前预知客房出租情况，有效地制订营销计划，进一步争取理想的客房出租率，提前获取客人的相关资料和住店需求，做好服务预案和充分的服务准备，并通过优质高效的服务，赢得客人的满意和赞许。可以看出，在饭店服务中，客房预订具有重要的地位。

为了方便客人预订与咨询，饭店提供了多种订房方式，客人可以通过电话、信函、传真、电传、面谈预订客房，也可以通过互联网预订。饭店还要选派服务素养高、精通预订服务业务的服务人员为客人提供客房预订服务，这些预订服务的胜任者要在与客人短暂的沟通中，借助地域、城市、饭店等各种资源，真心诚意地满足客人的各种需求，用心、用情赢得客人的信任，愉快地完成每一次预订任务。

学习目标

能够依据服务情[illegible]、把握[illegible]心理，做好如下服务：

1. 能够做好个性化电话预订服务
2. 能够做好个[illegible]书面预订服务
3. 能够做[illegible]性化预订变更服务

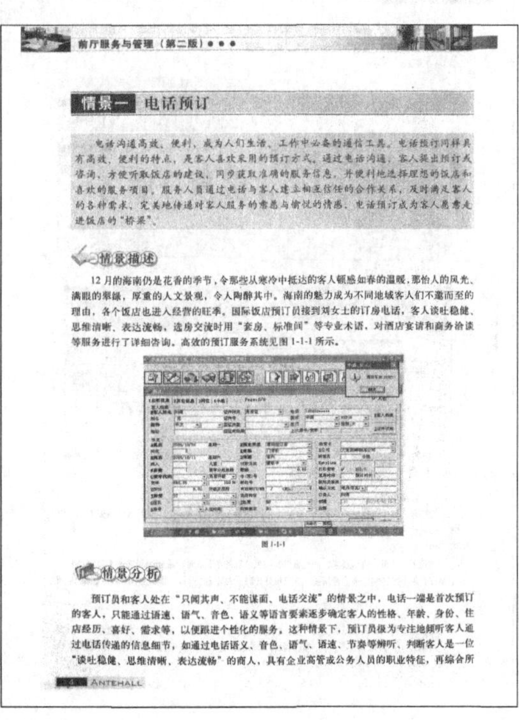

前厅服务与管理（第二版）●●●

情景一 电话预订

电话沟通高效、便利，成为人们生活、工作中必备的通信工具。电话预订同样具有高效、便利的特点，是客人喜欢采用的预订方式。通过电话沟通，客人提出预订或咨询，方便听取饭店的建议，同步获取准确的服务信息，并便利地选择理想的饭店和喜欢的服务项目。服务人员通过电话与客人建立相互信任的合作关系，及时满足客人的各种需求，完美地传递对客人服务的serving意与愉悦的情感。电话预订成为客人愿意走进饭店的"桥梁"。

情景描述

12 月的海南仍是花香的季节，令那些从寒冷中抵达的客人顿感如春的温暖，那怡人的风光、满眼的翠绿，厚重的人文景观，令人陶醉其中。海南的魅力成为不同地域客人们不邀而至的理由，各个饭店也进入经营的旺季。国际饭店预订员接到刘女士的订房电话，客人谈吐稳健、思维清晰、表达流畅，选房交流时用"套房、标准间"等专业术语，对酒店宴请和商务洽谈等服务进行了详细咨询。高效的预订服务系统见图 1-1-1 所示。

图 1-1-1

情景分析

预订员和客人处在"只闻其声、不能谋面、电话交流"的情景之中，电话一端是首次预订的客人，只能通过语速、语气、音色、语义等语言要素逐步确定客人的性格、年龄、身份、住店经历、喜好、需求等，以便跟进个性化的服务。这种情景下，预订员极为专注地倾听客人通过电话传递的信息细节，如通过电话语义、音色、语气、语速、节奏等辨听、判断客人是一位"谈吐稳健、思维清晰、表达流畅"的商人，具有企业高管或公务人员的职业特征，再综合所

4 ANTEHALL

关注到的"选房时用'套房、标准间'等专业术语，并对酒店宴请和商务洽谈等服务详细咨询"等细节，准确判断出客人为资深商务旅游客人，跟进把握商人文化背景下订房的心理预期，提供客人称心的预订服务。这种习惯于依据情景、把握心理的思维模式，是卓越服务的关键所在。

个性化服务分析

面对资深的商务旅游客人，预订员既要把握这类客群对"品质、效率"超出一般旅游客人要求的特征之外，还要注意不同个体个性化预期，比如本情景中客人谈吐稳健等语言特点，预订员应以符合客人的语速、语感的方式进行和谐沟通；比如客人有商务和宴请要求，需要重点介绍服务环境、氛围、菜品特色等，切忌轻描淡写、一带而过。

资深客人会非常清楚地知道按照预订员询问完成订房，既合理，又效率高，这部分客人也深知什么时机发问和确认，使得沟通最流畅。预订员要善于与资深客人形成默契，并择机赞赏客人，如用"您提示得非常及时……刘女士真是酒店的行家"等表述，保持客人的沟通兴致，这些均能够作为客人入住决策的考量要素。严格遵照服务流程和规范不仅难以提供客人满意、惊喜的服务，往往还因为服务制度的束缚，怠慢客人，甚至引起客人对呆板服务的投诉，优秀预订员善于在明确"服务准备、预订办理、信息存储"流程和规范的基础上，依据情景、把握心理，提供个性化服务。

相关知识

（一）预订员的岗位职责及业务要求

用合作学习的方法促进学习、提高认识。如在表 1-1-1 中"□"内标注"Y"，表示认同，并谈谈认同的理由。大家各抒己见，将更好的想法补充到表中，完善客房预订的岗位职责及业务要求，轻松地完成学习任务。

表 1-1-1 预订员的岗位职责及业务要求

内容 项目	职责与要求
岗位职责	负责与客户建立业务关系网，做好客房营销 □
	办理好客人客房预订业务，及时与接待处做好预订信息的沟通 □
	及时向预订主管提供重要客人的到店信息 □
	准确无误地填写客人预订登记表，并做好存档工作 □
	补充：
业务要求	熟悉订房业务，具备较高的沟通能力，与客户保持密切联系 □
	具有较高的文字录入能力，能够操作传真机、计算机办理客人的预订工作，能够做好资料存储 □
	能够熟练地编制客房预测表，做好回复客人订房信函服务 □
	掌握饭店价格政策、饭店服务项目和相关设备设施 □
	补充：
学习体会：	

（二）客房电话预订服务流程与规范

客房电话预订服务流程与规范，是饭店针对电话预订，面向客群制订的基础性服务制度。"服务准备、预订办理、信息存储"的流程和规范，是客房电话预订个性化服务的基础，具体如下：

1. 服务准备

（1）仪容仪态

按服务规范检查个人的仪容仪表，调节好情绪，做到服务热情周到、真心诚意。

（2）设备设施

确认计算机、打印机、传真机、电话均处于工作状态，饭店管理系统处于运行状态，新的预订界面如图 1-1-2 所示。

（3）用具用品

准备好相关办公用品。

（4）相关表格

准备好预订单、客房预订状况一览表。

（5）相关信息

熟知饭店内外的相关信息，准备好相关资料，提供满足客人各种需求的服务。饭店管理系统准确提示，其可供客人选择的客房信息如图 1-1-3 所示。

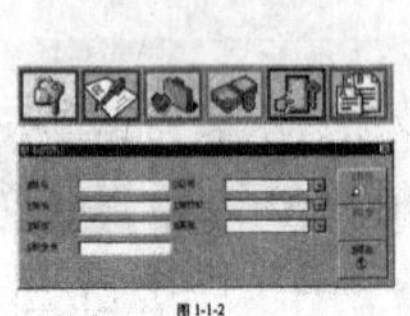

图 1-1-2

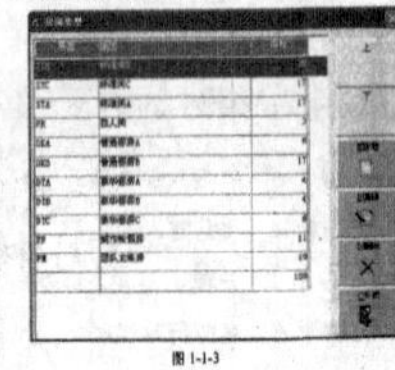

图 1-1-3

2. 预订办理

（1）接听电话

铃响三声内接起电话问候客人："您好！或"早上/下午/晚上好！×××饭店预订部，我能为您做点什么吗？\很高兴为您服务"。

（2）客情识别

礼貌询问客人的名字（注意正确中英文及拼写），利用饭店管理系统识别客人是否入住过本饭店，以便于满足客人的个性化需求，客房预订界面如图 1-1-4 所示。

（3）明确需求

客人需要订房，应查看计算机系统中的客史记录，如图 1-1-5 所示，明确客人预订房型、房数、抵店日期、离店日期及付款方式等相关要求，询问确认客人付款方式，在预订单上注明：

公司（单位）或旅行社承担费用者，要求在客人抵达前采用传真或书面信函，做付款担保。尊重客人的需求选择，并恰当地介绍，给予适当的建议。管理系统提示与确认服务如图 1-1-6 和图 1-1-7 所示。

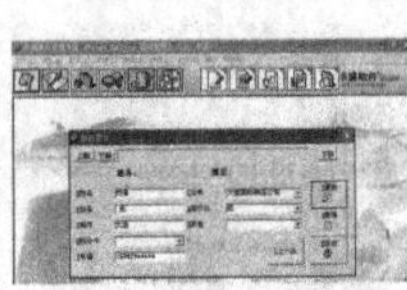

图 1-1-4

图 1-1-5

图 1-1-6

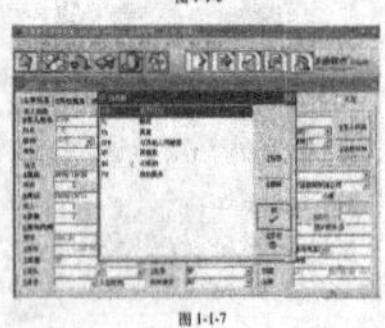

图 1-1-7

注意：可以根据饭店的等级、档次、新装修、家具、房内设施及舒适程度等有针对性地向客人介绍，并向客人推荐客群经常选择的 2 – 3 种客房。

（4）订房预留

询问客人抵达航班（车/船）次及时间，向客人说明预订房保留时间，即入住当天 18:00 以前，如果到达时间超过该时间建议客人做担保预订。

（5）征询意见

询问客人是否有特殊要求，如是否需要接机，有特殊要求时，应明确回答是否能满足及收费情况，并作好详细记录。根据预订单记录好代理人的姓名、单位、联系方式，具体如图 1-1-8 所示。

（6）复述确认

向客人复述确认其抵达和离店日期、航班、房间类型、房价、房间数、客人姓名、特殊要求、付款方式、代理人情况。向可以接收传真的客人提示"还有哪些需要？饭店会尽快发给您预订确认书。"

了客人的要求，又考虑了饭店的利益。注意服务人员应考虑本岗位的服务权限，避免越权服务。

【服务提升】共同探讨，本案例情况下，服务如何改进会做得更好？

情况 2 一位客人想要预订一间海景标准间，住店时间是 12 月 2 日—12 月 3 日，可是饭店当天的标准间海景房已经预订完了，还剩下 3 间大床间的海景房，如果你是预订员你会如何应变？

A：礼貌向客人表示歉意，遗憾地表示不能满足他的要求。

B：建议客人选择大床间，如果客人不满意，再表示不能接受预订。

C：建议客人选择大床间，如果客人还是不能答应，则应想办法与客人协调，主动再提出一系列可供客人选择的建议，建议客人重新选择来店日期或改变住房类型、数量，提供其他饭店的相关信息。如果客人不能接受上述建议，在征得客人同意后，把客人放入等候名单，并记录订房人的姓名、电话，一旦有空房就立即通知客人。

【共同探讨】是否受理客人订房要求主要考虑 4 个方面的因素：预期抵店日期、所需客房类型、所需客房数量、住店夜次。因此，在接受预订时首先要弄清楚客人在这 4 方面的要求，再根据该时段饭店的客房出租情况决定是否接受客人的订房要求。前厅部的首要任务是销售房，并真诚地帮助客人，轻易放弃对客服务机会是不可取的。所以，"A"的做法不对，"B"的做法体现了预订员愿意提供帮助的服务意识，但做的努力还不够。"C"的做法充分体现了预订员良好的服务意识，千方百计地帮助客人，让客人感到便利，赞许饭店服务的真诚热情，是比较理想的处理方式。

【服务提升】共同探讨，如果客人是饭店的 VIP，坚持要求按自己的想法入住饭店，如果你是预订员你会如何应变？

技能训练

训练 1 电话铃响后接听礼仪训练

老师自设情景，示范电话接听礼仪，讲解礼仪要点和训练要求，同学们小组合作，按照要求完成本项训练，并按照表 1-1-9 完成自评和他评。

表 1-1-9 评价表

序号	训练项目	评价标准	自评	他评
1	接听时机	电话三声铃响之内接听	Y N	Y N
2	持机规范	左手持听筒，愉悦地服务	Y N	Y N
3	语言礼仪	接听三句话： 礼貌问候：您好！ 报告方位：这里是国际酒店客房预订处。 遵从客需：很高兴为您服务	Y N	Y N
4	挂机礼仪	礼貌告别后，待客人挂机后，才放下电话	Y N	Y N

训练 2 服务用语恰当选择能力训练

组一和组二相同序号的服务用语看似语义相同，但组二用语更注重"礼貌、有效"，令客人倍感尊贵和贴心。请师生比对两组用语语义的差异，共同探讨语言选择艺术。同学们小组合作，自设情景，选择恰当的服务用语，说说选择的理由，并按照评价表 1-1-10 完成自评和他评。

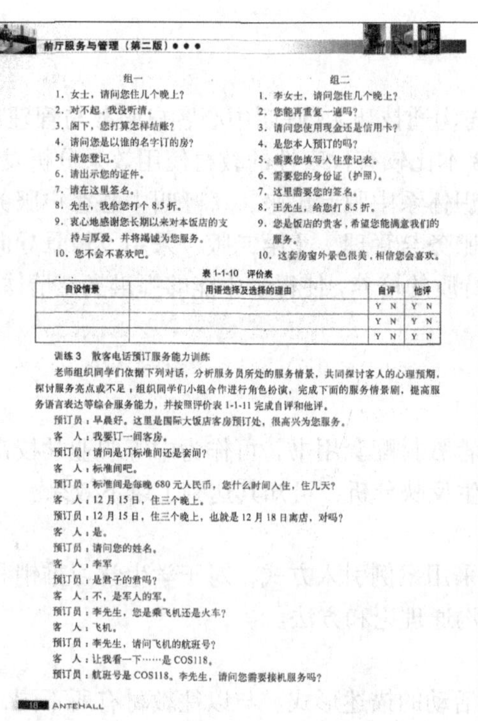

前厅服务与管理（第二版）●●●

组一

1. 女士，请问您住几个晚上？
2. 对不起，我没听清。
3. 阁下，您打算怎样结账？
4. 请问您是以谁的名字订的房？
5. 请您登记。
6. 请出示您的证件。
7. 请在这里签名。
8. 先生，我给您打个 8.5 折。
9. 衷心地感谢您长期以来对本饭店的支持与厚爱，并将竭诚为您服务。
10. 您不会不喜欢吧。

组二

1. 李女士，请问您住几个晚上？
2. 您能再重复一遍吗？
3. 请问您使用现金还是信用卡？
4. 是您本人预订的吗？
5. 需要您填写入住登记表。
6. 需要您的身份证（护照）。
7. 这里需要您的签名。
8. 王先生，给您打 8.5 折。
9. 您是饭店的贵客，希望您能满意我们的服务。
10. 这套房窗外景色很美，相信您会喜欢。

表 1-1-10 评价表

自设情景	用语选择及选择的理由	自评	他评
		Y N	Y N
		Y N	Y N
		Y N	Y N

训练 3 散客电话预订服务能力训练

老师组织同学们依据下列对话，分析服务员所处的服务情景，共同探讨客人的心理预期，探讨服务亮点或不足，组织同学们小组合作进行角色扮演，完成下面的服务情景剧，提高服务语言表达等综合服务能力，并按照评价表 1-1-11 完成自评和他评。

预订员：早晨好。这里是国际大饭店客房预订处，很高兴为您服务。

客 人：我要订一间客房。

预订员：请问是订标准间还是套间？

客 人：标准间吧。

预订员：标准间是每晚 680 元人民币，您什么时间入住，住几天？

客 人：12 月 15 日，住三个晚上。

预订员：12 月 15 日，住三个晚上，也就是 12 月 18 日离店，对吗？

客 人：是。

预订员：请问您的姓名。

客 人：李军

预订员：是君子的君吗？

客 人：不，是军人的军。

预订员：李先生，您是乘飞机还是火车？

客 人：飞机。

预订员：李先生，请问飞机的航班号？

客 人：让我看一下……是 COS118。

预订员：航班号是 COS118。李先生，请问您需要接机服务吗？

18 ANTEHALL

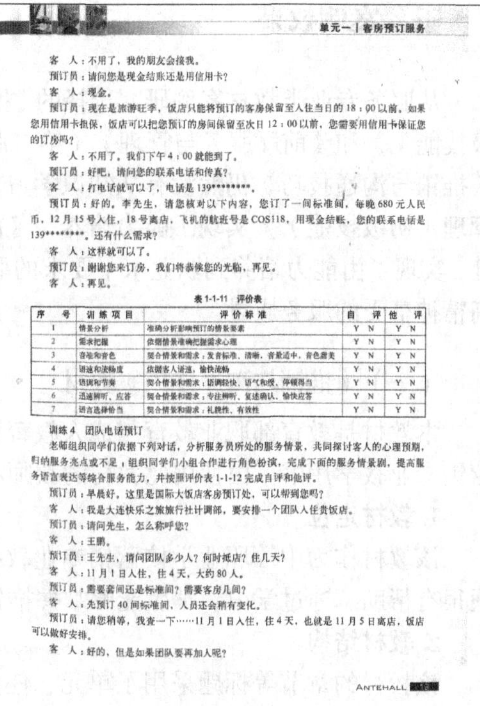

单元一 | 客房预订服务

客 人：不用了，我的朋友会接我。

预订员：请问您是现金结账还是用信用卡？

客 人：现金。

预订员：现在是旅游旺季，饭店只能将预订的客房保留至入住当日的 18：00 以前。如果您用信用卡担保，饭店可以把您预订的房间保留至次日 12：00 以前，您需要用信用卡保证您的订房吗？

客 人：不用了。我们下午 4：00 就能到了。

预订员：好吧，请问您的联系电话和传真？

客 人：打电话就可以了，电话是 139********。

预订员：好的。李先生，请您核对以下内容，您订了一间标准间，每晚 680 元人民币，12 月 15 号入住，18 号离店，飞机的航班号是 COS118，用现金结账，您的联系电话是 139********。还有什么需求？

客 人：这样就可以了。

预订员：谢谢您来订房，我们将恭候您的光临，再见。

客 人：再见。

表 1-1-11 评价表

序 号	训练项目	评价标准	自 评	他 评
1	情景分析	准确分析影响预订的情景要素	Y N	Y N
2	需求把握	依据情景准确把握需求心理	Y N	Y N
3	音准和音色	契合情景和需求：发音标准、清晰，音量适中，音色甜美	Y N	Y N
4	语速和流畅度	依据客人语速，愉快流畅	Y N	Y N
5	语调和节奏	契合情景和需求：语调轻快、语气和缓、停顿得当	Y N	Y N
6	迅速辨听、应答	契合情景和需求：专注辨听、复述确认、愉快应答	Y N	Y N
7	语言选择恰当	契合情景和需求：礼貌性、有效性	Y N	Y N

训练 4 团队电话预订

老师组织同学们依据下列对话，分析服务员所处的服务情景，共同探讨客人的心理预期，归纳服务亮点或不足，组织同学们小组合作进行角色扮演，完成下面的服务情景剧，提高服务语言表达等综合服务能力，并按照评价表 1-1-12 完成自评和他评。

预订员：早晨好，这里是国际大饭店客房预订处，可以帮到您吗？

客 人：我是大连快乐之旅旅行社计调部，要安排一个团队入住贵饭店。

预订员：请问先生，怎么称呼您？

客 人：王鹏。

预订员：王先生，请问团队多少人？何时抵店？住几天？

客 人：11 月 1 日入住，住 4 天，大约 80 人。

预订员：需要套间还是标准间？需要客房几间？

客 人：先预订 40 间标准间，人员还会稍有变化。

预订员：请您稍等，我查一下……11 月 1 日入住，住 4 天，也就是 11 月 5 日离店，饭店可以做好安排。

客 人：好的，但是如果团队要再加人呢？

ANTEHALL 19

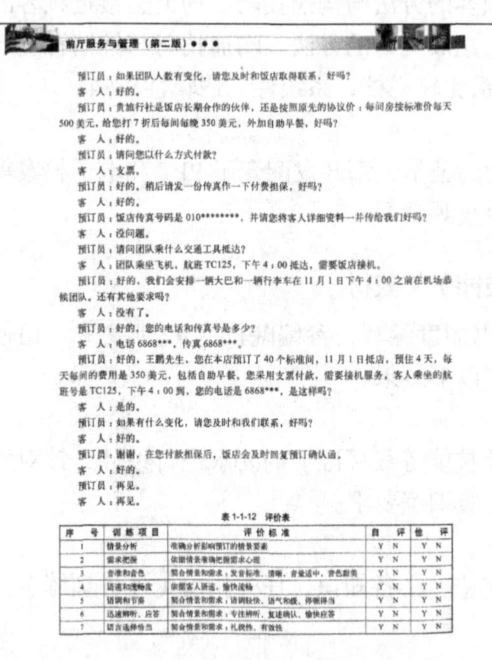

前厅服务与管理（第二版）●●●

预订员：如果团队人数有变化，请您及时和饭店取得联系，好吗？

客 人：好的。

预订员：贵旅行社是饭店长期合作的伙伴，还是按照原先的协议价：每间房按标准价每天 500 美元，给您打 7 折后每间每晚 350 美元，外加自助早餐，好吗？

客 人：好的。

预订员：请问您以什么方式付款？

客 人：支票。

预订员：好的。稍后请发一份传真作一下付费担保，好吗？

客 人：好的。

预订员：饭店传真号码是 010********，并请您将客人详细资料一并传给我们好吗？

客 人：没问题。

预订员：请问团队乘什么交通工具抵达？

客 人：团队乘坐飞机，航班 TC125，下午 4：00 抵达，需要饭店接机。

预订员：好的，我们会安排一辆大巴和一辆行李车在 11 月 1 日下午 4：00 之前在机场恭候团队。还有其他要求吗？

客 人：没有了。

预订员：好的，您的电话和传真号是多少？

客 人：电话 6868***，传真 6868***。

预订员：好的，王鹏先生，您在本店预订了 40 个标准间，11 月 1 日抵店，预住 4 天，每天每间的费用是 350 美元，包括自助早餐。您采用支票付款，需要接机服务，客人乘坐的航班号是 TC125，下午 4：00 到，您的电话是 6868***，是这样吗？

客 人：是的。

预订员：如果有什么变化，请您及时和我们联系，好吗？

客 人：好的。

预订员：谢谢，在您付款担保后，饭店会及时回复预订确认函。

客 人：好的。

预订员：再见。

客 人：再见。

表 1-1-12 评价表

序 号	训练项目	评价标准	自 评	他 评
1	情景分析	准确分析影响预订的情景要素	Y N	Y N
2	需求把握	依据情景准确把握需求心理	Y N	Y N
3	音准和音色	契合情景和需求：发音标准、清晰，音量适中，音色甜美	Y N	Y N
4	语速和流畅度	依据客人语速，愉快流畅	Y N	Y N
5	语调和节奏	契合情景和需求：语调轻快、语气和缓、停顿得当	Y N	Y N
6	迅速辨听、应答	契合情景和需求：专注辨听、复述确认、愉快应答	Y N	Y N
7	语言选择恰当	契合情景和需求：礼貌性、有效性	Y N	Y N

20 ANTEHALL

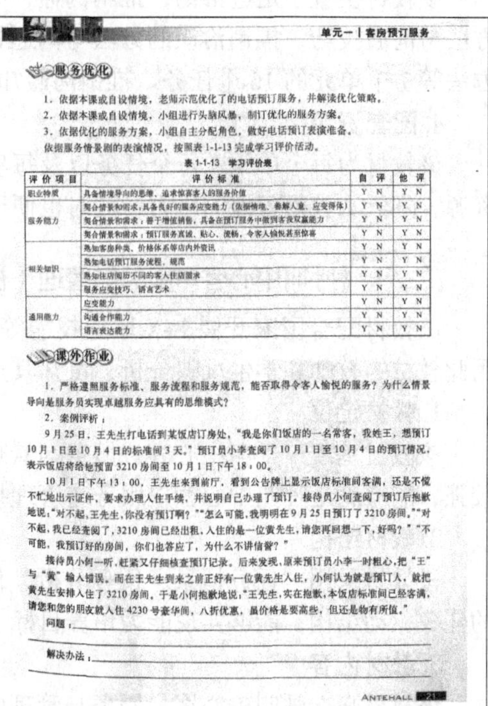

单元一 | 客房预订服务

服务优化

1. 依据本课或自设情境，老师示范优化了的电话预订服务，并解读优化策略。
2. 依据本课或自设情境，小组进行头脑风暴，制订优化的服务方案。
3. 依据优化的服务方案，小组自主分配角色，做好电话预订表演准备。

依据服务情景剧的表演情况，按照表 1-1-13 完成学习评价活动。

表 1-1-13 学习评价表

评价项目	评价标准	自 评	他 评
职业特质	具备情境导向的思维、追求惊喜客人的服务价值	Y N	Y N
服务能力	契合情景和需求，具备良好的服务应变能力（依据情境、善解人意、应变得体）	Y N	Y N
	契合情景和需求：善于增值销售，具备在预订服务中做到客我双赢能力	Y N	Y N
	契合情景和需求：预订服务真诚、贴心、流畅，令客人愉悦甚至惊喜	Y N	Y N
相关知识	熟知客房种类、价格体系等店内外资讯	Y N	Y N
	熟知电话预订服务流程，规范	Y N	Y N
	熟知住店阅历不同的客人住店需求	Y N	Y N
	服务应变技巧、语言艺术	Y N	Y N
通用能力	应变能力	Y N	Y N
	沟通合作能力	Y N	Y N
	语言表达能力	Y N	Y N

课外作业

1. 严格遵照服务标准、服务流程和服务规范，能否取得令客人愉悦的服务？为什么情景导向是服务员实现卓越服务应具有的思维模式？

2. 案例评析：

9 月 25 日，王先生打电话到某饭店订房处，"我是你们饭店的一名常客，我姓王，想预订 10 月 1 日至 10 月 4 日的标准间 3 天。" 预订员小李查阅了 10 月 1 日至 10 月 4 日的预订情况，表示饭店将给他预留 3210 房间至 10 月 1 日下午 18：00。

10 月 1 日下午 13：00，王先生来到前厅，看到公告牌上显示饭店标准间客满，还是不慌不忙地出示证件，要求办理入住手续，并说明自己办理了预订。接待员小何查阅了预订后抱歉地说："对不起，王先生，你没有预订啊？""怎么可能，我明明在 9 月 25 日预订了 3210 房间。""对不起，我已经查阅了，3210 房间已经出租，入住的是一位黄先生，请您再回想一下，好吗？""不可能，我预订好的房间，你们也答应了，为什么不讲信誉？"

接待员小何一听，赶紧又仔细核查预订记录。后来发现，原来预订员小李一时粗心，把"王"与"黄"输入错误。而在王先生到来之前正好有一位黄先生入住，小何认为就是预订人，就把黄先生安排入住了 3210 房间。于是小何抱歉地说："王先生，实在抱歉，本饭店标准间已经客满，请您和您的朋友就入住 4230 号豪华间，八折优惠，虽价格是要高些，但还是物有所值。"

问题：________________________________

解决办法：________________________________

ANTEHALL 21

三、案例效果

从服务专业类教材案例研究选择的《推销与沟通技巧》《呼叫中心客户服务与管理（初级技能）》和《前厅服务与管理》（第二版）3 本比较有代表性的教材使用效果分析发现，《推销与沟通技巧》仍然没有从知识学习、知识体系中脱胎出来，《呼叫中心客户服务与管理（初级技能）》实现了能力培养，《前厅服务与管理》（第二版）采用了情景导向设计，实现了由能力培养到职业水平要求的职业特质的培养，使得学生能够提供高感情体验、高精神享受的服务质量。

（一）《推销与沟通技巧》教材

本教材是教育部职业教育与成人教育司推荐教材配套用书，可作为中等职业学校市场营销专业教学用书。由使用此教材的教师和学生反映分析，可知其达到了以下效果。

1. 教材定位

该教材作为中等职业学校营销专业教材，采用案例引入方式，对于学生学习推销和沟通很有帮助。通过学习，学生能够掌握推销和沟通理论和方法。

2. 教材结构

该教材的章节等标题采用了单元、任务、活动的描述形式。与以往教材有所不同，但任务和活动标题下，还是概念、理论、方法等知识学习，造成了学生学习的困惑。

3. 教材内容

该教材设置了走进推销，推销沟通，寻找顾客的方法与沟通技巧，约见、接近顾客的方法与沟通技巧，推销洽谈的方法与沟通技巧，达成交易的方法、沟通技巧与推销管理的方法等 7 个单元的 16 个任务。推销沟通知识体系比较完整，系统性、逻辑性较强。

4. 配套资源

该教材为每个单元、每个任务以及每项活动的教学，都开发配套了 PPT 和电子教案等资源，降低了教师备课的压力，同时也便于学生直观学习。

（二）《呼叫中心客户服务与管理（初级技能）》教材

该教材配合国家开展 1+X 职业技能等级证书制度编写，参编院校达 47 所之多。由使用此教材的教师和学生反映分析，可知其达到了以下效果。

1. 教材定位

该教材基于《呼叫中心客户服务与管理职业技能等级标准》的要求进行设计，针对性较强，能够满足呼叫中心客户服务与管理技能等级训练要求。

2. 教材结构

该教材采用“任务情景、任务分析、任务实施、必备知识、任务拓展（任务训练）”的任务驱动结构，能够实现能力培养目标。

3. 教材内容

该教材筛选呼叫中心客户服务与管理的典型任务作为教材内容，并突出了任务情景、任务分析、任务实施、必备知识、任务拓展等内容，学生学习动机和能力形成效果良好。

4. **配套资源**

该教材配套了线上技能训练平台和教字资源。

（三）《前厅服务与管理》（第二版）教材

该教材是中等职业学校酒店服务与管理专业系列教材之一，也是国家社科基金课题的研究实践成果之一，由教育部职业技术教育中心研究所、北京首旅集团、北京外事学校等单位专家参与研究编写，300余所学校选用了该教材。由使用此教材的教师和学生反映分析，可知其达到了以下效果。

1. **教材定位**

该教材以典型情景为导向，定位于酒店服务与管理专业前厅服务与管理技术技能人才特质的培养。教学效果评价显示学生通过使用该教材高效地确立了惊喜服务的价值取向，形成了高感情职业体验、情景导向的思维方式、规范且超越规范的职业行为和富有服务文化的职业语言等。

2. **教材结构**

该教材以前厅服务与管理典型情景设计了 7 个教学单元，每个典型情景由情景描述、情景分析、个性化服务分析、相关知识、技能训练、服务优化和课外作业 7 个部分构成。教学效果显示，学生形成了基于服务卓越的职业价值、职业思维、职业行为、职业语言等职业特质，同时产生比较强烈的职业兴趣，进而形成职业精神。

3. **教材内容**

该教材对接“客房预订服务，饭店礼宾服务，入住接待，前厅问讯、商务及总机服务，客账服务，客务维护，安全管理”前厅岗位，设置7个单元共16个典型情景。教学效果显示，通过情景导向学习活动的开展，学习者能够发现服务价值，领略饭店服务文化独特的魅力，成为饭店文化的践行者和传播者；促进契合卓越服务的情景导向思维的形成；促进契合“依据情景，把握客人的需求，服务于开口之前，令客人体验满意甚至惊喜的客房预订服务、前厅礼宾服务、入住接待、相关服务、客账服务，做好客务维护、安全保障”优秀职业人具备的素养和能力形成；促进用真诚、用心、专业愉悦客人服务价值取向的形成，推动学生职业素质和能力高水平、高效率的发展。

4. **配套资源**

该教材为了服务教学和读者阅读，采用彩色印刷，提供了丰富的前厅真情实景照片，配套设计了行动教学 PPT。

四、案例分析

尽管服务专业类教材案例研究选择的《推销与沟通技巧》《呼叫中心客户服务与管理（初级技能）》和《前厅服务与管理》（第二版）3 本教材实现了由知识学习到能力培养，再到职业特质培养的跨越，但仍然存在进一步改进完善的空间。

（一）《推销与沟通技巧》教材

1. 教材定位分析

该教材作为中等职业学校营销专业教材，应定位于能力培养，但没有实现能力本位的定位，更没有卓越服务的价值追求：实际上还是为知识、为技能的定位，达不到销售服务类技术技能人才能力培养的定位要求。

2. 教材结构分析

该教材虽然章节标题采用了任务、活动描述，试图运用任务驱动教学，但任务和活动标题下，还是学习知识，与销售服务的活动逻辑不匹配，所以任务驱动结构名不副实。

3. 教材内容分析

从单元设计分析，该教材内容比较完整、系统，但从任务设计分析，没有与岗位推销沟通任务描述、任务分析、相关知识运用、技能训练、任务实现的核心内容匹配，仅编入了知识，其他能力培养要素几乎空白。

4. 配套资源分析

教材配套了 PPT 和电子教案等资源，但只是基于学科化而设置的，对能力培养的支撑不够。

（二）《呼叫中心客户服务与管理（初级技能）》教材

1. 教材定位分析

该教材基于《呼叫中心客户服务与管理职业技能等级标准》设计编写，实现了能力培养定位，但没有关注和把握服务人才卓越的价值所在和实现规律，没有对卓越服务的追求。

2. 教材结构分析

该教材运用了“任务情景、任务分析、任务实施、必备知识、任务拓展（任务训练）”的任务驱动结构，实现了能力培养目标，因没有发现卓越服务所具备的职业特质形成的情景导向行动逻辑的价值，还不能达到职业特质形成逻辑的结构教材的要求。

3. 教材内容分析

该教材突出了任务情景、任务分析、任务实施、必备知识、任务拓展等内容对接品牌企业典型任务，实用性强，内容能推动能力培养目标的实现，但没有针对典型任务卓越完成的职业人的价值取向、思维方式进行分析，没有基于卓越服务人才具备的价值取向、职业思维、职业精神、职业素质、职业能力的培养，未能构建必需的知识、技能体系和行动体系。

4. 配套资源分析

教材配套了线上技能训练平台和技能训练的线上智能化资源，对能力培养的支持富有成效。

（三）《前厅服务与管理》（第二版）教材

1. 教材定位分析

该教材定位于服务类职业人才特质的培养，培养目标指向卓越前厅服务人才具备的价值取向、职业思维、职业精神、职业情感、职业能力和素质的培养。今后，可以在中国服务文化特色上取得进一步的提升。

2. **教材结构分析**

该教材以情景导向的行动逻辑设计教材结构，符合前厅服务与管理技术技能职业特质的形成发展规律，促进基于卓越服务的价值取向、职业兴趣、情景思维、职业精神、职业能力的有效形成，引领学习者轻松愉快地学习。每个情景由7个部分组成。

（1）情景描述：精心选择了“能够满足客人经常性需求、能够促进学生情景导向的思维和惊喜服务价值取向形成，并具有较强的感染力，促进学生具备卓越服务能力和素养形成”的服务活动作为服务情景。通过情景描述，使学习者自然进入情景，引发学习者发现、研究和满足客人需求的兴趣，以及追求满意、超值与惊喜的服务理想和热爱之情，促进基于情景导向思维、惊喜客人的价值取向的服务能力和素养形成。

（2）情景分析：通过情景分析，让学习者对影响个性化服务的情景要素形成敏锐洞察和注意的习惯；能够把握客人在当下情景中的心理需要，产生探索做好个性化服务的动机和兴趣。

（3）个性化服务分析：依据情景，把握心理，分析满足客人心理需求的个性化服务策略、要点和实施过程，分析卓越服务的形成过程，激发学生追求卓越的热情，引发其习惯用情景导向思维实现惊喜服务的学习动机。

（4）相关知识：通过“相关知识”的学习，使学习者了解必需、够用的服务知识，获取情景思维人才特质高效形成的策略，体验到饭店服务文化的独有魅力。

（5）技能训练：进行技能分项训练，使学习者迅速获得为卓越服务的个性化服务能力，把情景思维和服务能力转化为个性化的服务习惯。

（6）服务优化：小组合作“服务优化”，通过自设情景、情景分析、个性化服务优化分析、个性化服务展示等学习活动，崇尚人文精神，学会与人共处、合作服务，内外兼修提升职业素养。通过系统评价，检验学习者的学习效果，促进学生的职业能力发展和岗位服务意识的形成。

（7）课外作业：通过课后练习，提升服务能力，巩固学习成果。

3. **教材内容分析**

该教材内容完整、系统。今后，可在文化层面，通过文化比较使学生领略不同文化背景下的服务方式的不同，特别是进一步认识中国文化背景下的服务魅力。

4. **配套资源分析**

该教材应在提供丰富的前厅真情实景照片、配套设计的行动教学PPT的基础上，设置随扫随学网络视频和微课，进一步强化前厅场景化的学习体验。

案例三　艺术专业类教材案例

一、案例背景

在世界范围看，文化艺术产业属于年轻产业。有人认为，文化艺术产业与互联网产业一样，都属于新兴产业。因此，作为新兴产业，今后发展需要大量的各种类型的人才。基于文化艺术产业的创意驱动本质，不论什么样的文化艺术和从事其的人才，其最大的特点都是"创意为王"。所以，文化艺术类人才需要具备"能发现文化艺术活动的价值，把握大众文化品位、需求、喜好，追求令人震撼、感动、惊喜的价值取向"的职业特质，这对艺术专业类教材提出了高要求。

二、案例介绍

选择《简笔画》（第二版）、《美术（手工部分）》（第二版）和《烘焙食品加工》3本比较有代表性的教材进行艺术专业类教材案例研究，力图反映我国艺术专业类基于职业实践行动结构教材的实践概貌。

（一）《简笔画》（第二版）教材

书号：978-7-04-029253-4
主编：潘春华　董明
出版社：高等教育出版社
出版时间：2010 年 6 月

本教材为教育部职业教育与成人教育司推荐教材，属于中等职业学校幼儿教育专业教学用书。

第二版前言

中等职业学校(三年制)幼儿教育专业系列教材，是教育部推荐的教学用书。《简笔画》一书是系列教材之一，结合幼儿园教师职业教育的特点，按照培养目标的要求编写完成，从2005年7月正式出版使用至今已有5年，教学收效甚好。

本书系统地阐述了简笔画的造型方法和表现形式，无论是从理论到实践，从技能训练到创作创编，都突出了浅显简明、容易理解、利于掌握的特点。通过几年来的教学实践和毕业生的工作反馈，验证了幼儿教育专业的学生学习、掌握简笔画的必要性与本书的实用性。

结合近几年来幼儿教育专业的发展和使用本教材积累的教学体会，并兼顾学生的美术基础(大部分学生基本从头学起)，我们重新修订了本书。二版尤其强化了第一章，既增加了简笔画在幼儿园教学中所发挥作用的文字说明、图片展示，又从绘画基础的角度增补了简笔画的造型要素、造型原则等，以使其内容更有利于学生的理解和掌握。在表现景物中透视现象非常明确，所以在景物简笔画中将绘画透视规律展示给学生，让学生通过此方面的学习、训练，加深理解立体感和空间感，提升学生的观察力、表现力。

这次修订在第一版的基础上，添加和更新了部分画例，使本书在教师教学及学生们使用的过程中更能体现出简笔画作为幼儿教育专业教材的适应性、实用性；对大部分无美术功底的学生来讲更具有浅显易懂、从浅入深的学习特点，便于其尽快掌握这一技能，提高造型能力，适应幼儿教育专业培养目标的需要。建议教师在使用本教材时充分运用课堂教学中的示范演示法，有效地将生动有趣的简笔画直观地展示给学生，提高其学习简笔画的兴趣；在讲授时，要力求贴近学生的实际，关注学生课外的练习，运用课堂内外互动教学法，多画多练，提高其表现能力。教师在安排教学内容时，将第一、二、三、四章节安排在第一学年，将第五、六、七章节安排在第二学年，将第八章节安排在第三学年的第一学期，循序渐进，完成全部内容的学习、训练。

本教材仍由青岛幼儿师范学校美术专业教师潘春华、董明为主编，陈一飞老师为副主编，青岛幼儿师范学校李学军校长、于金发主任、王立广和刘书伟等老师参加了编写，本书的儿歌作者为门秀山老师，儿童故事作者为李嘉评老师，插图由青岛幼儿师范学校学生王静、王琦、葛林等提供，幼儿简笔画欣赏是青岛幼儿师范学校附属幼儿园和海军青岛基地幼儿园的小朋友所画。

课时分配表(供参考)

章	内　容	课　时
第一章	怎样认识、理解和掌握简笔画	6课时
第二章	静物简笔画	8课时
第三章	植物简笔画	6课时

I

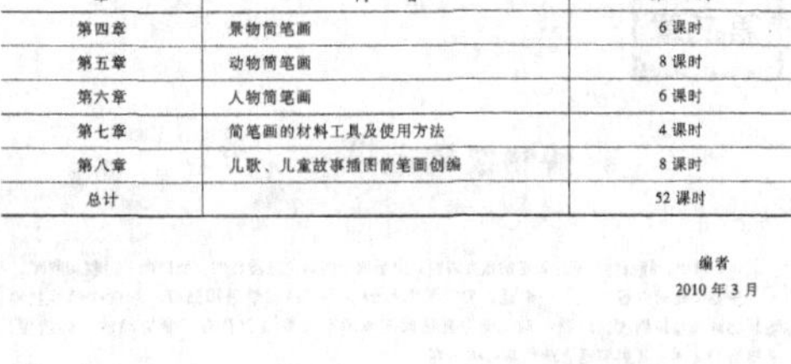
续表

章	内　容	课　时
第四章	景物简笔画	6课时
第五章	动物简笔画	8课时
第六章	人物简笔画	6课时
第七章	简笔画的材料工具及使用方法	4课时
第八章	儿歌、儿童故事插图简笔画创编	8课时
总计		52课时

编者

2010年3月

目　录

I

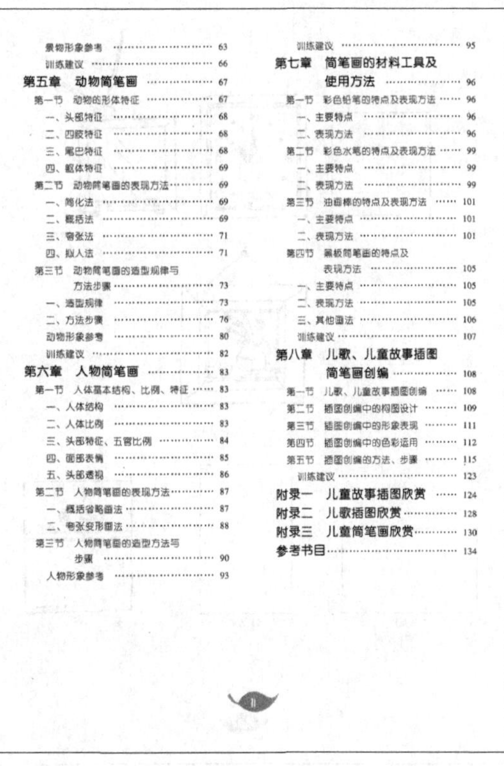

II

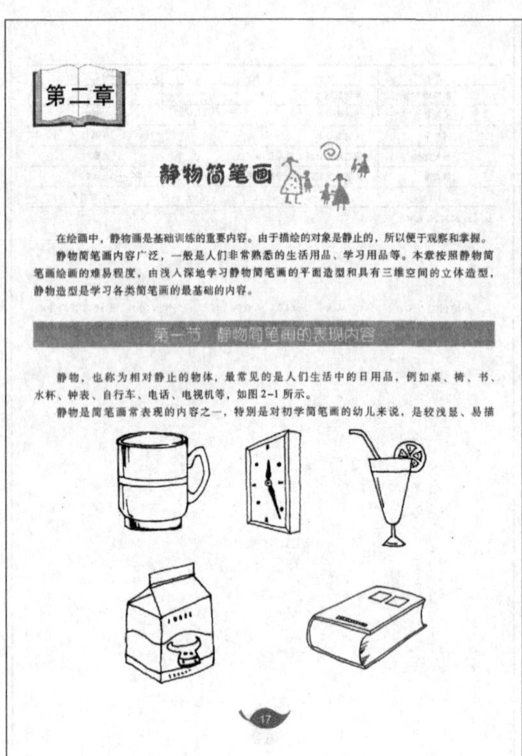

第二章

静物简笔画

在绘画中，静物画是基础训练的重要内容。由于描绘的对象是静止的，所以便于观察和掌握。

静物简笔画内容广泛，一般是人们非常熟悉的生活用品、学习用品等。本章按照静物简笔画绘画的难易程度，由浅入深地学习静物简笔画的平面造型和具有三维空间的立体造型，静物造型是学习各类简笔画的最基础的内容。

第一节 静物简笔画的表现内容

静物，也称为相对静止的物体，最常见的是人们生活中的日用品，例如桌、椅、书、水杯、钟表、自行车、电话、电视机等，如图2-1所示。

静物是简笔画常表现的内容之一，特别是对初学简笔画的幼儿来说，是较浅显、易描

17

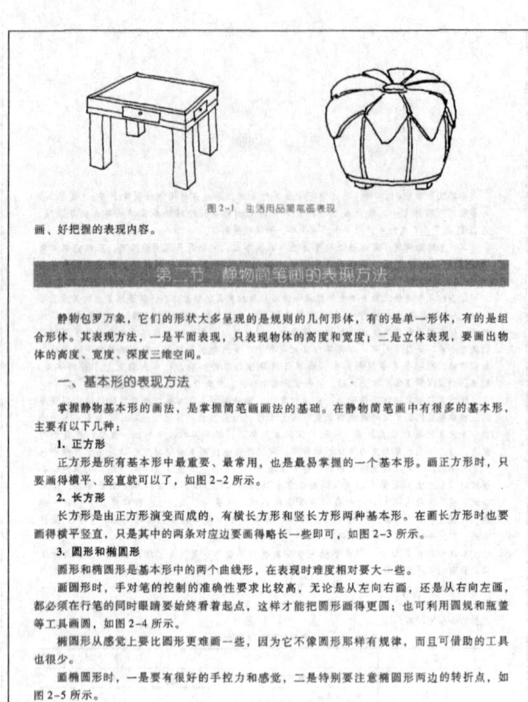

图2-1 生活用品简笔画表现

画、好把握的表现内容。

第二节 静物简笔画的表现方法

静物包罗万象，它们的形状大多呈现的是规则的几何形体，有的是单一形体，有的是组合形体。其表现方法，一是平面表现，只表现物体的高度和宽度；二是立体表现，要画出物体的高度、宽度、深度三维空间。

一、基本形的表现方法

掌握静物基本形的画法，是掌握简笔画画法的基础。在静物简笔画中有很多的基本形，主要有以下几种：

1. 正方形

正方形是所有基本形中最重要、最常用，也是最易掌握的一个基本形。画正方形时，只要画得横平、竖直就可以了，如图2-2所示。

2. 长方形

长方形是由正方形演变而成的，有横长方形和竖长方形两种基本形。在画长方形时也要画得横平竖直，只是其中的两条对应边要画得略长一些即可，如图2-3所示。

3. 圆形和椭圆形

圆形和椭圆形是基本形中的两个曲线形，在表现时难度相对要大一些。

画圆形时，手对笔的控制的准确性要求比较高，无论是从左向右画，还是从右向左画，都必须在行笔的同时眼睛要始终看着起点，这样才能把圆形画得更圆；也可利用圆规和瓶盖等工具画圆，如图2-4所示。

椭圆形从感觉上要比圆形更难画一些，因为它不像圆形那样有规律，而且可借助的工具也很少。

画椭圆形时，一是要有很好的手控力和感觉，二是特别要注意椭圆形两边的转折点，如图2-5所示。

18

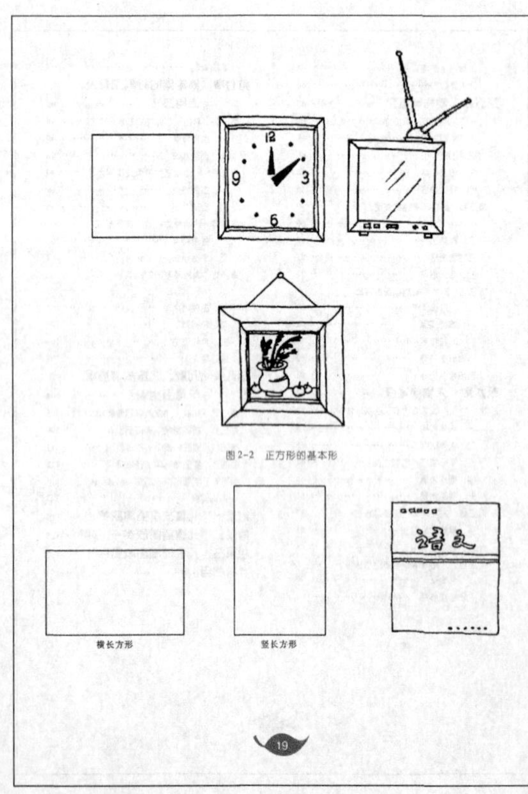

图2-2 正方形的基本形

横长方形

竖长方形

19

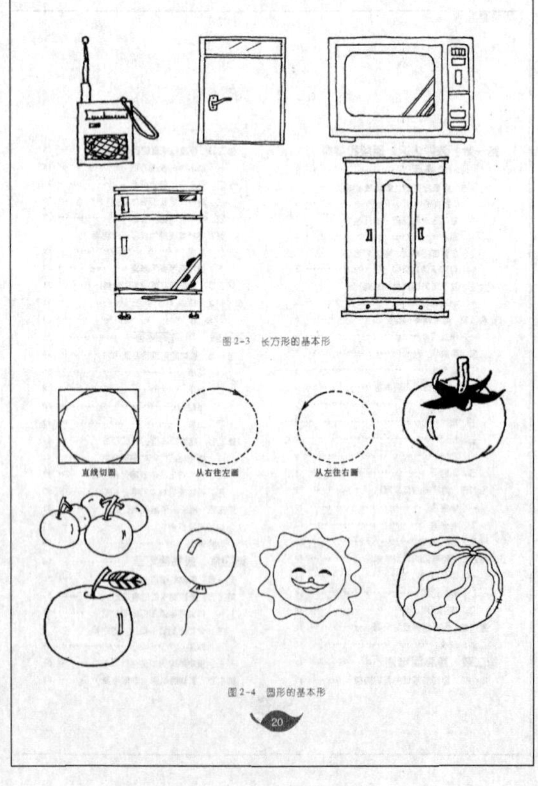

图2-3 长方形的基本形

直线切圆

从右往左画

从左往右画

图2-4 圆形的基本形

20

图 2-5　椭圆形的基本形

4. 三角形和梯形

三角形和梯形是两个比较特殊的基本形，但在简笔画的静物表现中，三角形和梯形运用起来比较灵活，表现上也比较自由，如图 2-6 所示。

二、基本形体的表现方法

在绘画中，一般将物体的外轮廓线叫做形，外轮廓线和内部结构廓线组成的物体画面，

21

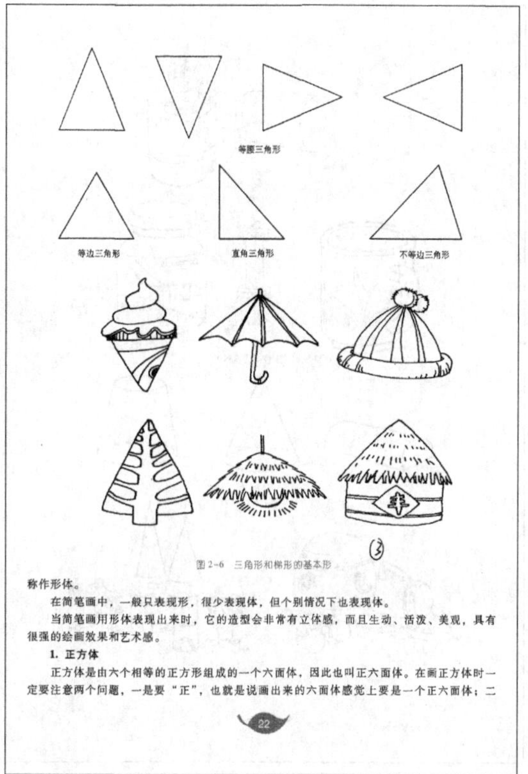

图 2-6　三角形和梯形的基本形

称作形体。

在简笔画中，一般只表现形，很少表现体，但个别情况下也表现体。

当简笔画用形体表现出来时，它的造型会非常有立体感，而且生动、活泼、美观，具有很强的绘画效果和艺术感。

1. 正方体

正方体是由六个相等的正方形组成的一个六面体，因此也叫正六面体。在画正方体时一定要注意两个问题，一是要“正”，也就是说画出来的六面体感觉上要是一个正六面体；二

22

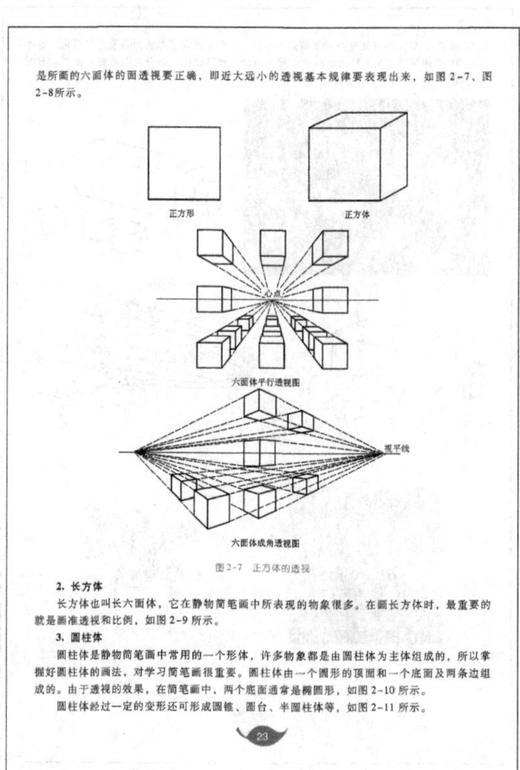

是所画的六面体的面透视要正确，即近大远小的透视基本规律要表现出来，如图 2-7、图 2-8所示。

图 2-7　正方体的透视

2. 长方体

长方体也叫长六面体，它在静物简笔画中所表现的物象很多。在画长方体时，最重要的就是画准透视和比例，如图 2-9 所示。

3. 圆柱体

圆柱体是静物简笔画中常用的一个形体，许多物象都是由圆柱体为主体组成的，所以掌握好圆柱体的画法，对学习简笔画很重要。圆柱体由一个圆形的顶面和一个底面及两条边组成的。由于透视的效果，在简笔画中，两个底面通常是椭圆形，如图 2-10 所示。

圆柱体经过一定的变形还可形成圆锥、圆台、半圆柱体等，如图 2-11 所示。

23

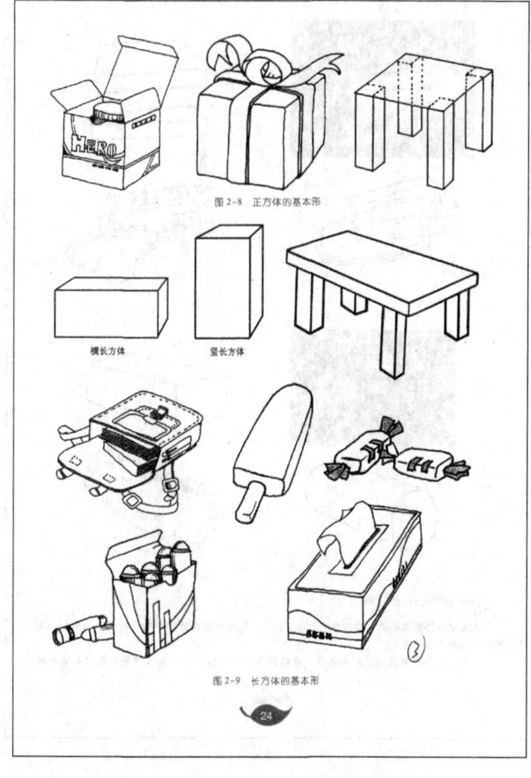

图 2-8　正方体的基本形

图 2-9　长方体的基本形

24

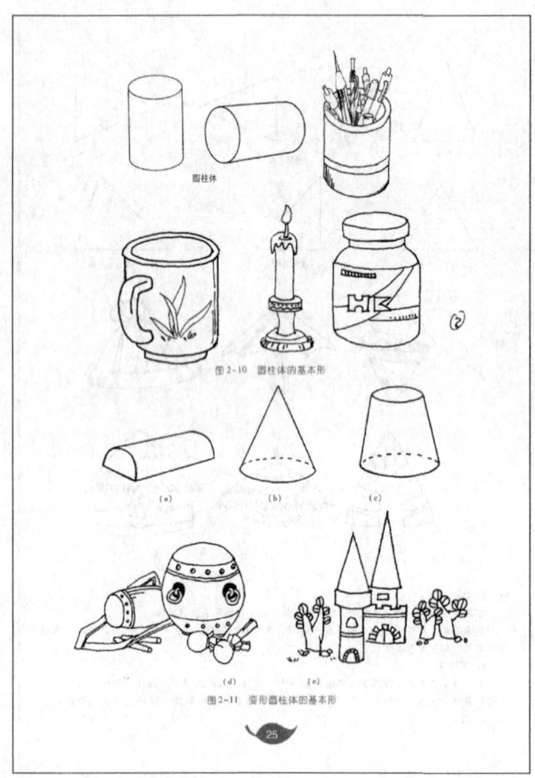
圆柱体

图2-10　圆柱体的基本形

(a)　(b)　(c)

(d)　(e)

图2-11　变形圆柱体的基本形

25

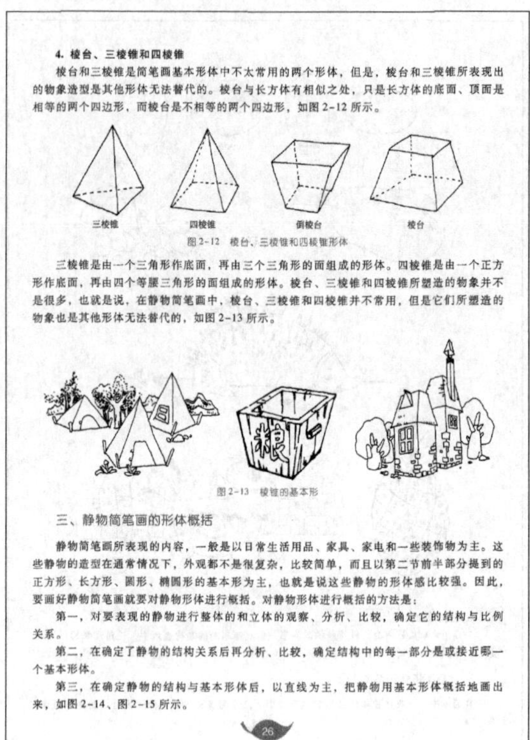
4. 棱台、三棱锥和四棱锥

棱台和三棱锥是简笔画基本形体中不太常用的两个形体，但是，棱台和三棱锥所表现出的物象造型是其他形体无法替代的。棱台与长方体有相似之处，只是长方体的底面、顶面是相等的两个四边形，而棱台是不相等的两个四边形，如图2-12所示。

三棱锥　四棱锥　倒棱台　棱台

图2-12　棱台、三棱锥和四棱锥形体

三棱锥是由一个三角形作底面，再由三个三角形的面组成的形体。四棱锥是由一个正方形作底面，再由四个等腰三角形的面组成的形体。棱台、三棱锥和四棱锥所塑造的物象并不是很多，也就是说，在静物简笔画中，棱台、三棱锥和四棱锥并不常用，但是它们所塑造的物象也是其他形体无法替代的，如图2-13所示。

图2-13　棱锥的基本形

三、静物简笔画的形体概括

静物简笔画所表现的内容，一般是以日常生活用品、家具、家电和一些装饰物为主。这些静物的造型在通常情况下，外观都不是很复杂，比较简单，而且以第二节前半部分提到的正方形、长方形、圆形、椭圆形的基本形为主，也就是说这些静物的形体感比较强。因此，要画好静物简笔画就要对静物形体进行概括。对静物形体进行概括的方法是：

第一，对要表现的静物进行整体的和立体的观察、分析、比较，确定它的结构与比例关系。

第二，在确定了静物的结构关系后再分析、比较，确定结构中的每一部分是或接近哪一个基本形体。

第三，在确定静物的结构与基本形体后，以直线为主，把静物用基本形体概括地画出来，如图2-14、图2-15所示。

26

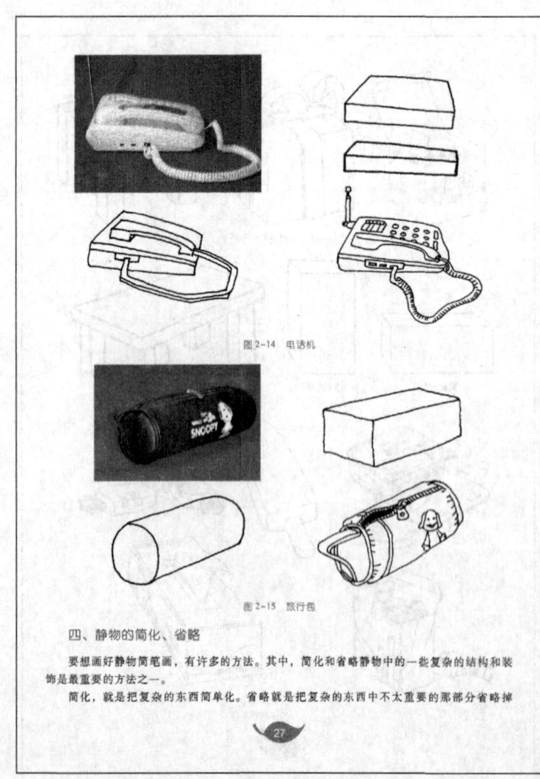
图2-14　电话机

图2-15　旅行包

四、静物的简化、省略

要想画好静物简笔画，有许多的方法。其中，简化和省略静物中的一些复杂的结构和装饰是最重要的方法之一。

简化，就是把复杂的东西简单化。省略就是把复杂的东西中不太重要的那部分省略掉

27

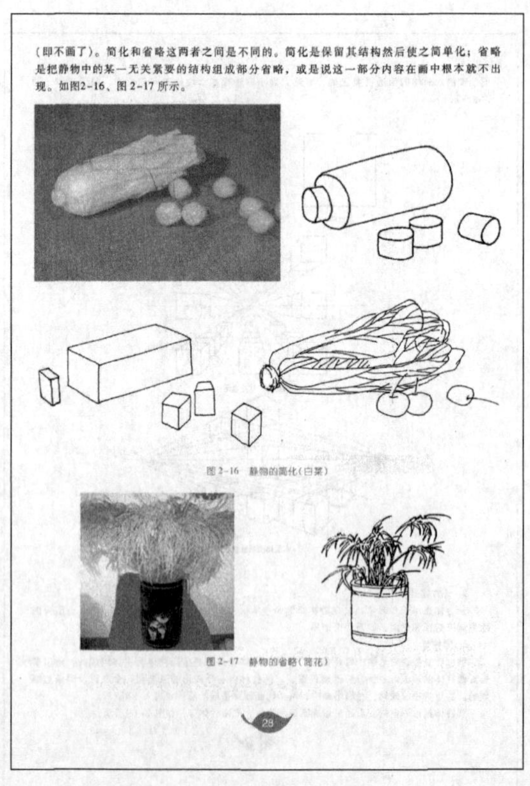
（即不画了）。简化和省略这两者之间是不同的。简化是保留其结构然后使之简单化；省略是把静物中的某一无关紧要的结构组成部分省略，或是说这一部分内容在画中根本就不出现。如图2-16、图2-17所示。

图2-16　静物的简化（白菜）

图2-17　静物的省略（[illegible]花）

28

五、静物简笔画中线条的疏密与对比

静物简笔画中线条是主要造型手法。灵活而富有变化的线条是画好简笔画重要的条件之一。

1. 线条的疏密

线条的疏密就是线条的多与少。也就是说，在简笔画中用线条表现物象时，根据结构和表现内容的需要，有些部位线条用得相对多些，有些部位用得相对少些，如图2-18所示。

图2-18 线条的表现

2. 线条的对比

所谓的线条对比，就是线条的长、短、粗、细、疏密等不同的变化。在一幅简笔画中，要根据表现内容的需要合理地使用各种长、短、粗、细等不同的线条，使作品更加生动、自然，如图2-19所示。

六、静物简笔画的步骤(图2-20、图2-21)

29

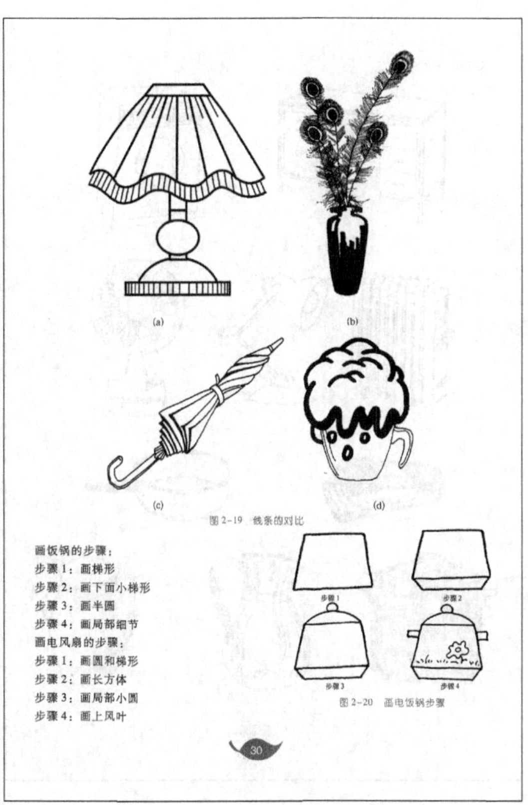

(a) (b) (c) (d)

图2-19 线条的对比

画饭锅的步骤：
步骤1：画梯形
步骤2：画下面小梯形
步骤3：画半圆
步骤4：画局部细节
画电风扇的步骤：
步骤1：画圆和梯形
步骤2：画长方体
步骤3：画局部小圆
步骤4：画上风叶

图2-20 画电饭锅步骤

30

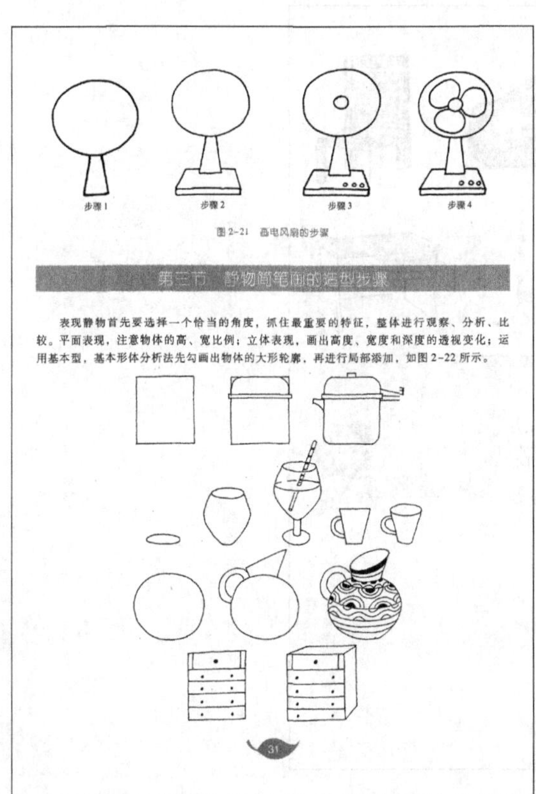

图2-21 画电风扇的步骤

第三节 静物简笔画的造型步骤

表现静物首先要选择一个恰当的角度，抓住最重要的特征，整体进行观察、分析、比较。平面表现，注意物体的高、宽比例；立体表现，画出高度、宽度和深度的透视变化；运用基本型，基本形体分析法先勾画出物体的大形轮廓，再进行局部添加，如图2-22所示。

31

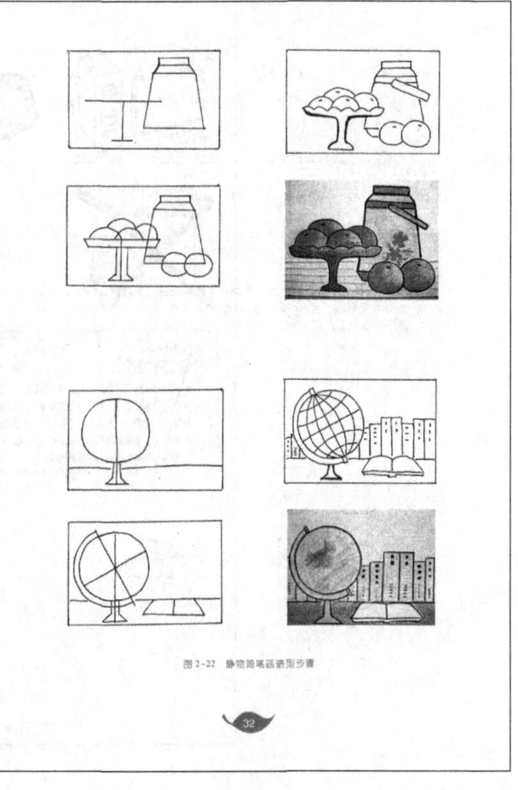

图2-22 静物简笔画造型步骤

32

静物形象参考
33

34

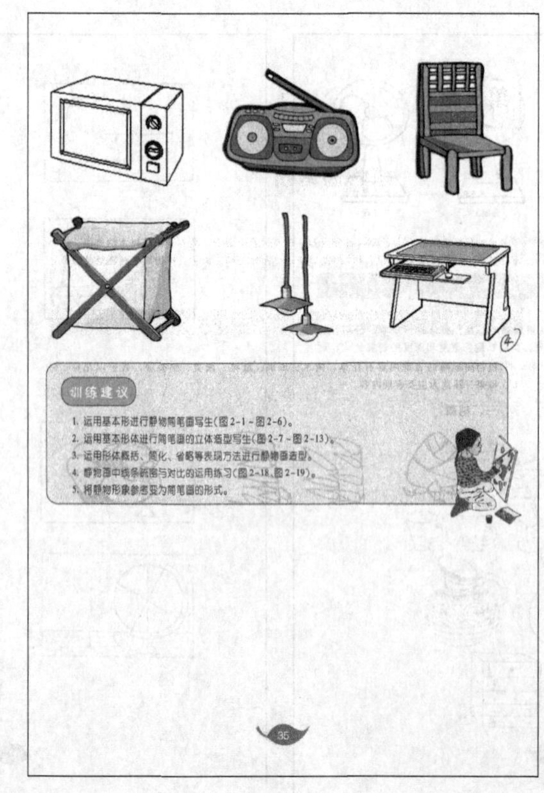
训练建议
1. 运用基本形进行静物简笔画写生(图2-1～图2-6)。
2. 运用基本形体进行简笔画的立体造型写生(图2-7～图2-13)。
3. 运用形体概括、简化、省略等表现方法进行静物画造型。
4. 静物画中线条疏密与对比的运用练习(图2-18、图2-19)。
5. 将静物形象参考变为简笔画的形式。
35

（二）《美术（手工部分）》（第二版）教材

书号：978-7-04-29748-5

主编：许大梅　马雪萍

出版社：高等教育出版社

出版时间：2010 年 8 月

本教材是教育部职业教育与成人教育司推荐教材，属于中等职业学校幼儿教育专业教学用书。

第二版前言

幼儿教育专业美术教学的内容，大体包括绘画与手工两大部分。幼儿教师在日常工作中经常要运用绘画、手工知识与技能开展教育教学活动，同时还要动手为幼儿制作大量的玩具、教具，并结合季节、节日及时地更新幼儿活动场所的环境，教师还要通过美术教学活动培养幼儿的创造意识、协作精神以及动脑、动手、独立解决问题等能力。新的职业教育课程观强调学生职业能力的培养，手工是幼教专业里实用性、应用性较强的学科，它在美术教学中的重要地位，及对学生职业能力培养的重要性随着时代的发展越来越凸显出来。为适应新时期职业教育培养人才规格的需求，为使学生成为全面发展的会学、会做、适应职业实践要求的创新型合格幼教人才，我们编写了这本手工教材。

本书以培养实用型人才为宗旨，以满足教师、学生的需求为目的，同时兼顾培养学生的创造性思维能力及动手能力，采用按手工材料分类及从平面到立体造型的叙述方式，系统介绍了幼儿教育专业手工基础知识与基本技能，每项技能均有概况介绍、材料工具、技能技巧、实例样式、岗位应用的详细说明及图例，体现了手工学科特色，更有行业针对性。

本书经修订后，体例更加清晰、内容更加丰富、技能更加实用、使用更加方便。具体有以下特点：①手工技巧涵盖面较全，富于时代特征。随着科技与时代发展，幼教行业手工技能、材料、技巧也在不断更新中，本书涵盖了当前时代背景下较为全面的幼师实用手工技巧，增加了幼儿园新课改特色材料及市场流行现代材料，如软陶、纸黏土、陶瓷泥、泡沫纸、手揉纸、无纺布等。②重视岗位应用、充分渗透职业意识。每一小节每一项专业技能都有幼儿园岗位应用说明、图例，资料均来自近年来多所省级示范园教学一线的实地实践，通过教材的讲解展示，让学生能够近距离理解、接触当前行业岗位技能应用效果。③服务于学生、教师，服务于就业。教材中例举的大量教师课堂范例、学生课堂作业、材料、技巧、步骤、应用实例，普遍贴近当前幼教工作实践，教师授课有行业针对性，案例素材均可直接应用于课堂教学。学生可将学到的手工技能直接应用于未来实习、工作实践，消除了就业后还需再次学习、转化知识技能的弊端。④符合中职教学难度、适应当前中职学校学生接受能力。知识技能的选择更有中职特色：教材中的材料选择、表现样式、制作技巧、步骤均来自中职学校教师、学生课堂实践，并历经十几年的反复实验，课堂效果好，实施方便，符合我国当前中职教育国情。

使用本书应注意掌握知识要点及造型规律，联系岗位实际教学，并在其基础上动手实践。制作过程中要充分发挥联想与想象，能举一反三，大胆创新，防止一味模仿，让手工制作的活动真正成为手、眼、脑协调并用的有趣的创造活动。每一节后面设有练习与思考，目的在于使学生边学习、边实践、边思考，能运用所学知识指导工作实践。

本书由许大梅、马雪萍担任主编并统稿，参加编写工作的有马心怡、胡滨、潘明达、程雷、吴霜、宋佳佳、刘丽颖、刘丽新、苏京平、关雪仑、许雪梅、宁欣、柳文婧、唐丹、江玺琳、孙明烨；北京前门幼儿园、黑龙江省军区幼儿园、黑龙江省政府第三幼儿园、哈尔滨市政

府第四幼儿园、哈尔滨建新幼儿园、哈尔滨红霞幼儿园、哈尔滨秦检幼儿园等为本书提供了部分内容的图片。

本书在编写过程中得到北京市实美职业学校、哈尔滨幼儿师范学校领导的指导与帮助，庄晏歌为本书拍摄了图片并制作了电脑绘图，在此一并表示感谢。

学时分配表（供参考）　　总计96学时

章次	内容	学时	章次	内容	学时
第一章	平面纸工	20	第四章	缝、绣、织、钩	8
第二章	立体纸工	20	第五章	废旧物造型	14
第三章	泥工	26	第六章	幼儿园应用手工	8

如有反馈意见，请发邮件至zz_dzyj@pub.hep.cn。

编　者

2010年6月1日

II

目　录

平面纸工

纸工，是以纸为材料，以平面或立体构成为基础，利用纸的特殊性能以及相应的表现技法，制作平面或立体的纸质工艺品的造型技巧。

平面纸工是指在二维平面内设计、制作纸造型。它的表现形式多种多样，其中包括剪纸、剪贴、撕纸、染纸等。平面纸工的表现内容极为丰富，人物、动物、植物、景物、生活用品等都可成为塑造的对象。可以制作平面纸工的纸材种类繁多，有窗花纸、电光纸、棉纸、生宣纸、包装纸、色卡纸、皱纹纸、手工纸等，纸的质地、厚薄、色彩不同，用途及作品所产生的效果也不同。

在这一章中，将学习剪纸、剪贴、撕纸、染纸等艺术形式的造型特点，材料、工具的使用情况以及造型方法与规律等，学习剪、粘贴、撕、染等技能，同时注意培养认真观察事物的习惯，善于在日常生活中发现美、欣赏美、创造美，以激发创作灵感。

第一节　剪　纸

剪纸是一种传统艺术形式，使用的材料、工具简单，制作方便，作品用途广泛，在民间广为流传。中国历史上最早的剪纸形成于南北朝。我国的民间剪纸历史悠久、造型精美，具有较高的美学价值和浓郁的地方特色。因地域、历史、文化背景的不同，各地的剪纸在造型上千差万别，各具特色。北方剪纸粗犷朴拙、天真浑厚，江南剪纸精巧秀丽、玲珑剔透。风格的淳朴美、手法的简洁美、构图的装饰美、造型的意象美，是我国民间剪纸的四大特点。寥寥数刀却不失形象生动，精工细刻也不觉累赘多余。“千刻不落，刀剪不断”可以用来形容剪纸造型的连接性，即一张剪纸作品完成后，拿起来不散落，具有整体性，这也是剪纸所具有的艺术特征。剪纸者寄理想、希望、情思于剪刀之中，以现实生活为依据，以大千世界为题材，可创作出极其丰富多彩、具有浓厚生活气息的剪纸作品。

如果说，剪纸是剪刻出来的画，那么具有“刀味纸感”的剪纸作品才可称得上是佳作。也就是说，剪纸与绘画这两种艺术形式在构图、造型、色彩等方面既有区别又有联系。剪纸所具有的

“刀味纸感”的特殊美，是由剪纸所采用的材料、工具与制作方法所决定的（图1–1至图1–3）。

图1–1　南北朝时期团花剪纸《对马》

图1–2　民间剪纸《连年有余》

图1–3　民间剪纸《加官受禄》

精美的剪纸作品，常用于民间喜庆装饰，因它的独特艺术魅力，更使其在学校及幼儿园日常教育教学活动中被广泛应用，如课堂造型基础练习，环境布置，节日装饰以及制作玩具、教具等。

学习剪纸艺术，是提高艺术修养及锻炼造型能力的好形式。在巧妙构思、精心剪制的过程中，人们的想象力、创造力及手、眼、脑协调活动的能力都会得到很好的锻炼，同时还能使热爱民间艺术的美好情感得到升华。

一、材料与工具

材料：60克以下的质地稍薄且韧性较好的纸适合制作剪纸。如：单面蜡光纸，金、银箔纸，洒金宣纸，手工纸，自制染纸等。

工具：剪刀，要求刃口快，尖端齐。刻刀，自制刻刀能一次刻多张纸，美工刀能制作单张剪纸。垫纸，多张刻纸用专用蜡盘做垫板，单张刻纸用三合板、颜料板代替均可（图1–4）。

图1-4　剪纸的材料与工具

二、表现形式及基本技法

1. 按剪刻技巧分类

阳刻剪纸：保留形体的造型线条，剪去线条以外的块面部分，如同篆刻的朱文一样，这种形式的作品效果比较明快（图1-5）。

阴刻剪纸：手法与阳刻剪纸相反。它是剪去形体造型线条，保留块面部分，靠剪刻后的空白来表现形象，如同篆刻中的白文（图1-6）。

剪影：抓住对象的特征，对轮廓进行刻画，只剪形体的外轮廓。如人们常常用剪影的形式表现人物侧面的形象（图1-7）。

图1-5　阳刻剪纸

图1-6　阴刻剪纸

图1-7　剪影

2. 按色彩效果分类

单色剪纸：用一种颜色的纸制作的作品称单色剪纸，红色最为常见，黑、褐、绿等颜色均可（图1-8）。

套色剪纸：以阳刻剪纸（常用黑色或金色）为主稿，在需要套色处的背面贴上色纸（图1-9）。

染色剪纸：用较薄的宣纸多张叠在一起剪刻，再用染料（加酒精以便于渗透）点染，染后的剪纸作品色彩强烈鲜明、层次丰富（图1-10）。

3. 按折叠方式分类

对称式剪纸：将纸先对折一次，再画上图案的一半，剪刻展开即成。这种剪纸形式庄重大方，有稳定感。对称式剪纸的构图既要均衡，又不要显得过于呆板（图1-11至图1-13）。

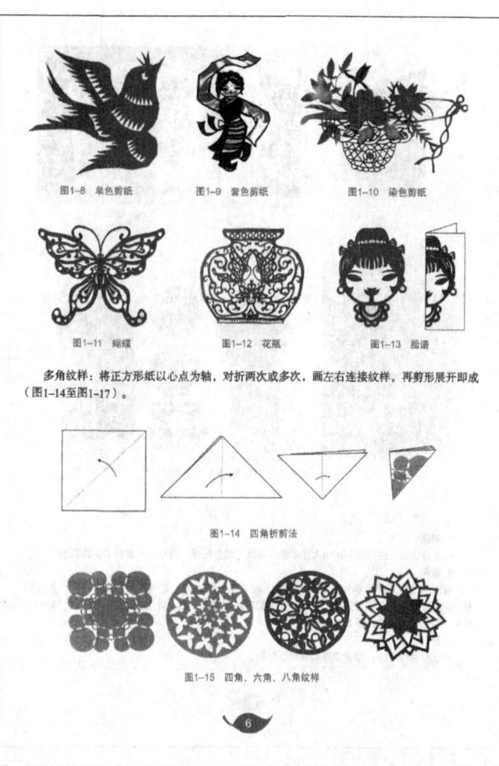

图1-8　单色剪纸　　图1-9　套色剪纸　　图1-10　染色剪纸

图1-11　蝴蝶　　图1-12　花瓶　　图1-13　脸谱

多角纹样：将正方形纸以心点为轴，对折两次或多次，画左右连接纹样，再剪形展开即成（图1-14至图1-17）。

图1-14　四角折剪法

图1-15　四角、六角、八角纹样

6

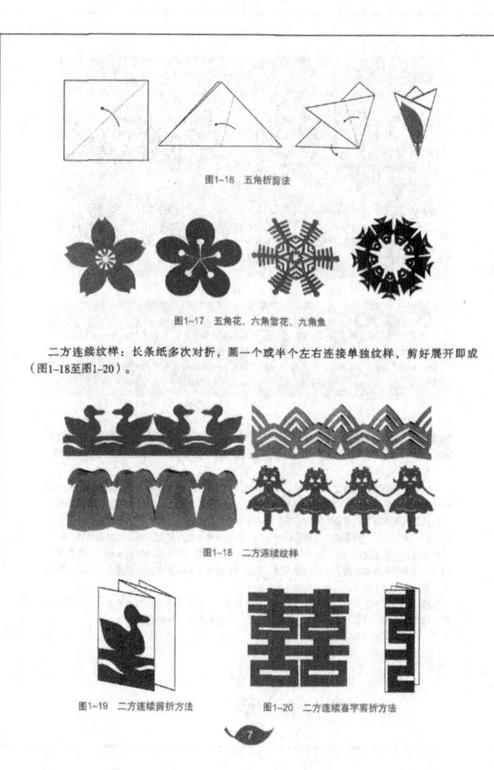

图1-16　五角折剪法

图1-17　五角花、六角雪花、九角鱼

二方连续纹样：长条纸多次对折，画一个或半个左右连接单独纹样，剪好展开即成（图1-18至图1-20）。

图1-18　二方连续纹样

图1-19　二方连续剪折方法　　图1-20　二方连续喜字剪折方法

7

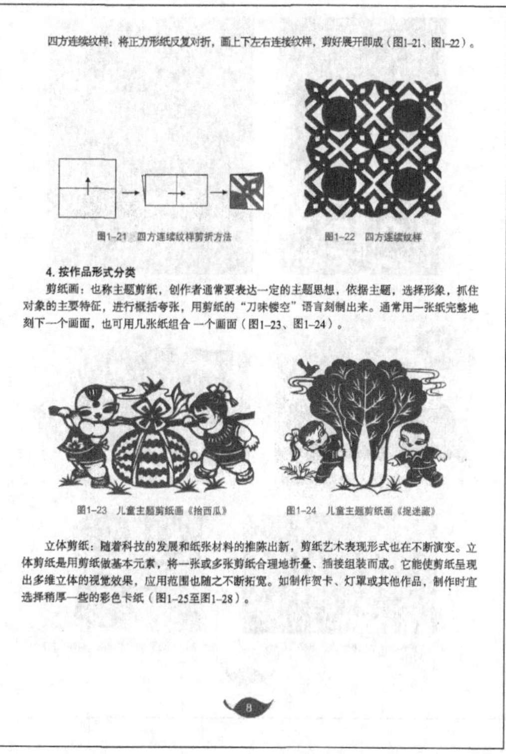

四方连续纹样：将正方形纸反复对折，画上下左右连接纹样，剪好展开即成（图1-21、图1-22）。

图1-21　四方连续纹样剪折方法　　图1-22　四方连续纹样

4. 按作品形式分类

剪纸画：也称主题剪纸，创作者通常要表达一定的主题思想，依据主题，选择形象，抓住对象的主要特征，进行概括夸张，用剪纸的“刀味镂空”语言刻制出来。通常用一张纸完整地刻下一个画面，也可用几张纸组合 一个画面（图1-23、图1-24）。

图1-23　儿童主题剪纸画《抬西瓜》　　图1-24　儿童主题剪纸画《捉迷藏》

立体剪纸：随着科技的发展和纸张材料的推陈出新，剪纸艺术表现形式也在不断演变。立体剪纸是用剪纸做基本元素，将一张或多张剪纸合理地折叠、插接组装而成。它能使剪纸呈现出多维立体的视觉效果，应用范围也随之不断拓宽。如制作贺卡、灯罩或其他作品，制作时宜选择稍厚一些的彩色卡纸（图1-25至图1-28）。

8

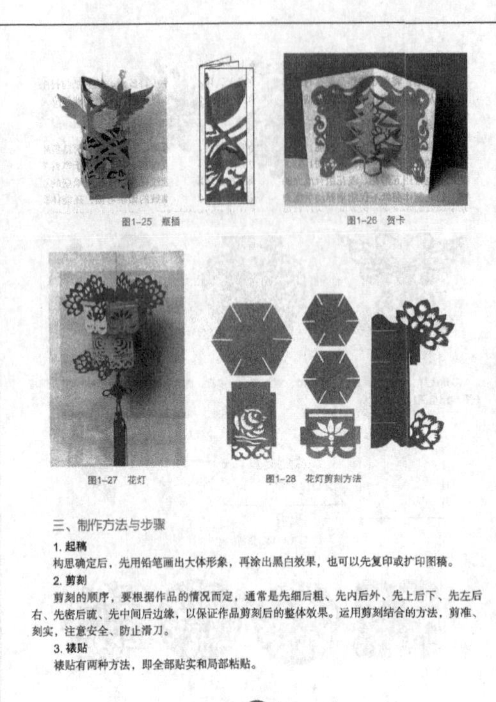

图1-25　瓶插

图1-26　贺卡

图1-27　花灯

图1-28　花灯剪刻方法

三、制作方法与步骤

1. 起稿

构思确定后，先用铅笔画出大体形象，再涂出黑白效果，也可以先复印或扩印图稿。

2. 剪刻

剪刻的顺序，要根据作品的情况而定，通常是先细后粗、先内后外、先上后下、先左后右、先密后疏、先中间后边缘，以保证作品剪刻后的整体效果。运用剪刻结合的方法，剪准、刻实，注意安全、防止滑刀。

3. 裱贴

裱贴有两种方法，即全部贴实和局部粘贴。

9

全部贴实：把剪纸反放在平整的台面上，然后把很稀薄的胶水刷在底板上，把有胶水的一面底板盖在剪纸上，翻过来用毛边纸或玻璃纸覆上，压实晾干即可。

局部粘贴：将剪好的作品摆在衬纸的恰当位置上，用小细棒蘸少许胶水，从剪纸与衬纸间伸进去，从中间部位开始，往四边粘贴。一幅作品不必处处贴牢，只需固定几个关键部位。

四、幼儿园岗位应用

剪纸是幼儿园常用的手工技能，用它装饰环境、教具，价格低廉、方便快捷、简洁清晰，具有一定的民族特色（图1–29至图1–32）。其中多角纹样常设计成窗花、灯花，用于舞台或节庆装饰，也常用五瓣花、雪花组合成大的主题画面布置环境。连续纹样多用于板报墙壁的花边装饰。幼儿制作剪纸不仅能培养动手能力、开发智力、培养耐心细致的做事习惯，还能体验到变化无穷的制作乐趣。多角花、连续纹样是适合幼儿学习的剪纸题材，要针对幼儿特点设计有情境的难度适宜的剪粘、剪画结合的制作内容（图1–33至图1–35）。

图1-29　用多种剪纸技巧结合装饰活动室

10

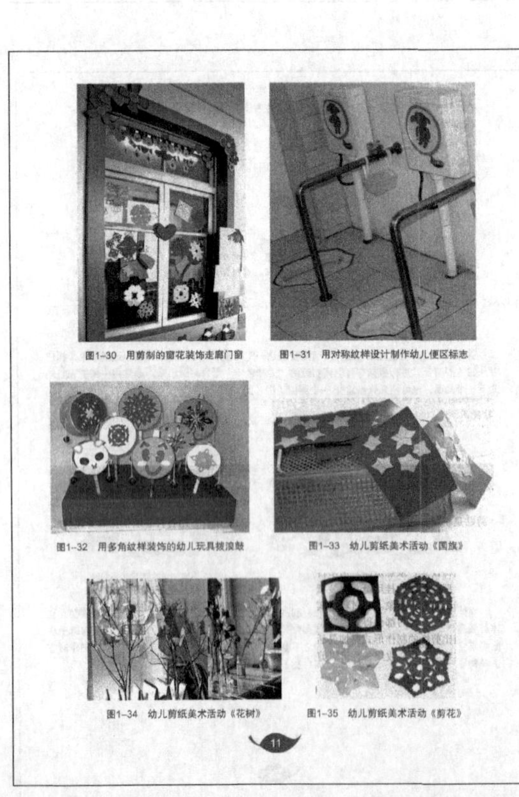

图1-30　用剪制的窗花装饰走廊门窗

图1-31　用对称纹样设计制作幼儿便区标志

图1-32　用多角纹样装饰的幼儿玩具拨浪鼓

图1-33　幼儿剪纸美术活动《国旗》

图1-34　幼儿剪纸美术活动《花树》

图1-35　幼儿剪纸美术活动《剪花》

11

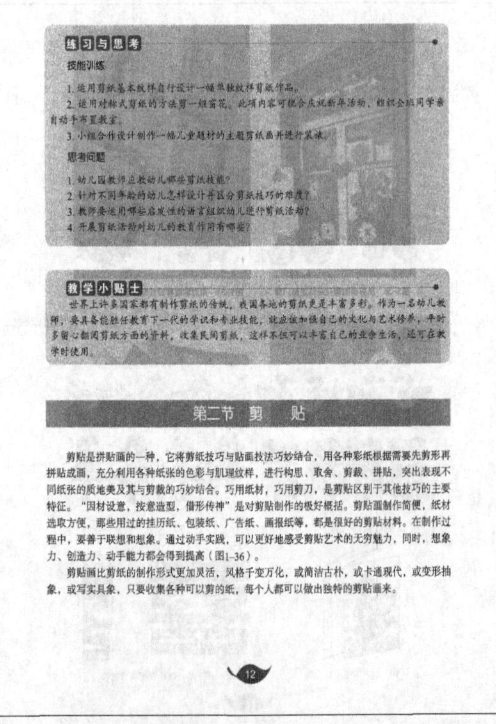

练习与思考

技能训练

1. 运用剪纸基本纹样自行设计一幅单独纹样剪纸作品。

2. 运用对称式剪纸的方法剪一组窗花。此项内容可配合庆祝新年活动，组织全班同学亲自动手布置教室。

3. 小组合作设计制作一幅儿童题材的主题剪纸画并进行装裱。

思考问题

1. 幼儿园教师应教幼儿哪些剪纸技能？
2. 针对不同年龄的幼儿怎样设计并区分剪纸技巧的难度？
3. 教师要运用哪些启发性的语言组织幼儿进行剪纸活动？
4. 开展剪纸活动对幼儿的教育作用有哪些？

教学小贴士

世界上许多国家都有制作剪纸的传统，我国各地的剪纸更是丰富多彩。作为一名幼儿教师，要具备能胜任教育下一代的学识和专业技能，就应该加强自己的文化与艺术修养，平时多留心翻阅剪纸方面的资料，收集民间剪纸，这样不但可以丰富自己的业余生活，还可在教学时使用。

第二节　剪　　贴

剪贴是拼贴画的一种，它将剪纸技巧与贴画技法巧妙结合，用各种彩纸根据需要先剪形再拼贴成画，充分利用各种纸张的色彩与肌理纹样，进行构思、取舍、剪裁、拼贴，突出表现不同纸张的质地美及其与剪裁的巧妙结合。巧用纸材，巧用剪刀，是剪贴区别于其他技巧的主要特征。“因材设意，按意造型，借形传神”是对剪贴制作的极好概括。剪贴画制作简便，纸材选取方便，那些用过的挂历纸、包装纸、广告纸、画报纸等，都是很好的剪贴材料。在制作过程中，要善于联想和想象。通过动手实践，可以更好地感受剪贴艺术的无穷魅力，同时，想象力、创造力、动手能力都会得到提高（图1–36）。

剪贴画比剪纸的制作形式更加灵活，风格千变万化，或简洁古朴，或卡通现代，或变形抽象，或写实具象，只要收集各种可以剪的纸，每个人都可以做出独特的剪贴画来。

12

（三）《烘焙食品加工》教材

本教材是“职业教育三教改革案例研究”课题成果之一，在课题组指导下，由参与课题研究的职业院校教师编写并开展验证性试用。

《烘焙食品加工》目录

项目	任务
项目一　饼干类点心制作	任务一　芝麻薄脆制作 任务二　欧式曲奇制作 任务三　蔓越莓饼干制作 任务四　海苔苏打饼干制作 任务五　巧克力燕麦饼干制作 任务六　咖啡杏仁饼干制作 任务七　马卡龙饼干制作
项目二　油酥类点心制作	任务一　桃酥制作 任务二　蛋黄酥制作 任务三　凤梨酥制作 任务四　蝴蝶酥制作 任务五　老婆饼制作 任务六　混酥皮蛋挞制作 任务七　葡式蛋挞制作
项目三　面包类点心制作	任务一　肉松面包制作 任务二　菠萝面包制作 任务三　肉松橄榄面包制作 任务四　三明治面包制作 任务五　布里欧夹心面包制作 任务六　丹麦牛角面包制作 任务七　杂粮田园面包制作 任务八　传统比萨制作
项目四　蛋糕类点心制作	任务一　原味戚风蛋糕制作 任务二　巧克力戚风蛋糕制作 任务三　红豆天使蛋糕制作 任务四　虎皮蛋糕制作 任务五　海绵蛋糕制作 任务六　杯子蛋糕制作 任务七　千层蛋糕制作 任务八　水果装饰蛋糕制作 任务九　花卉装饰蛋糕制作 任务十　提拉米苏制作

续表

项目	任务
项目五　月饼类点心制作	任务一　广式蛋黄莲蓉月饼制作 任务二　苏式月饼制作 任务三　滇式云腿月饼制作 任务四　桃山皮月饼制作 任务五　水果流心月饼制作
项目六　风味类点心制作	任务一　酥皮泡芙制作 任务二　闪电泡芙制作 任务三　和果子制作 任务四　萨其马制作 任务五　雪花片制作
项目七　点心搭配设计	任务一　商务茶点制作 任务二　宴会点心制作 任务三　中秋礼盒制作 任务四　春节礼盒制作

《烘焙食品加工》教材样章

项目三　面包类点心制作

古埃及和古希腊可以说是最早开始制作面包的文明古国。面包的诞生，取决于小麦的生长环境。埃及的土地因为尼罗河水的反复泛滥从而变得肥沃，这满足了小麦生长的条件之一。一个偶然的情况下，放置的面团附着了空气中野生的酵母菌，诞生了发酵型面包。古埃及人欣喜地说，这是神赐予他们埃及的礼物。

面包经过古埃及传入古希腊，希腊人进行更深层次的认识，发明了两种制作发酵面包的菌种。面包的应用改良是因为古罗马。最初出于战争的原因，大量的希腊人被俘虏，而其中有懂得制作面包工艺的人，所以在时间的积累下，罗马人也会制作面包了。也是出于罗马人对于面包的热爱，从而出现专门制作面包的师傅，并且随着饮食文化的发展，面包也越来越普及，形成了独有的面包文化。

埃及首次发现、希腊发明菌种、古罗马改良配方均是面包发展中的里程碑式贡献。面包经过发酵和烘烤，最大限度地发挥了小麦粉特有的风味，营养丰富、味美耐嚼、口感柔软。主食面包适于与各种菜肴相伴，做成各种方便快餐（热狗、汉堡包等）。面包以高品质和花色品种不断出新而备受欢迎，我国年消费级别达到 160 吨。德国年消费级别达到 640 吨，位居欧盟第一。西方国家 2/3 的人口，以面包为主食。

通过本项目学习，您能专业制作：

1. 芝士餐包
2. 牛奶堡
3. 肉松橄榄面包
4. 波罗蜜豆包

5. 牛奶吐司

6. 全麦吐司

7. 丹麦牛角

8. 巧克力甜甜圈

任务三　肉松橄榄面包制作

肉松橄榄面包是原味面包里添加了猪瘦肉或鱼肉、鸡肉除去水分后制成的肉松。肉松橄榄面包体现了奇思妙想品牌出新的品牌特质，成为老少皆宜的热销品种。

一、效果描述

诱人的橄榄形状、黄褐烤色，甜中带咸，柔软、细腻、劲道恰到好处的均衡，肉松风味独特，视觉、手感、口感体验到面包是新鲜烘焙制作的。这款橄榄形状、肉松口感、营养丰富的肉松橄榄面包被列入面包市场主打品种。肉松橄榄面包如图 1 所示。

图 1　肉松橄榄面包

二、效果分析

优秀的面包师依据客群对面包的需求预期，追求所制作的面包达到令消费者满意甚至惊艳的效果，才能引发专业精做的品牌作为和成就。

聚焦促使面包品牌热销的“品质保障和花色创新”两个主要关键点，从形色、口感、新鲜三方面分析肉松橄榄面包的效果，具体如下：

肉松橄榄面包效果分析

形色动人	口感诱人	新鲜喜人
橄榄形状 饱满富有弹性 黄褐烤色 肉松新鲜 形色可见面包新鲜、精致	新烤制的麦香 肉松口感、甜中带咸 柔软、细腻、劲道	新鲜的黄褐烤色 外形饱满 富有弹性 麦香新鲜 肉松新鲜可口

三、效果达成

通过面包配方优化运用达成面包品牌风格风味效果定位；通过面团精心调制、发酵、成型、烤制达成面包品牌特色效果；通过原材料品质及生产、配送、销售同步模式常保新鲜效果，具体如下：

（一）面包风格风味初步达成的配方分析

高筋面粉 1000g、白砂糖 180g、奶粉 30g、即发活性干酵母 15g、三花淡奶 200g、冰水 320g、全蛋液 100g、盐 10g、酥油 100g。

（二）面包效果达成的制作分析

达成面包效果的制作要从“制作准备、出品操作、盘点交接与检查清场”三方面分析，具体如下：

1. 制作准备

（1）个人准备。

职业形象准备：规范工服着装、佩戴工号牌；

职业身心调适：保持愉快的工作情绪，保持良好的沟通合作状态，保持健康体魄（持有效健康证），精力旺盛地投入工作。

（2）准时到岗到会（班前会）。

按照工作制度要求准时到岗到会（班前会）。

（3）环境及设备设施准备。

保持加工场地、工位、设备设施符合工作要求（卫生、安全、完好）。

（4）原料准备。

按照配方含量比例、生产任务、合理损耗比例准确测算领料量，做好选料备料，为达到面包品牌效果，对原材料进行精心选择……

2. 出品操作

为了达成肉松橄榄面包制作效果，操作如下：

原辅材料准备与称量→和面→发酵→分块、搓圆→静置→整形→装盘→醒发→烘烤→冷却→饰面→包装→成品。优秀技师追求面包品牌效果，所以重视影响效果达成的任何操作因素，并为效果达成优化精做，具体如表 1 所示。

表 1　肉松面包制作操作

	1. 中种面团的调制、发酵
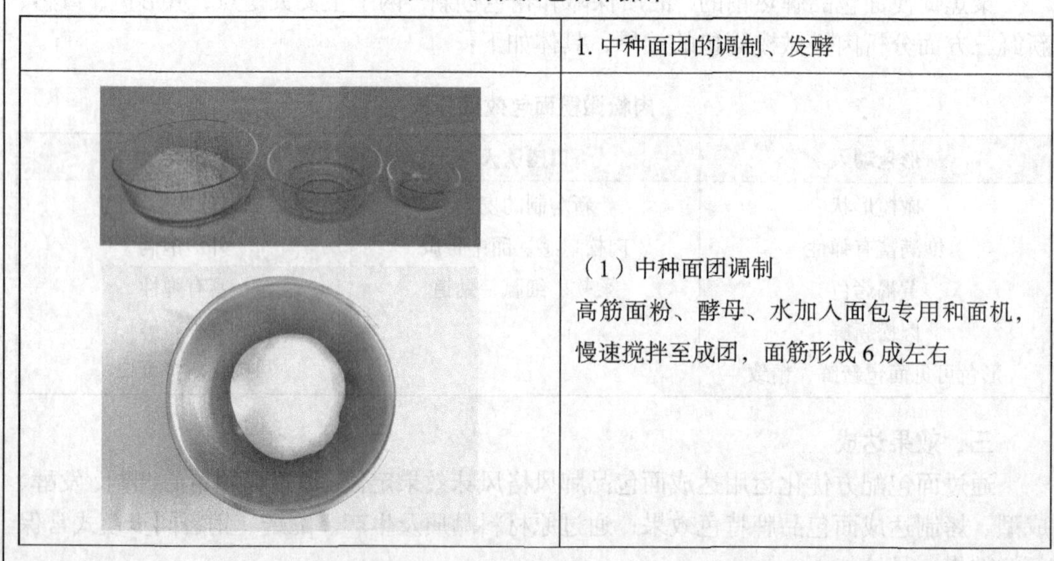	（1）中种面团调制 高筋面粉、酵母、水加入面包专用和面机，慢速搅拌至成团，面筋形成 6 成左右

续表

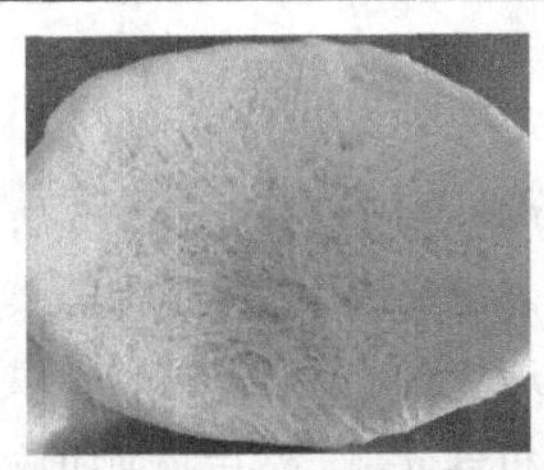	（2）发酵 面团调制完成后常温（25℃）醒发 30min 后放入冰箱冷藏发酵 10 ~ 12h 左右
	2. 本种面团调制
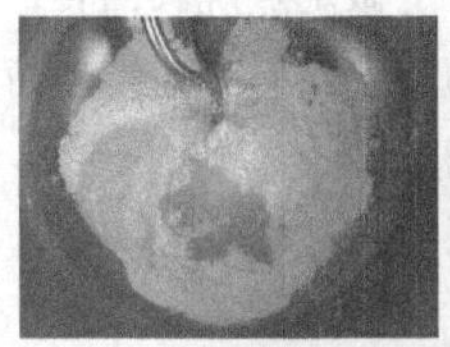 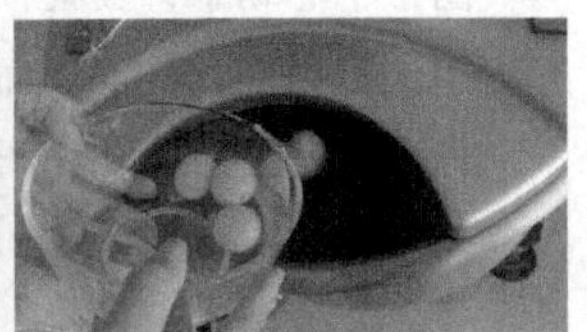 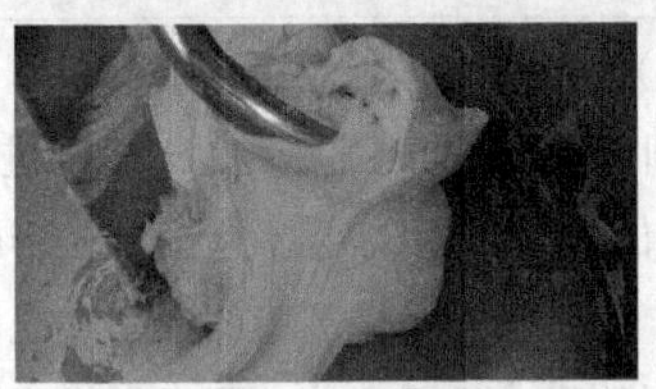	（1）将按配方称量好的高筋面粉、酵母、改良剂、奶粉、白砂糖倒入和面机低速混合均匀，然后加入牛奶、全蛋液、冰水继续低速混合均匀，加入分切成小块的中种面团，搅拌至成大面团，转至高速搅拌至面团扩展阶段
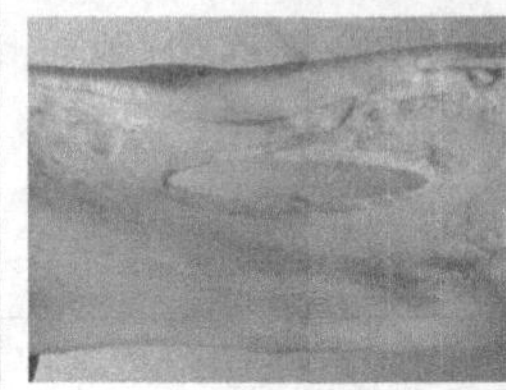 	（2）试着拉开面团，能形成一层厚薄不均的膜，用手把膜戳破，破洞口的边缘呈不规则锯齿状，加入酥油和盐，转为低速搅拌，搅拌至面团表面无酥油时，转为高速
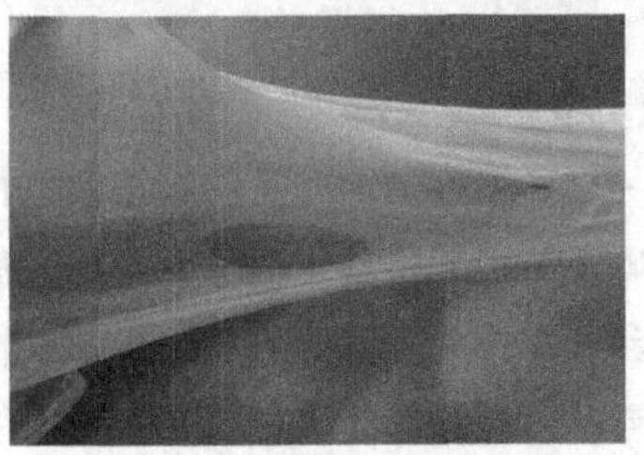	（3）搅拌至面团表面光滑、不粘手，用手拉开面团会呈光滑薄膜状，用手把膜戳破，破洞口的边缘呈光滑状。此时，转至低速，滴入稍许植物油，搅拌均匀，停机。注意：面团出缸温度为 26 ~ 28℃
	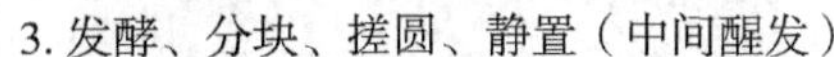 3. 发酵、分块、搓圆、静置（中间醒发）
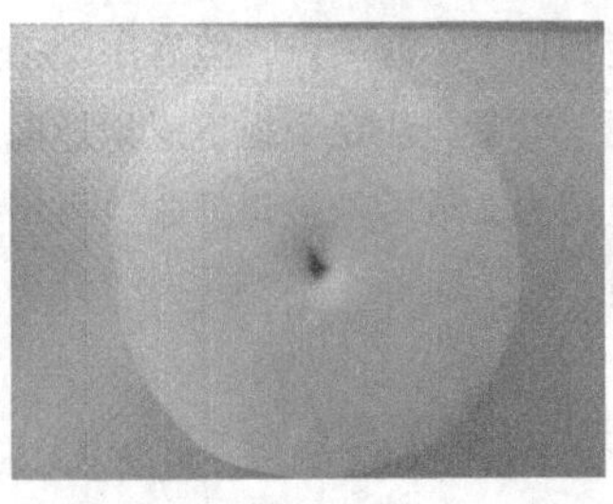	（1）发酵 测量完面团温度，用套盘袋把面团盖起来形成一个密封环境，放在温度 30℃，湿度 65% 的发酵箱发酵 50min 左右

续表

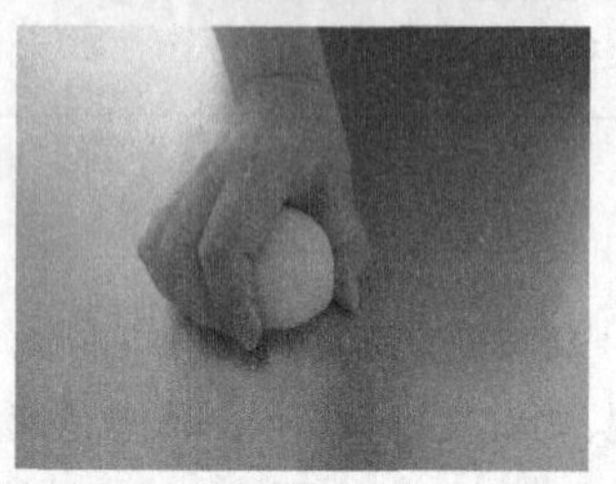	（2）分块、搓圆 待面团发酵完成后，掀开保鲜膜，用切刀分割成 60g/ 个的小面团，或者称取一定重量的面团用机器分割。然后将面团放在干净、干燥的操作台上，用 5 个指头握住分割好的面团，手心朝下，在案板上做定点绕圆回转，用大拇指向内拢面。面团会因不断地转动而伸展至表面光滑的圆球形
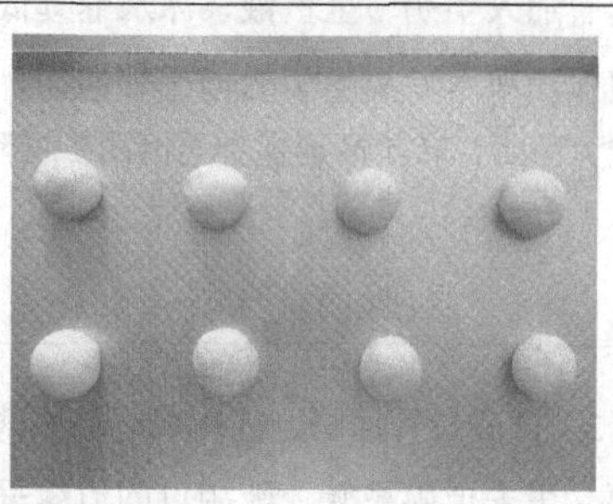	（3）静置（中间醒发） 搓圆后的面团筋性非常强，若立即进行整形，易引起面筋的回缩且不易擀开，影响成形效果，主要原因是搓圆后的面团缺乏柔软性，强制整形，面团容易破裂且黏性强。因此搓圆完成的面团静置 15min 左右，俗称“松弛”，亦称之为“中间醒发”
	4. 整形、摆盘、醒发
	（1）整形 拿一块静置好的面团（一般按照先搓圆先成形顺序）稍微整理，沾一点干粉，简单在操作台上面排一下气，然后用擀面杖擀成竖的椭圆形，椭圆形的下端要稍微厚一些，然后把竖椭圆的面团翻转过来，厚的一端在顶部，另一端用手整理的稍微宽一点（与竖椭圆的宽度相比）、薄一点，然后用十指从厚的一端往下卷紧，注意手指下意识地向面团中间部位用力，最后把接口捏紧，再用手搓成橄榄型

续表

	（2）摆盘 成形好的面团按要求摆放在干净的不沾烤盘里，考虑到面团醒发期间体积会膨发，一个烤盘里面均匀的摆放 6 个成形后的面团。全部整形完毕，把成形好的面团带烤盘放进醒发箱，醒发温度 35℃，相对湿度 75%，时间 60 ~ 90min。一般醒发时间以达到成品体积的 80 ~ 90% 为准
	5. 烘烤、冷却、饰面、成品
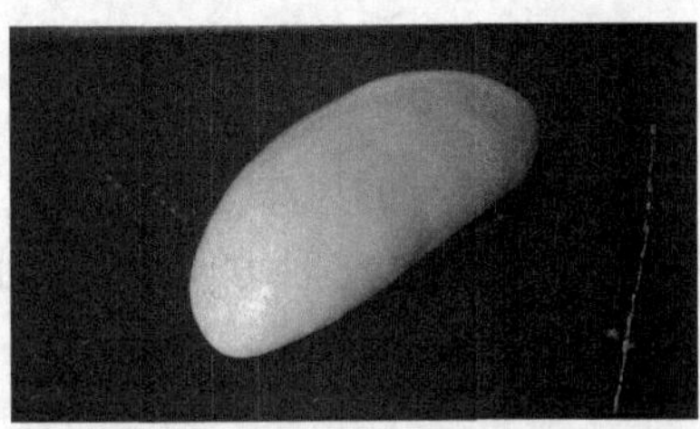	（1）刷蛋液 发酵好的面包生坯，表面刷一层蛋液（蛋液配比：3 个蛋黄一个全蛋）
	（2）烘烤 放进预热好的烤箱，上火 190℃、下火 160℃约 10min，面包上色后，打开烤箱倒盘，再烤 2 ~ 3min，即可出炉、冷却
	（3）饰面 冷却至常温后，表面挤沙拉酱，用抹刀抹匀，装饰一层肉松。然后进行包装

3. 盘点交接与检查清场

（1）盘点记录

一是盘点面包正品和残品数量，二是盘点原材料使用和余量，三是盘点检查用具用品完好和损耗损坏情况，四是按照制度反思工作安全、质量、效率、能耗情况，填入工作记录，签字提交。

（2）规范交接

倒班生产时，与接班员工共同盘点货品、原料数量，共同检查用具用品、设备设施，交代待完成工作，为接续班次工作顺利提供必要信息，填写工作交接单，按照规范完成工作交接。

（3）检查清场

末班生产结束时，做好三归位，即环境归位、设备设施归位、工具用品归位；做好三检查，即安全检查、设备设施检查、卫生检查。

工作全程配合部门质检和仓储工作。

四、相关知识

（一）面包制作原理

面包是以小麦粉、酵母、盐和水为基本原料，添加适量糖、油脂、乳品、鸡蛋、果料、添加剂等，经搅拌、发酵、成形、醒发、烘烤而制成的组织松软的方便食品（图 1）。

（二）面包的特点

（1）可做主食

面包经过发酵和烘烤，不仅最大限度地发挥了小麦粉特有的风味，营养丰富、味美耐嚼、口感柔软，而且主食面包适于与各种菜肴相伴，也可做成各种方便快餐（如热狗、汉堡包等）。

（2）有方便食品的特点，且营养价值高

面包的流通、保存和食用的适应性比馒头、米饭好；面包的体积膨松，易于消化和吸收，冷食与热食都可以；面包的发热量、营养成分含量和消化率都高于其他面食；以 100g 成品为单位，面包的发热量为 250kJ，馒头的发热量为 220kJ，米饭的发热量为 140kJ；面包消化率为 95%，其中碳水化合物为 97%，蛋白质为 85%，脂肪为 93%（原因：发酵；色、香、味）。

（3）易于机械化和大规模生产

生产面包有定型的成套设备，班产（8 小时）可生产 58 吨主食面包，可以节省大量的能源、人力和时间，可实现家务劳动社会化。

（4）对消费的需求适应面广，产品创新快

从营养到口味、从形状到外观，面包在长期的历史中发展成为种类特别繁多的一类食品。有满足高级消费要求的，含有较多油脂、奶和其他营养品高级面包，有方便（大众化）食品中的三明治、热狗，还有具有美好生活、丰富餐桌的所谓时尚饮食（Fashion Food）的各类花样面包，可作为功能性营养食品、强化食品等。

（三）面包的种类

（1）主食面包

主食面包，顾名思义，即当作主食来消费的面包。主食面包的配方特征是油和糖的比例较其他的产品低一些。根据国际上主食面包的惯例，以面粉量做基数计算，糖用量一般不超过 10%，油脂低于 6%。其主要根据是主食面包通常是与其他副食品一起食用，所以本身不必要添加过多的辅料。主食面包主要包括平顶或弧顶枕形面包、大圆形面包、法式面包（图 2）。

（2）花色面包

花色面包的品种甚多，包括夹馅面包、表面喷涂面包、油炸面包圈及因形状而异的品种等几个大类。它的配方优于主食面包，其辅料配比属于中等水平。以面粉量做基数计算，糖用量 12% ~ 15%，油脂用量 7% ~ 10%，还有鸡蛋、牛奶等其他辅料。与主食面包相比，其结构更为松软，体积大，风味优良，除面包本身的滋味外，尚有其他原料的风味（图 3）。

图 2　主食面包

图 3　花色面包

（3）调理面包

属于二次加工的面包，烤熟后的面包再一次加工制成，主要品种有三明治、汉堡包、热狗三种。实际上这是从主食面包派生出来的产品（图 4）。

（4）酥油面包

这是一种新产品，由于配方中使用较多的油脂，又在面团中包入大量的固体脂肪，所以属于面包中档次较高的产品。该产品既保持面包特色，又近于馅饼（pie）及千层酥（puff）等西点类食品。产品问世以后，由于酥软爽口、风味奇特，更加上香气浓郁，备受消费者的欢迎，销量获得较大幅度的增长（图 5）。

图 4　调理面包

图 5　酥油面包

（四）面团完成的判断方法

“听”，有“噼啪”的打击声和“唧唧”的黏缸声；

“看”，面团的光洁度和干燥度；

“按”，用手触摸其顶部感觉到有黏性，但离开面团不会黏手，且面团表面有手指黏附的痕迹，但很快消失；

“拉”，可用双手将其拉展成一张像玻璃纸那样的薄膜，整个薄膜分布平均、光滑，无不整齐的裂痕。

（五）面团搓圆、整形时注意事项

搓圆时注意既不能沾太多干粉，也不能抹太多油。干粉和油太多都会对产品质量造成一定的影响。

整形时注意事项：将面团擀开，但在前端留一部分未擀开的面团，这样做出来的橄榄形会更加均匀。将面团拉起来，翻转，底部朝上，压薄收口处。此时面团并不平整，这时，可以用擀面杖将面团轻轻擀开。用双手的四个手指的指腹将面团收起来，轻轻地压住，使之形成一个橄榄形，收口。用双手轻轻揉搓橄榄形的两边，进行微调。另外一种整形方法：先把面团稍微排气后放在操作台上擀成竖椭圆形，然后把椭圆形的一端向内折，形成三角状。将折叠起的部分继续用双手向内向下收起。双手手指并拢继续将面皮向下卷，边卷边用两个拇指向内收紧。接口捏紧朝下摆盘。

肉松橄榄面包在烘烤前，可以不刷蛋液，主要是因为烤好后还要进行再装饰。

（六）自制沙拉酱的方法

自制沙拉酱的方法：鸡蛋 175g、糖 175g、盐 10g、味精 7.5g 快速搅匀，慢慢加入色拉油 500g，添加油时不可过快，否则会造成水油分离。最后加入水和奶粉的混合液（水 150g、奶粉 150g），搅拌均匀即可。

（七）肉松橄榄面包装饰方法

用锯齿刀从面包的顶部正中间锯开，挤上沙拉酱，装饰肉松。也可以从面包侧面的中间锯开，挤上沙拉酱，然后装饰一层肉松。

五、技能训练

训练 1　肉松橄榄面包鉴赏

师生一道分享肉松橄榄面包，老师展示本项技能，讲解技能要点，提出训练要求；小组合作，依据老师要求，完成本项训练，做好互评（表 2）。（本项训练在各小组完成面包出品时再训练一次）

表 2　技能评价表

评价项目	评价标准	自评	他评
形色	×××	Y N	Y N
	×××	Y N	Y N
	×××	Y N	Y N
口感	×××	Y N	Y N
	×××	Y N	Y N
	×××	Y N	Y N
新鲜度	×××	Y N	Y N
	×××	Y N	Y N

训练 2　面团调制

老师展示面团调制技能，讲解技能要点，提出训练要求；小组合作，依据老师要求，完成本项训练，做好互评（表 3）。

表 3　技能评价表

评价项目	评价标准	自评	他评
配方设计与称量	配方干湿配比合理	Y N	Y N
	配方计算正确	Y N	Y N
	原辅料称量准确	Y N	Y N
搅拌过程	原辅料搅拌阶段投料顺序准确	Y N	Y N
	扩展阶段较为光滑，用手触摸有弹性且柔软但仍易断裂	Y N	Y N
	和面机操作规范	Y N	Y N
终点判断	面团中心温度 26~28℃	Y N	Y N
	熟练使用“拉膜法”判断面团是否调制成熟	Y N	Y N

训练 3　橄榄造型

老师示范、讲解要点，提出训练要求；小组合作，按照老师要求，完成本项训练，做好评价（表 4）。

表 4　技能评价表

评价项目	评价标准	自评	他评
技术熟练	操作技巧正确	Y N	Y N
	手法熟练	Y N	Y N
成形标准	外观尺寸相同	Y N	Y N
	形态	Y N	Y N

训练 4　面包烘烤

老师示范、讲解要点，提出训练要求；小组合作，按照老师要求，完成本项训练，做好评价（表 5）。

表 5　技能评价表

评价项目	评价标准	自评	他评
烘烤温控	根据不同的烤箱性能设定合理温度	Y N	Y N
烘烤时间控制	时间设定合理	Y N	Y N
成熟度判断	根据色泽、软硬度、外观准确判断成熟度	Y N	Y N

六、效果超越

1. 老师展示效果优化后的肉松橄榄面包，讲解效果超越策略，提出学习要求；

2. 小组合作，头脑风暴，制订肉松橄榄面包效果超越的制作方案，并制作肉松橄榄面包，选出代表，做出班级分享准备。

3. 通过讨论、制订方案、面包制作、班级分享的表现，依据学习评价表做好互评（表 6）。

表 6　学习评价表

评价项目	评价内容	他评	自评
职业特质	具备效果导向思维	Y N	Y N
	依据消费者的文化、喜好、品位、习惯等，以精美的面包出品追求令市场满意甚至惊喜的职业价值	Y N	Y N
职业能力	肉松橄榄面包鉴赏能力	Y N	Y N
	肉松橄榄面包选料备料能力	Y N	Y N
	肉松橄榄面包制作能力	Y N	Y N
	肉松橄榄面包优化与创新能力	Y N	Y N
知识相关	面包的分类、特点和发展趋势	Y N	Y N
	分析消费者需求与产品特色	Y N	Y N
	熟悉配方计算方法	Y N	Y N
	如何创意出使客户产生购买欲望的新产品	Y N	Y N
	设计新的产品工艺流程	Y N	Y N
	和面机、醒发箱、烤箱等设备的操作规范	Y N	Y N
	产品制作中的常见问题及处理方法	Y N	Y N
通用能力	合作沟通能力	Y N	Y N
	美食鉴赏能力	Y N	Y N
	心理调适能力	Y N	Y N

七、课外作业

网络查询肉松橄榄面包，在班级群中分享您最欣赏的产品（图文、网页、视频均可），说说分享理由。

三、案例效果

从艺术专业类教材案例研究选择的《简笔画》（第二版）、《美术（手工部分）》（第二版）和《烘焙食品加工》3本比较有代表性的教材使用效果分析发现，《简笔画》（第二版）仍没有摆脱知识体系束缚；《美术（手工部分）》（第二版）完成了由知识体系到行动体系的转变，但没有体现“创意为王”文化艺术产业特点对人才的要求；《烘焙食品加工》以效果为导向，实现了“创意为王”文化艺术产业特点对发散思维培养的要求。

（一）《简笔画》（第二版）教材

该教材是国家规划教材的第2版。分析使用此教材的教师和学生的反映，可知其达到了以下效果。

1. 教材定位

该教材作为中等职业学校幼儿教育专业学生一门特殊技艺课程的教材，基本上解决了相关知识和技能的训练，但没把简笔画作为一种艺术形式进行教学。

2. 教材结构

该教材结构设计采用“简笔画概念、原则、步骤、方法、训练”的结构。通过该教材，学生可以学会画，但创作能力显现不出来。

3. 教材内容

该教材内容从认识、理解、掌握简笔画到简笔画的材料、工具，从静物、植物、景物、动物到人物，再到插图、连环画，比较全面完整。

4. 配套资源

该教材针对简笔画采用了大量图片素材，资源比较丰富。

（二）《美术（手工部分）》（第二版）教材

该教材作为中等职业学校幼儿教育专业教学用书，分析使用此教材的教师和学生的反映，可知其达到了以下效果。

1. 教材定位

该教材系统介绍幼儿教育专业手工基础知识与基本技能，每一项技能均有概况介绍、材料工具、技能技巧、实例样式、岗位应用的详细说明，体现了手工学科的特色，更有行业针对性。

2. 教材结构

该教材采用“材料与工具、表现形式与基本技法、方法与步骤、岗位应用”的教材结构，“作品图例、制作准备、制作技法、制作过程和岗位应用”能够使学生通过模仿，发展认知能力和行为能力。

3. 教材内容

该教材介绍了常见的平面纸工，立体纸工，泥工，缝、绣、织、钩，废旧物造型的制作，基本包括了幼儿喜闻乐见的内容。

4. 配套资源

该教材作为以形表达的一种艺术课程，配套了光盘和大量图片资源。

（三）《烘焙食品加工》教材

该教材是“职业教育三教案例研究”的成果之一。在该教材研究和使用验证过程中，分析教师和学生的反映，可知其达到了以下效果：

1. 教材定位

该教材以效果为导向，适合于食品烘焙学生学习。使用该教材的学生为了达到烘焙效果，各小组积极研讨，传艺潜能得到充分激发。

2. 教材结构

该教材采用的“效果描述、效果分析、效果达成、相关知识、技能训练、效果超越、课外作业”结构设计，符合烘焙技艺人才、大师的创作思维逻辑，学生的创作能力提高较快。

3. 教材内容

该教材将筛选的典型烘焙产品作为教材的单元和任务，以“效果描述、效果分析、效果达成、相关知识、技能训练、效果超越、课外作业”作为任务内容。教材内容全面、系统。

4. 配套资源

该教材将配套必需的各类视频、微课、PPT 等资源，为高水平、高效率的学习活动、教学活动提供配套资源。

四、案例分析

尽管艺术专业类教材案例研究选择的《简笔画》（第二版）、《美术（手工部分）》（第二版）和《烘焙食品加工》3 本教材实现了由知识学习到能力培养，再到职业特质培养的跨越，但仍然存在进一步改进完善的空间。

（一）《简笔画》（第二版）教材

1. 教材定位分析

该教材采用了简笔画的知识体系，但缺乏简笔画创作创编的行动体系，没有落实职业教育能力本位的教育理念。

2. 教材结构分析

该教材采用的“简笔画概念、原则、步骤、方法、训练”的结构，只能引领和促进学生的知识学习和模仿练习，没有与简笔画活动逻辑匹配的能力培养教材结构，同时也导致创意创编这一重要的能力培养活动载体和要素不明显、不充分。

3. 教材内容分析

该教材知识内容比较全面系统，但缺乏与简笔画大师、出彩画手及相关职业匹配的创作创编作品描述、作品分析、相关知识运用、技能训练、作品创作的核心内容的匹配，能力和特质培养的活动导向要素空白。

4. 配套资源分析

该教材图片资源丰富，但没有发现引领和推动能力培养的教学 PPT、教案和视频等配套资源。

（二）《美术（手工部分）》（第二版）教材

1. 教材定位分析

该教材以能力培养为定位，但通过典型作品和活动导向所构建的教材行动体系不完整，能力培养的教材定位不能完全实现；尚没有关注和把握美术人才出彩的价值所在和实现规律。

2. 教材结构分析

该教材采用“材料与工具、表现形式与基本技法、方法与步骤、岗位应用”的教材结构，对能力培养有效，但没有运用美术人才及其所具备的职业特质形成的效果导向行动逻辑的价值，还不能达到艺术人才职业特质形成逻辑的结构教材的要求。

3. 教材内容分析

该教材按照创作过程的教材结构筛选教材内容，对接教材内容，有实用性，推动了会做能力培养，但没有突出典型作品和创作任务信息，没有针对典型作品进行价值取向、思维方式分析，没有注意基于卓越美术人才具备的价值取向、职业思维、职业行为、职业语言的培养，构建必需的教材内容。

4. 配套资源分析

该教材及配套光盘的图片资源丰富，但缺乏引领和推动能力培养的教学 PPT、教案和视频等配套资源。

（三）《烘焙食品加工》（第二版）教材

1. 教材定位分析

该教材是基于食品加工岗位能习惯精美美食出品的人才培养，追求美食加工人才职业特质培养的教材定位，引领学生发现惊喜客群的美食出品职业价值，使之具备卓越美食出品的效果导向思维、素质和能力。

2. 教材结构分析

该教材采用了“效果描述、效果分析、效果达成、相关知识、技能训练、效果超越、课外作业”职业特质效果导向的教材结构，教材逻辑结构匹配卓越美食加工的逻辑，高水平、高效率引领学生追求依据客群品位、喜好、习惯，以精美面包美食出品追求惊喜客群的价值取向，形成实现卓越工作价值的效果导向思维方式，培养精美面包美食卓越出品的职业习惯。

3. 教材内容分析

该教材筛选的典型美食产品对接岗位引出精美加工任务；效果分析匹配美食制作大师具备的价值感知、效果导向思维；以精美美食效果导向构建必需知识体系、技能体系和效果达成行动体系，推动学生与卓越工作匹配的价值取向、思维方式、职业行为、职业语言等职业特质的形成。

4. 配套资源分析

该教材将配套必需的各类视频、微课、PPT 等资源，但还欠丰富。

第四篇　职业教育教学案例研究

本篇是从全国职业教育教学能力大赛一等奖中精选出了思政教学、汉语教学、专业教学、双创教育和班级建设等案例进行分析。虽然我国恢复办职业教育至今40多年，我国职业教育教学研究与改革取得了较大进展，但从全国职业教育教学能力大赛一等奖案例总体上分析，我国职业教育教学改革实践仍滞后于我国职业教育教学理论研究。绝大多数案例没有以课程的价值取向作为起点分析设计教学，因此，教学的环境创设、教学过程的逻辑，以及教学组织形式、方法等，都有完善进步的空间。

案例一　思政课教学案例

思想道德与法治
立下鸿鹄志　振奋精气神

一、案例背景

新时代，全球化进程加快，意识形态领域面临着严峻挑战，维护意识形态安全、做好思想政治教育工作依旧是重要的任务。经济全球化的历史潮流，震荡着世界的各个角落。在全球化过程中，学生的价值观念、思维方式也随之产生各种发展变化，出现某些西化、自由化等倾向。教书育人，除了教给学生课本上的知识，还需注重学生思想品德的教育以及行为习惯的培养。所谓立德树人，便是要求对学生的德行培养。中共中央总书记、国家主席、中央军委主席习近平发表在《求是》杂志上的重要文章《思政课是落实立德树人根本任务的关键课程》中强调，青少年是祖国的未来、民族的希望。青少年教育最重要的是教给他们正确的思想，引导他们走正路。思政课是落实立德树人根本任务的关键课程，思政课作用不可替代，思政课教学责任重大。学生需要通过学习思政课增强中国特色社会主义道路自信、理论自信、制度自信、文化自信，厚植爱国主义情怀，把爱国情、强国志、报国行自觉融入坚持和发展中国特色社会主义、建设社会主义现代化强国、实现中华民族伟大复兴的奋斗之中。

高校是培育社会主义核心价值观的主要阵地，是落实社会主义核心价值观的重要场所。高职教育在我国高等教育中占据着“半壁江山”，高职院校思政课教学现状需要与时俱进，适应新的变化与环境，在教学内容和教学方法上不断改革，服务高职院校立德树人的新需求。优化高职院校思政课教学质量和效率，创新教学方法和思路，对高职院校思政课培育社会主义核心价值观、提高思政课教学效果有重要的理论意义和现实意义。

二、案例介绍

“思想道德与法治”是一门融思想性、政治性、科学性、理论性、实践性于一体的公共必修课，属于思想政治理论课。课程针对大学生成长过程中面临的思想道德和法律问题，开展马克思主义的世界观、人生观、价值观、道德观、法治观教育，引导大学生提高思想道德素质和法治素养，成长为自觉担当中华民族复兴大任的时代新人。课程共计 58 学时，其中理论学时 40，实践学时 18，在高职一年级学生开设。教材为高等教育出版社 2018 年版《思想道德修养与法律基础》。

（一）教学内容分析

本案例教学内容选自教材第二章和第三章，属于坚定理想信念和弘扬中国精神层面的内容，在整个课程中起到承上启下的作用。课程在环境艺术设计人才培养方案中旨在培养学生具有坚定的理想信念，具有一定的人文精神、家国情怀、创新意识以及精益求精的工匠精神，具备较强的就业能力和可持续发展的能力。

（二）学情分析

教学对象：高职一年级学生（18 级环境艺术设计专业学生）

生源特点：高中毕业，单招录取，男生 26 人，女生 3 人（图 1）。

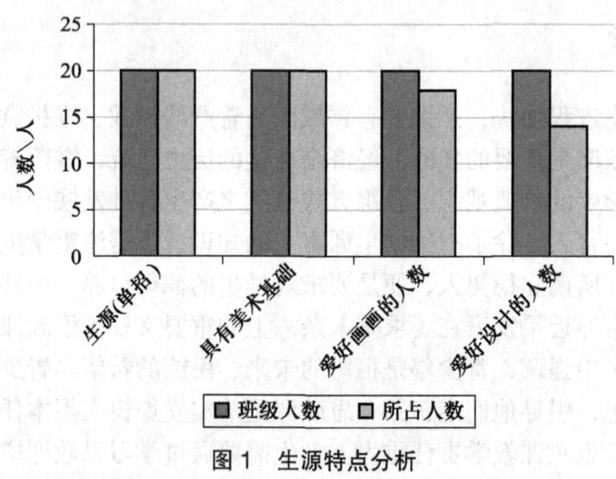

图 1　生源特点分析

学习基础：从小学阶段开始，学生就接受了思想品德教育与法治教育，对理想信念、中国精神并不陌生，但停留在感性认识阶段，缺乏更深刻系统的理解。

认知特点：学生偏重感性认识，形象思维较强，喜欢接受图文并茂、音视频等立体化较强的素材；对互联网情有独钟，习惯通过互联网获取信息；学生具有绘画基础，想象力丰富，喜欢设计。

思想特点：思想活跃，竞争观念较强，心理素质和集体意识较弱；追求个性，乐于接受新鲜事物，喜欢展现自我。

（三）教学目标

素质目标：立鸿鹄志，把个人理想和社会理想结合，放飞青春梦想；努力做忠诚的爱国者和走在时代前列的奋进者，用实际行动展现出中国精神的青春风采。

知识目标：掌握理想信念的科学内涵，明确坚定理想信念对新时代大学生成长成才的重要意义；深刻认识坚定崇高科学理想信念的重要性，准确把握树立崇高科学理想信念的内容。理解中国精神的科学内涵，认识弘扬中国精神的时代价值；理解爱国主义的基本内涵，把握新时代弘扬爱国主义的主要内容。

能力目标：能够在大学阶段确立具体的个人理想，树立科学的理想信念；能够在“红色记忆”展区讲解中国精神，结合自身实际，确立在实现中国梦伟大进程中的责任和担当，做到情感、思想和行动相统一，爱党、爱国、爱人民相统一。

（四）教学重难点

依据《新时代高校思想政治理论课教学工作基本要求》《环境艺术设计人才培养方案》《思想道德修养与法律基础》课程标准和高职学生的思想特点、认知特点、能力水平等确定教学重点与难点。

1. 教学重点

（1）理想的内涵、特征、分类。

（2）信念的内涵及特征。

（3）理想信念对大学生成长成才的重要意义。

2. 教学难点

（1）引领学生确立具体的个人理想。

（2）启迪学生将个人理想与社会理想相统一。

（五）教学设计

1. 整体教学设计

本作品共计 12 学时，分为 6 个教学单元（主题），每个教学单元 2 个学时，针对不同的教学单元设计了不同策略（图 2）。

针对传统教学完全按教材章节面面俱到，高职学生普遍感觉思政课高高在上、与自己距离远的实际，河北工院“基础课”坚持贴近学生思想，将教学主题由原来的“配餐制”变为“点餐与配餐相结合”，通过量身定制，让“基础课”真正活起来。

一是科学设计“配餐”。主要是根据国家教学大纲，认真梳理重难点，使部分教学主题以通俗易懂的设问形式呈现。比如：绪论部分归纳出：读大学到底读什么？如何适应大学生活？上了大学就轻松了，是这样吗？为使“配餐”更有味道，还应坚持课前开展问卷调查了解学生思想状况，如高职学生的理想信念观、恋爱观婚姻观、诚信状况等，以更有针对性地备课。

二是精心安排“点餐”。主要是回应大学生的关切，让学生提出生活学习过程中遇到的困惑，老师整理汇总后有针对性地进行解答。定期把学生请进教研室，咨询同学们“想听”的问题，利用网教平台、QQ 群、微信群与学生保持经常性联系，鼓励他们提出问题，表达感受，做到每个学期至少收集 3 000 名学生反映的问题。把学生遇到的各种问题进行收集分类：第一是与教学主题相结合，在授课过程中，主要围绕学生反映的问题展开；第二是通过网络平台与学生保持互动，即时回应学生的问题，使老师成为学生的良好益友；第三是把学生反映的问题整理成册，编写“心海导航：若干为什么”，供学生参阅。“点餐”与“配餐”相结合，坚持“问题导向”，倾听学生的心声，为其量身定制，使学生在不知不觉中喜欢上思政课，使思政课成为学生生活学习的一部分。

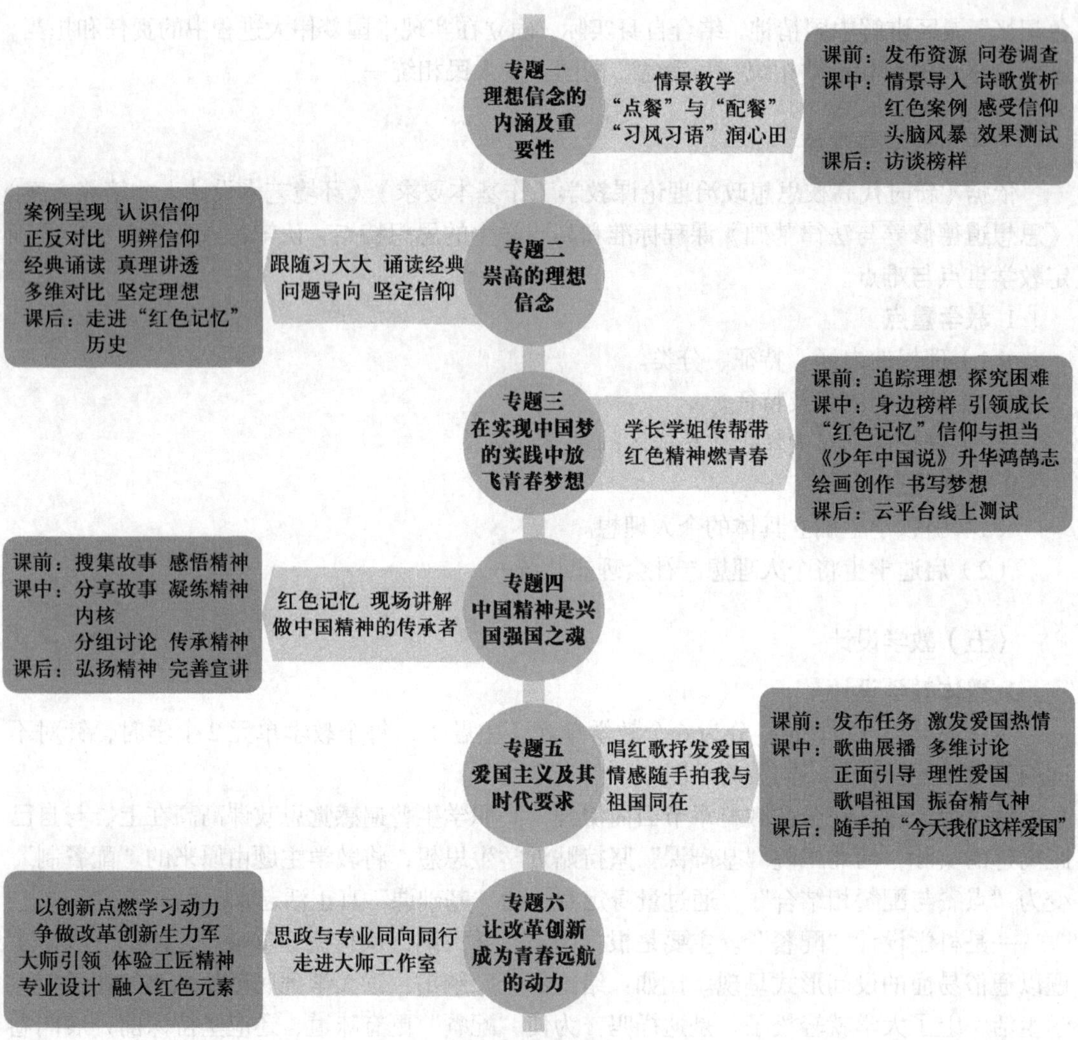

专题一
理想信念的内涵及重要性

情景教学
“点餐”与“配餐”
“习风习语”润心田

课前：发布资源 问卷调查
课中：情景导入 诗歌赏析
红色案例 感受信仰
头脑风暴 效果测试
课后：访谈榜样

专题二
崇高的理想信念

跟随习大大 诵读经典
问题导向 坚定信仰

案例呈现 认识信仰
正反对比 明辨信仰
经典诵读 真理讲透
多维对比 坚定理想
课后：走进“红色记忆”历史

专题三
在实现中国梦的实践中放飞青春梦想

学长学姐传帮带
红色精神燃青春

课前：追踪理想 探究困难
课中：身边榜样 引领成长
“红色记忆”信仰与担当
《少年中国说》升华鸿鹄志
绘画创作 书写梦想
课后：云平台线上测试

专题四
中国精神是兴国强国之魂

红色记忆 现场讲解
做中国精神的传承者

课前：搜集故事 感悟精神
课中：分享故事 凝练精神内核
分组讨论 传承精神
课后：弘扬精神 完善宣讲

专题五
爱国主义及其时代要求

唱红歌抒发爱国情感随手拍我与祖国同在

课前：发布任务 激发爱国热情
课中：歌曲展播 多维讨论
正面引导 理性爱国
歌唱祖国 振奋精气神
课后：随手拍“今天我们这样爱国”

专题六
让改革创新成为青春远航的动力

思政与专业同向同行
走进大师工作室

以创新点燃学习动力
争做改革创新生力军
大师引领 体验工匠精神
专业设计 融入红色元素

图 2　整体教学设计

2. 教学方法（图 3）

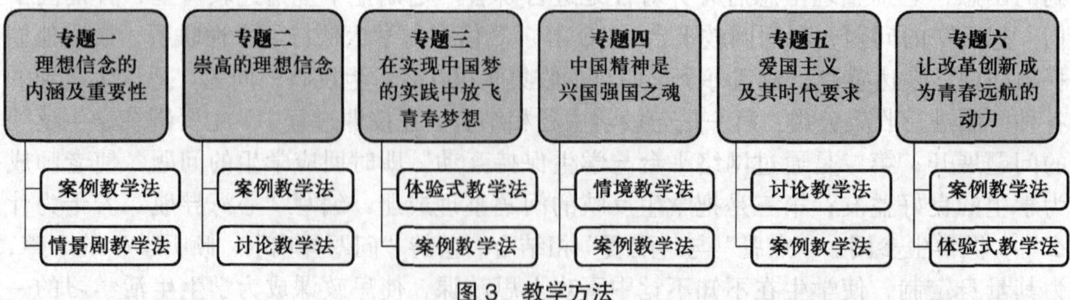

图 3　教学方法

3. 教学进程安排（图 4）

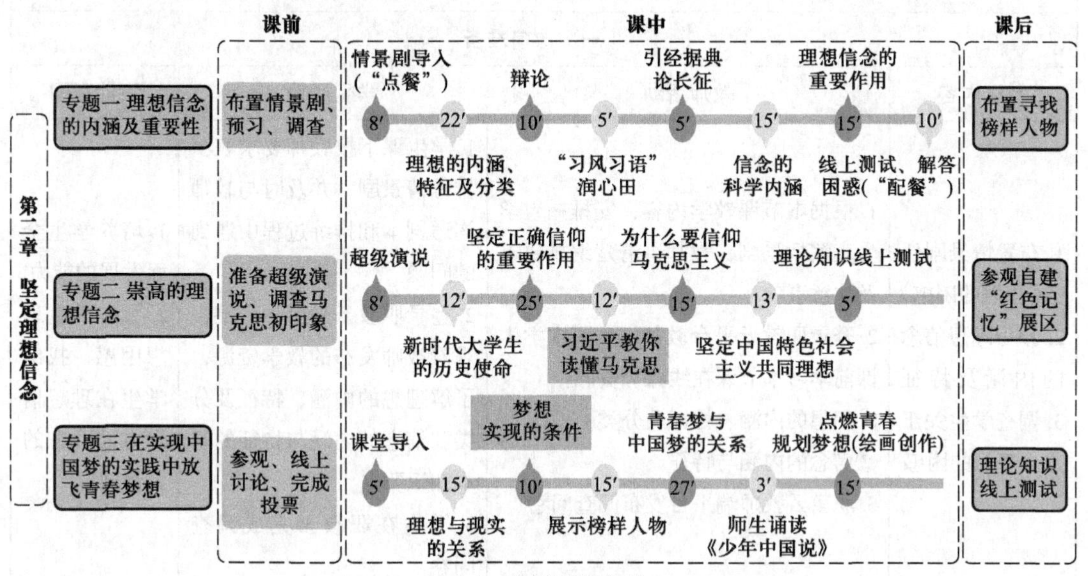

图 4　教学进程安排

4. 教学资源

“思想道德与法治”是省级精品在线开放课程，有丰富的教学资源。课前通过云平台推送学习资源，发现学生思想困惑，课中利用平台讨论、头脑风暴、小组互评、投票、在线测试等（图 5）完成教学内容。

5. 教学过程

以下表格是以 2 学时的教学单元为例，介绍具体课前准备、课中探究、课后提升教学过程。教学方法为案例教学法、情景剧教学法、讨论教学法。

图 5　“思想道德与法治”MOOC 资源与学习情况

教学过程			
（一）课前准备			
教学内容	教师活动	学生活动	设计意图
1. 布置情景剧任务《小媛的困惑》 2. 预习理想信念的内涵及特征 3. 调查学生关于人生理想的困惑	1. 根据本节课教学内容，安排一组学生表演情景剧，教师讲清楚编排要求及注意事项 2. 登录职教云平台教师端，要求学生课前学习本节课在线课程资源： ①理想的内涵、特征及分类 ②信念的内涵与特征 3. 职教云教师端平台发布调查问卷	1. 学生课下按教师要求表演排练情景剧，并及时与教师沟通剧本和排练过程中遇到的问题 2. 登录职教云平台学生端，观看教师发布的教学资源，了解理想的内涵、特征及分类和信念的内涵与特征的基本知识要点 3. 学生在职教云完成调查问卷	1. 培养学生全面发展的能力 2. 了解学生理想困惑，找出学生在理想信念方面存在的共性问题
（二）课中探究			
第一学时　精神世界之核——理想（1 学时）			
教学环节与内容	教师活动	学生活动	设计意图
环节一 课堂导入 情景剧《小媛的困惑》 敢问路在何方？ （8min）	1. 课上提出观看要求：步入大学生活后的小媛同学，在学校遇到了哪些困惑的问题？帮助小媛支支招 2. 组织学生现场表演情景剧 3. 情景剧观看完毕，组织小组讨论：试着帮助小媛支支招 4. 打开职教云平台教师端，呈现课前学生完成的理想信念调查问卷情况 5. 教师对学生的调查问卷进行总结，指出目前学生在学习生活中遇到的问题，需要教师导入本次课主题	1. 学生准备情景剧表演，部分学生参加表演（2 分钟左右） 2. 现场表演情景剧 3. 按照教师提出的问题，小组研讨，试着给小媛解答困惑，把观点以小组为单位在职教云平台进行观点阐述	本节课从解答小媛的困惑开始，困惑的症结在哪？导出本次课主题
环节二 探究新知 理想的内涵与特征 （10min）	1. 检测课前预习情况。课上提问：如何理解理想？理想有几个特征？了解学生对问题的掌握和出现的问题 2. 教师针对学生回答情况，总结理想内涵	1. 通过课前预习，学生参与回答 2. 掌握理想的三个特征：超越性、实践性和时代性	1. 检验学生课前预习情况，培养学生总结归纳能力 2. 让学生在赏析诗歌中感受理想的美好

续表

教学环节与内容	教师活动	学生活动	设计意图
环节二 探究新知 理想的内涵与特征 （10min）	3. 播放视频：流沙河的《理想》 4. 教师提问：用几个关键词去把握理想的内涵与特征 5. 组织学生分组讨论 6. 用手机软件随机抽取小组回答问题 7. 启发学生思考：如何看待“我的理想是一夜暴富，然后过上米虫生活？” 8. 教师归纳总结	3. 学生欣赏诗歌。 4. 根据教师提问，小组展开讨论，小组代表回答问题，其他组员进行补充，进一步把握理想的内涵与特征	3. 引导学生掌握理想具有实践性，放弃不切实际的想法
环节三 任务分解 理想的分类 （12min）	1. 教师在职教云平台发出抢答：个人理想包含哪些内容 2. 发布问题：理想按主体划分如何分类 3. 讲解道德理想、生活理想、职业理想的内涵 4. 布置任务：谈谈自己的理想 备注：结合自己的设计专业，重点谈职业理想。引导学生从装饰设计公司、景观设计院、甲方基建部门从事绘图、室内创意设计、景观设计、BIM 建模及辅助施工图设计等与专业有关的理想谈。 5. 教师对分享学生进行鼓励加分	1. 学生回答问题 2. 在教师引导下理解掌握理想的分类及其内涵 3. 认真倾听老师讲解 4. 学生个人分享自己的理想掌握理想的内容是多方面的（道德、职业、生活理想等）	1. 检测课前预习效果 2. 帮助学生认识理想的分类，更好地规划自己的理想 3. 让学生掌握具体个人理想应该包含的主要内容 4. 让学生加深对理想内容、分类的理解
环节四 辩论 个人理想与社会理想的统一 （10min）	1. 将学生分成组，随机抽签，选出正反双方辩手各 4 人，布置辩论主题并在职教云平台发起投票。 正方：大学生的成长更应注重个人理想 反方：大学生的成长更应顺应社会需求 2. 引导学生文明辩论。 3. 教师总结： 个人理想和社会理想辩证统一，个人理想的实现与国家兴旺密切相关，社会理想归根到底要靠全体社会成员的共同努力来实现	1. 辩论双方现场分工，准备辩论稿。一辩主要是阐述本方观点，二三辩主要是针对本方观点，与对方辩手展开激烈角逐，四辩总结本方观点。 2. 学生要保持现场安静，在辩论中选择支持的一方，并在职教云平台投票	1. 帮助学生理解个人理想只有同国家前途、民族命运相结合才能变为现实。 2. 加强学生之间的团结合作意识。 3. 培养学生分析问题能力、语言表达能力

续表

教学环节与内容	教师活动	学生活动	设计意图
环节五 “平语”近人 《青春中国》 （5min）	呈现习近平谈青年理想的视频	观看视频	在倾听总书记的嘱托中更加深刻理解个人理想与社会理想的关系
第二学时　理想信念是精神之钙（1学时）			
教学环节与内容	**教师活动**	**学生活动**	**设计意图**
环节一 习近平引经据典论长征 艰难困苦，玉汝于成（5min）	1.【习语】 “艰难困苦，玉汝于成。”长征历时之长、规模之大、行程之远、环境之险恶、战斗之惨烈，在中国历史上是绝无仅有的，在世界战争史乃至人类文明史上也是极为罕见的 2. 布置问题：什么力量驱使着红军完成人类最伟大的壮举 3. 手机“摇一摇”请同学回答 4. 教师总结：习近平引用这句话，说明理想信念的坚定	1. 倾听习大大引经据典论长征 2. 两名同学分享长征中体现出的伟大力量 3. 思考长征中信念的力量 4. 学生回答	通过引用习语帮助学生领悟：要成大器，必须经过艰难困苦的磨炼，信念的支撑
环节二 温故知新 信念的科学内涵及特征 （15min）	1. 对信念理论知识进行在线测试。 2. 根据以往教学经验，学生易错点是认为信念都是正确的认知，有重点地讲解信念的内涵。 3. 案例讲解：1921年到1949年，在中国共产党革命历程中，有名有姓可查的烈士就达370万人，世界政党史上很难找到哪一个党派能像中国共产党这样付出如此巨大的牺牲。人的生命只有一次，为什么先烈们能够视死如归、义无反顾？体现了信念的什么特征？教师总结	1. 打开职教云平台学生端。 2. 参与线上测试并听老师讲解易错知识点 3. 小组听教师讲授案例。 4. 参与讨论发表自己的观点。以组为单位分享得出信念的特征：多样性、执着性。小组成员可以进行补充	1. 通过课前检验预习效果，做到有针对性地讲解内容。 2. 通过讲解，让学生明确把信念建立在正确认知之上。 3. 欣赏红色案例故事，感受革命先烈坚定的无产阶级信仰

续表

教学环节与内容	教师活动	学生活动	设计意图
环节三 案例展示 小组研讨 理想信念的重要作用 （15min）	1. 播放视频《“无腿老人”夏伯渝五次登顶珠峰》布置小组研讨：“无腿老人”身上的什么力量深深打动了你？ 教师归纳：理想信念指引人生目标。 2. 知识链接：哈佛大学关于目标对人生影响的跟踪调查。 布置学生研讨：目标对人生的作用？ 教师归纳：理想信念提供前进动力 3. 呈现案例：“叔叔，长大后我要成为你” 布置学生研讨：理想信念与人的精神境界和人格的关系？ 教师总结：理想信念提升人生精神境界	1. 观看视频，小组参与讨论。 2. 阅读哈佛大学的跟踪调查，思考目标对认识的指引作用。 3. 赏析案例，小组思考理想信念对于精神境界的提升作用	1. 让学生通过案例感受理想信念指引人生奋斗目标。 2. 让学生从案例中感受理想信念对个人成长成才的作用。 3. 培养团队合作的意识
环节四 线上测试 解答困惑 （10min）	1. 职教云平台发布基本理论测试题 2. 出错率高的题针对性讲解 3. 呈现问题：继续解答小媛的困惑，如何让青春走出困惑？	1. 职教云平台参与线上测试 2. 小组重新梳理小媛困惑的症结，帮助小媛答疑解惑，形成观点，职教云平台发布建议	检验学生课堂学习效果
（三）课后提升			
教学环节与内容	教师活动	学生活动	设计意图
任务 寻找身边的励志榜样	布置作业要求：各小组以组为单位，上交榜样人物的课件及 Word 文档到职教云平台，并打包电子版发给任课教师	分组完成任务，将完成的课件及 Word 文档上传职教云平台	引导学生以身边优秀学长、学姐为榜样，帮助自己尽快确立人生目标

6. 教学评价

通过云平台完成教学评价全过程的信息采集，系统自动采集课前、课中、课后教学过程中的数据信息，形成本次课的综合成绩。

评价标准：考勤 10%+ 参与 30%+ 课堂教学表现 30%+ 测验 30%。

课前准备（10%）		
任务内容	学生互评	平台自动评
理想问卷调查		100%
学习微视频资源		100%
课中探究（80%）		
任务内容	教师评价	平台自动评
情景剧	100%	
讨论	100%	
辩论	100%	
线上测试		100%
进一步解答小媛困惑	100%	
课后提升（10%）		
任务内容	学生互评	教师评价
寻找身边榜样人物	50%	50%

三、案例效果

通过精心的课程教学设计和教学实施，师生相互配合，学生成为学习的主体和中心，教师悉心组织和引导，教学效果主要体现为以下几个方面：

（1）体验式教学非常受学生喜欢。参观中感受非物质文化遗产——铁板浮雕的魅力，通过与大师的交流和体验，锻炼了学生的意志品质，让他们体会到工匠精神的实质，激发学生在今后的创作中弘扬工匠精神，用创新的艺术形式更好地体现和传承中国精神元素，学生拥有满满的获得感。体验式教学方法的运用增强了学生的直观感受。把课堂搬到自建的“红色记忆”实践教学基地、铁板浮雕大师工作室，提升了思政课的魅力。

（2）让学生结合自己的专业在“创青春设计 + 中国精神”创意设计中挖掘思政元素，融入中国精神和红色元素，让思政课在润物细无声中起到教育作用。习近平新时代中国特色社会主义思想悄然进入头脑。通过“习风习语”浸润、学生讨论、教师引导、环境熏陶，使学生深刻领悟成长成才应与时代同步。

（3）学生、教师、职教云平台三方合作，提高了教学效率。在学生评教中思政课教师优秀率在逐年提高。

（4）分组实施教学锤炼学生竞争和团队意识。学生 5~6 人一组，进行小组研讨、分享，相互之间不甘落后，互相帮助，团队意识不断增强，学生自主学习能力得到提升。

四、案例分析

社会思潮影响了学生对马克思主义的认同。多元化社会思潮，如新自由主义、实用主义、历史虚无主义等对大学生理想信念、价值理念、道德观念等产生了负面影响。课程教学针对现状实行“点餐”与“配餐”相结合，增强课程的针对性。“点餐”主要是回应学生关切，梳理共性问题，解答学生思想困惑。“配餐”是结合学生所需和国家统一教学要求，为学生量身定制教学主题，合理运用教学方法与手段。

课程设计逻辑清晰，按照提出问题、分析问题、解决问题的思路合理安排各项课前、课中、课后任务和项目。课程的教学内容既脚踏实地，选取学生的切实相关生活、学习等相关微观实例，又自然引入与国家、民族相关的素材，顶天立地开展思政教育。引领学生从学习生活和工作实际出发，切实参与整个教学过程，充分发挥学生的主体性、积极性、能动性，使他们进行自主学习和创造性学习，结合教师准备的课程资源开展活动，能力得以提升，思想进步与升华得以实现。

教学的主要特点在于以下六个方面：

（1）“习风习语”润物细无声。习近平引经据典论长征、习近平教你读懂马克思、“平语近人”、习近平谈创新、习近平寄语青年等活动贯穿教学主题，让习近平新时代中国特色社会主义思想悄然进入学生头脑。

（2）“红色主线”贯穿教学全过程。依托自建的“红色记忆”展区，现场进行理想信念教育和中国精神教育；教学过程中红色案例贯穿始终，让学生感受革命理想、革命精神的时代价值；将中国精神与红色元素融入设计类专业的作品创作，让思政元素与专业课有机融合。

（3）充分融合信息技术。采用线上线下相结合的混合教学模式，学生通过职教云平台观看视频，参与讨论、在线测试等；信息化平台自动采集学生课前、课中、课后参与情况，突出过程性考核。

（4）学长学姐传帮带。针对高大上事例离学生远、难以发挥作用的实际，积极挖掘内部典型，优选整理学生榜样库上百个，把优秀学长学姐请进课堂，用励志故事、身边典型激励学生。

（5）拓宽思政课供给平台。思政课搬到自建的“红色记忆”实践基地，学生在“红色记忆”展区现场做讲解员；搬到大师工作室，学生们在大师的指导下亲自体验工匠精神，思考怎样做改革创新的生力军（图 6、图 7）。

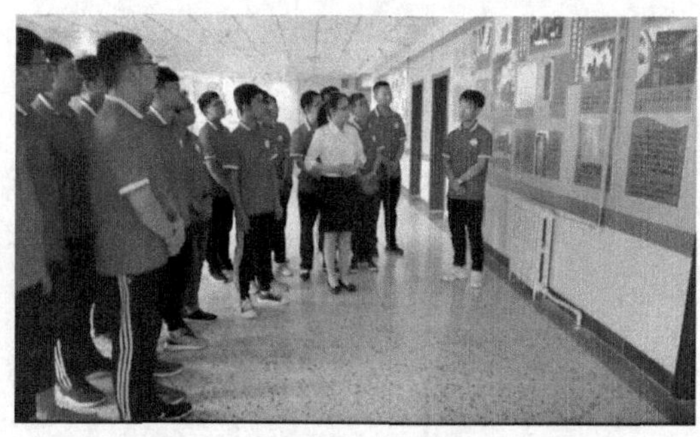

图 6 “红色记忆”展区担任讲解员

图 7 大师工作室体验工匠精神

（6）思政课程与专业课程教学同向同行。将思政课与环境艺术设计专业课程融合，在教学设计过程中注重培养学生语言表达、人际沟通、团队合作等能力以及创新创造、精益求精的精神。

案例来源：河北工业职业技术学院

案例二 汉语教学案例

初级汉语口语 I（学历留学生）课程
汉语“一带”，畅通“一路”

一、案例背景

伴随着经济全球化，我国的对外开放格局不断加大，开放程度不断加深，职业教育国际化水平也日益提升。职业教育服务“一带一路”建设是职业教育国际化的重要内容，而来华留学教育是“一带一路”建设中教育合作和教育对外开放的前沿部分，是民心相通、人才培养、人文交流的重要力量和重要渠道。在“一带一路”背景下，沿线国家来华留学生不断增加，其中非对外汉语专业的学历留学生比例逐年增多。公共基础课程兼具人文性和工具性，易于传播中国文化，提高留学生对中国文化的认知水平。为不同专业的学历留学生开设“初级汉语口语”等语言类公共基础课程，目的是使学习者具有相应的初步会话能力，加深对中国历史、文化及现状的了解，并融通相应专业专门汉语，使其具备专业学习、专业材料阅读的技能。留学生的课程建设将为加强内涵建设、提升人才培养质量提供更好、更有力的保障。

二、案例介绍

“初级汉语口语 I”是物流管理专业学历留学生必修的一门公共基础课。本课程主要培养留学生汉语语言初级应用能力；通过语音、语法、句型的学习，学生能够正确拼读拼音、识别汉字并熟练朗读段落和短篇；在实际交际中，能够针对一个问题或主题做简短问答或陈述；能进行简单日常对话，具备初步会话能力；加深对中国历史、文化的了解；同时融通专业专门汉语，为后续专业课学习打下基础。本课程以留学生生源国前导课程“HSK 1 级”为基础，后续将进一步学习“初级汉语口语Ⅱ”“初级汉语综合Ⅱ”等课程。

（一）课程基本情况

<table>
<tr><td>课程名称</td><td>初级汉语口语Ⅰ</td><td>教学模块</td><td>汉语“一带”、畅通“一路”</td></tr>
<tr><td>授课地点</td><td>智慧教室</td><td>课程类型</td><td>公共基础课</td></tr>
<tr><td>专业</td><td>物流管理
（学历留学生）</td><td>班级</td><td>18 级 1 班、2 班</td></tr>
<tr><td>开设时间</td><td colspan="3">大学一年级第一学期</td></tr>
<tr><td>人数</td><td>27</td><td>学时</td><td>64</td></tr>
<tr><td rowspan="2">教材分析</td><td>参考教材</td><td colspan="2">依据学校专业人才培养方案和课程标准，对接职业规范，选取北京语言大学出版社出版的《发展汉语初级汉语口语Ⅰ》为教材，该教材内容体系较为完整，突出语言知识及能力的培养与提高，符合对该课程的学习需求</td></tr>
<tr><td>活页式讲义</td><td colspan="2">依据人才培养方案、课程标准，结合学历留学生生活、社交需求，并对接相应专业背景，整合教材内容自编活页讲义作为教材补充</td></tr>
<tr><td>教学资源与手段</td><td colspan="3">课程教学网站为国家孔子学院慕课平台，课程资料较完备，作业、测验、讨论区等功能模块均已进行了实际应用；同时通过蓝墨云班课辅助课堂教学，开发新教学资源；自主研发小程序游戏“趣味汉语消消乐”，帮助学生突破语言难点；引导学生使用“学国语”、HSK 水平测试（汉语水平考试）、讯飞语记等 App 进行课前课后拓展；推荐学生主动利用发达的网络资源，如起点中文网、微信公众平台等加深学习（图 1）。

图 1　教学资源与手段</td></tr>
</table>

（二）教学目标和内容

1. 教学目标

“初级汉语口语Ⅰ”课程要求留学生掌握一定的汉语语言知识，具有初步的汉语交际能力，能满足日常学习、生活和一般社交场合的交际需要；使留学生了解基本的中国国情、文化；融入物流专业汉语表达方式和思维方式，使留学生掌握基本的专业汉语语言能力；提高 HSK 考试通过率，培养具有国际竞争力的留学生。

2. **教学内容**

依据人才培养方案、课程标准、《外国留学生管理办法》，以生存能力为主线，将教学内容整合为 4 大模块（图 2），共计 64 学时。

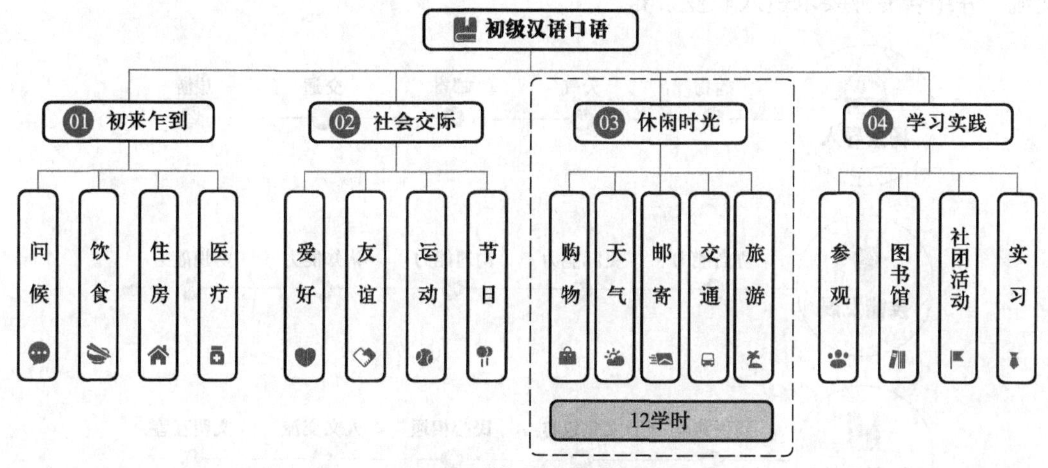

图 2　教学内容模块划分

本次教学内容选自模块三：休闲时光，共计 12 学时（图 3）：

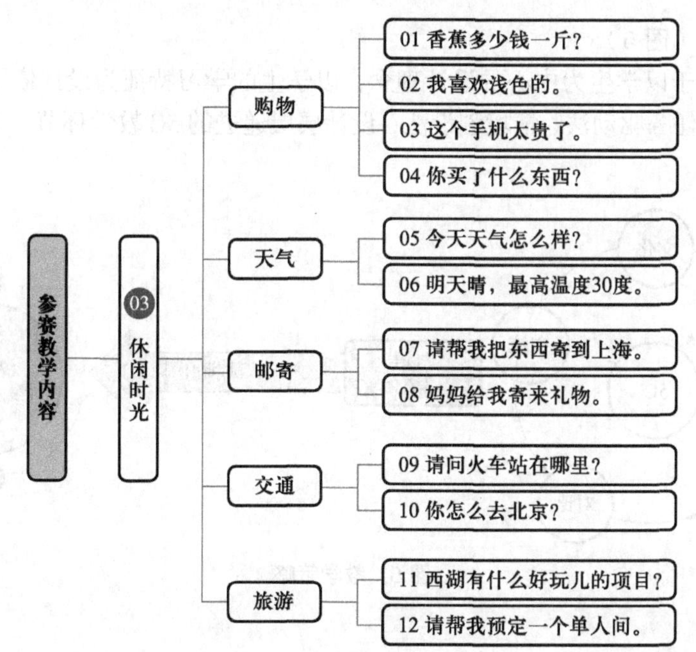

图 3　休闲时光模块学时分配

3. 设计思路（图 4）

场景导入：教学内容以生存能力为主线，休闲时光模块中的五大场景导入 12 学时教学内容。

技能发展：按场景训练语言技能的同时，促进协商、交际、沟通、认知和辨识能力的提高。

课程思政：将“一带一路”建设目标的相关内容融入教学，实现民心相通，促进人文交流，并结合专业要求引入职业素养。

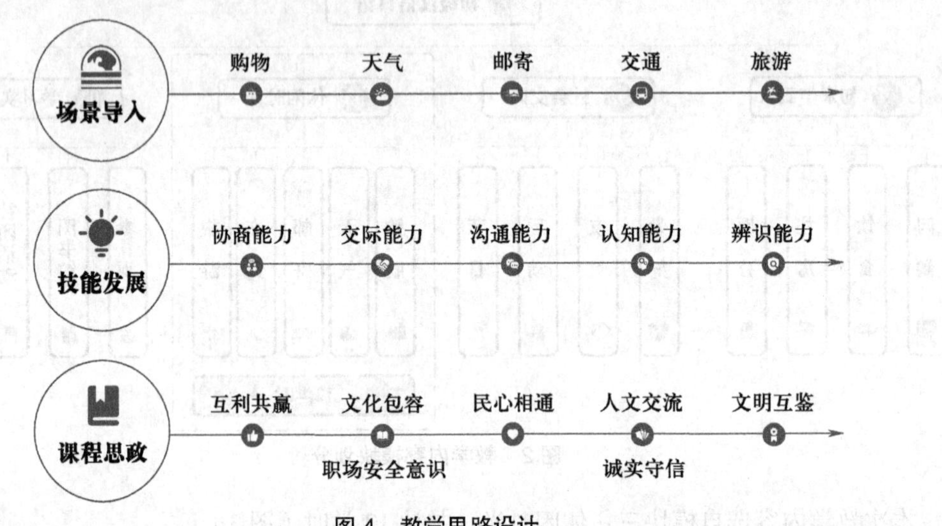

图 4　教学思路设计

4. 教学策略（图 5）

教学设计基于以学生为中心的设计理念，以学生的学习特征为设计依据，进行双语模块化教学，采用任务驱动法、情境创设法，设计层层递进的 5C 教学环节，确定分层目标，对应教学阶段。

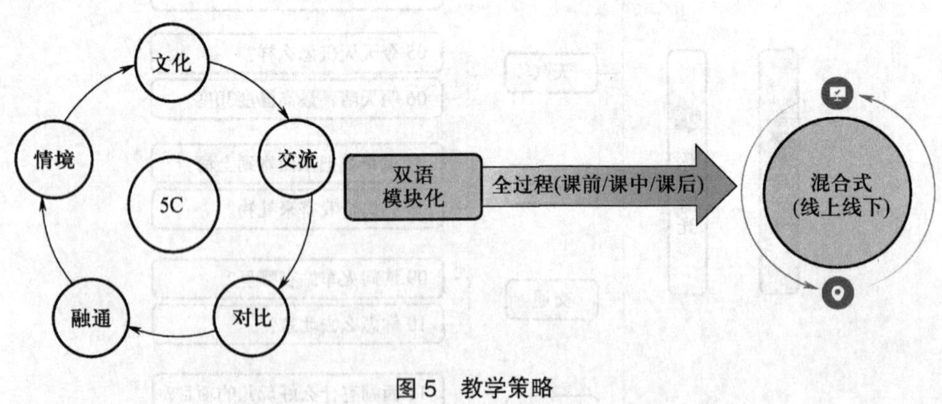

图 5　教学策略

5. **教学实施**（图 6）

根据教学目标、内容及策略，设计 5C 教学环节（图 7），将教学实施过程分为课前文化体验、课中知识内化和课后实境应用三个阶段，以“生存能力”为任务驱动，将信息化技术与教学策略有机融合，并贯穿教学过程始终。

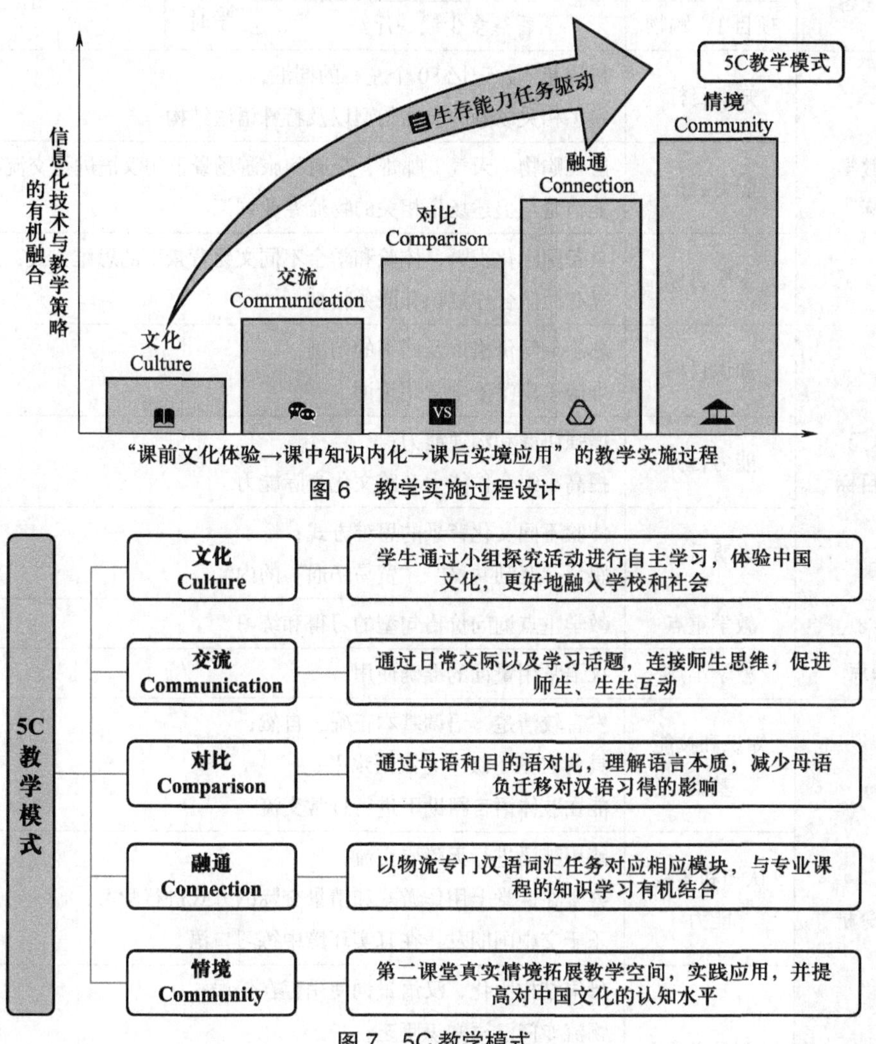

信息化技术与教学策略的有机融合
生存能力任务驱动
5C教学模式
文化
Culture
交流
Communication
对比
Comparison
VS
融通
Connection
情境
Community
“课前文化体验→课中知识内化→课后实境应用”的教学实施过程
5C教学模式
文化
Culture
学生通过小组探究活动进行自主学习，体验中国文化，更好地融入学校和社会
交流
Communication
通过日常交际以及学习话题，连接师生思维，促进师生、生生互动
对比
Comparison
通过母语和目的语对比，理解语言本质，减少母语负迁移对汉语习得的影响
融通
Connection
以物流专门汉语词汇任务对应相应模块，与专业课程的知识学习有机结合
情境
Community
第二课堂真实情境拓展教学空间，实践应用，并提高对中国文化的认知水平

图 6　教学实施过程设计

图 7　5C 教学模式

具体的教学开展以其中 1 学时的内容为例进行展示（表 1）。

表 1　模块三中的项目 1 教学内容展示

<table>
<tr><td>课程名称</td><td>初级汉语口语 I</td><td>授课班级</td><td colspan="2">物流管理专业 2018 级留学生 1 班</td></tr>
<tr><td rowspan="2">授课内容</td><td colspan="2">模块三：休闲时光</td><td rowspan="2">授课学时</td><td rowspan="2">1</td></tr>
<tr><td>项目 1：购物</td><td>香蕉多少钱一斤？</td></tr>
<tr><td rowspan="3">单元教学目标</td><td>知识目标</td><td colspan="3">拼读音节并记忆 80 个左右的词汇；
熟悉相关场景的会话句型以及特殊语法结构</td></tr>
<tr><td>能力目标</td><td colspan="3">能在购物、天气、邮寄、交通和旅游场景下用汉语进行交流和沟通；
能清楚与上述场景相关的物流专业词汇</td></tr>
<tr><td>素质目标</td><td colspan="3">具备国际化视野，体验和学会不同文化背景下的思维方式；
具有团队合作意识和服务精神</td></tr>
<tr><td rowspan="3">本单元教学目标</td><td>知识目标</td><td colspan="3">熟悉询问价格以及回答的句型；
准确使用汉语中常用量词</td></tr>
<tr><td>能力目标</td><td colspan="3">增强协商和沟通能力；
提高小组合作能力和跨文化交际能力</td></tr>
<tr><td>素质目标</td><td colspan="3">体验不同文化背景的思维方式；
感悟“互利共赢”“贸易畅通”的内涵</td></tr>
<tr><td rowspan="2">教学重难点</td><td>教学重点</td><td colspan="3">教学重点询问价格句型的习得和练习</td></tr>
<tr><td>教学难点</td><td colspan="3">汉语常用量词的准确使用</td></tr>
<tr><td rowspan="3">学情分析</td><td>知识和技能基础</td><td colspan="3">发音较清楚，语调基本正确、自然；
具备 HSK 1 级左右汉语水平；
能在肢体语言帮助下进行日常交流</td></tr>
<tr><td>认知和实践能力</td><td colspan="3">能用英语进行无障碍交流；
喜爱在课堂上用作游戏和情景交际的方式进行学习；
乐于交中国朋友，在真实环境中练习口语</td></tr>
<tr><td>预判教学难点</td><td colspan="3">母语结构固化，汉语量词使用存在偏误；
物流专门汉语知识匮乏；
文化差异和冲突导致在语言结构理解、思维方式转换方面存在一些障碍</td></tr>
<tr><td>教学设计</td><td colspan="4">启动双语模块化教学，采用任务驱动法、情境创设法，设计层层递进的 5C 教学环节，确定分层目标，对应教学阶段。
通过学生课前文化体验引入课程，以“询问价格”为解析基础，引导学生使用句型进行互动，通过语言结构对比，突破汉语常用量词使用难点，并服务专业，将物流专门汉语知识融入教学，课后拓展实现在第二课堂真实环境中的实践和应用（图 8）</td></tr>
</table>

续表

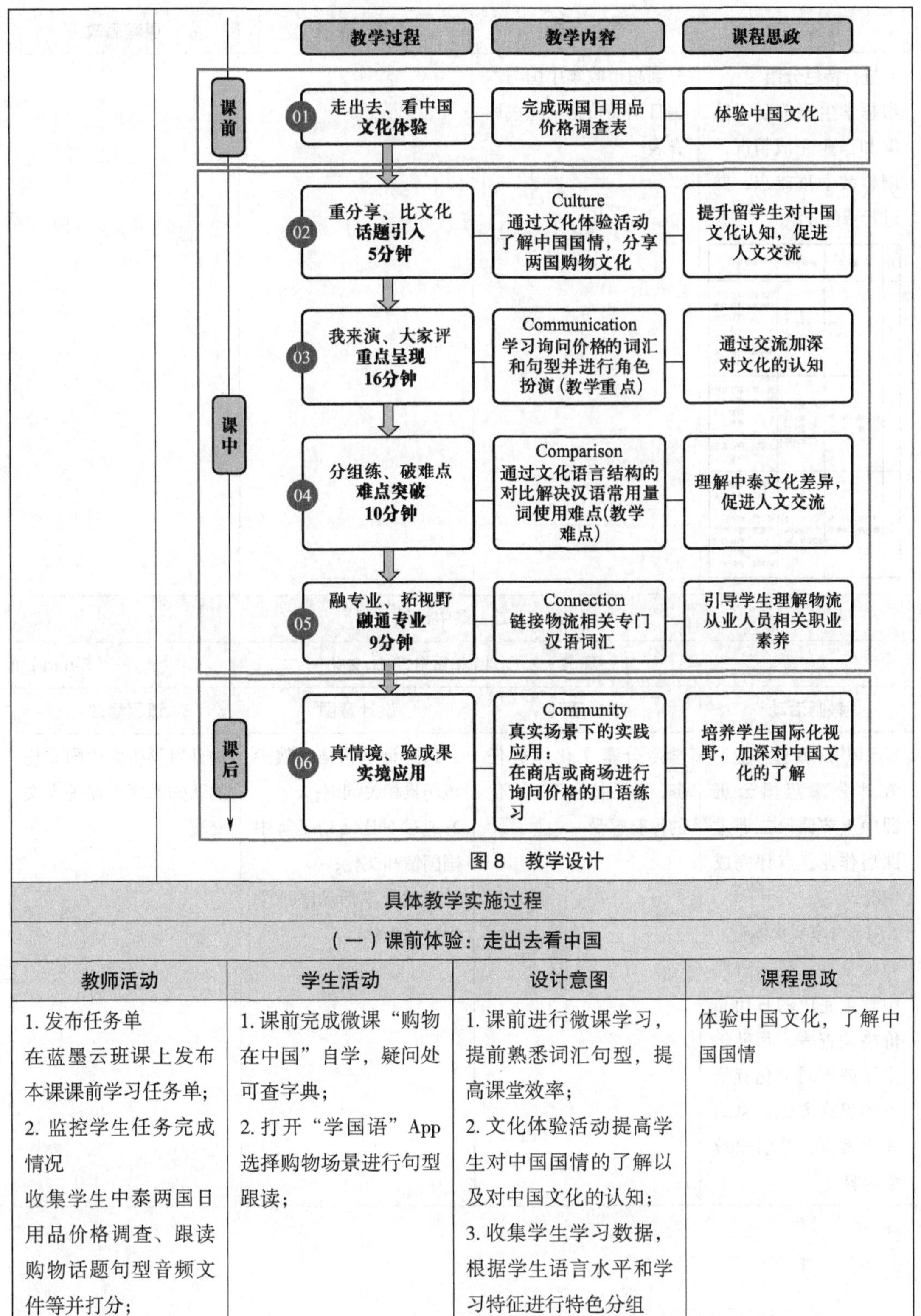

图 8　教学设计

具体教学实施过程			
（一）课前体验：走出去看中国			
教师活动	学生活动	设计意图	课程思政
1. 发布任务单 在蓝墨云班课上发布本课课前学习任务单； 2. 监控学生任务完成情况 收集学生中泰两国日用品价格调查、跟读购物话题句型音频文件等并打分；	1. 课前完成微课“购物在中国”自学，疑问处可查字典； 2. 打开“学国语”App 选择购物场景进行句型跟读；	1. 课前进行微课学习，提前熟悉词汇句型，提高课堂效率； 2. 文化体验活动提高学生对中国国情的了解以及对中国文化的认知； 3. 收集学生学习数据，根据学生语言水平和学习特征进行特色分组	体验中国文化，了解中国国情

续表

<table>
<tr><th>教师活动</th><th>学生活动</th><th>设计意图</th><th>课程思政</th></tr>
<tr><td>3. 进行特色分组
根据学生课前学习数据和作业完成情况，调整教学重难点，并进行特色分组
<table><tr><th>组别</th><th>姓名</th><th>语言水平</th><th>学生特性</th></tr><tr><td>1</td><td>王冬冬、李玲玲
王　明、李泽斌</td><td>王冬冬（92）
李玲玲（95）
王　明（85）
李泽斌（78）</td><td>王冬冬：善于组织
李玲玲：善于与教师、同学交流
王　明：较胆怯
李泽斌：不善于表达自己</td></tr><tr><td>2</td><td>杨　鸿、杨　功
周　雷、宋芬达</td><td>杨　鸿（90）
杨　功（87）
周　雷（75）
宋芬达（82）</td><td>杨　鸿：善于组织
杨　功：较开朗、愿意与老师交流
周　雷：较胆怯
宋芬达：积极回应老师</td></tr><tr><td>3</td><td>周琳富、郁　芳
勇志廉、郑美丽</td><td>周琳富（96）
郁　芳（85）
勇志廉（90）
郑美丽（80）</td><td>周琳富：非常开朗，善于与老师交流
郁　芳：较开朗
勇志廉：善于组织，积极回应老师
郑美丽：较胆怯</td></tr></table></td><td>3. 到超市收集中国与本国日用品价格，完成调查表</td><td></td><td></td></tr>
<tr><td colspan="4">（二）课中讲练</td></tr>
<tr><td colspan="4">环节一：Culture 重分享 比文化　　（5 min）</td></tr>
<tr><th>教师活动</th><th>学生活动</th><th>设计意图</th><th>课程思政</th></tr>
<tr><td>1.点评第二课堂作业。教师分享蓝墨云班课中上节课第二课堂课后作业，点评完成情况；
2.引导分享文化体验。教师分享蓝墨云班课中学生完成的日用品价格调查表，帮助学生了解不同文化背景下的思维方式，总结学生发言，并引出教学内容</td><td>学生分享文化体验任务，并畅谈自己对文化的体验感受</td><td>1. 通过询问价格，熟悉该场景相关词汇；
2. 通过对比活动了解中国国情和文化；
3. 通过分享活动锻炼学生口语表达</td><td>提升留学生对中国文化的认知水平，促进人文交流</td></tr>
</table>

续表

环节二：Communication 我来演　大家评　（16 min）			
教师活动	学生活动	设计意图	课程思政
教学重点 1. 引导学生进行句型互动组织学生进行音乐传球游戏，音乐停时传球的两位同学进行价格询问和回答； 2. 创设情境角色扮演教师创设购物场景，请学生以小组为单位选取“矿泉水”“衣服”“毛巾”，使用所学词汇句型扮演“老板”和“顾客”； 3.巡视教室答疑解惑。指导学生进行角色扮演，解答学生疑惑； 4.引导学生上传互评。请学生将角色扮演视频上传蓝墨云班课并进行小组互评	1. 复习课前微课中学过的词汇和句型，进行询问价格问答游戏； 2. 模拟真实场景，分组角色扮演老板和顾客进行询问价格练习； 3. 拍摄角色扮演视频上传至班课平台； 4. 观看其他小组的视频	1. 互动游戏在提高学生兴趣的同时不断巩固所学句型； 2. 创设真实情境，进行角色扮演，锻炼学生口语能力； 3. 学生互评能够相互监督和学习，成果易于保留，利于数据统计； 4. 双导师的形式，加强教与学的互动并进行全过程数据采集	
环节三：Comparison 分组练　破难点　（10 min）			
教师活动	学生活动	设计意图	课程思政
教学重点 1. 分享视频共同查疑教师选取学生角色扮演视频与学生分享，并共同查找视频中学生出现的语言偏误；	1. 与教师一起解析角色扮演视频中出现的语言偏误； 2. 同侪互助完成组词成句站队游戏；	1. 通过分享角色扮演视频，与学生共同查找视频中出现的问题，从而导入本次课程的教学难点，即汉语常用量词；	理解中泰文化差异，认同文化的“多样”和“并存”

续表

教师活动	学生活动	设计意图	课程思政
2.任务驱动组词成句。分配每组任务图片，组织学生根据图片任务寻找词语并进行组词成句站队展示； 3. 解析语法 教师讲解中泰语言结构差异，解析汉语常用量词的准确使用方法 4. 共同纠错 引导学生完成小组任务纠错和视频纠错任务； 5. 趣味游戏，巩固练习 指导学生完成小程序趣味汉语消消乐游戏	3. 学习语言结构差异，理解汉语常用量词及其使用方法； 4. 完成小组任务纠错和视频纠错任务； 5. 使用小程序消消乐游戏巩固知识	2. 通过两国语言结构对比，使学生清楚了解汉语惯用语法结构； 3. 有趣的教学活动调动学生学习兴趣，提高学生理解能力； 4. 通过自主研发小程序游戏层层递进，帮助学生突破教学难点	
环节四：Connection 融专业　拓视野　（6 min）			
教师活动	学生活动	设计意图	课程思政
1. 链接专业词汇 教师带领学生将教学内容关联物流相关词汇 2. 讲解词汇 教师运用启发式教学手段讲解相关的物流专有名词	学生跟读物流汉语词汇并理解其内涵和应用场景	融通专业，提高学生学习汉语兴趣的同时为服务专业学习打下坚实基础	引导学生理解物流从业人员相关职业素养
环节五：思维导图　（3 min）			
教师活动	学生活动	设计意图	课程思政
教师通过 5C 思维导图，梳理本次课的教学内容，帮助学生厘清思路，更好地复习巩固 **梳理教学内容** （Culture）课前文化任务 （Communication）重点内容 （Comparison）难点突破 （Connection）物流专业词汇 （Community）第二课堂	通过思维导图与教师共同梳理教学内容，厘清思路	基于文化差异和思维方式不同的考虑，教师通过思维导图更能帮助学生厘清思路，梳理教学内容，“温故而知新”	

续表

（三）课后拓展 Community 第二课堂			
教师活动	**学生活动**	**设计意图**	**课程思政**
1. 发布课后任务 在商店或商场进行询问价格口语练习，并拍下视频上传至云班课平台； 2. 发布测试 教师在云班课平台发布课后小测试	1. 在商店或商场进行询问价格口语练习； 2. 完成本课小测试	衔接课堂教学内容，拓展教学空间，在真实情景中提高语言技能、检验学习成果	加深对中国文化的认知

（四）考核评价

课前自学（20%）

云班课任务 1 和任务 2 成绩

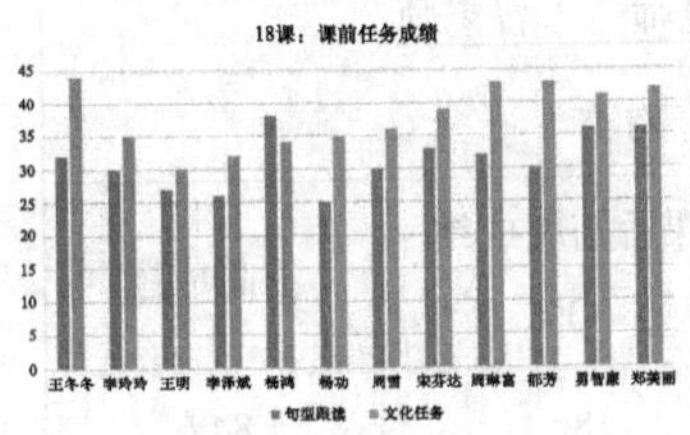

《初级汉语口语》学生课程记录表

<table>
<tr><td colspan="7">授课内容：购物 1　任课老师：王老师　曹老师</td></tr>
<tr><td>课程进度</td><td colspan="6">项目一：我的日常生活　　模块六：购物</td></tr>
<tr><td rowspan="2">所属组别</td><td rowspan="2">姓名</td><td rowspan="2">出勤</td><td rowspan="2">课堂练习完成情况（A.B.C.D.）</td><td colspan="2">课堂回答问题</td><td rowspan="2">课堂表现情况</td></tr>
<tr><td>回答数</td><td>正确数</td></tr>
<tr><td rowspan="4">第 1 组</td><td>王冬冬</td><td>√</td><td>A</td><td>1</td><td>1</td><td>比较活泼，积极和老师互动，也能和同学们积极讨论，认真做练习，积极思考</td></tr>
<tr><td>李玲玲</td><td>√</td><td>A</td><td>4</td><td>2</td><td>比较积极，上课认真听讲，仔细思考，认真做练习，速度较快，正确率高</td></tr>
<tr><td>王明</td><td>√</td><td>A</td><td>1</td><td>1</td><td>上课认真听讲，比较文静，能跟着老师的思路走，记笔记也很认真，有不同想法会及时提出来</td></tr>
<tr><td>李泽斌</td><td>√</td><td>B</td><td>2</td><td>1</td><td>遵守课堂纪律，会积极跟着老师的思路走，但有畏难情绪，不喜欢独立思考完成练习，有几次练习都等着老师来评讲</td></tr>
</table>

课中任务（50%）

1. 教师课堂记录成绩

《初级汉语口语》学生课堂学习评价量化表

<table>
<tr><td>姓名</td><td>王冬冬</td><td>组别</td><td>1</td><td>课程内容</td><td>购物 1</td></tr>
<tr><td>评价要素</td><td colspan="3">评价标准</td><td>权重</td><td>教师评分</td></tr>
<tr><td>首次课程作业完成情况</td><td colspan="3">上一教学单元作业完成情况，90–100 分　得 18 分，80–90 分得 15 分，70–80 得 13 分，60–70 分得 10 分</td><td>20</td><td>18</td></tr>
<tr><td>小组项目任务完成情况</td><td colspan="3">小组项目任务完成率，100% 完成得 30 分，90% 完成得 25 分，80% 得 20 分，70% 完成得 15，以此类推</td><td>30</td><td></td></tr>
<tr><td>汉语口语教学目标完成情况</td><td colspan="3">课堂小测成绩，100 分得 20 分，90–100 分　得 18 分，80–90 分得 15 分，70–80 得 13 分，60–70 分得 10 分</td><td>20</td><td></td></tr>
</table>

2. 角色扮演互评成绩

<table>
<tr><td>项目组</td><td>学号</td><td>姓名</td><td>得份</td><td>个人得分</td></tr>
<tr><td rowspan="4">1</td><td>0312L180111</td><td>郁 ×</td><td rowspan="4">优秀</td><td>80</td></tr>
<tr><td>0312L180112</td><td>周 × ×</td><td>79</td></tr>
<tr><td>0312L180113</td><td>杨 ×</td><td>82</td></tr>
<tr><td>0312L180114</td><td>杨 ×</td><td>77</td></tr>
<tr><td rowspan="4">2</td><td>0312L180116</td><td>王 ×</td><td rowspan="4">优秀</td><td>82</td></tr>
<tr><td>0312L180117</td><td>永 × ×</td><td>85</td></tr>
<tr><td>0312L180118</td><td>王 × ×</td><td>83</td></tr>
<tr><td>0312L180122</td><td>宋 × ×</td><td>81</td></tr>
<tr><td rowspan="4">3</td><td>0312L180123</td><td>李 × ×</td><td rowspan="4">良好</td><td>70</td></tr>
<tr><td>0312L180103</td><td>周 ×</td><td>78</td></tr>
<tr><td>0312L180104</td><td>郑 × ×</td><td>73</td></tr>
<tr><td>0312L180124</td><td>李 × ×</td><td>80</td></tr>
</table>

课后拓展（30%）

第二课堂任务分数和小测试

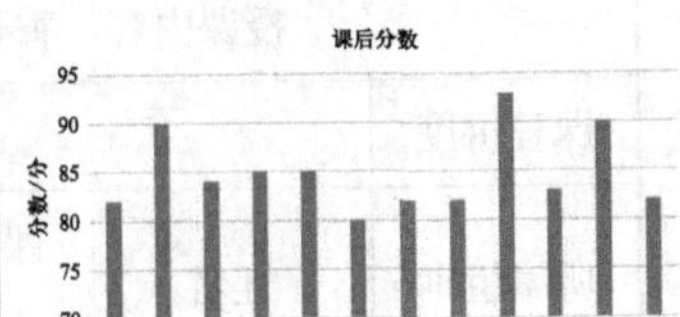

续表

3. 小程序游戏成绩

学号	姓名	个人得分
0312L180111	郁 ×	75
0312L180112	周 ××	70
0312L180113	杨 ×	71
0312L180114	杨 ×	79
0312L180116	王 ×	73
0312L180117	永 ××	71
0312L180118	王 ××	78
0312L180122	宋 ××	80
0312L180123	李 ××	83
0312L180103	周 ×	82
0312L180104	郑 ××	84
0312L180124	李 ××	85

综合以上考核指标，得出学生最后总成绩

授课内容：香蕉多少钱一斤？　任课老师：王老师　曹老师					
课程讲度	模块 3：休闲时光　项目 1：购物				
所属组别	姓名	课前作业成绩 20%	课中考核成绩 50%	课后拓展成绩 30%	汇总成绩
第 1 组	王 ××	88	83	86	84.6
	李 ××	88	86	90	87.2
	王 ×	78	88	84	85.2
	李 ××	85	87	85	86.2
第 2 组	杨 ×	83	86	85	85.2
	杨 ×	86	80	80	81.2
	周 ×	87	80	86	82.6
	宋 ××	84	94	86	90.4
第 3 组	周 ××	90	96	93	94.2
	郁 ×	88	80	83	82.2
	勇 ××	80	90	90	88
	郑 ××	84	88	86	86.8

三、案例效果

经过12学时的“休闲时光”模块混合式学习实践，留学生习得汉语水平取得初步成效，教学目标有效达成。

（一）对比分析前测、后测成绩，后测成绩较前测成绩有所提高

模块三“休闲时光”对应的12学时教学内容，将学生的汉语言水平进行了前测和后测的成绩对比分析，分析结果显示学生汉语言水平有所进步，后测成绩较前测成绩有一定程度的提高（图9）。

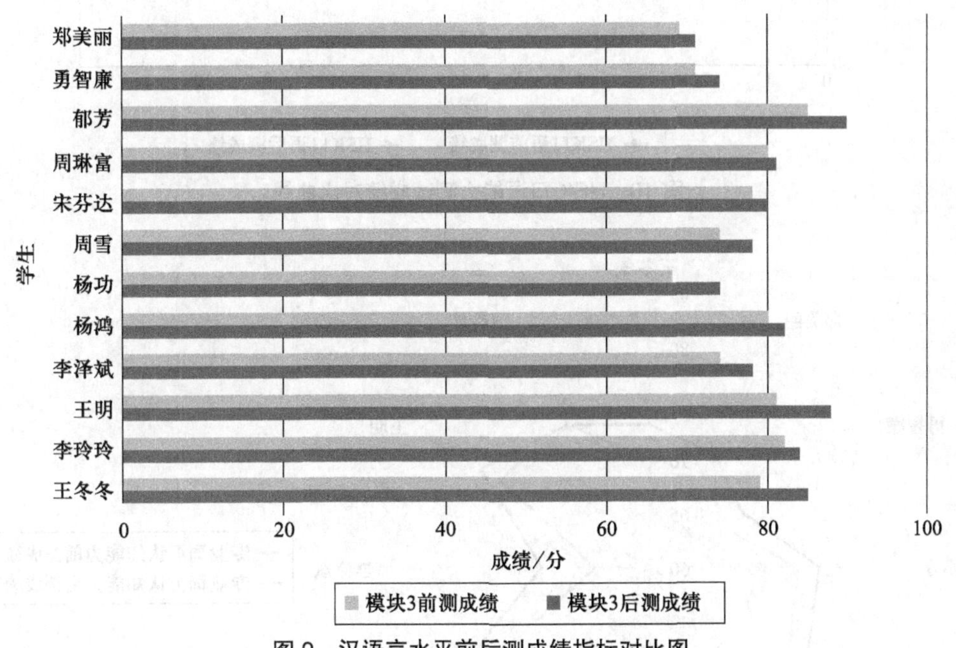

图9　汉语言水平前后测成绩指标对比图

（二）对比分析HSK口语能力前后测成绩，学生口语能力有所提高

课前学生通过使用HSK口语能力测试App进行自测，本模块教学结束后再次使用该软件进行水平测试，测试结果显示口语能力较课前有所提高（图10）。

（三）云班课“发音小测试”成绩分析，学生专业词汇认知能力较课前明显提升

教师在云班课发布“看图发音”小测试，检验留学生对专业词汇的认知能力。本模块教学前学生专业词汇水平较低，经过12课时的教学，学生能够识别更多相关物流专业词汇，发音基本准确（图11）。

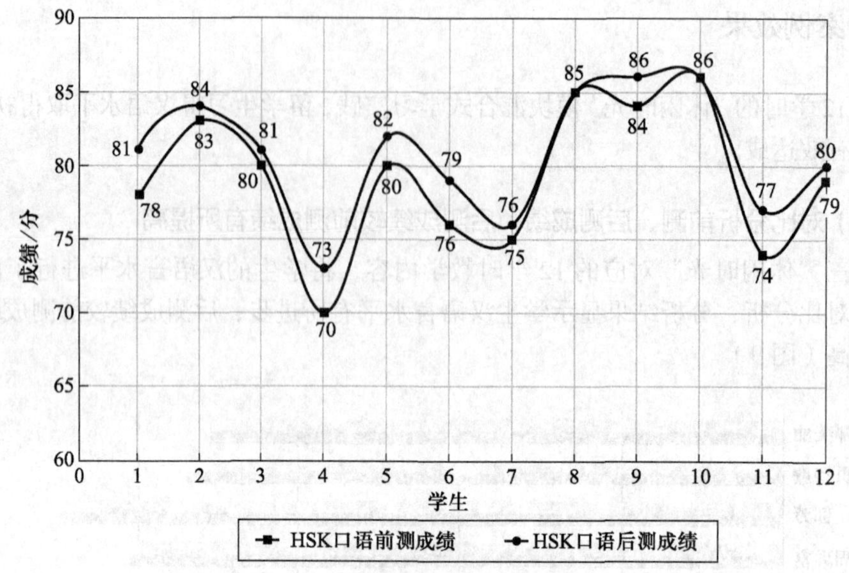

图 10　HSK 口语能力测试成绩对比曲线

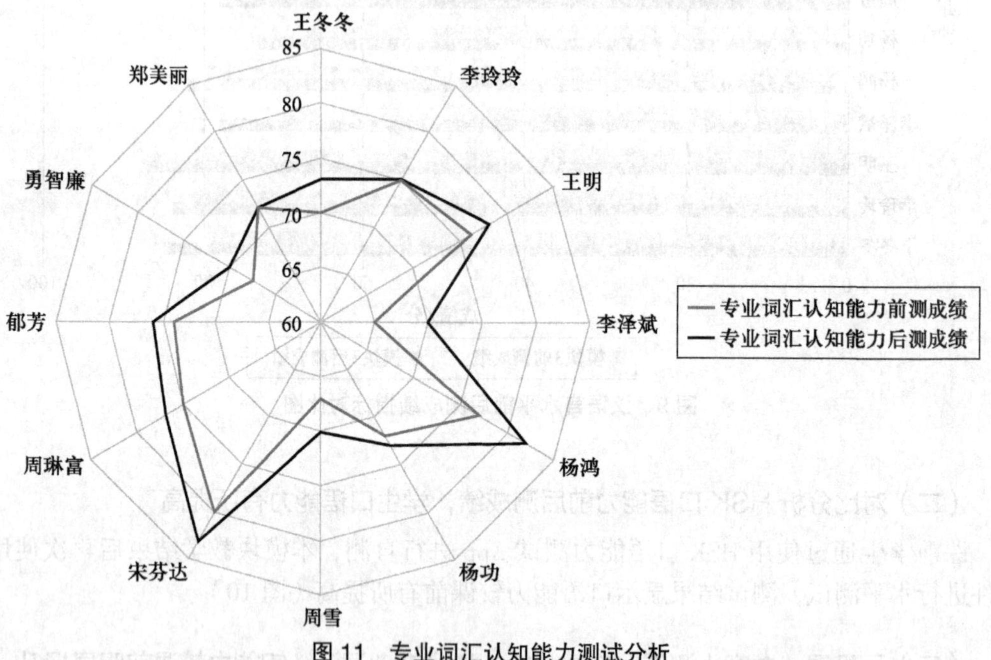

图 11　专业词汇认知能力测试分析

（四）学生课后教学效果反馈数据显示，该课程受欢迎程度较高

本模块 12 学时教学内容结束后，从课程趣味性、课程设计、课程内容、课程效果和课程评价五个维度设计了课程质量问卷量表，并由 SPSS 软件统计得出学生的评价数据，量级从 1 至 5，评分均值大多集中在 3.5~4.5 分数段，说明学生对本模块教学满意度较高（图 12）。

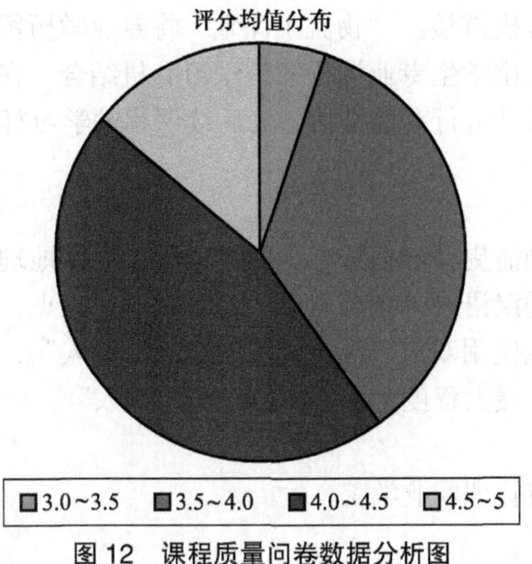

图 12　课程质量问卷数据分析图

四、案例分析

（一）特色：因材施教、教学相长、文化沉浸

1. 中泰语言对比教学帮助学生理解汉语结构，减少母语负迁移

由于学生年龄超过第二语言习得临界期，母语结构固化，因此，我们设计了中泰语言结构对比，帮助学生转换思维方式，理解汉语惯用语法结构，并不断进行纠错及强化练习，减少母语负迁移作用。

2.“第二课堂”有效拓展教学空间，提高文化认知

5C 教学要素中的“Community”强调语言要走出课堂，进入语言社区，在真实情景中应用对话，有利于汉语学习者“沉浸式学习”；同时，加深学生对中国文化的认知，促进人文交流、民心相通。

3.“三结合”多元化方式考评，提高语言评测的科学性

教师综合考量学生课前、课中、课后表现，采用过程性评价和终结性评价相结合、定性考核和定量考核相结合、线上平台数据和线下课堂记录相结合的多元化考核方式，提高语言评测科学性的同时，即时了解该阶段学生的课堂表现和心理状况，随时调整和优化教学策略。

4. 信息化教学手段常态化，实现全过程的数据采集

利用慕课平台、语音 App、蓝墨云班课、自主研发系列小程序游戏等信息化手段辅助教学，与日常教学有机融合使信息化手段实现常态化，帮助学生化解语言教学重难点，减少母语负迁移作用。同时利用信息化手段收集相关数据，进行全过程的数据采集，为科研、教改提供一手数据。

（二）创新：专业知识、语言教学、有机融合

在教学实施过程中，每一个教学单元根据教学内容设计了“物流小课堂”环节，将教

学内容与物流专业词汇有机链接。“物流小课堂”将专业学历留学生相关的专门汉语和职业素养、语言技能学习与留学生专业课程知识学习有机结合。在实现语言教学的同时服务专业，与后续专业课程教学进行有效链接，为后续课程的学习打好扎实的基础。

（三）优化与改进

双语课堂用语的比例需更精准把握。为帮助留学生更好地理解课堂内容，教师采用双语模块化教学，能够帮助汉语水平稍弱的学生理解教学重难点，达到知识能力目标，但学生可以听懂的汉语句子也使用双语，减少学生的听力“输入”，在后续课程中双语的课堂用语需更加精准的把握，最大程度增加学生的汉语“输入”。

案例来源：重庆城市管理职业学院

案例三　专业课教学案例（高职）

汽车营销与服务专业
二手车鉴定与评估实务课程
事故车鉴定部分

一、案例背景

2021年4月，中共中央总书记、国家主席、中央军委主席习近平近日对职业教育工作做出重要指示强调，在全面建设社会主义现代化国家新征程中，职业教育前途广阔、大有可为。要优化职业教育类型定位，深化产教融合、校企合作，深入推进育人方式改革，培养更多高素质技术技能人才、能工巧匠、大国工匠。2019年《国家职业教育改革实施方案》提出“探索组建高水平、结构化教师教学创新团队，教师分工协作进行模块化教学”，推动职业学校进行“课堂革命”，适应生源多样化特点，将课程教学改革推向纵深。完善以学习者为中心的专业和课程教学评价体系，强化实习实训考核评价。鼓励教师团队对接职业标准和工作过程，探索分工协作的模块化教学组织方式。

职业教育专业课教学需要面向市场、面向企业、面向岗位，基于职业岗位进行课程设计和教学设计，在科技发展、教学设备及教学技术条件的不断发展过程中优化教学方法，提升教学效果，提高人才培养质量。职业院校积极回应《国家职业教育改革实施方案》“三教改革”要求，开展教学改革，形成了一批具有特色、效果良好的专业课教学改革案例。

二、案例介绍

（一）课程简介

改革开放40多年来，汽车产业波澜壮阔、开启新征程。2016年、2018年李克强总理两次在《政府工作报告》中提到二手车行业，2020年，中国二手车交易规模将达到2000万辆，交易金额将突破2万亿元。二手车行业已进入爆发期，成为汽车产业最有活力的增长点（图1）。

同时，二手车行业存在人才储备不足、良莠不齐等问题。学校与奥迪合作成立校企合作项目，共同开发课程。校企联合共同开发和使用活页式、工作手册式教材。以国际化视野审视教学，深化“三教改革”，开发、借鉴、引进多项新技术、新标准、新方法，将诚信服务与客户至上的理念贯穿全课程，培养具有高道德水准和高专业技能的二手车评估师。

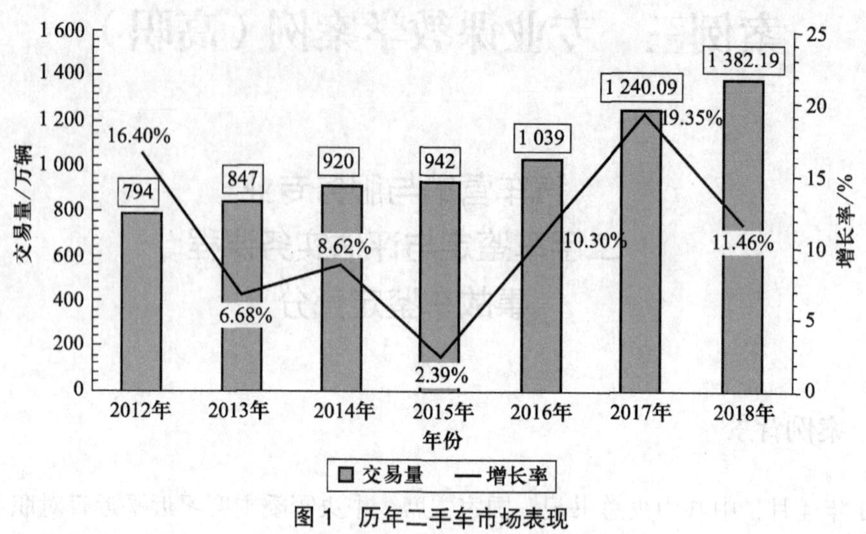

图1 历年二手车市场表现

课程基本信息

课程名称	二手车鉴定与评估实务	作品名称	事故车鉴定
课程类型	专业核心课	授课班级	1751707
总学时	48	授课时间	第四学期
学习资源	网易云课堂 二手车小胖说公众号	蓝墨云班课 Audi 在线学习	
学生情况	● 班级授课对象：奥迪官方认证二手车评估师班学生，是由校企双方从全校学生中选拔出的优秀学员，已经习惯依托蓝墨云班课教学资源库、企业在线学习平台开展学习 ● 班级授课人数：16 名 ● 班级学生结构：17~19 岁 ● 班级学生特色：接触互联网较早，网络查询资料能力较强。学生思路活跃，喜欢丰富多彩的课程形式。学生存在个体差异，需要有指向性培养，通过前期调研获得学生具体情况如表 1 所示。学生分组时优生、差生、技能小能手分布到各个组，实现“生教生”，优生带动差生学习积极性，差生促进优生的成长。班级已分为四个小组：诚信组、文明组、工匠组、奋斗组，以小组形式开展教学活动		

续表

<table>
<tr><td>学生情况</td><td>
表1　学生个性化分析
<table>
<tr><th>姓名</th><th>优点</th><th>缺点</th><th>措施</th></tr>
<tr><td>田澳、刘朝晖、许俊杰</td><td>沟通表达能力很强</td><td>学习主动性较差</td><td>课前课后做好辅导工作；组成学生小组，辅助其学习
增加其答题机会，找准各种加分机会，使其有知识获得感，培养其对学习的兴趣</td></tr>
<tr><td>韩伟、王雪莹</td><td>聪明</td><td>爱玩手机</td><td>给其设置手机管理员的角色，担任组内的智慧担当</td></tr>
<tr><td>王轶鹏</td><td>摄影能力强，具有一定的PS能力</td><td>学习主动性差</td><td>协同老师拍摄VR车辆全景图，PS车辆，在VR案例车辆制作过程中获得知识</td></tr>
<tr><td>刘骏峰</td><td>在校期间自主创业，进行二手车鉴定评估与交易，有扎实的实战经验</td><td>沾染了社会的一些不良习气</td><td>课堂中多融入诚实守信的思政教育，引导其带动其他学生的技能提升，以培养其责任感</td></tr>
<tr><td>王友恩</td><td>学习认真</td><td>说话有点结巴，有点自卑</td><td>需要给予其特殊关注与鼓励，培养其自信心</td></tr>
<tr><td>姜博旭</td><td>学习非常好</td><td>自尊心很强</td><td>培养过程中注意其心理变化，及时调整问答策略</td></tr>
<tr><td>张铭晟、于键、王悦、李畅、王焯、华萌</td><td>学习好</td><td>沟通表达能力较弱</td><td>增加其小组讨论汇报的机会</td></tr>
<tr><td>崔玉鹏</td><td>学习好、形象好、表达能力强</td><td>管理能力弱</td><td>担任课代表，辅助同学学习</td></tr>
</table>
</td></tr>
<tr><td>课程说明</td><td>“二手车鉴定与评估实务”的前导课程有“汽车结构性能与使用”“汽车发动机结构与检修”“汽车底盘结构与检修”“车身修复技术”“汽车电器结构与检修”“汽车性能试验技术”“二手车整备翻新技术”“二手车动态检查实用技术”“二手车专业校外实训”；
后续课程为“二手车鉴定与评估实训”“企业实习”</td></tr>
</table>

（二）教学内容设计

1. 教学内容

根据教育部公布的专业教学标准，“二手车鉴定与评估实务”为本专业的核心课程，如表 2 所示，第四学期开设。课程在人才培养方案里的位置如图 2 所示。

表 2　选自教学标准部分内容

所属专业大类（代码）	所属专业类（代码）	对应行业（代码）	主要职业类别（代码）	主要岗位群或技术领域举例
财经商贸类（63）	市场营销类（6307）	零售业（52）； 保险业（68）	销售人员（4-01-02）； 保险服务人员（4-05-04）	汽车销售顾问； 配件销售与管理员； 汽车保险产品销售； 查勘定损员； 二手车鉴定评估

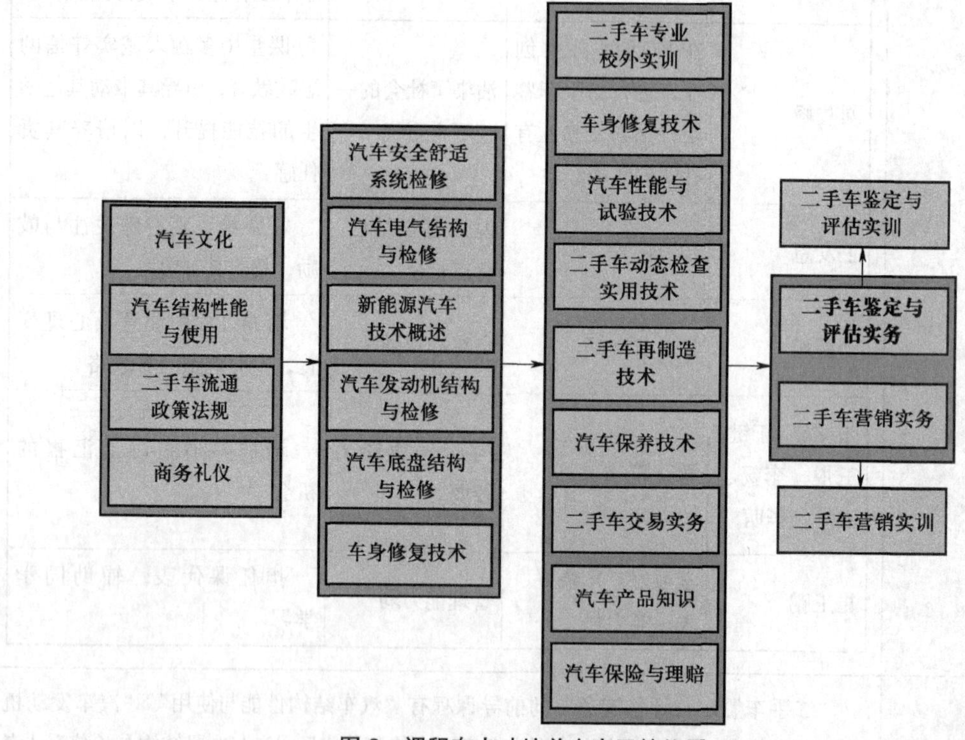

图 2　课程在人才培养方案里的位置

事故车鉴定（领域三）是二手车评估师的必备技能，为满足职业岗位核心能力要求，设计为 16 学时，教学单元在本门课程中的逻辑关系图如图 3 所示。

以二手车评估师岗位的核心作业能力为依托，确定事故车鉴定的教学内容如图 4 所示。

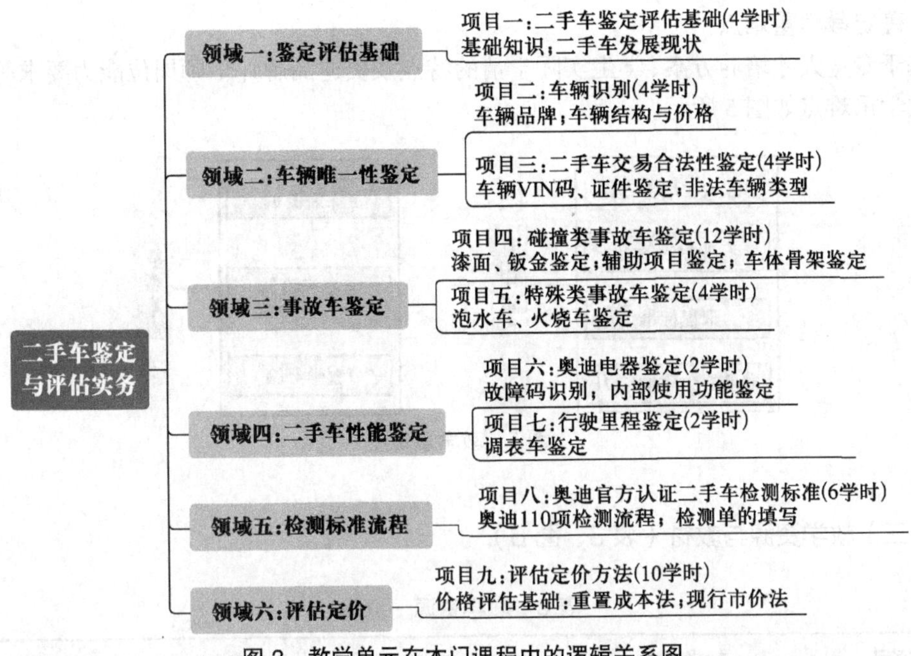
二手车鉴定与评估实务
领域一：鉴定评估基础
项目一：二手车鉴定评估基础(4学时)
基础知识；二手车发展现状
领域二：车辆唯一性鉴定
项目二：车辆识别(4学时)
车辆品牌；车辆结构与价格
项目三：二手车交易合法性鉴定(4学时)
车辆VIN码、证件鉴定；非法车辆类型
领域三：事故车鉴定
项目四：碰撞类事故车鉴定(12学时)
漆面、钣金鉴定；辅助项目鉴定；车体骨架鉴定
项目五：特殊类事故车鉴定(4学时)
泡水车、火烧车鉴定
领域四：二手车性能鉴定
项目六：奥迪电器鉴定(2学时)
故障码识别，内部使用功能鉴定
项目七：行驶里程鉴定(2学时)
调表车鉴定
领域五：检测标准流程
项目八：奥迪官方认证二手车检测标准(6学时)
奥迪110项检测流程，检测单的填写
领域六：评估定价
项目九：评估定价方法(10学时)
价格评估基础：重置成本法；现行市价法

图 3　教学单元在本门课程中的逻辑关系图

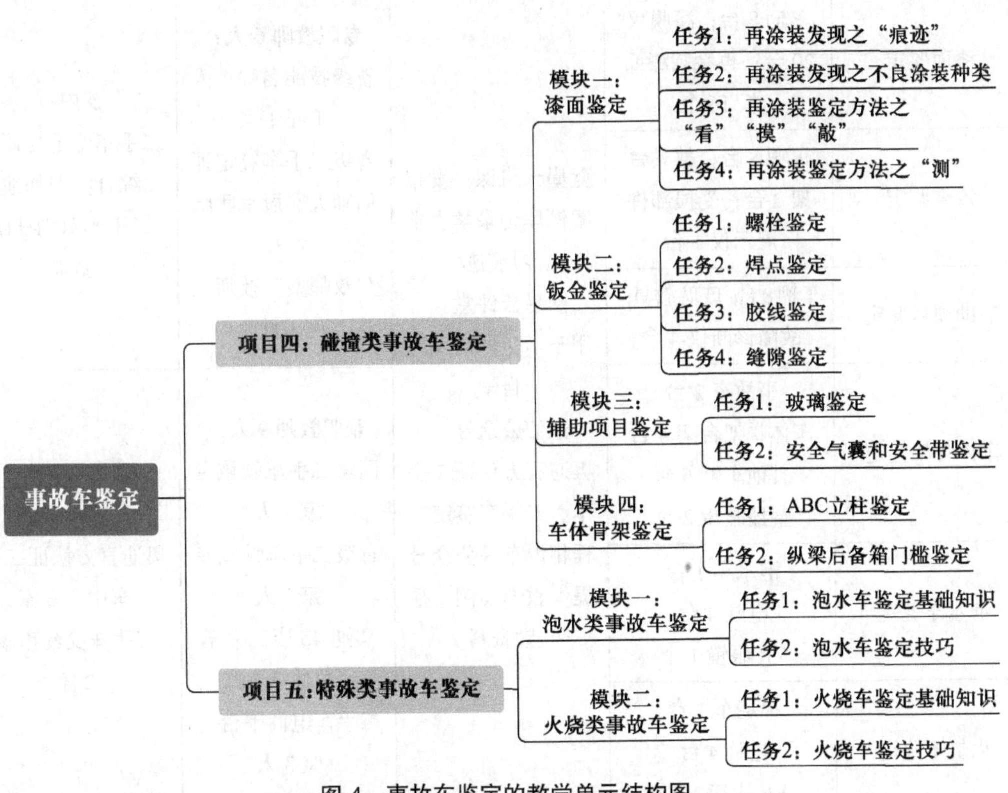
事故车鉴定
项目四：碰撞类事故车鉴定
模块一：漆面鉴定
任务1：再涂装发现之“痕迹”
任务2：再涂装发现之不良涂装种类
任务3：再涂装鉴定方法之“看”“摸”“敲”
任务4：再涂装鉴定方法之“测”
模块二：钣金鉴定
任务1：螺栓鉴定
任务2：焊点鉴定
任务3：胶线鉴定
任务4：缝隙鉴定
模块三：辅助项目鉴定
任务1：玻璃鉴定
任务2：安全气囊和安全带鉴定
模块四：车体骨架鉴定
任务1：ABC立柱鉴定
任务2：纵梁后备箱门槛鉴定
项目五：特殊类事故车鉴定
模块一：泡水类事故车鉴定
任务1：泡水车鉴定基础知识
任务2：泡水车鉴定技巧
模块二：火烧类事故车鉴定
任务1：火烧车鉴定基础知识
任务2：火烧车鉴定技巧

图 4　事故车鉴定的教学单元结构图

2. 确定教学重难点

基于专业人才培养方案、学生实际学情的特点及奥迪品牌评估师岗位能力要求等内容，确定教学重难点如图 5 所示。

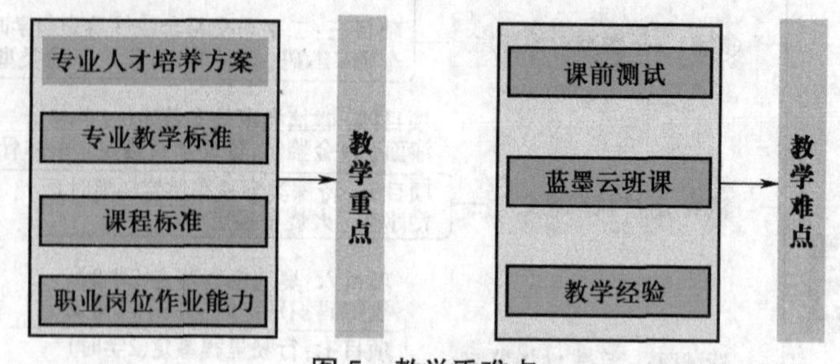

图 5 教学重难点

（三）教学资源与教材（表 3、图 6）

表 3 教学资源一览表

<table>
<tr><th>项目</th><th>教学设备</th><th>教学平台</th><th>师资队伍</th><th>学生实践场地</th></tr>
<tr><td>漆面鉴定</td><td>车辆 8 台；漆膜仪 20 台；再涂装漆面板 16 个</td><td rowspan="6">蓝墨云班课：发布案例库记录学生学习痕迹
网易云课堂：用于学生课前课后自学
微信公众号：奥迪官方认证二手车、二手车鉴定、程相说车等公众号提供教学案例、视频资料</td><td rowspan="3">专职教师 6 人：
省级技能名师 1 人
工匠 1 人
省级二手车鉴定评估师大赛冠军团队 4 人
“双师型”教师比例 100%</td><td rowspan="3">校内：
二手车鉴定与评估综合实训基地
二手车双创社团基地</td></tr>
<tr><td>钣金鉴定</td><td>车辆 8 台；教具台架 2 台；受损部件展示仪 1 台</td></tr>
<tr><td>辅助项目鉴定</td><td>车辆8台；玻璃教具；故障诊断仪 4 台</td></tr>
<tr><td>车体骨架鉴定</td><td>事故车 2 台
车体骨架台架 4 台
其他车辆 6 台
直播眼镜 2 个</td><td rowspan="3">兼职教师 9 人：
国家二手车领域专家 1 人
省级二手车领域专家 2 人
奥迪 4S 店二手车总监 3 人
二手车电商平台总监 3 人</td><td rowspan="3">校外：
奥迪官方认证二手车中心 3 家
二手车交易市场 2 家</td></tr>
<tr><td>泡水车鉴定</td><td>泡水车 1 台
电脑 4 台
VR 眼镜 1 个</td></tr>
<tr><td>火烧车鉴定</td><td>火烧车 1 台
电脑 4 台
VR 眼镜 1 个</td></tr>
</table>

选用高职高专“十二五”规划教材为主教材，借鉴奥迪标准制作活页式、工作手册式教材如图 6 所示。

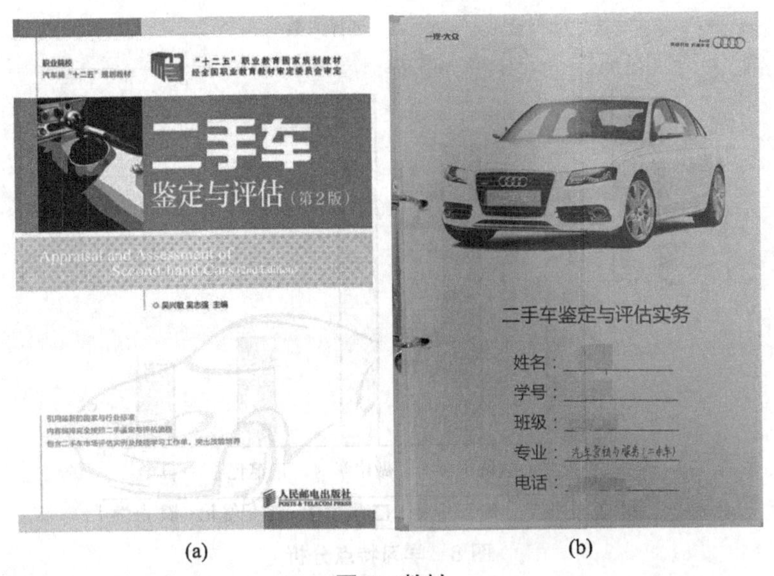

(a)　　　　(b)

图 6　教材

（四）教学目标（图 7）

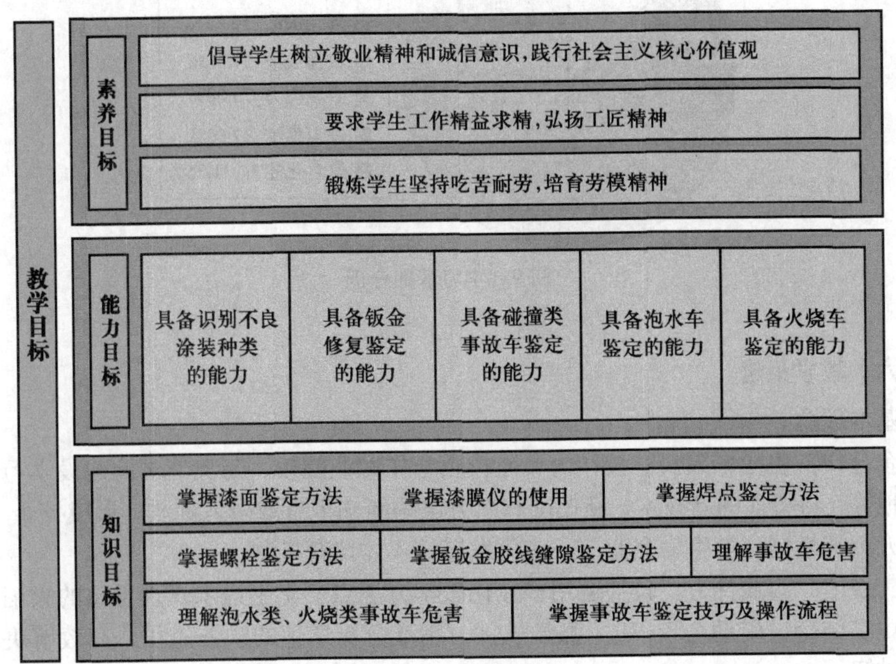

图 7　教学目标

（五）授课对象

授课对象为奥迪官方认证二手车评估师班的 16 名“95 后”学生，他们个性鲜明，动手能力较强，喜欢二手车行业和奥迪品牌，喜欢活跃的、参与感强的课堂，主动选择加入奥迪官方认证二手车项目，如图 8、图 9 所示。

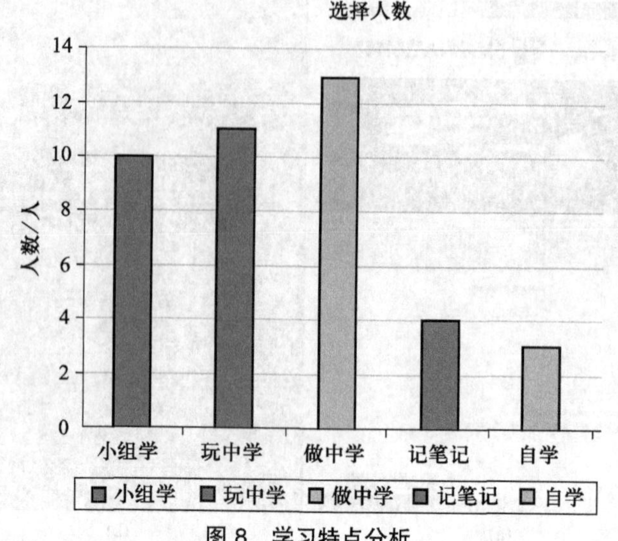

图 8　学习特点分析

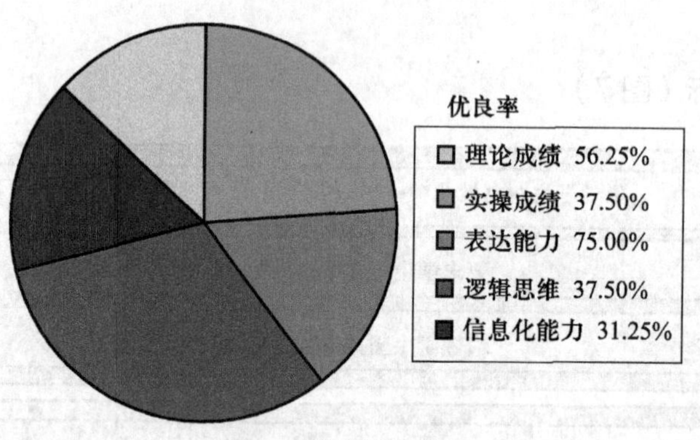

图 9　学习基础分析

（六）教学策略

1. 基本理念

校企合作，协同育人。学校作为奥迪校企合作职业院校，与奥迪共同建设学习资源及实训基地等，将奥迪的新技术、新标准和新方法等新知识有效融入课程，形成校企“双元”协同育人、“学校、学生、企业”一体化发展的人才培育机制。

理实一体，实践育人。教师运用多元化教学方法点燃学生追求真理思想的火焰，线上线下、虚实结合，借助全景 VR、教学软件，精准分析学生的学习过程，有效解决教学重难点的讲解。

因材施教、个性育人。建立学生成长档案，在技能考核过程中，分成达标型、培优型、工匠型三个考核层次，并围绕岗位要求开展证书式考核，将课程教学与职业技能挂钩、课程考试与技能考核统筹。

课堂思政，文化育人。将二手车行业特有的诚信意识和服务客户的理念融入教学课堂，倡导学生树立工匠精神和劳动精神，培养学生德能并进、敬业创新，践行社会主义核心价值观。

2. **课程实施**

以奥迪二手车合作项目为载体，建立课程标准，结合学情分析结果，本单元授课思路设计如图 10 所示。

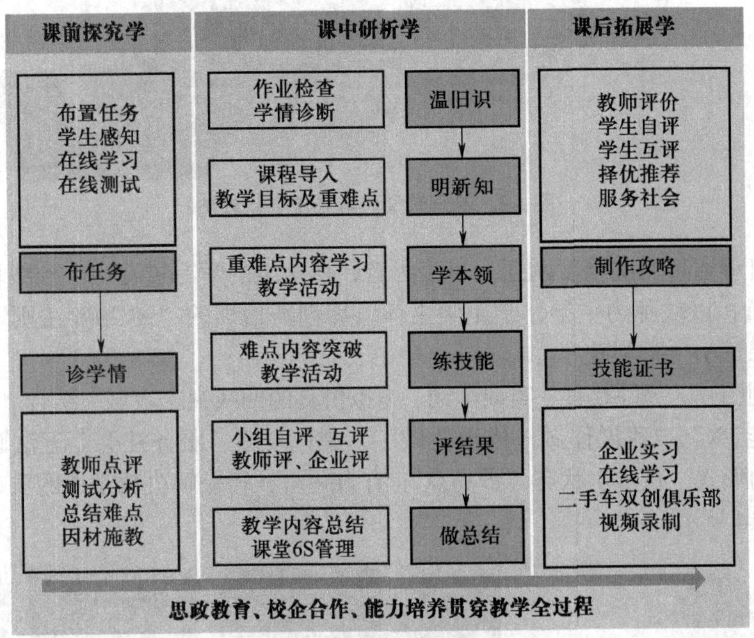

图 10　本单元授课思路设计

课前探究学。结合岗位任务，通过“蓝墨云班课”线上发布在线视频学习和文章阅读任务，线下学生自主选择调研企业，撰写调研报告。参考在线学习平台“网易云课堂”，借助网络资源扩充学生的知识体量，使之更好地参与到教学过程中，如图 11 所示。

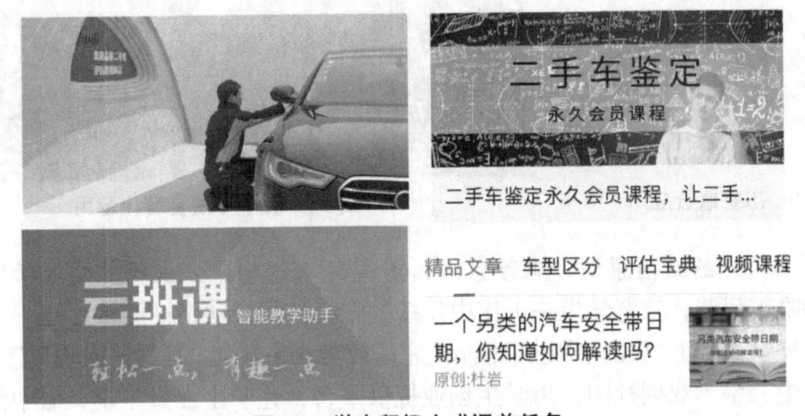

图 11　学生积极完成课前任务

课中研析学。教学单元通过基础教学的漆面修复鉴定、钣金修复鉴定的学习，进入学生更难理解的车体骨架鉴定学习，增补辅助项目鉴定后完成碰撞类事故车的学习。最后，由常见到特殊进行二次技术升级，完成泡水车鉴定和火烧车鉴定的总体学习，如图 12 所示。

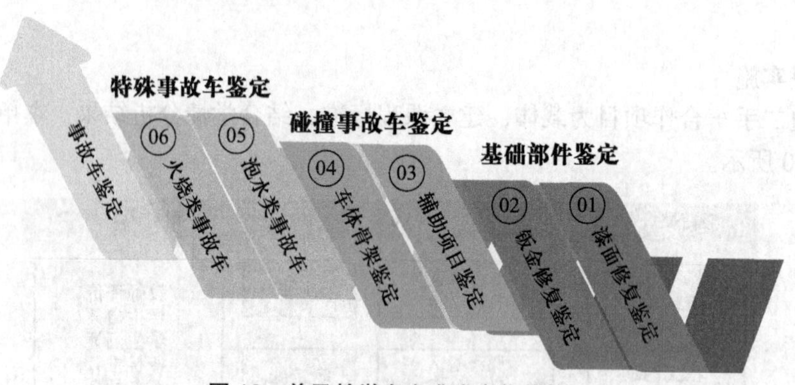

图 12 单元教学内容难度变化趋势

教学全过程通过两次难度跃迁，步步为营，使学生的学习过程由点到线再到面，保证学生听课质量；以教师为主导，学生为主体，用创新培训的“90/20/8 法则”将教学时间进行切割，保证学生听课效率。

通过案例图片、部件教具、实训车辆、虚拟仿真的四线突击攻破，结合“做中学”“玩中学”“技能 PK”“我说你做，你说他做”“制作攻略、服务社会”五法联合应用，以“组合拳”的形式，在学生状态“最高点”有力一击，轻松解决教学中的重、难点讲解，如图 13、图 14 所示。

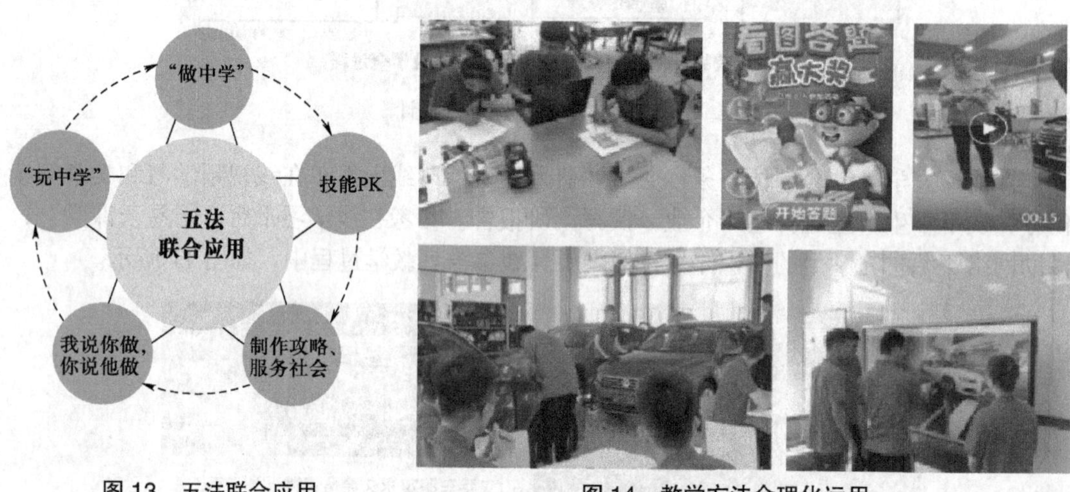

图 13 五法联合应用

图 14 教学方法合理化运用

将二手车行业的诚信意识、服务意识、6S 管理等思想融入课程，要求学生做到精益求精、坚持吃苦耐劳，教育学生在工作中发扬工匠精神与劳动精神的重要性。

课后拓展学。通过“双创+服务”模式，完成教学成果转化。其具体表现以下几个方面：

借助学生二手车双创社团，为学生创业提供平台，让学生在做中学、做中研，将学校中的积累转化成创业能力。

学生制定事故车鉴定攻略，评选最佳作品上传至抖音平台专业官方账号，帮助有二手车交易需求的客户群体，达到服务社会的目的。

实施个性化教学，课上未通过考核的同学，布置课后录制操作视频的任务，保证所有学生的学习质量。

3. 教学评价

用学生 PK 互动代替学生互评，用学生拍摄视频自纠自查替换学生自评，用学生课后拓展成品评价、学生成长档案技能证书获取替换老师点评，实现课、证、赛、岗、研五位一体，循环迭生，学生能力全面提升如图 15、图 16 所示。

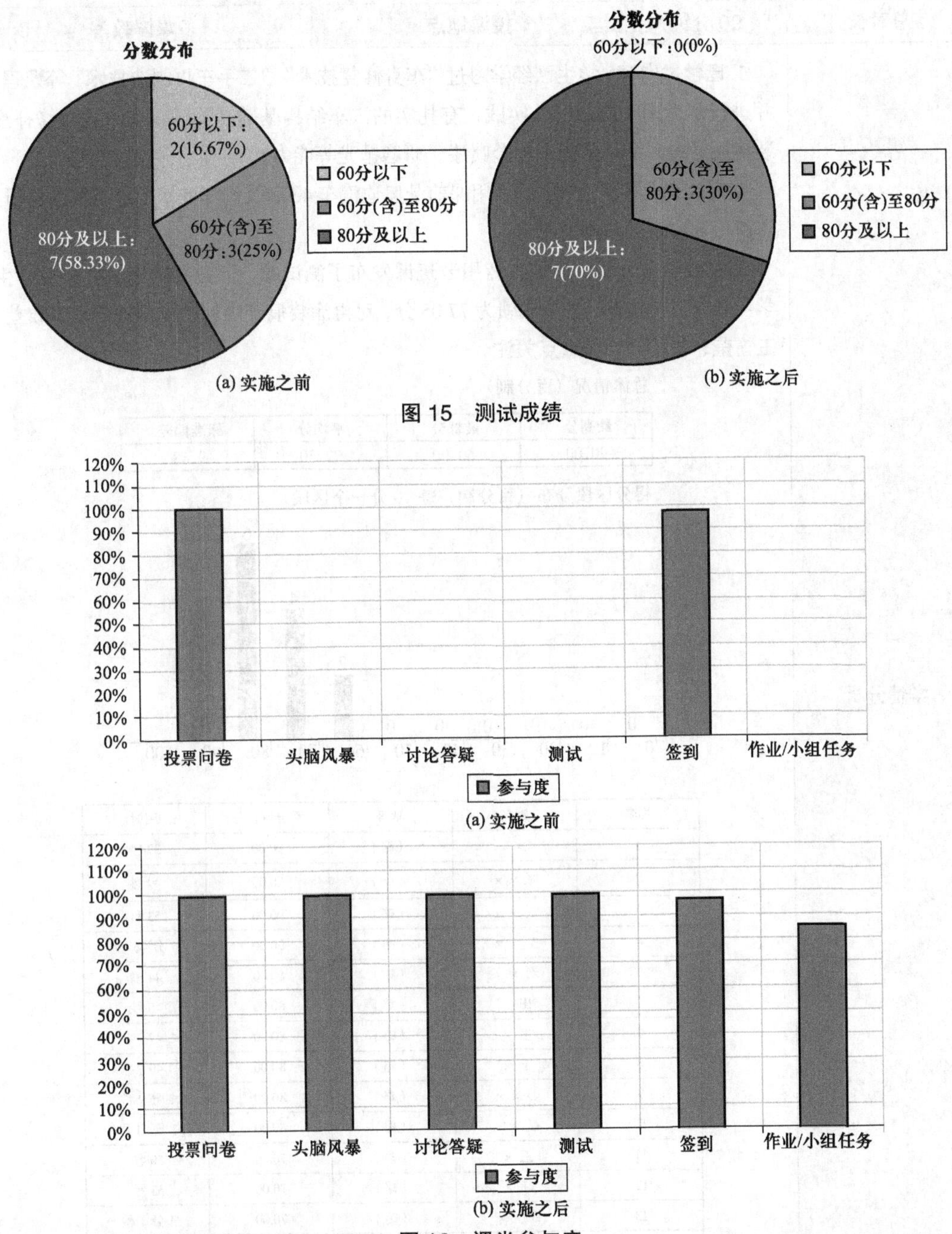

图 15　测试成绩

图 16　课堂参与度

（七）具体教学实施

具体教学过程以项目四中模块一（2 学时）的教学开展为例进行展示。

项目四　碰撞类事故车鉴定

模块一　漆面鉴定

基本信息			
学时	2	授课方式	理实一体
总时长	90 分钟	授课地点	多媒体教室

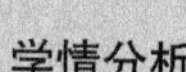

1. 已学过内容：学生已经学习过“车身修复技术”“二手车再制造技术”等课程，并进行了为期 1 周的校外实践，有扎实的汽车结构基础，了解新车涂装与修补涂装漆层结构区别，掌握了钣金喷漆、研磨抛光等能力。

2. 完成企业调研：学生已利用课前赴奥迪汽车 4S 店及汽车专修厂进行实地调研，了解漆面鉴定的基本情况。

3. 在线学习分析：课前在蓝墨云班课发布了测试题，通过在线测试方式对学生学习效果进行检测，平均成绩为 77.05 分，对再涂装痕迹中的遮掩痕迹的理解较差，王雪莹、华萌同学需重点关注。

总体情况（百分制）

最高分	最低分	平均分	标准偏差
90.00	60.00	77.50	9.68

得分区段分布（百分制，每 10 分一个区段）

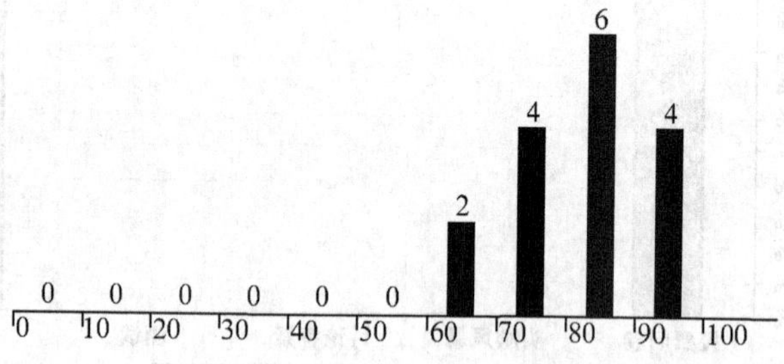

排名	姓名	学号	百分制得分	用时
1	李 ×	（略）	90.00	37 秒
2	张 × ×	（略）	90.00	49 秒
3	刘 × ×	（略）	90.00	53 秒
4	王 × ×	（略）	90.00	1 分 46 秒
5	刘 × ×	（略）	80.00	44 秒
6	田 ×	（略）	80.00	46 秒
7	王 ×	（略）	80.00	47 秒
8	于 ×	（略）	80.00	49 秒
9	姜 × ×	（略）	80.00	1 分 9 秒
10	崔 × ×	（略）	80.00	1 分 21 秒
11	王 ×	（略）	70.00	50 秒
12	韩 ×	（略）	70.00	53 秒
13	许 × ×	（略）	70.00	1 分 1 秒
14	王 × ×	（略）	70.00	1 分 21 秒
15	王 × ×	（略）	60.00	最后一次未交卷
16	华 ×	（（略））	60.00	2 分 33 秒

续表

<table>
<tr><td rowspan="3">学习目标</td><td>知识</td><td>1. 了解新车涂装和修复涂装的区别；
2. 掌握再涂装鉴定方法的基础知识；
3. 掌握汽车漆面不良涂装的种类</td></tr>
<tr><td>能力</td><td>能够正确识别不良涂装种类</td></tr>
<tr><td>素养</td><td>1. 倡导学生树立敬业精神；
2. 通过案例分析和实操演练，要求学生树立诚信意识；
3. 通过课内的 6S 管理，使得好习惯养成，培育学生职业精神</td></tr>
<tr><td>教学重点</td><td colspan="2">基于专业人才培养方案、课程标准及奥迪品牌评估师岗位能力要求，本次课要重点解决以下重点内容：
1. 掌握不良涂装的种类；
2. 能够准确识别不良涂装种类</td></tr>
<tr><td>教学难点</td><td colspan="2">根据学生实际学情的特点及行业内评估师工作经验的反馈分析，本次课要突破的难点是：准确识别出漆面不良涂装</td></tr>
<tr><td>教学方法</td><td colspan="2">1. 问题探究法：提出问题，将理论与实践相结合，让学生有的放矢地去学习、思考、讨论、训练，提高学生分析问题、解决问题的能力。
2. 案例教学法：通过教学的互动性让学生对问题进行探索形成独特见解，培养学生洞察力、分析问题和解决问题的能力。
3. 进阶式教学法：通过将知识点由简到难层层递进的方式进行讲解，使得学生轻松掌握</td></tr>
<tr><td>教学活动</td><td colspan="2">1. 小组活动：抢答狂人
2. 互动活动：视频推送
3. 实操演练：PK 赛</td></tr>
<tr><td>教具</td><td colspan="2">交互智能平板显示设备（一体机）、教学白板、车模、不良涂装漆面板、白板笔</td></tr>
<tr><td>课程导航</td><td colspan="2">课前预学 课中研讨 课后拓展
发布任务
自学资源
测试
诊学情
新车涂装与修复涂装区别–“本质” 课堂探究
新车涂装与修复涂装区别–“现象” 小组讨论 课堂探究
不良涂装种类 网络查询 问题探究
常见不良涂装种类 企业调研 看图说话
不良涂装识别 抢答狂人 课堂探究
评结果 小组自评 小组互评 老师评
发放不良涂装技能证书
学生评
老师评
专家评
不良涂装识别攻略
案例收集
老师评</td></tr>
</table>

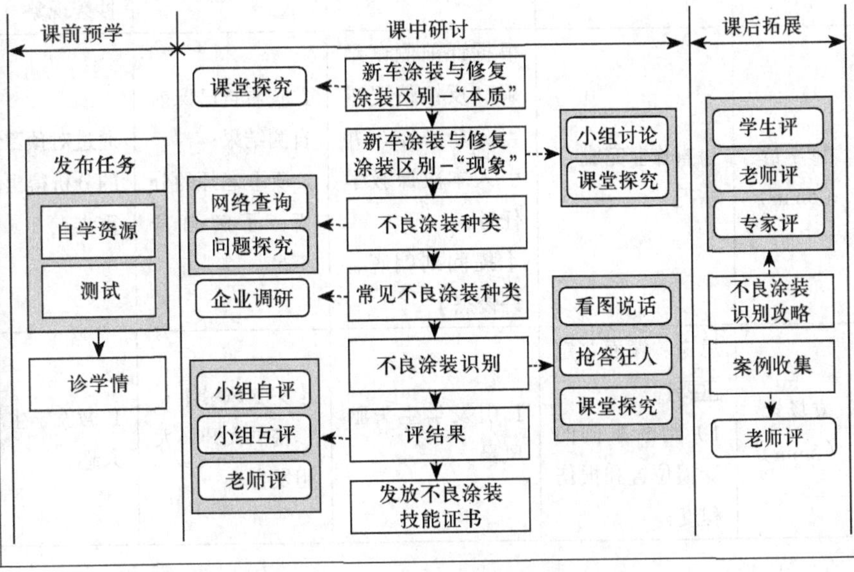

续表

教学过程					
课前预学					
教学环节	教学内容	教师主导活动	学生主体活动	设计意图	教学资源
发布任务	1. 观看新车涂装工艺视频、修补涂装工艺视频； 2. 校企实训基地进行调研； 3. 课前测试题	1. 通过蓝墨云班课发布学习视频； 2. 在蓝墨云班课发布企业调研问卷，联系企业落实调研事宜； 3. 在蓝墨云班课布置课前测试题	1. 登录蓝墨云班课观看视频学习涂装工艺过程； 2. 赴企业调研学习并完成调研报告； 3. 完成测试题	1. 培养学生自主学习的能力； 2. 通过提前预习，提升课堂教学效果； 3. 掌握学生对知识点了解的薄弱方向	网易云课堂 蓝墨云班课
课中研学					
第 1 学时		任务 1：再涂装发现之“痕迹”			
教学环节	教学内容	教师主导活动	学生主体活动	设计意图	教学资源
温旧识（5min）	回顾上次课车辆合法性鉴定的教学重点：行驶证、保险单、绿本、牌照、VIN码等的鉴定内容	1. 检查学生课前作业完成情况； 2. 课堂提问：鉴定车辆合法性需要检查什么内容？	1. 蓝墨云班课签到； 2. 抢答，快速回顾重要知识点	1. 云班课签到； 2. 上节课知识巩固； 3. 激励学生自我学习； 4. 通过提问问题，检查是否有抄袭现象	蓝墨云班课
诊学情（5min）	检查作业完成情况	根据课前测试结果和反馈情况进行分析总结，并引入本次课教学任务； 【提问刘朝晖、许俊杰】	1. 查看自己课前自测结果； 2. 听取老师的分析，了解自身不足	通过对预习情况的分析得出教学重难点	蓝墨云班课
立场景（5min）	思考：漆面鉴定重要性？ 1）判断车辆的受损位置和损伤程度；	1. 引发学生头脑风暴。	【头脑风暴】 1. 脑洞大开，大胆发言；	1. 激发学生学习兴趣；	

续表

<table>
<tr><th colspan="2">第 1 学时</th><th colspan="4">任务 1：再涂装发现之“痕迹”</th></tr>
<tr><th>教学
环节</th><th>教学
内容</th><th>教师
主导活动</th><th>学生
主体活动</th><th>设计
意图</th><th>教学
资源</th></tr>
<tr><td>立场景
（5min）</td><td>2）有效减免二手车交易过程引起的法律纠纷；
3）“原版原漆”的鉴定，可省去后面的鉴定项目</td><td>2. 点评学生的观点；
3. 总结漆面坚定重要性</td><td>2. 学习漆面鉴定的重要性</td><td>2. 通过设置问题，启发学生主动思考；
3. 使学生了解本次课的学习目的</td><td></td></tr>
<tr><td>明新知
（10min）</td><td>1. 新车涂装与修复涂装工艺的区别 –“本质”
1）新车修复工艺
2）涂装修复工艺
3）区别汇总表
区别汇总
<table><tr><th></th><th>喷涂环境</th><th>喷涂工艺</th><th>材料</th></tr><tr><td>新车涂装</td><td>干净无尘恒温适宜</td><td>1. 设备机先进高端精密智能化，机械手喷涂
2. 工艺精湛，工序复杂（预处理、电泳、水洗、烘干、密封 PVC、中涂底漆、色漆、清漆等等）
3. 喷漆参数控制精准（喷涂压力速度、路线等）
4. 整车静电沉浸式喷漆</td><td>1. 严格的质量监控机制
2. 调漆比例控制精准</td></tr><tr><td>修补涂装</td><td>普通环境</td><td>1. 设备简单，人工喷涂
2. 工艺粗糙，工序简单（剥离、底漆、刮腻子、打磨、上涂、研磨抛光）
3. 喷涂参数控制精准度低（喷漆压力、空气压力、速度、路线等）
4. 常见为单点修复、区段修复</td><td>1. 调漆有人为因素</td></tr></table></td><td>1. 讨论新车涂装工艺与修复涂装工艺的区别；
2. 播放新车涂装视频；
3. 播放修复涂装视频；
4. 引发小组互评；
5. 老师评价</td><td>【小组讨论】
1. 观看视频；
2. 回忆之前学过的相关知识；
3. 思考并对比两者之间的区别并完成表格；
4. 小组汇报
汇报表
<table><tr><th></th><th>喷涂环境</th><th>喷涂工艺</th><th>材料</th></tr><tr><td>新车涂装</td><td></td><td></td><td></td></tr><tr><td>修补涂装</td><td></td><td></td><td></td></tr></table></td><td>启发学生思考问题，探究新车涂装与修复涂装工艺的区别点，通过本质反映其现象区别</td><td>新车涂装工艺

修复涂装工艺</td></tr>
</table>

续表

<table>
<tr><th colspan="2">第 1 学时</th><th colspan="4">任务 1：再涂装发现之“痕迹”</th></tr>
<tr><th>教学
环节</th><th>教学
内容</th><th>教师
主导活动</th><th>学生
主体活动</th><th>设计
意图</th><th>教学
资源</th></tr>
<tr><td>学本领
（15min）</td><td>2. 新车涂装与修复涂装工艺的区别 –“现象”
1）“现象”区别
两种涂装区别
<table>
<tr><th></th><th>喷涂环境</th><th>喷涂工艺</th><th>材料</th><th>材料</th></tr>
<tr><td>新车涂装</td><td>干净无尘恒温适宜</td><td>1. 设备机先进高端精密智能化，机械手喷涂
2. 工艺精湛，工序复杂（预处理、电泳、水洗、烘干、密封 PVC、中涂底漆、色漆、清漆等等）
3. 喷漆参数控制精准（喷涂压力速度、路线等）
4. 整车静电沉浸式喷漆</td><td>1. 严格的质量把控
2. 调漆比例控制精准</td><td>1. 除了较少不良涂装外，漆面平整、均匀、光滑
2. 可靠、耐用、使用寿命长
3. 漆层薄，如国产 A4 漆膜厚度一般在 120–150 微米</td></tr>
<tr><td>修补涂装</td><td>普通环境</td><td>1. 设备简单，人工喷涂
2. 工艺粗糙，工序简单（剥离、底漆、刮腻子、打磨、上涂、研磨抛光）
3. 喷涂参数控制精准度低（喷漆压力、空气压力、速度、路线、等）
4. 常见为单点修复、区段修复</td><td>调漆有人为因素</td><td>1. 折角光滑度粗糙
2. 有遮掩痕迹
3. 涂装表面脱落漆可看到腻子或原漆
4. 较多不良涂装类型
5. 漆层厚，几百上千微米。
6. 敲击声“沉闷”</td></tr>
</table>
2）再涂装痕迹类型</td><td>1. 分配车辆进行新车和修复车辆的漆面观察；
2. 讨论新车涂装与修复涂装工艺的区别 –“现象”；
3. 小组互评；
4. 老师总结得到结论；
5. 给学生积分【课堂积分制】</td><td>【小组讨论】
理实一体
课堂探究
1. 观察新车漆面状态；
2. 观察修复涂装漆面状态；
3. 对比新车和修复涂装车辆的区别；
4. 小组贴图</td><td>启发学生获得【二手车鉴定的本质】：新车和二手车的对比，进行漆面修复痕迹的鉴定</td><td>实训设备：
1. 2 台新车；
2. 2 台漆面修复车辆</td></tr>
<tr><td>做总结
（5min）</td><td>1. 再涂装发现的方法
1）经验法“看、摸、敲”
2）仪器法“测”
2. 课堂测试题</td><td>1. 将涂装修复痕迹类型进行分类归纳，形成方法；
2. 提问再涂装痕迹类型；
3. 发布课堂测试题</td><td>1. 回答问题；
2. 记录到活页式、工作手册式教材；
3. 完成课堂测试题</td><td>总结本节课知识</td><td></td></tr>
<tr><td>温旧识
（5min）</td><td>再涂装鉴定的方法</td><td>1. 提问学生，启发学生思考；
2. 提问原则：提问上节课回答错误的学生</td><td>学生思考并回答问题</td><td>1. 因材施教；
2. 承上启下：回顾上节课内容；
引出本次课教学难点——不良涂装种类</td><td></td></tr>
</table>

续表

第2学时		任务2：再涂装发现之不良涂装种类			
教学环节	教学内容	教师主导活动	学生主体活动	教学意图	教学资源
明新知（10min）	不良涂装的种类【教学重点、难点】 16种不良涂装种类	1. 指导学生运用网络资源查询； 2. 引导学生自主学习； 3. 组织学生互动活动； 4. 总结种类明细	【问题探究】 1. 上网查询不良涂装的种类； 2. 参与课堂问答活动； 3. 完成分工协作； 4. 完成各组间PK	1. 引导学生参与分析，提升学习兴趣； 2. 帮助学生了解本次课的教学难点； 3. 提高学生信息素养	搜索关键词：不良涂装、漆面缺陷
	常见和不常见的不良涂装种类 不良涂装种类中，常见的与非常见的分类： 常见8种、非常见8种	展示云班课常见不良涂装投票结果	根据投票结果总结常见不良涂装种类	1. 引导学生参与课堂活动； 2. 使学生了解行业的经验原则； 3. 帮助学生提前了解行业的相关知识	
学本领（10min）	不良涂装的识别 1）看图说话规则 说出图片特征，并联想其名称。	1. 组织学生叙述图片中不良涂装特征； 2. 启发学生进行联想； 3. 给出图片中不良涂装的名称	【看图说话】 1. 观察案例图片并描述其特征； 2. 根据其特征联想其名称； 3. 记录到学习页	1. 培养学生的想象力、创造力、沟通表达能力； 2. 活跃课堂气氛，激发学生的学习兴趣，做到“玩中学”	不良涂装案例图片
	2）抢答狂人规则 答对小组得2分；答错不得分，其他人继续抢答	1. 说出一种不良涂装并组织课堂活动让学生查找到对应的种类； 2. 课堂积分； 3. 点评活动中存在的不足	【抢答狂人】 1. 思考问题并快速抢答； 2. 其他同学答错继续抢答； 3. 理解并掌握重要知识点	1. 转化课堂活动形式，调动课堂活跃范围，使其全员参与活动； 2.“游戏中”准确识别和熟记多种不良涂装的种类	不良涂装打印照片

续表

第 2 学时		任务 2：再涂装发现之不良涂装种类			
教学环节	教学内容	教师主导活动	学生主体活动	教学意图	教学资源
练技能（10min）	不良涂装实操演练 通过再涂装面板识别真实不良涂装	1. 组织各小组进行实操活动； 2. 小组互评； 3. 老师点评、总结、并颁发技能证书	【课堂探究】 【小组讨论】 1. 研究再涂装面板上不良涂种类； 2. 小组讨论得到答案	1. 培养学生分析问题能力； 2. 培养团队协作能力； 3. 培养学生探究的精神	
做总结（10min）	1. 总结本学时的教学重点和需要注意的环节； 2. 总结学生整体表现； 3. 课堂测试； 4. 整理教室和实训区域卫生环境	1. 采用提问方式回顾本学时教学重点； 2. 云班课发放测试题； 3. 运用教室 6S 管理	1. 回答老师的提问； 2. 云班课完成测试题； 3. 运用 6S 工作	1. 帮助学生提升技能水平； 2. 养成学生 6S 好习惯	蓝墨云班课
课后拓学					
教学环节	教学内容	教师主导活动	学生主体活动	教学意图	教学资源
出课略	在专业抖音账号中发布如何识别漆面再涂装鉴定之不良涂装的视频	考核学生完成视频发布	及时完成视频发布	1. 提升学生综合技能； 2. 服务社会	抖音专业官方账号
长技能	鉴定校园内的车辆中的不良涂装种类	发布课外拓展任务	在校园范围内（教师车辆）实操	1. 拓宽实训资源； 2. 提升学生能力	全校教师车辆
教学后记					
反思与整改	反思： 1. 新模块的第一次课是引发学生学习兴趣的关键之课，使学生顺利接触新课程技能点，转变技能考核形式至关重要； 2. 部分不良涂装的种类直观非常相似，单单利用教具说明难以区分。				

续表

教学后记	
反思与整改	**整改：** 1. 将企业真实工作的考核方式结合学校实际条件进行本土化改良，在不改变考核原则的情况下考核学生课堂表现，提升学生技能的掌握水平； 2. 将教具全部排成高清图片，利用放大功能查找区别所在特征，并与实物教具相结合说明，从而解决区分难问题
特色与创新	**特色：** 1. 课堂活动“玩中学”激发学生学习热情，启发学生主动思考； 2. 将启发式教学法与汽车相关互联网平台结合使用，使学生快速掌握本次课的教学重点，突破了教学难点的讲解。 **创新：** 1. 将多种教学方法合理组合，形成“组合拳”，有效突破教学难点； 2. 借助学校的停车场中教师车辆作为实训用车，有效地增加实训资源

三、案例效果

课堂教学中达到教学方法成果化、人才培养实效化、专业教育诚信化三个目标，并总结出了“三化筑梦”的模式。

（一）教学成果产品化

将本门课程内容形成“二手车鉴定评估攻略”系列，通过抖音、知名微信公众号等平台实现教学成果产品化。

（二）人才培养实效化

通过人才培养与行业接轨、与企业合作、与三创融合，2018 届的两名学生在企业实习期间就以实习生的身份荣获奥迪体系最高荣誉“奥迪之星”；创新出“星火诚信”孵化方式，现已累计学生创业项目达 15 家。

（三）专业教育诚信化

针对二手车行业不规范、从业者素质良莠不齐的现状，把“诚实守信、勤劳守业、严谨守法”的理念融入课程思政，培养高素质从业者，提升行业信誉。

四、案例分析

1. 根据汽车产业发展趋势，新能源汽车必将成为二手车市场流通的主体，在制订新人才培养方案时，把新能源二手车鉴定评估技术加入课程中，做到与时俱进，提升学生技能水平。

2. 随着汽车制造材料、车身设计、装配技术等方面的发展升级，二手车鉴定的技术也在变化升级，课程组与合作企业及时更新教案、补充教学内容，以保证适应二手车鉴定技术升级发展的需要。

3. 深化课程教学改革，深耕校企合作项目，深度促进产教融合，帮助行业、企业制定二手车鉴定标准。在新的检测技术方面，开展横向课题研究，提升教学团队的教科研能力。

4. 教学特色与创新主要体现为：校企共建课程体系反哺奥迪厂家培训，服务全国 500 余家经销店，使店内二手车评估师的技能显著提升；将企业培训前置到课堂教学，打造具有工匠精神的绿色服务型高素质技术技能人才；形成了教学成果产品化、人才培养实效化、专业教育诚信化的育人模式，创新“星火诚信”模式的小微企业孵化平台，实现学生高端就业、优质创业。

案例来源：长春汽车工业高等专科学校

案例四　专业课教学案例（中职）

机电技术应用专业
“机电一体化实训”课程
工业机器人轨迹工作站的编程与调试项目

一、案例背景

当前，“十四五”开局起步。在全面建设社会主义现代化国家新征程中，职业教育面临更大发展机遇，同时也面临更多挑战。随着我国进入新发展阶段，产业升级和经济结构调整不断加快，各行各业对技术技能人才的需求越来越紧迫。新一轮科技革命和产业变革中，人工智能、物联网、大数据等技术的深度应用，对劳动者素质提出更高要求。为适应我国迈向高质量发展阶段，迫切需要培养更多高素质技术技能人才、能工巧匠、大国工匠的现状，建设高素质的产业工人队伍。

从统计数据来看，我国有 1.13 万所职业学校、3088 万在校生，已建成世界规模最大的职业教育体系。从行业分布来看，在现代制造业、战略性新兴产业和现代服务业等领域，一线新增从业人员 70% 以上来自职业院校。职业院校毕业生成为我国产业大军的主要来源，成为支撑中小企业聚集发展、区域产业转型升级和城镇化发展的主力军。但是，当前我国制造业人才队伍在总量和结构上都难以适应制造业高质量发展的要求，高素质人才占比明显偏低，以工业机器人高技能人才为代表的、既懂制造技术又懂信息技术的复合型人才更是“缺而又缺”。职业教育培养高素质技术技能人才任重而道远，教育教学改革正经历着优化升级，与时俱进，迫切需要依靠教学改革提升教育质量，不断提升职业教育的育人水平，为全面建设社会主义现代化国家提供有力人才和技能支撑。

二、案例介绍

（一）整体教学设计

1. 项目介绍

机电设备维护与保养等岗位需求，参照地区人才岗位需求年度统计数据，在“机电一体化实训”课程中设置了“工业机器人轨迹工作站的编程与调试”这一项目。此项目来源于汽车生产线中喷涂和焊接两个工序中典型的工作任务，结合职业能力要求，根据学校现有教学设备，进行教学化处理。课程项目与任务的划分如图 1 所示。

图 1 项目划分

本项目的授课班级是机电技术应用 1661 班，项目总学时为 16 学时，其中仿真实训 4 学时，理实一体化实操实训 12 学时。参考教材为校企合作配套教材《工业机器人工作站安装与调试（ABB）》，上课地点为理实一体化实训室（图 2）。

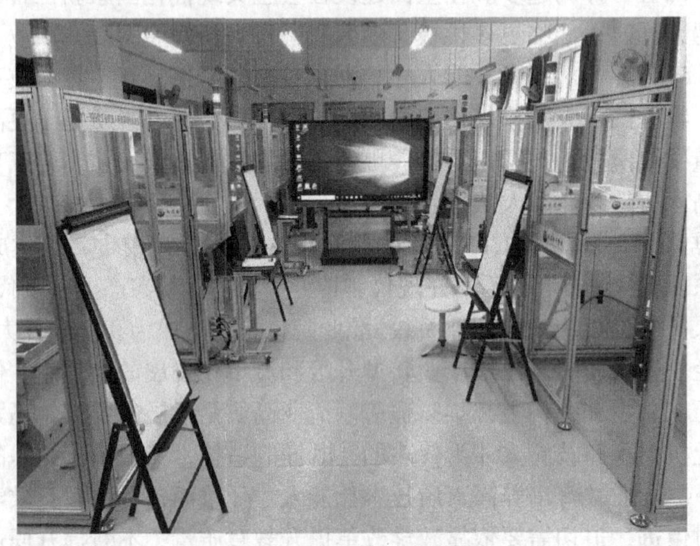

图 2 理实一体化实训室

2. 教学目标及重难点

本项目的教学目标和教学重难点如图 3 和图 4 所示：

3. 学情分析

本项目的授课对象为机电技术应用专业三年级学生，学生有一定的专业基础和动手能力，对工业机器人技术和新兴的人工智能很感兴趣，对手机和计算机操作非常熟练，对工作岗位有一定认识，学习的动力较强；但是存在编程思维缺乏条理、学习持续力欠佳等问题，因此他们学技能容易练技能难，操作电脑容易但是编程难，使用手机容易但是用手机学习较难。

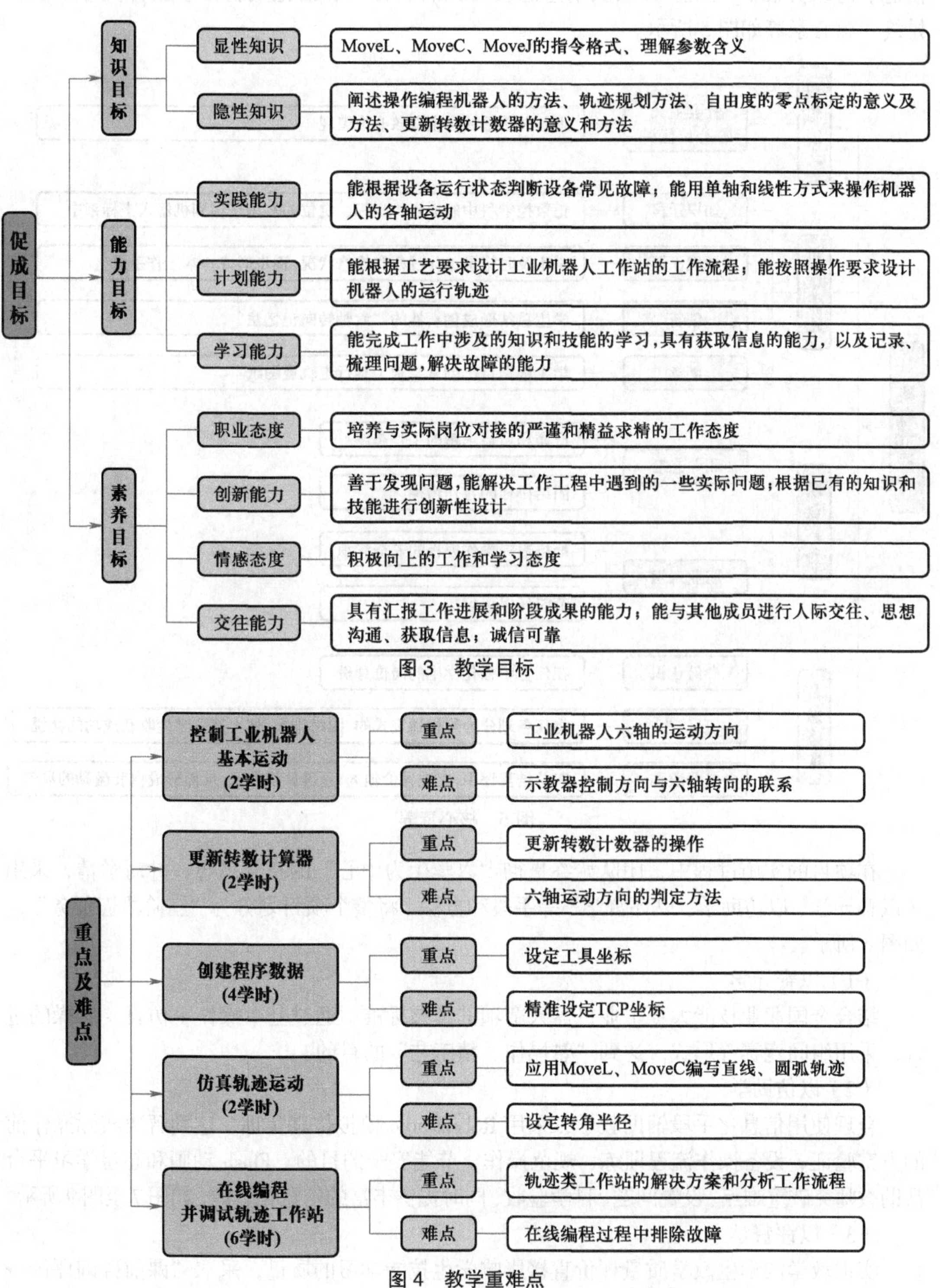
达成目标
应用YL-399工业机器人考核装置，控制夹具在平面和曲面中分别绘制直线和曲线
促成目标
知识目标
显性知识
MoveL、MoveC、MoveJ的指令格式、理解参数含义
隐性知识
阐述操作编程机器人的方法、轨迹规划方法、自由度的零点标定的意义及方法、更新转数计数器的意义和方法
能力目标
实践能力
能根据设备运行状态判断设备常见故障；能用单轴和线性方式来操作机器人的各轴运动
计划能力
能根据工艺要求设计工业机器人工作站的工作流程；能按照操作要求设计机器人的运行轨迹
学习能力
能完成工作中涉及的知识和技能的学习，具有获取信息的能力，以及记录、梳理问题，解决故障的能力
素养目标
职业态度
培养与实际岗位对接的严谨和精益求精的工作态度
创新能力
善于发现问题，能解决工作工程中遇到的一些实际问题；根据已有的知识和技能进行创新性设计
情感态度
积极向上的工作和学习态度
交往能力
具有汇报工作进展和阶段成果的能力；能与其他成员进行人际交往、思想沟通、获取信息；诚信可靠

图3　教学目标

重点及难点
控制工业机器人基本运动(2学时)
重点
工业机器人六轴的运动方向
难点
示教器控制方向与六轴转向的联系
更新转数计算器(2学时)
重点
更新转数计数器的操作
难点
六轴运动方向的判定方法
创建程序数据(4学时)
重点
设定工具坐标
难点
精准设定TCP坐标
仿真轨迹运动(2学时)
重点
应用MoveL、MoveC编写直线、圆弧轨迹
难点
设定转角半径
在线编程并调试轨迹工作站(6学时)
重点
轨迹类工作站的解决方案和分析工作流程
难点
在线编程过程中排除故障

图4　教学重难点

4. 教学策略

教学团队以“立德树人”的教育思想，创设企业情境，引入企业实际案例，在理想信念、思维方法、职业素养以及情感态度方面有目标、有措施地将思政教育贯穿于项目始终。核心素养如图5所示。

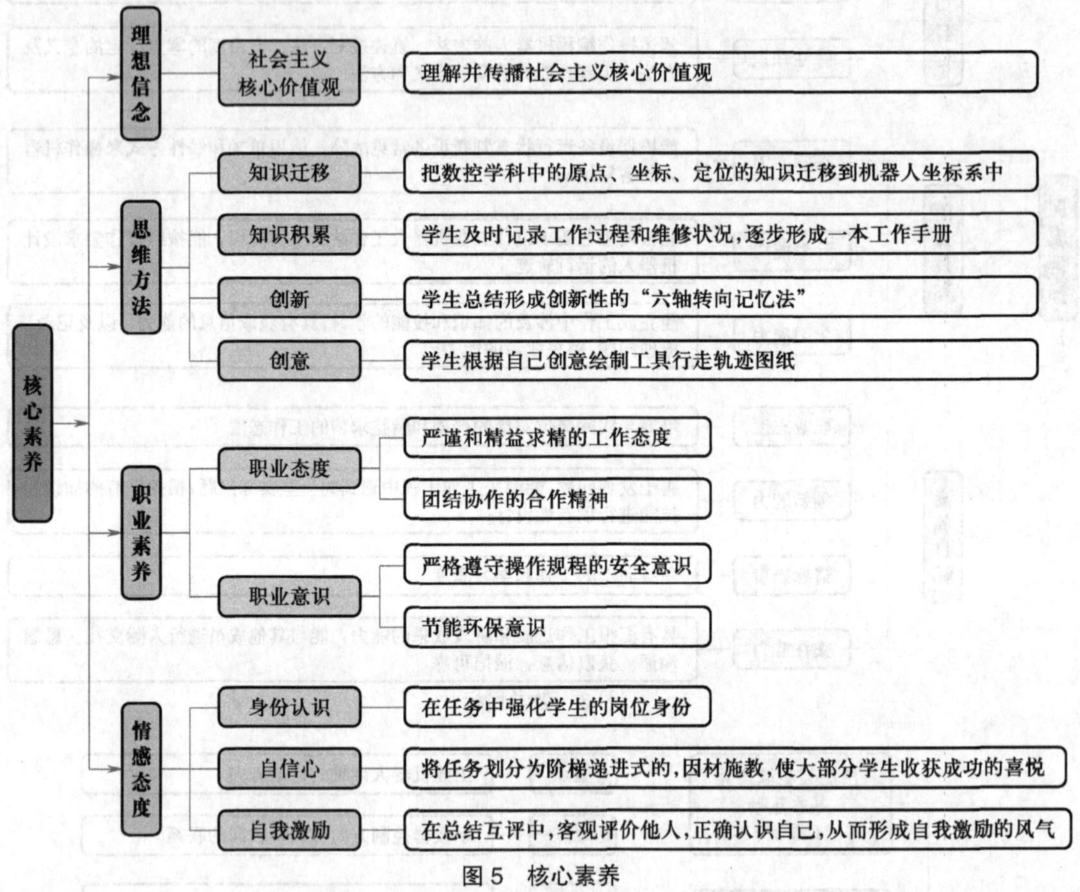

图5 核心素养

在项目的实施过程中，团队始终贯彻“以学生为中心”的指导思想，针对学情，采用“以赛导学、以仿助学、以评督学”等手段和方法，将整个项目划分为“三阶段五任务”，如图6所示。

（1）以赛导学

结合全国职业技能大赛工业机器人赛项的考核标准，通过基本操作+仿真+实操的过程，采用组间竞赛等形式，达到“熟操作、精工艺”的目的。

（2）以仿助学

合理使用信息化手段辅助教学，采用RobotStudio模拟仿真实训，达到解决实际操作前的方案验证、设备操作流程训练、规范操作、节能安全的目的。Flash动画和超星学习平台帮助教师突破重难点、设置问题、科学验收，同时提供丰富的信息化资源，如图7至图9所示。

（3）以评督学

实训教学的学生教学质量评价直接影响学生技能学习的质量，采取“课前咨询评价→课中即时评价→课后分析评价”的三段式评价方式，实现教学过程的全闭环。

创建程序数据
任务3
仿真轨迹运动
任务4
2学时
2学时
4学时
2学时
6学时
任务1
任务2
任务5
更新转数计数器
控制工业机器人
基本运动
在线编程并调试
轨迹工作站
基本操作
仿实一体
实操实训

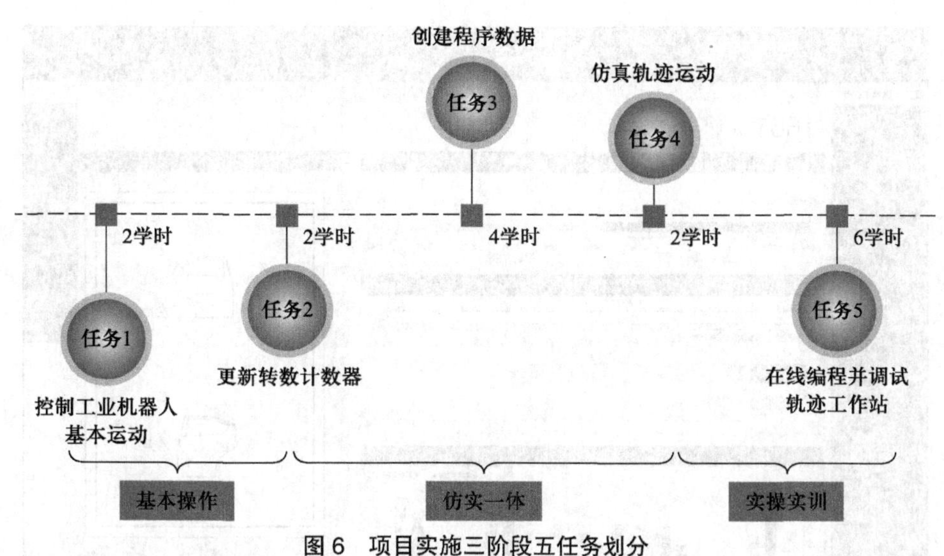

图6　项目实施三阶段五任务划分

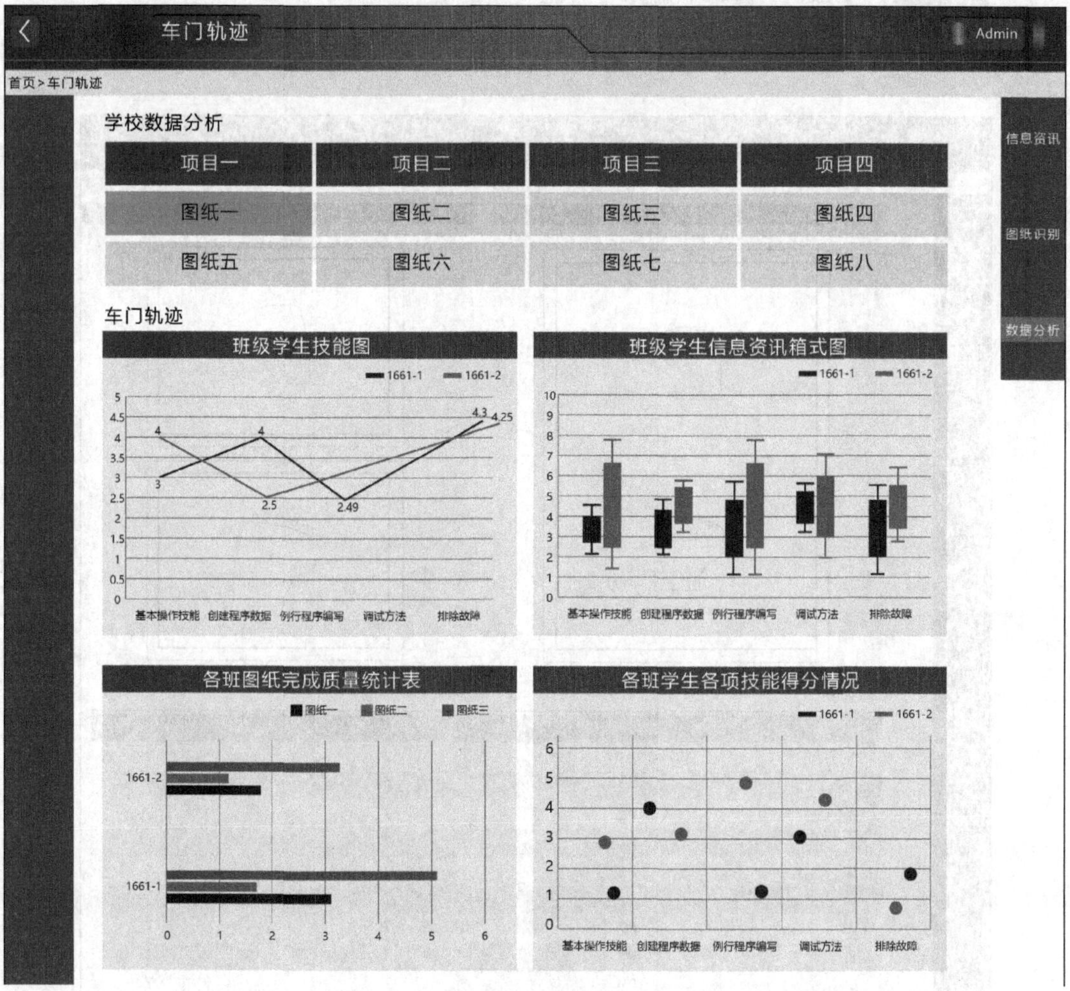

车门轨迹
Admin
首页 > 车门轨迹
学校数据分析
项目一
项目二
项目三
项目四
图纸一
图纸二
图纸三
图纸四
图纸五
图纸六
图纸七
图纸八
信息资讯
图纸识别
数据分析
车门轨迹
班级学生技能图
1661-1
1661-2
基本操作技能
创建程序数据
例行程序编写
调试方法
排除故障
班级学生信息资讯箱式图
各班图纸完成质量统计表
图纸一
图纸二
图纸三
各班学生各项技能得分情况

图7　平台界面1

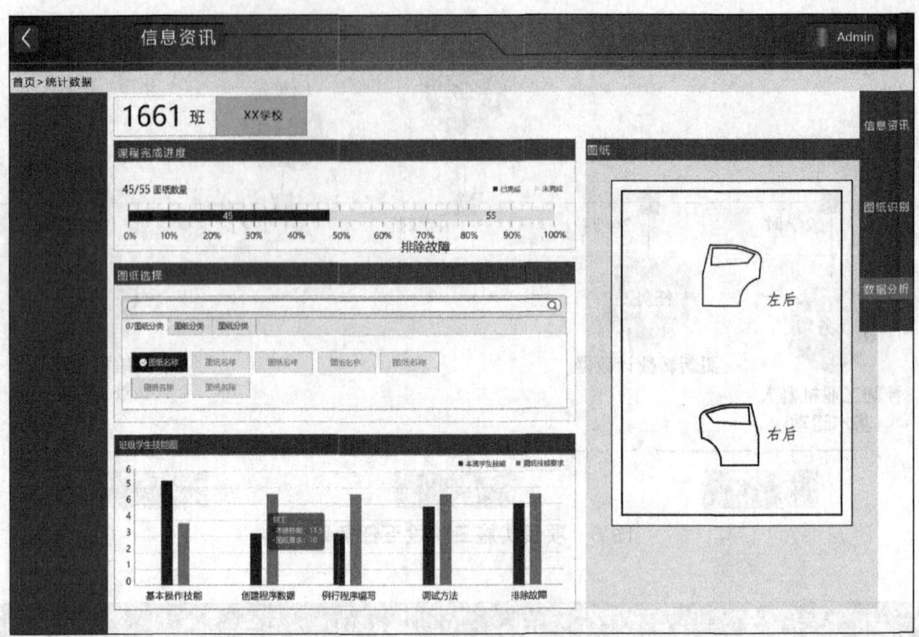

图 8　平台界面 2

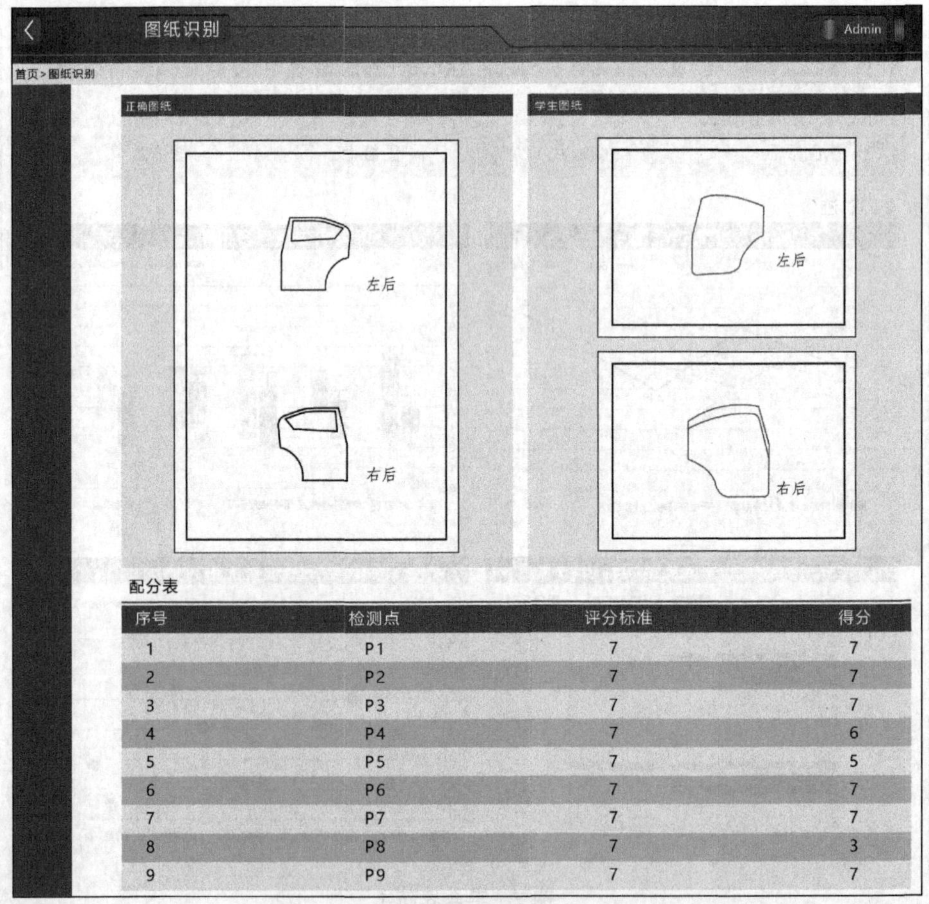

配分表

序号	检测点	评分标准	得分
1	P1	7	7
2	P2	7	7
3	P3	7	7
4	P4	7	6
5	P5	7	5
6	P6	7	7
7	P7	7	7
8	P8	7	3
9	P9	7	7

图 9　平台界面 3

5. 资源配备

本项目教学的资源配备包括下图所示的工业机器人实训基地、车间以及相关的软件资源和视频、动画等，如图 10 所示。

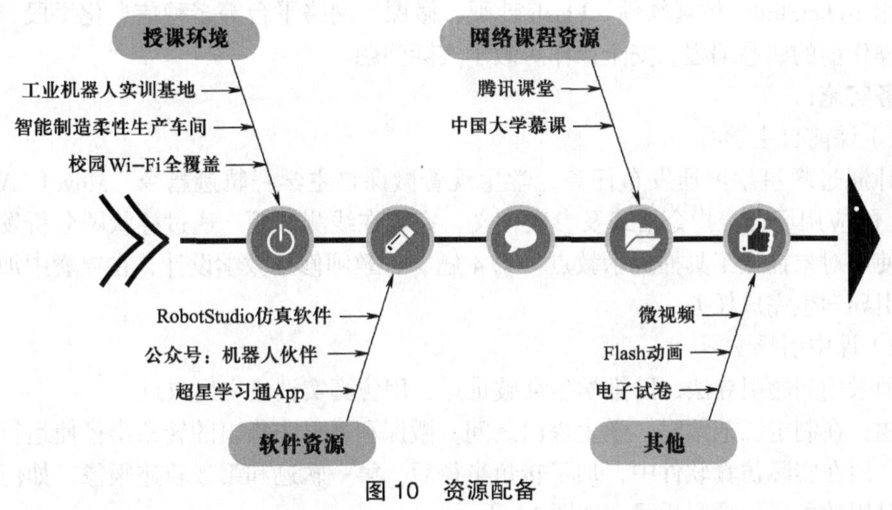

图 10　资源配备

（二）课堂教学实施成效

1. 教学实施流程

项目教学团队围绕“以学生为中心”的指导思想，根据学生的认知规律、学习能力、性格特点和知识的内在联系，设计了分别以兴趣、高效、探究、乐学、分享为特点的“五步教学法”，如图 11 所示。

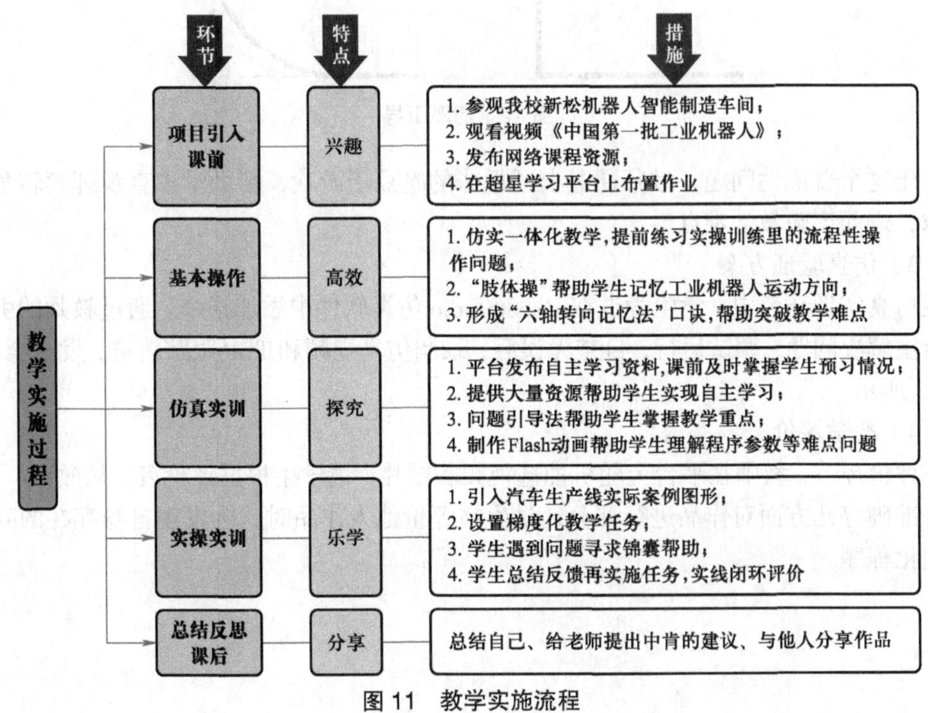

图 11　教学实施流程

2. 典型教学活动案例

任务 4　仿真轨迹运动（第 9 学时）

任务描述：

利用 RobotStudio 仿真软件、Flash 动画、微课、网络平台等多种信息化手段，解决学生实际操作前的熟悉编程、安全操作等教学实际问题。

任务实施：

（1）课前自主学习

教师通过超星学习通发布任务，学生观看微课自主学习轨迹指令（MoveJ、MoveL、MoveC）的应用场合、指令格式及参数含义，完成在线测试题。通过柱状图分析发现，学生不会使用对象捕捉工具捕捉示教点（第 4 题），教师修正教学设计，在锦囊中加入解决方法，引导学生完成任务。

（2）课中引导学习

教师采用问题引导法，助推学生突破难点，用仿真实训法突出重点。

问题：在制定工艺单时，学生提出疑问，微课和教材中指出的转角半径使运行轨迹更加圆滑，而在实际仿真软件中，加了转角半径后，第一轨迹和第二轨迹很像，如何走出直角？可以用转角半径画圆弧吗，如图 12 所示？

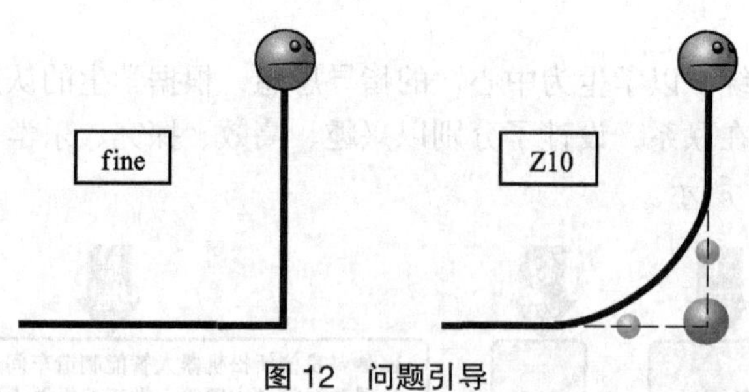

图 12　问题引导

对于这个普遍性问题，教师通过卡通趣味的吃豆子游戏，帮助学生直观理解转角半径的选取，进而突破教学难点。

（3）仿真验证方案

在仿真实训环节中，学生尝试在 RobotStudio 仿真软件中添加指令。通过教师的引导，学生自主解决问题，调试运行，自查无误后，录制仿真视频和 TCP 跟踪轨迹，发送至平台，如图 13 所示。

（4）教学评价

在评价环节，教师在平台上随机抽选视频和图片，请学生根据评价表，从效率、姿态、流畅、准确等几方面对作品进行评分，学生在评价他人作品时，会发现自身存在的问题，重新优化程序。

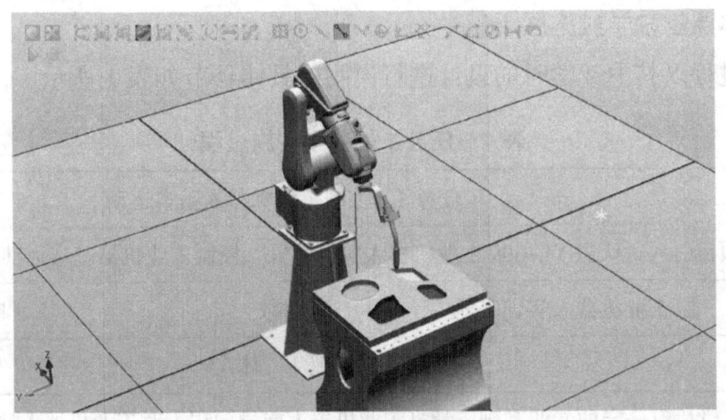

图 13　仿真验证方案

任务 5　绘制平面轨迹（第 11、12 学时）

任务描述：

绘制汽车车门的涂胶轨迹。此任务是把企业真实案例结合学情和实训条件进行教学化处理。

任务实施：

分为课前、课上和课后三个阶段。

（1）课前“找车门”

教师在超星学习通 App 上布置作业，应用 CAD 绘制一张汽车车门图并打印。

（2）课上“绘车门”

采用任务驱动法，教学环节如下图所示，“新知存疑”和“探究试错”两个环节突出教学重点，“排故破难”和“内化思过”突破教学难点，“完善提升”实现闭环驱动，如图 14 所示。

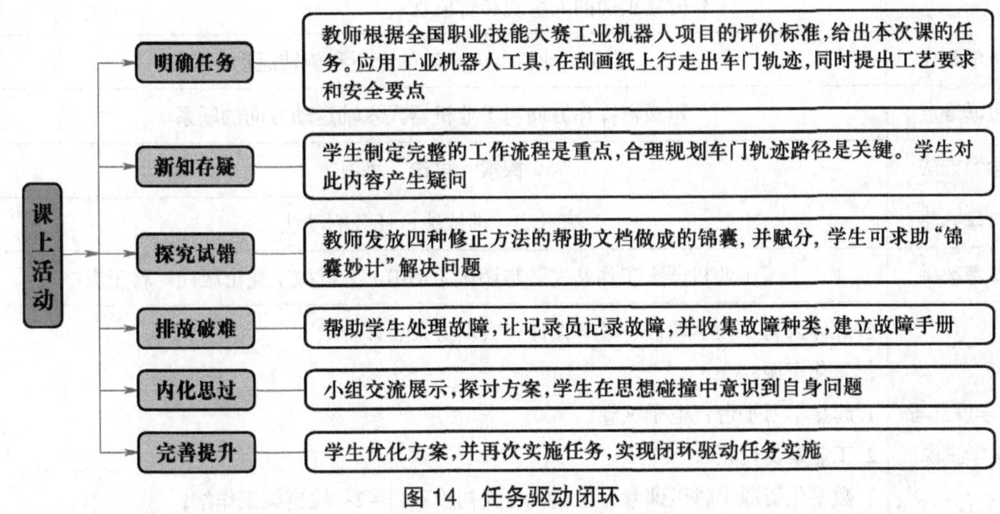

课上活动
明确任务
教师根据全国职业技能大赛工业机器人项目的评价标准，给出本次课的任务。应用工业机器人工具，在刮画纸上行走出车门轨迹，同时提出工艺要求和安全要点
新知存疑
学生制定完整的工作流程是重点，合理规划车门轨迹路径是关键。学生对此内容产生疑问
探究试错
教师发放四种修正方法的帮助文档做成的锦囊，并赋分，学生可求助“锦囊妙计”解决问题
排故破难
帮助学生处理故障，让记录员记录故障，并收集故障种类，建立故障手册
内化思过
小组交流展示，探讨方案，学生在思想碰撞中意识到自身问题
完善提升
学生优化方案，并再次实施任务，实现闭环驱动任务实施

图 14　任务驱动闭环

（3）课后“送车门”

学生将自己的作品互相赠送，或送给老师留做纪念。

（三）具体课堂教学实施展示

教学实施过程以其中 2 学时的设计进行说明，具体环节如表 1 所示。

表 1　任务 1 的教学实施过程

<table>
<tr><td>任务名称</td><td colspan="3">任务 1　控制工业机器人基本运动</td></tr>
<tr><td>教学内容</td><td colspan="3">项目引入、认识 YL–399 工业机器人实训装置、控制工业机器基本运动</td></tr>
<tr><td>授课地点</td><td>工业机器人实训基地</td><td>学时数</td><td>2 学时</td></tr>
<tr><td>授课形式</td><td colspan="3">理实一体</td></tr>
<tr><td>学情分析</td><td colspan="3">学生有一定的专业基础，学过工业机器人前导课程，对工业机器人技术和新兴的人工智能很感兴趣，手机和计算机操作非常熟练，而且对于即将走上工作岗位的他们来说学习的动力较强，对任课教师也非常熟悉，但是存在自主学习困难、编程思维缺乏条理、学习持续力差等问题</td></tr>
<tr><td rowspan="3">教学目标</td><td>知识目标</td><td colspan="2">1. 能说出工业机器人实训装置的组成部分；
2. 熟悉工业机器人的控制器和示教器；
3. 明确工业机器人六轴的位置，能说出工业机器人的运动方向</td></tr>
<tr><td>能力目标</td><td colspan="2">1. 能说出工业机器人实训室的安全注意事项；
2. 能独立完成机器人的上下电流程；
3. 能使用示教器准确地控制六轴指定方向控制；
4. 能熟练而又精准地使用单轴控制完成车门轨迹中任意点的定位</td></tr>
<tr><td>素养目标</td><td colspan="2">1. 强化安全操作意识；
2. 学会客观而公正地评价自己和他人的作品；
3. 树立正确的人生观和价值观</td></tr>
<tr><td>教学重点</td><td colspan="3">控制工业机器人六轴的上下和旋转运动</td></tr>
<tr><td>教学难点</td><td colspan="3">示教器操作方向与工业机器人六轴运动方向的联系</td></tr>
<tr><td>学习方法</td><td colspan="3">探索、讨论、练习</td></tr>
<tr><td>教学方法</td><td colspan="3">演示法、训练法、任务驱动法</td></tr>
<tr><td>参考教材</td><td colspan="3">《工业机器人工作站安装与调试（ABB）》机械工业出版社　蒋正炎</td></tr>
<tr><td>教学设备与教学资源</td><td colspan="3">多媒体设备、教学课件、教学设计、实训讲义、评价表
信息化资源：
1. 超星学习平台：电子试卷
2. 工业案例视频
3. 数字化资源（腾讯课堂 – 工业机器人初级项目 –2：轨迹类工作站；中国大学慕课 – 工业机器人编程与调试 – 项目二操作工业机器人）</td></tr>
</table>

续表

教学环节	教学内容	师生活动	设计意图	信息化资源及手段
课前	参观活动	参观工业机器人自动柔性生产线智能工厂	感受企业真实情境，了解工业机器人在生产中的应用，激发学生的学习兴趣	
	导入工业机器人相关知识	布置课前学习内容： 学习 1．阅读一篇文章。在超星学习平台上推送文章《中国工业机器人四大瓶颈与突破点，国家 863 专家李贻斌教授权威报告》	让学生了解世界上工业机器人技术现状，尤其要关注我国机器人市场和当前技术，激发学生的爱国情感和学习动力	超星学习平台
		学习 2．学习腾讯课堂叶晖主讲“工业机器人实操与应用技巧”中概述（14 分钟）、ABB 机器人介绍（9 分钟）、操作安全注意事项（7 分钟），回答相关试题（4 道）	抓住学生喜欢使用手机的特质，布置 30 分钟的视频作业，提前预习学习内容，也引导学生要正确使用手机	腾讯课堂
		学习 3．完成超星学习平台上的课前试题（5 道）	课前学习情况验收，同时掌握学生学习情况，做到有的放矢	超星学习平台
组织教学（2min）	师生互问好、考勤、安全教育		体现文明礼仪，6S 管理	电子签到
项目引入（13min）	导入新课	1. 在播放视频引入之前，教师先提出问题： 工业机器人在给车门涂胶过程中应该有哪些工艺要求？ 2. 播放工业机器人给汽车车门涂胶的视频； 3. 引出项目内容：应用 YL-399 工业机器人实训装置画出汽车车门轨迹； 4. 给学生传看画有车门轨迹的刮画纸	1. 激发学生学习兴趣； 2. 让学生带着问题观看视频，更有针对性； 3. 强化项目工艺，与企业标准对接	视频

续表

教学环节	教学内容	师生活动	设计意图	信息化资源及手段
初识工业机器人（30 分钟）	认识 YL-399 工业机器人实训装置	1. 按照组内优势互补、组间实力相当的原则把学生分为 4 组； 2. 让学生观察实训装置，参考教材，完成电子试卷	1. 强化小组工作模式； 2. 促进学生自主学习； 3. 使学生认识实训装置的六大部分	电子试卷
	工业机器人控制器的简单操作	1. 微视频演示工业机器人控制器、示教器的简单使用和操作顺序，以及工业机器人的六个轴； 2. 学生讨论、总结工业机器人操作的流程安全注意事项	1. 由于教师演示示范面狭小，所以采用视频方式在大屏幕上播放提前制作的微课。 2. 让学生结合预习内容和课上微课，充分讨论工业机器人的流程，促进学生交流表达	微课
		1. 小组展示结果，在研讨中形成操作流程和注意事项；教师总结补充。 2. 学生简单操作取电桩、控制器和示教器		
任务 1　控制工业机器人基本运动（45min）	任务导入（5min）	教师讲数字故事：2015 年德国大众汽车公司技术员，被一重型机器人攻击致死，让学生讨论这是一起机器人杀人案，还是一起安全事故。 学生讨论得出结论，这是一起安全事故。教师趁机进行职业素养教育：一是要遵守操作规范，安全操作；二是在人工智能时代，要更好地发展自己，要认识机器人、控制机器人；三是从机器人受制于人入手，引导学生用正义的思想去控制机器人，使机器人更好地为人类服务。由此引出本节课内容：如何使用示教器控制工业机器人六轴运动	1. 引用数字故事，吸引学生的注意力； 2. 抓住安全教育、人工智能时代不要恐慌和未来世界要用正义的思想武装自己，才能更好地控制机器人，从而对学生进行职业素养和思政教育	

续表

教学环节	教学内容	师生活动	设计意图	信息化资源及手段
任务1　控制工业机器人基本运动（45min）	探究六轴运动方向（10min）	让学生探究工业机器人六轴运动的方向，并总结。 使用肢体操帮助学生建立起机器人转动方向，即：一轴是脚踝左右旋转；二轴是膝关节上下运动；三轴是腰部上下运动；四轴是肩关节顺逆时针转动；五轴是肘关节上下运动；六轴是手腕旋转运动	1. 抓住基础技能教学，让学生充分认识并达到熟练操作的目的； 2. 使用肢体操帮助学生建立抽象思维和形象思维之间的联系，帮助学生记忆机器人的六轴运动方向	超星学习平台
	示教器控制方向与六轴运动方向的联系（20min）	那么如何使用示教器控制工业机器人方向呢？ 布置任务： 探究＋讨论，探究六轴运动方向与示教器操纵方向之间的关系；讨论总结出控制规律	采用任务驱动法，清楚地布置好工作任务	超星学习平台
		强调安全注意事项；要求岗位轮换		
		学生操作，教师巡回答疑，帮助学生完成运动规律总结 学生将作品传到学习平台上，师生集中进行自评和互评，教师点评；最终形成控制方向口诀：1、4、6时钟转，左逆右顺；2、3、5上下摆，左上右下	通过探索运动规律，提高学生语言表达能力，帮助学生建立归纳总结的学习方法，从而更好地提高学生的操作技能	
	熟练操作技能（10min）	赛一赛：比比谁又快又准。要求学生按照工艺标准完成车门轨迹中各个交点的定位	通过竞赛的形式，吸引学生的注意力，激发学生的学习兴趣，帮助学生理解和消化“口诀”，进一步熟练操作技能	超星学习平台

续表

板书设计	任务 1 控制工业机器人基本运动 1. YL–399 实训考核设备操作流程 2. 六轴运动方向 3. 示教器操作方向与六轴方向控制关系	多媒体投影区 PPT/ 超星学习平台 / 示教器界面
任务拓展	1. 小组课后练习肢体操和示教器操纵口诀； 2. 通过网络课程学习 RobotStudio 仿真软件，预习转数计数器更新操作的原因和步骤	
教学反思	在本单元的教学中采用演示法对工业机器人实训设备使用的关键步骤进行演示，让学生更加清楚操作步骤；在研究工业机器人六轴的运动方向和示教器控制方向时，采用任务驱动法，落实“做中学，做中教”，通过自己操作示教器去体验工业机器人六轴的运动规律，从而得出结论；为了贴近实际工作岗位，熟练操作技能的要求越来越高，因此通过开展竞赛的形式，激发学生的学习动力，从而更好地控制机器人，采用训练法达到提高学生专业技能的目的。 在本单元教学中有几个亮点： 1. 采用肢体操突出了教学重点，将抽象的工业机器人运动方向与人体形象很好地结合在一起，帮助学生记忆，化解了不好记的难题。 2. 采用运动口诀突破教学难点，使用口诀帮助学生理解记忆示教器控制方向与六轴运动方向的联系。 3. 在整个教学中将学生的作品传到学习平台上，并结合自评、互评、师评等环节，通过恰当使用超星学习平台，达到了督促学习的目的。 4. 在引入环节上采用微视频、数字故事等手段，把立德树人的思政教育很好地结合进去，帮助学生形成良好的职业素养。 但是在教学中时间把握不好、在体验环节时间过长导致评价环节比较仓促。 在今后的教学中，应科学地分配时间，将评价环节提到训练环节之前，这样能更好地把控时间	

三、案例效果

1. 引进企业的真实案例，实现了岗位再现

“工业机器人轨迹工作站的编程与调试”这一项目，来源于汽车生产中喷涂和焊接两个工序中的典型工作任务。由此可见，项目的设置，充分考虑了企业的岗位能力的因素，通过项目实施，使学生提前进入岗位角色，缩短了学生岗位适应的周期。

2. 实现课堂教学核心的转变，激发了学生的内动力

在教学实施过程中，通过课前平台推送学习任务，以及微课、动画、教学视频、问题考核等内容，让学生自主学习、自主探究，同时，教师对学生学习中出现的问题发放锦囊，引导学生学习，极大地激发了学生学习的内动力，使之主动探究。课上交流式学习，改变了传统的灌输式的学习模式，使学生成为课堂的核心。

3. **改进教学设备，保存了无形的轨迹**

项目配套的实训设备只提供了简单的图样，无法量化学生的学习结果。改进了工业机器人的工具和承载台的实训套件，使工具尖端在刮画纸上行走绘制轨迹，直观看到学生画出的轨迹，使评价标准可视可测。

4. **尝试全新的教学评价，实现了教学过程的全闭环。**

通过课前的咨询评价、课中的即时评价、课后的分析评价，实现了全新的评价模式。其中，咨询评价实现了因材施教的方法，使教师有针对性地开展教学，遵循了维果茨基的"最近发展区"的理论，提高了教学的实效性；即时评价实现了过程评价，采集了学生的真实学习数据；分析评价是通过数据分析，科学地判断学生的综合能力，以及存在的问题，为教师的教学改进提供依据，有效地实现教学过程的闭环，如图 15 所示。

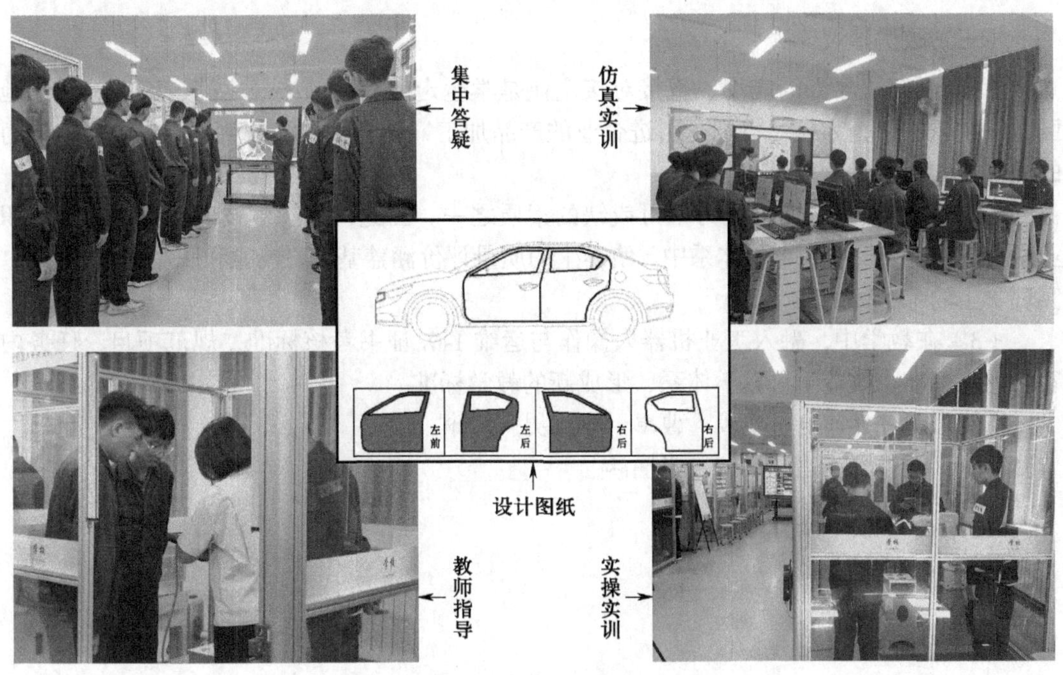

图 15　教学过程闭环

四、案例分析

（一）优势所在

（1）开展项目化教学，以学生为主体、以任务驱动为基础。课程的设计过程中以教师为指导、以学生为主体充分发挥学生学习的自主性，通过任务驱动引导学生主动发现问题，分析问题与解决问题，主动构建良好的认识结构。培养学生动脑动手能力、团队协作能力，培养学生的科学思维，提高学生的创新能力，使学生学会自主学习，具有一定的创新意识。

（2）信息化教学提高课堂教学效果。授课过程中充分应用信息化手段，借助希沃授课助手直观快捷呈现，借助各类先进学习平台实时发布学习任务，及时检验学习效果。

（3）多元化评价机制。实现多元化评价机制，使学生互评、教师点评、连线专家点评和网络平台实时评价相结合，将学习评价贯穿始终，课前、课中、课后实时评价，网络平台实时更新评价数据。

（二）问题所在

（1）在项目教学中，由于教学条件限制，无法完全对接企业真实工作环境，以及无法进行真实产品的加工。

（2）学生技能学习质量评价中，重点考虑学生的知识和技能的质量，有待于对学生职业素养也进行量化考核。

（三）改进建议

（1）对于机器人的应用，直接对接企业是学生走向社会的必经之路，因此，通过地区职业联盟，引企入校，特别是引进企业的产品加工，使学生在学校就可以进行岗位能力的训练。

（2）职业素养是岗位能力不可或缺的素质之一。因此，在学生技能评价中，提取职业素养的评价点，引入评价体系中，使学生的质量评价涵盖基础、技能和职业素养三方面，实现学生的综合评价。

（3）在教学中，融入工业机器人操作与运维 1+X 证书考核标准，规范项目、任务内容及评价标准，改造学科教学体系，形成新的教学标准。

案例来源：大连电子学校　曹卓　李胜男　张琳

大连建设学校　张瑾涵

案例五　双创课教学案例

“创新与创业基础”课程
设计创业“好项目”

一、案例背景

习近平总书记强调：“创新是社会进步的灵魂，创业是推动经济社会发展、改善民生的重要途径。青年学生富有想象力和创造力，是创新创业的有生力量。”加强创新创业教育，是推进高等教育综合改革、提高人才培养质量的重要举措。近年来，高校不断加强创新创业教育，对提高高等教育质量、促进学生全面发展、推动毕业生创业就业、服务经济社会发展发挥了重要作用。新形势下，高校必须着眼长远、聚焦聚力，进一步加强创新创业教育。

面向未来，我国创新创业教育要实现高水平发展，必须走出“就业教育”的初级阶段，一是把创新创业教育融入高校人才培养全过程。具体而言，在纵向上将创新创业教育贯穿大学生在校学习全过程；在横向上加强政府、企业、高校三者之间的合作，培养具有国际视野、创新精神、创业能力和社会责任感的优秀大学生。开展创新创业教育是为了推进素质教育、提高人才培养质量、促进高等教育与经济社会发展紧密结合，加快培养规模宏大、富有创新精神、勇于投身实践的创新创业人才队伍。二是促进创新创业教育与专业教育融合。专业教育是人才培养的基本途径，创新创业教育是人才培养的延伸途径、专业教育的重要补充。只有推动创新创业教育与专业教育更加紧密结合，让学生在创新创业中巩固专业知识，在专业教育中提高创新创业能力，才能为经济社会发展培养大批能创新会创业的高素质人才。这就要求高校推进教育目标融合，将创新精神、创业能力的培养纳入专业教育目标体系，作为专业人才培养的评价标准之一；实现教育课程体系的有机融合，尤其是对专业课程体系进行升级改造，在专业课程中融入创新创业最新的理论、技术以及实践等内容。三是注重教学方式融合。比如，丰富实践教学方法，支持学生以科技创新成果、创业项目等形式申请学分。

二、案例介绍

“创新与创业基础”课程定位于“三阶段双创课程体系”中通识教育阶段，作为公共基础必修课，开设于第三学期，总计 32 学时。课程体现从 START 到 UP 创业全过程。以项目为主线、任务为驱动，将“教、学、做、悟”融为一体，促进学生全面发展。基于在线课程平台和创新创业实训平台，实现项目全程推演。辅助全程示范案例，实现学生有效学习。配套创业案例库、视频动画等资源，助推达成教学目标。衔接创业实践活动，转化课堂成果，落实实践育人。创业教育与专业教育有机融合，关注学生职业素养、创新精神、实践能力的强化与提升。

（一）整体教学设计

1. 教学内容

课程选用全国高职高专教育规划教材《大学生创新创业基础》。以课程标准为依据，结合学校高职教学特点和实际情况，对教材内容进行重构，最终整合为四个项目（图 1、图 2）。本教学单元为项目二——设计创业“好项目”，该项目是整门课程的核心环节，总计 12 学时。

2. 学情分析

课程授课对象为汽车检测与维修技术专业（含通用、大众、北汽、普通班等七个方向）二年级学生。本次教学面向该专业北汽班学生，实施小班教学。其中单招生源占比 56%，普高生源占比 25%，对口生源占比 19%。

知识基础：已完成项目一学习任务，基本掌握创新思维和创造技法相关知识，全班同学均已形成创意“金点子”并上传项目中心。

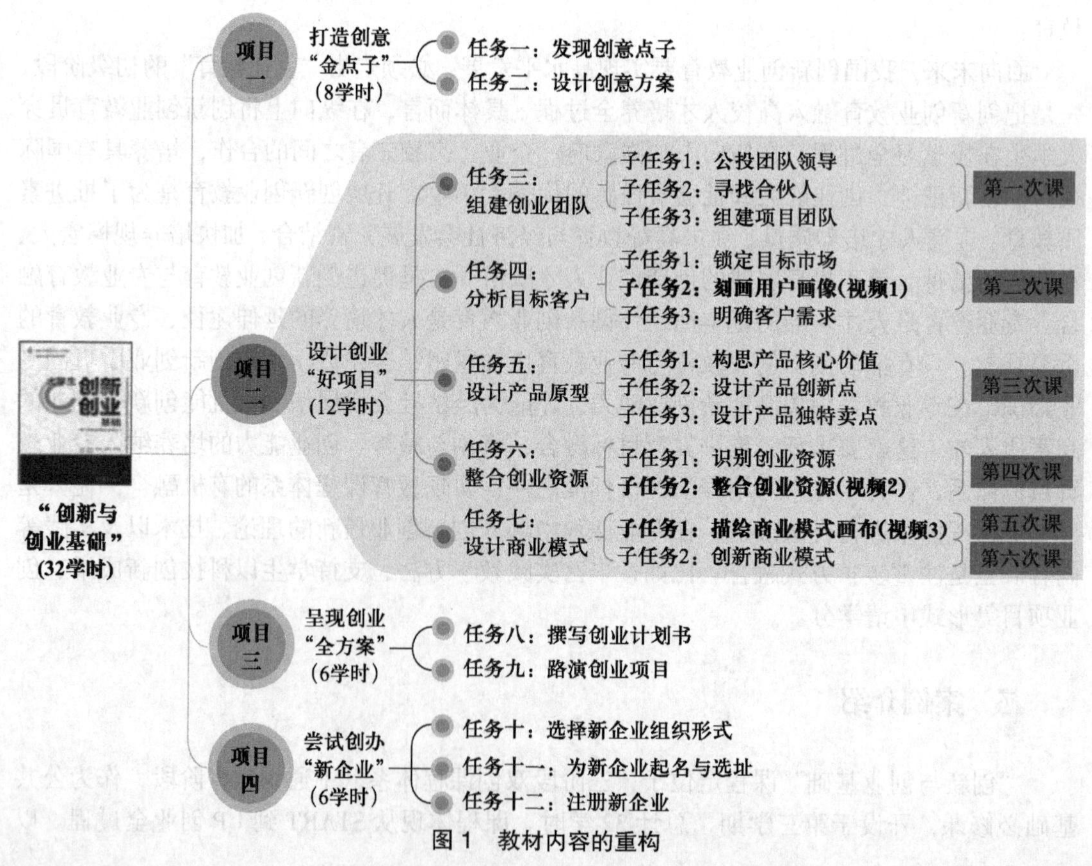

图 1 教材内容的重构

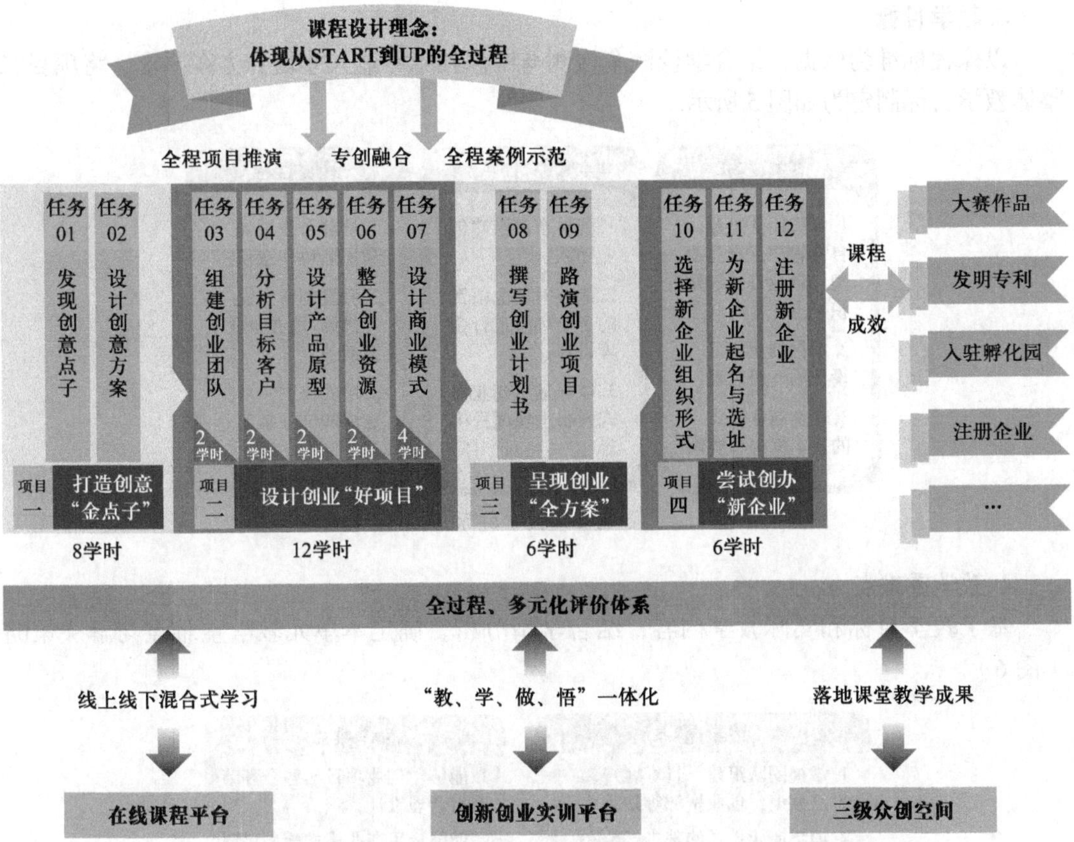

课程设计理念：
体现从START到UP的全过程
全程项目推演
专创融合
全程案例示范
任务01 发现创意点子
任务02 设计创意方案
任务03 组建创业团队 2学时
任务04 分析目标客户 2学时
任务05 设计产品原型 2学时
任务06 整合创业资源 2学时
任务07 设计商业模式 4学时
任务08 撰写创业计划书
任务09 路演创业项目
任务10 选择新企业组织形式
任务11 为新企业起名与选址
任务12 注册新企业
项目一 打造创意“金点子”
项目二 设计创业“好项目”
项目三 呈现创业“全方案”
项目四 尝试创办“新企业”
8学时
12学时
6学时
6学时
课程
成效
大赛作品
发明专利
入驻孵化园
注册企业
…
全过程、多元化评价体系
线上线下混合式学习
“教、学、做、悟”一体化
落地课堂教学成果
在线课程平台
创新创业实训平台
三级众创空间
图2　教学设计

能力基础：全班同学已有过两个月北汽集团实习经历，对汽车行业有一定理解，能够基于专业推演项目。课前问卷调查结果显示，本班只有1位同学有过创业经历，创业实践能力普遍不足（图3）。

学习态度与特点：问卷结果显示：90%以上的学生关注创业，愿意尝试创业，渴望学习有关知识并获得实践体验机会；本班学生思维活跃，喜欢开放合作的学习方式，有着强烈展示自我的意愿（图4）。

本班学生创业情况调查结果
6.25%
有创业经历
93.75%
没有创业经历
图3　学生创业情况

学生创业意向问卷调查
9.3%
8.5%
37.9%
29.2%
15.1%
我会在大学期间尝试创业
我会在毕业之后马上尝试创业
我会在毕业之后5年内创业
我会在毕业5年之后创业
在可以预见的未来内我不会创业
图4　学生创业意向情况

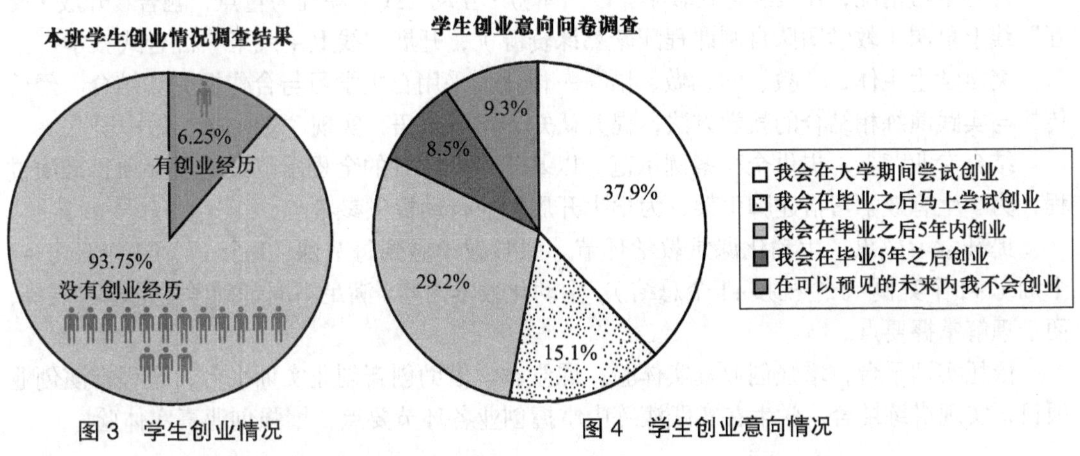

3. 教学目标

以课程标准为依据，结合学校汽车检测与维修技术专业人才培养方案要求，将项目二整体教学目标制定为如图 5 所示。

知识目标

1. 掌握团队组建、目标客户、产品原型、创业资源等知识要点；
2. 掌握创业项目设计的一般过程；
3. 理解商业模式的基本框架和要素

能力目标

1. 能够合理组建创业团队；
2. 能够对创业项目的各个环节进行合理设计；
3. 能够运用商业模式画布呈现项目构思

素质目标

1. 培养合作精神和团队协作意识；
2. 激发创新意识和思维，培养企业家精神；
3. 培养自主学习意识和信息素养

图 5　教学目标

4. 教学重难点

基于教学目标和实际教学内容，结合学情分析，确定本单元教学重难点与解决策略（图 6）。

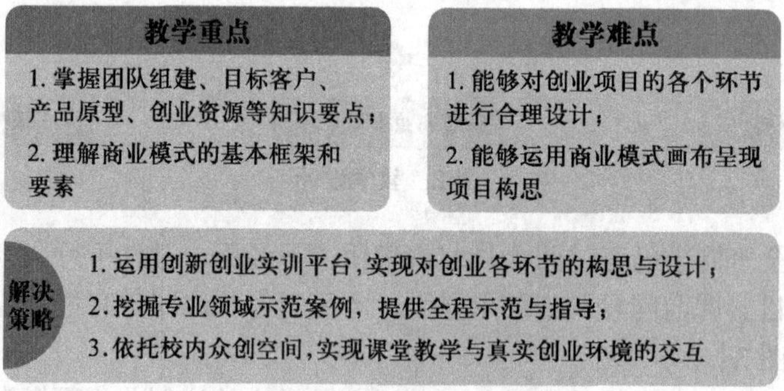

教学重点

1. 掌握团队组建、目标客户、产品原型、创业资源等知识要点；
2. 理解商业模式的基本框架和要素

教学难点

1. 能够对创业项目的各个环节进行合理设计；
2. 能够运用商业模式画布呈现项目构思

1. 运用创新创业实训平台，实现对创业各环节的构思与设计；
2. 挖掘专业领域示范案例，提供全程示范与指导；
3. 依托校内众创空间，实现课堂教学与真实创业环境的交互

图 6　教学重难点与解决策略

5. 教学策略

针对学习情况，开展混合式教学。以“体验 · 互动”线下课程为重点，融合“开放 · 交互”线上慕课（教学团队自制课程配套慕课资源），开展“线上 + 线下”混合式教学。

突出学生主体，“教、学、做、悟”一体化。采用自主学习与合作探究相结合、经验传授与实践演练相结合的教学方法，提升认知、增强感悟，实现“做中学、做中悟”。

结合专业背景，提供全程案例示范。以基于专业背景的全程示范案例贯穿项目推演过程，为学生有效学习搭建脚手架，为学生开展创业行动提供参考。

提升学习效果，生动化课堂教学环节。课堂教学做到每节课“5 个 1”（1 个任务 +1 个训练 +1 个案例 +1 个视频 +1 个总结），生动化教学内容，满足不同基础学生的学习需要，便于理解掌握要点。

依托实训平台，增强创业真实体验。课堂教学借助创新创业实训平台，全程推演创业项目，实现讲练结合。学生在实践演练中掌握创业各环节要点，增强创业真实体验。

支持项目实践，提升创新创业能力。配合项目设计、校外创业者访谈、市场调研等实践活动，支持学生借助创新工作室、众创空间等开展项目实践，提升创新创业能力。

（二）教学实施

1. 实施过程

（1）单元整体教学实施

本单元始于创意“金点子”（项目一阶段性成果），通过任务的逐层推进，每个团队最终以商业模式报告呈现完整的创业项目构思。每个教学任务完成后均生成阶段性成果，学生明确项目推演进程，掌握创业过程中各环节要点（图7）。

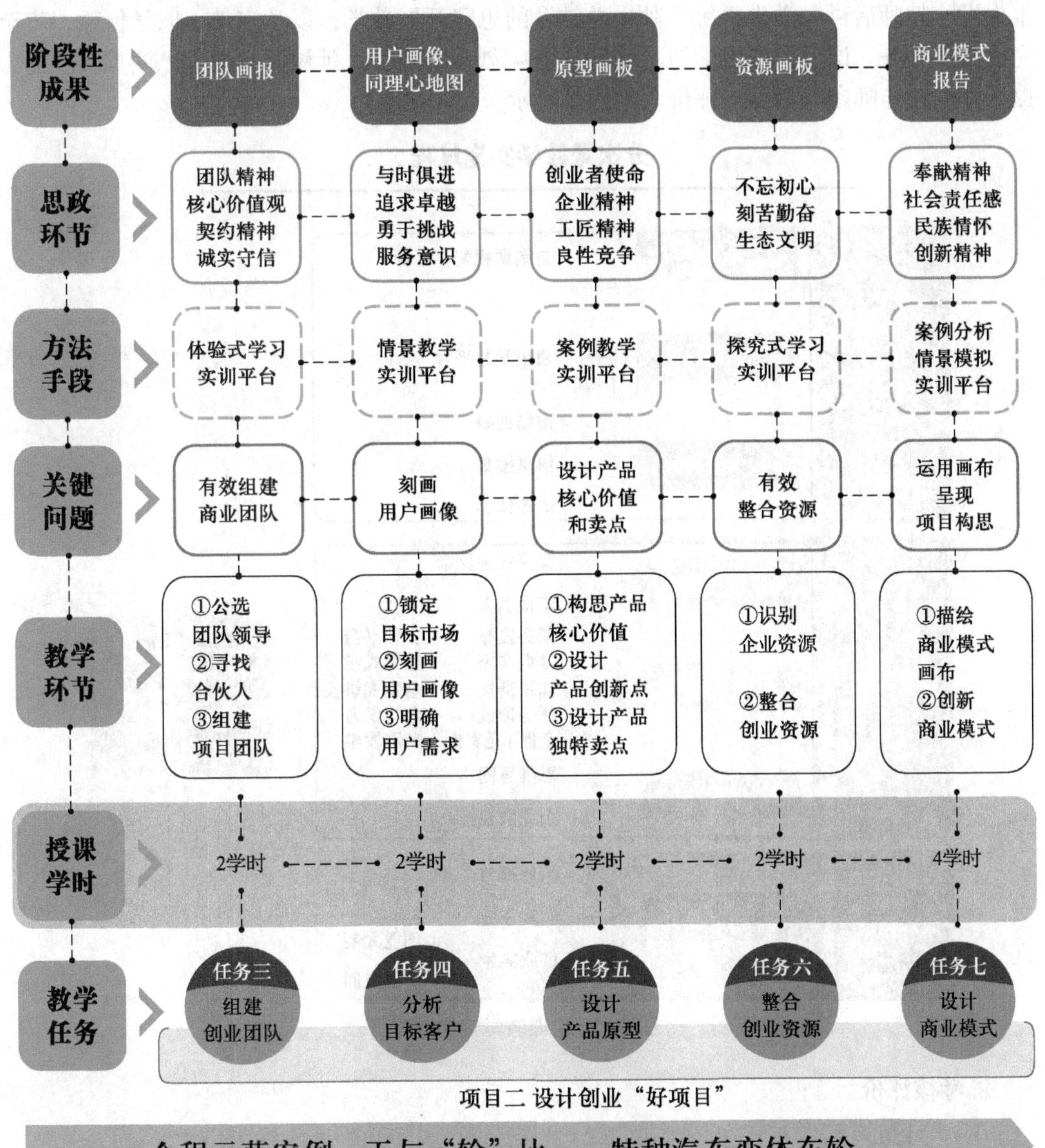

图7　单元教学设计

针对教学过程中的难点问题，采用不同方法和手段进行解决。

①对于如何有效组建项目团队的问题，课堂教学中创设团队，组建真实任务情景，全程体验突破难点。

②对于不了解创业一般过程的问题，借助实训平台推演创业项目，还原创业过程，增强创业体验。

③对于如何呈现项目构思这一难点问题，借助系统设计与诊断功能，辅以案例示范和实践演练，得以有效突破。

（2）分次课教学实施过程

课前通过“慕课学习 + 话题讨论 + 实践任务”，为本次课堂学习奠定基础。课中以“学生先做、教师后讲、学生再练、师生总结”的思路开展教学，以学定教、以学促改，直至完成教学任务。课后“拓展学习 + 实践任务 + 创业实践”，延展课堂教学，注重实践能力提升，企业导师参与指导与评价。如图 8 所示。

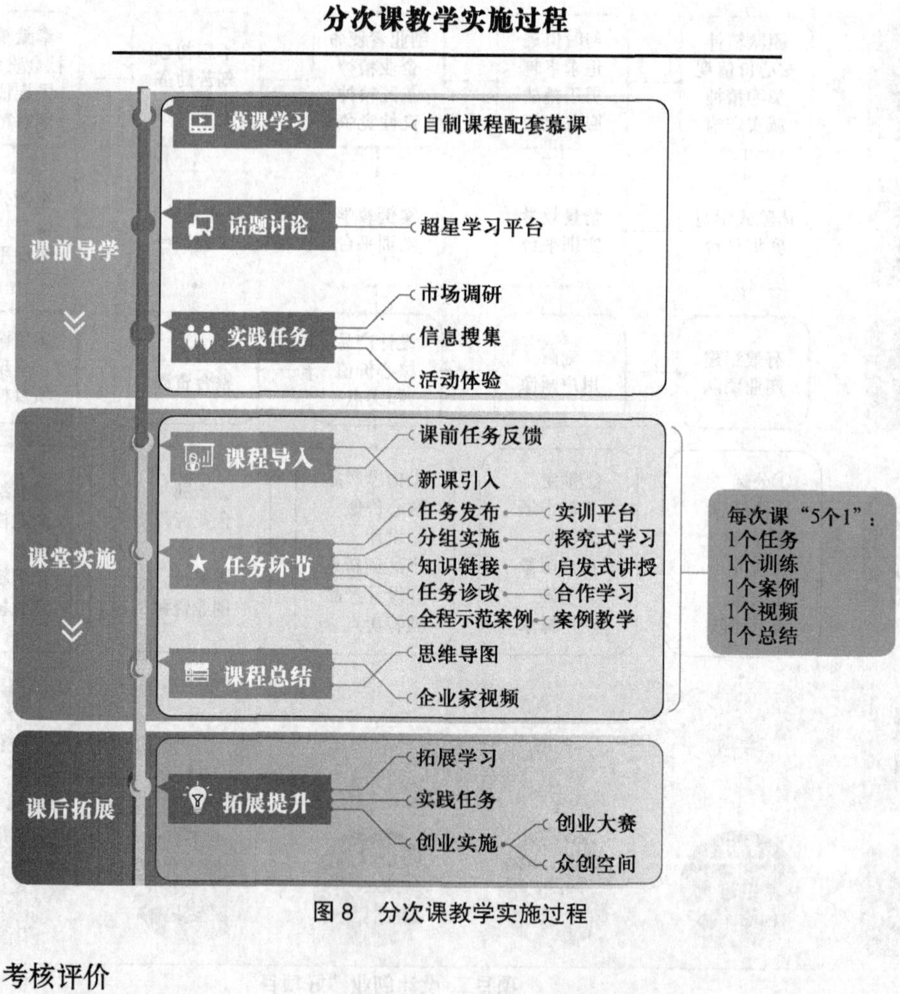

图 8　分次课教学实施过程

2. 考核评价

（1）评价方式多元化

采用线上评价、教师评价、学生自评、组间互评、企业导师评价等方式，补充主题讨论、弹幕留言、平台互动等信息化手段，体现评价方式的多元化（表 1）。

表 1　多元评价表

<table>
<tr><th>评价载体</th><th>成绩组成</th><th>评价环节</th><th>评价方式</th><th>分值 /%</th></tr>
<tr><td rowspan="8">超星学习平台</td><td>线上学习</td><td>视频观看＋测验题</td><td>平台（100%）</td><td>10</td></tr>
<tr><td rowspan="2">课前实践</td><td rowspan="2">实践活动</td><td>教师（50%）</td><td rowspan="2">10</td></tr>
<tr><td>组间（50%）</td></tr>
<tr><td rowspan="5">课堂实施</td><td>课堂表现</td><td>教师（100%）</td><td>10</td></tr>
<tr><td rowspan="2">课堂任务</td><td>教师（50%）</td><td rowspan="2">30</td></tr>
<tr><td>组间（50%）</td></tr>
<tr><td rowspan="2">团队合作</td><td>自评（50%）</td><td rowspan="2">10</td></tr>
<tr><td>组间（50%）</td></tr>
<tr><td rowspan="2">创新创业实训平台</td><td rowspan="2">成果考核</td><td rowspan="2">项目实训</td><td>教师（50%）</td><td rowspan="2">30</td></tr>
<tr><td>企业导师（50%）</td></tr>
<tr><td rowspan="4">其他</td><td rowspan="4">课外实践</td><td>双创大赛</td><td colspan="2" rowspan="4">鼓励性加分</td></tr>
<tr><td>创新成果
（专利、论文等）</td></tr>
<tr><td>入驻孵化园</td></tr>
<tr><td>…</td></tr>
<tr><td>合计</td><td colspan="2"></td><td colspan="2">100</td></tr>
</table>

（2）评价过程全程化

课前慕课学习情况、课中项目推演过程、课后实践成果评估都可量化，全面记录学生每一环节表现，实现了学习的客观评价。以超星学习平台和创新创业实训平台为载体，汇总各环节分数，形成完整有效的全过程评价。

（三）具体教学设计

下面以 2 学时的教学单元为例，介绍该课程的实际操作环节（表 2）。

表 2　创新与创业基础课的实际操作环节

<table>
<tr><td>教学课题</td><td colspan="3">组建创业团队</td></tr>
<tr><td>授课对象</td><td>汽车检测与维修技术专业（北汽班）二年级学生</td><td>授课学时</td><td>2 学时</td></tr>
<tr><td>课程名称</td><td>创新与创业基础</td><td></td><td>智慧教室</td></tr>
<tr><td>教学内容</td><td colspan="3">授课教材选用全国高职专育规划《大学生创新创业基础》。以课程标准为依据，基于实际创业过程将教材内容整合为四个项目。本项目二中的任务三，授课内容为“组建创业团队”，总计 2 学时。
根据课程标准，结合学生对于创业项目实际流设计和之前慕课学习反映出的问题，设置本节课教学内容具体如下（图 1）。</td></tr>
</table>

续表

<table>
<tr>
<td>教学内容</td>
<td>
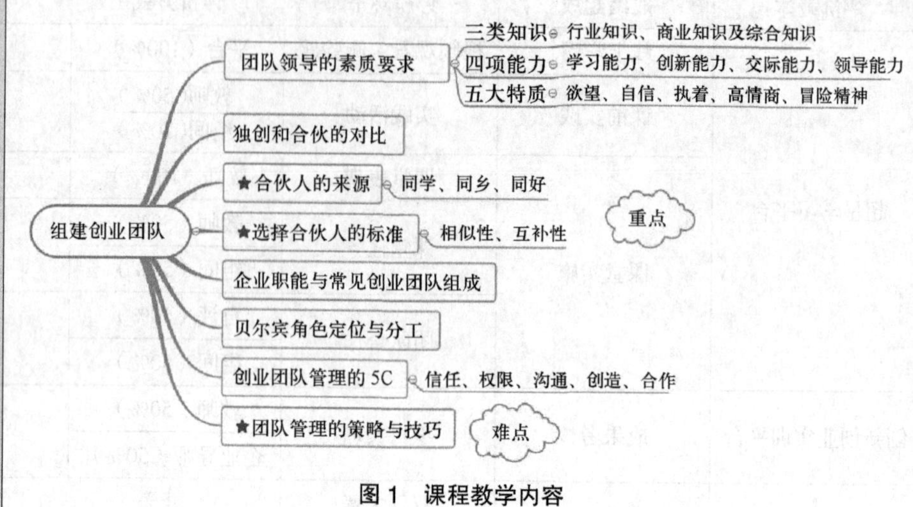

图1　课程教学内容

授课对象为汽车检测与维修技术专业（北汽班）二年级的学生，课前对其学习状况做了调查。

1. 知识基础

√已对创新方法、造技等知识进行了学习，能提出若干“金点子”；

√已完成团队组建部分的慕课学习。根据结果反馈，95%以上的学生基本掌握团队的组建原则和管理方法（图2）。

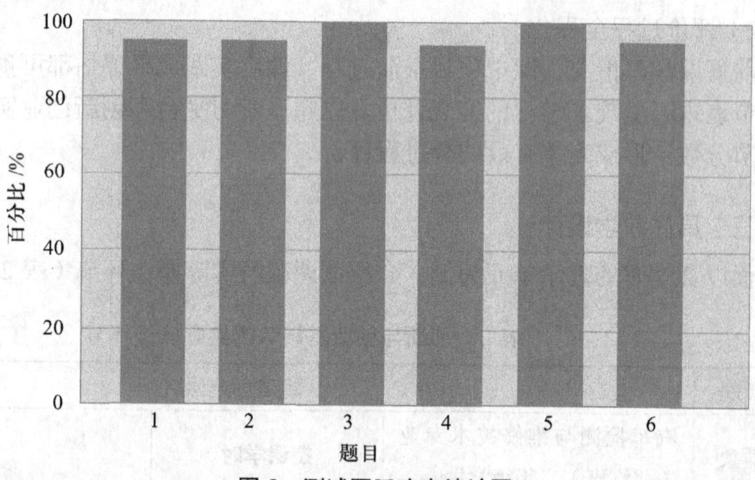

图2　测试题正确率统计图

2. 能力基础

√具备一定的自主学习能力，能够基于已学会的知识完成初步方案设计；

√具备一定的信息搜索和决策能力，但针对合伙人选择以及团队机制建立等具体问题分析和解决的能力较差。
</td>
</tr>
</table>

续表

<table>
<tr><td>教学内容</td><td colspan="2">3. 学习特点
√习惯于通过网络获取碎片化知识，愿意更多使用信息化教学方式；
√喜欢合作、开放的学习方式，喜欢有更多展示自我的机会。</td></tr>
<tr><td rowspan="3">教学目标</td><td>知识目标</td><td>1. 理解创业团队内涵；
2. 掌握合伙人选择标准及创业团队管理的对策</td></tr>
<tr><td>能力目标</td><td>1. 能够合理有效地选择创业合伙人；
2. 能够根据个人特质进行团队角色定位与管理</td></tr>
<tr><td>素质目标</td><td>1. 增强学生企业家精神和社会使命感；
2. 培养团队合作意识</td></tr>
<tr><td rowspan="2">教学重难点</td><td>教学重点</td><td>能合理有效地选择创业合伙人</td></tr>
<tr><td>教学难点</td><td>结合项目实际有效组建、科学管理创业团队</td></tr>
<tr><td rowspan="2">教学方法</td><td>教法</td><td>任务驱动、案例教学、讲解示范</td></tr>
<tr><td>学法</td><td>自主学习、合作探究、实践演练</td></tr>
<tr><td>教学策略</td><td colspan="2">借助教学团队自主开发的课程配套慕课资源，实现线上线下混合式学习。课前学生登录慕课平台学习“组建创业团队”等基本知识点，并完成测验题。根据学习反馈，教师调整教学策略。
运用创新创业实训平台完成领导公投、合伙人选择、团队分工等，有效解决教学重难点。
通过超星学习平台，实现师生间、生生间有效互动，拓展教学空间并节省教学时长。
运用视频、动画、案例等贴近专业的多种教学资源，增强课程教学针对性和有效性，更有利于学生掌握合伙人选择和团队管理的策略与方法。</td></tr>
<tr><td>教学资源</td><td colspan="2">1. 课程教学团队自行研发的“创新与创业基础”慕课。
2. 超星学习平台、创新创业实训平台等。
3. 课程教学案例库（汽车行业分项）、视频案例库等。
4. 学院创新创业网</td></tr>
<tr><td>教学流程图</td><td colspan="2">组建创业团队
课前导学：慕课学习；话题讨论；「金点子」创意展示
课程导入（2min）
任务1：公投团队领导（20min）：个人拉票；项目公投；知识链接；案例跟踪
任务2：寻找合伙人（23min）：招募与推荐；自荐与交流；知识链接；诊改任务
第一节课
任务3：组建项目团队（40min）：团队分工；团队公约
总结与反馈（4min）：团队全家福
拓展与提升（1min）：慕课学习；街头采访
第二节课</td></tr>
</table>

续表

教学活动安排			
教学环节	教学内容	教师活动	学生活动
课前导学	设计意图：课前实践任务的实施，能承上启下引出一个教学任务，服务于整个教学流程安排		
	慕课教学知识点： 1. 创业团队的内涵与标准。 2. 创业团队的组建与合伙人选取。 3. 创业团队管理的原则与策略	教师发布任务： 1. 进行慕课学习并完成相应的测验题。教师根据平台统计的学习结果，调整教学策略。 2. 平台发布话题讨论：你是愿意千里走单骑还是合伙闯天下？是好朋友或者给钱就可以合伙吗？如何当好团队负责人？设置课上答疑环节。 3. 发布课前实践任务："金点子"创意展示，每人上传创意"金点子"方案	学生完成任务： 1. 完成慕课学习。 在学习平台上完成慕课知识点的学习，同时完成相应的测验题，总结学习问题。 2. 参与平台话题讨论。对问题进行深入思考。 3. 完成实践任务。每位同学可以运用上一任务掌握的方法，思考创意"金点子"。 完成后，分别将"金点子"创意上传至平台共享
第一学时			
教学环节	教学内容	教师活动	学生活动
课程导入 （2 min）	创业流程：在创业的真实过程中，首要问题是选出团队领导与组建团队。	问题探究：有了好创意如何开始创业之旅？从何起步？	思考与探索：以个人提出的项目为例，思考并回答教师问题，明确真实创业如何开始
课堂任务一 —— 公投团队领导 （20 min）	设计意图：本任务两大环节遵循团队领导产生的真实过程，为学生真实创业实践提供可参考范例		
	1. 创业机会的标准 是否拥有市场机会？是否可行？是否与创业者匹配？（回顾） 2. 团队领导的素质要求（新知） 三类知识：行业知识、商业知识及综合知识	环节 1：个人拉票 组织拉票：项目拥有人进行个人拉票，介绍创意及其优势。 环节 2：项目公投 组织公投：利用实训平台投票公选项目。 环节 3：知识链接：领导素质必备	思考与行动：学生准备个人 30 秒拉票的项目优势及个人领导特质相关介绍并按要求展示。 选择与投票：在实训平台投票公选，体验决策过程。

续表

教学环节	教学内容	教师活动	学生活动
课堂任务一——公投团队领导（20 min）	四项能力：学习能力、创新能力、交际能力、领导能力 五大特质：欲望、自信、执着、高情商、冒险精神	环节4：案例跟踪 西少爷创始人故事。 思政：强调团队精神、核心价值观等 调整公投：根据投票结果，考虑是否进行第二轮公投，最终产生4组好项目及领导	回顾知识点内容：思考如何成为一名团队领导。 明确领导的定位：了解领导的成长轨迹与素质要求。 再次投票：再次在实训平台投票公选领导
课堂任务二——寻找合伙人（23 min）	设计意图：本环节完全模拟创业过程中合伙人选择，师生互动生成课堂。学生从学习小组变为项目小组，便于后续课程教学，增强仪式感。在行动中引发学生思考，帮助学生体验选择、决策、权衡的全过程，融入思政元素，实现全程育人		
	1. 独创和合伙的对比 2. 创业合伙人的来源 3. 选择合伙人的标准 重点提示： 选择正能量、适合的合伙人	提出问题：千里走单骑还是合伙打天下？ 环节1：招募与推荐 组织领导设计招募令。 组织其他同学设计推荐词。 环节2：自荐与交流 组织领导完成招募。 组织其他同学进行自我推荐。 教师讲解： 知识链接：合伙人如何选？ 视频案例：马云选择合伙人 全程案例示范："变体车轮"项目合作人的选择示范。 环节3：布置任务：完善招募合伙人条件 点评总结：招募合伙人条件。 思政：强调"勤奋工作、诚信经营、追求卓越，永不放弃"的企业家精神。 组织第二轮招募（根据情况）	思考：创业过程中是否需要团队？需要付出哪些？ 行动：设计招募令和推荐词 行动：发布招募令（台发布展示） 行动：合伙人自荐与领导决策与选择。 观看与学习：对比与思考，思考初始招募令和推荐词的不足与改进思路。 小组讨论：重新修改招募合伙人的条件并展示。 组间互评：针对修改后的招募令新条件进行评价。 理解企业家精神，完善招募令，再次完成招募。 利用课间，重选合伙人

续表

<table>
<tr><th colspan="4">第二学时</th></tr>
<tr><th>教学环节</th><th>教学内容</th><th>教师活动</th><th>学生活动</th></tr>
<tr><td rowspan="2">课堂任务三——组建项目团队——团队分工（20 min）</td><td colspan="3">设计意图：本环节重在检验知识的实际应用效果，侧重价值引导，如淘汰队员引发的道德层面思考，选择队员中唯利益论、唯有用论思考。强调用专业的理论指导具体的实践应用</td></tr>
<tr><td>1. 企业职能与常见创业团队组成
2. 贝尔宾角色定位与分工</td><td>环节 1: 团队分工（20 min）
提出问题并组织讨论：合伙人如何分工？角色如何划分？
教师讲解：
知识链接：企业职能与常见创业团队组成
组织小组任务：重组取经团队。
教师讲解示范：
知识链接：贝尔宾角色定位与分工
思政：社会主义核心价值观
视频案例：合伙与分工
案例示范：复合式变体车轮
布置任务“创意全家福”：完成团队分工设计，并上传至平台</td><td>思考与行动：初步完成组内分工的设计并上传至平台。
思考：如何基于项目和现有团队成员做好分工与定位。
讨论与行动：完成三个话题讨论。小组代表展示讨论结果，组间互评，可穿插辩论，关注利益等问题思考。
学习与思考：理解视频和案例示范内容，思考本项目成员角色定位与分工。
行动：修改并最终完成组内角色分工与定位，设计好全家福海报并上传至平台</td></tr>
<tr><td rowspan="2">课堂任务三——组建项目团队——团队公约（20 min）</td><td colspan="3">设计意图：本环节通过任务完成与诊改，实现专业能力阶梯式提升。同时利用团队公约的形式，将教学内容融会贯通，服务后续教学</td></tr>
<tr><td>1. 创业团队管理的 5C
2. 团队管理的策略与技巧
（1）确立明确的团队发展目标。
（2）合理挑选、使用人才。</td><td>环节 2: 团队公约（20 min）
提出问题并组织讨论：团队成员如何相处？如何管理？如何当好领导？形成公约条款上传至平台。
1. 游戏互动：分粥
知识链接：管理机制</td><td>讨论与思考：如何各尽其职？领导和合伙人分别应该遵守的规则，形成公约条款发布至平台。</td></tr>
</table>

续表

教学环节	教学内容	教师活动	学生活动
课堂任务三——组建项目团队——团队公约（20 min）	（3）建立责、权、利统一的团队管理机制。 （4）合伙协议	2. 案例跟踪：俏江南 知识链接：合伙协议 3. 互动抢答：熊大与熊二 知识链接：激励机制 4. 课堂游戏：传话筒 知识链接：沟通机制 布置小组任务：诊改团队公约 完善之前的团队公约，形成公约守则，约定违约惩罚措施，展示并上传至平台。强调契约精神、诚实守信等	行动与反思：团队内应该建立什么样的管理制度、激励制度和沟通制度来确保公平公正？如何促进成员主动性和积极性的发挥？如何才能高效管理团队？如何才能发挥团队的最大效力？ 行动运用：小组内讨论并总结归纳团队公约内容，完善团队公约。展示并共同确认仪式，形成公约力；理解契约精神，做到诚实守信，遵守约定
总结反馈（4 min）	课程内容总结与回顾	课程总结：团队全家福（4 min） 师生共同总结：思维导图总结。 团队全家福：利用平台画板功能，形成团队全家福（课堂同步呈现全家福海报）	行动与总结：回忆与总结所学内容，强化记忆与理解。运用平台“团队画板”功能，形成团队全家福。 完成全家福海报并展示
拓展提升（1 min）	问题提出： 谁是你的客户？他们有什么样的特征和需求呢？	布置作业（1 min） 1. 慕课学习，参与话题互动； 2. 街头采访：谁是你的客户？形成调研报告，并上传到平台	行动与反思： 着手线上慕课学习。 讨论课后任务安排，形成组内分工，为下次课做准备

续表

考核评价				
评价载体	评价环节	评价内容	评价方式	分值 /%
超星学习平台	课前学习	线上学习	平台（100%）	10
	课前实践	“金点子”创意展示	教师（50%） 组间（50%）	10
	课堂表现	与教师现场互动	教师（100%）	10
	课堂任务	1. 公投团队领导（30%） 2. 寻找合伙人（40%） 3. 组建创业团队（30%）	教师（50%） 组间（50%）	30
	团队合作	任务完成度和完成质量	自评（50%） 组间（50%）	10
创新创业实训平台	项目实训	团队画板	教师（50%） 企业导师（50%）	30
合计				100

三、案例效果

1. 教学效果良好，教学目标达成度高

教学内容贴合实际，教学形式丰富多样，课堂教学与创业实践高度匹配。学生通过线上实操和线下实践，增强创业体验，提升实践能力，有效达成教学目标。从学生评价反馈来看，整体满意度高，实现抬头入耳、点头入心、紧跟入脑的教学效果。

2. 能力提升显著，双创成果丰硕

课程将创新创业教育与专业教育有机融合，鼓励学生以多种形式开展创新创业实践活动，学生创新创业能力提升显著，产出系列双创成果。

（1）赛事获奖。项目二教学结束后，本班 75% 的同学报名参加各级各类双创比赛，多个项目获奖，其中校级奖项 4 项、省级 2 项。

（2）专利获批。本班学生主动将课程项目成果申请专利，共有 7 名同学申请专利，2 名已获专利授权，2 名正在受理中。

（3）项目孵化。学生尝试将课上推演项目进行企业化运营。本班 5 名学生参与创业实践，其中 1 个项目团队已入驻孵化园并注册公司。

3. 创业教育融合思政精神，影响深入

课堂教学融入思政元素，在提升实践能力的同时，本班 62.5% 的学生响应习总书记号召，主动参与“互联网 +”创新创业大赛红色筑梦之旅活动，上好全国最大最生动的一堂思政课。

四、案例分析

案例中双创教学基于学情，关注行业产业，从职业教育类型特点出发进行教学设计，形成了下述鲜明的特点。

1. 专创融合，培育复合型人才

对接职业标准，聚焦专业对接的产业领域，挖掘前沿性创业项目及案例，引入企业创业导师，提供行业类创业资源，指导学生组建专业创业团队。在培育学生职业素养、专业精神、创新意识的同时，提升实践能力，将专业教育与创新创业教育深度融合，培育产业急需的创新型、复合型人才。

2. 配套实训平台，增强创业体验

配套课程内容，定制开发实训平台，集创业教程、创业测评、创新创业训练、案例库、模拟企业注册等功能于一体，满足学生学习与实践的需求。创新创业教育不再是纸上谈兵，学生能够依托实训平台全程推演创业项目，各阶段成果显性化呈现，增强创业真实体验。

3. 三级众创空间，延展课堂教学

依托众创空间、学校创新工作室和汽车（专业群）创客空间，聚焦专业领域，由内至外开展创新创业实践。在创新创业双导师指导下，验证课程推演项目，产出产品原型，对接市场需求，落地创新创业项目，将课堂所思所学付诸创业实践，实现双创教育的升级。

4. 实践教学空间有待拓展

实践教学主要依托众创空间、创新工作室等开展，与真实创业环境和氛围还存在差距。后续可以强化“创业项目实地观摩”“校友企业入校园”等活动，拓展校外创业教育实践空间，打造学校创新创业实践品牌。

5. 平台资源建设进一步完善

课程教学主要借助两大平台，即用于推演创业项目和实战演练的创新创业实训平台、用于师生间课堂互动和评价的超星学习平台。后期可持续完善实训平台资源建设，整合平台功能，打造线上线下混合式教学“金课”。

案例来源：邢台职业技术学院

案例六　班主任育人案例

纺织服装部丝绸工艺专业中专班级
生态丝绸纵横经纬，职业学校织就人才

一、案例背景

“生态兴则文明兴，生态衰则文明衰。”习总书记生态文明思想深深根植于中华文明丰富的生态智慧和文化土壤。他多次从人类历史发展的角度出发，对人与自然、文明兴衰与民族命运、环境质量与人民福祉的关系做阐述。生态文明建设是关系中华民族永续发展的根本大计。

以生态文明思想和“生态”教育理念为指导，遵循《中等职业学校德育大纲》“以人为本，德育为先，能力为重，全面发展”的要求，凸显职业学校“产教融合、校企合作、工学结合、知行合一”的特色，结合丝绸工艺专业性质，遵循学生身心发展规律与教育规律，提炼出丝绸文化中“柔、韧、精、美”四大特质，推出“生态丝绸”建班模式，旨在培养中专 1713 班学生具有良好的思想道德、行为习惯、文化内涵、心理素养和职业精神，成为德、智、体、美、劳全面发展的中职生，实现人的可持续性发展，为“出彩人生”奠基。

（一）指导思想

1. 以习总书记生态文明思想为引领。习总书记提出了“以人为本”的生态文明思想，提倡用“以文化人，以文育人”的方式进行学生思想道德教育。

2. 以中华民族优秀丝绸文化为基石。中国传统文化蕴含的“生态本质”与儒家思想中“仁，爱人以及物”等命题吻合，这些都是生态丝绸班级建设的精神滋养。

3. 以中等职业学校德育目标为指向。把学生培养成合格公民、高素质劳动者、技术技能人才、社会主义建设合格建设者和可靠接班人。

4. 以《丝绸工艺专业人才培养方案》为宗旨。培养德、智、体、美、劳全面发展，具有良好职业道德素养，掌握丝绸工艺知识技能，具备职业适应能力和可持续发展能力的高素质复合型技术技能人才。

5. 以《中国学生发展核心素养》为目标。以培养“全面发展的人”为核心，围绕“六大核心素养”协调人的可持续发展和终身发展的目标。

（二）班情分析

1. 学生情况

纺织服装部丝绸工艺专业中专班级，共 36 人，男生 20 人，女生 16 人（表 1、图 1、表 2）。

表 1　班级学生情况总览表

班级人数 36 人	总数	男生	女生	团员	住宿	走读	单亲	贫困
	36	20	16	5	18	18	6	4
个人爱好 36 人	体育运动		琴棋书画		网络游戏		其他	
	30	83.3%	2	5.6%	34	94.4%	0	0%
父母文化 72 人	初等教育		中等教育		高等教育		其他	
	30	41.7%	30	41.7%	10	13.9%	2	2.8%
父母工作 72 人	个体自营		企业职工		事业公职		其他	
	14	19.4%	52	72.2%	0	0%	6	8.3%

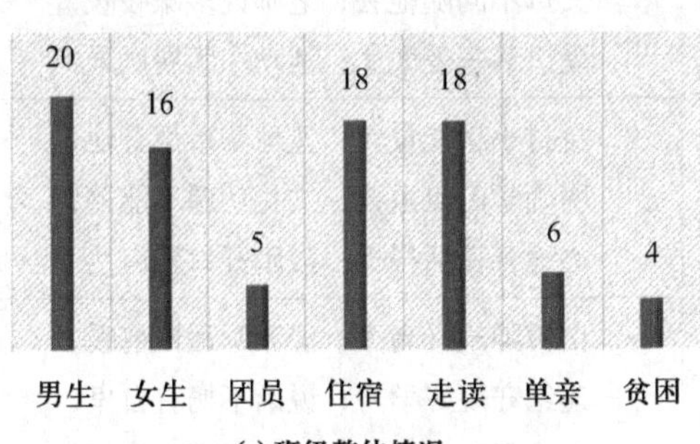

(a) 班级整体情况

72.20%
19.40%
0.00%
8.30%
个体自营　企业职工　事业公职　其他

(b) 父母工作情况

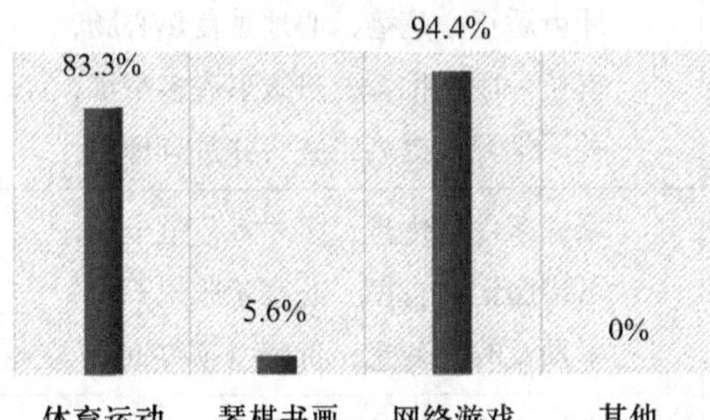

(c) 个人爱好情况

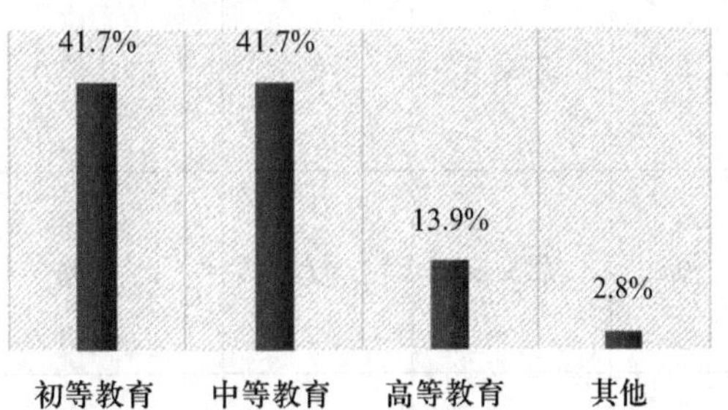

(d) 父母文化程度

图 1　班级学生情况总览

表 2　班级学生情况个体特征表

序号	姓名	性别	学籍号	特点和需关注的地方
1	刘 ××	男	（略）	高一班长人缘好，学习认真到校早， 寡言少语稍内向，不善言辞惹父恼， 了解根源立自信，公共表达有提高
2	杨 ××	女	（略）	单亲家庭随母亲，物质贫困但自信， 性格爽直多侠义，爱交朋友重义气， 冲动简单易犯错，关爱关心是第一
3	胡 ××	女	（略）	家庭富裕人很好，性格温和情商高， 听话懂事小帮手，高二班长管理妙， 多搭平台多鼓励，追求出彩和提高
4	赵 ××	女	（略）	单亲家庭条件苦，祖孙二人相做伴， 性格内向不讲话，学习认真有前途， 关心家庭多施爱，心情开朗会幸福
5	罗 ×	男	（略）	麻将室里来成长，行为习惯问题多， 父母不问随他去，老师说多嫌啰唆， 爱讲话来爱表达，活动中间展风采
6	占 ×	男	（略）	身材小小能量大，篮球赛事都有他， 明确学习也重要，文化功课不能落， 心地善良话很少，鼓励开口勤表达
7	计 ××	男	（略）	白皙帅气又高大，温和听话性情暖， 遵纪守规好学习，说话不畅有自卑， 家校联系多关注，心理干预多夸赞
8	胡 ××	女	（略）	牙齿矫正心疙瘩，心地善良热心肠， 室长一职自推荐，班级事务多帮忙， 关注学习多提高，齐头并进奔理想
9	陈 ××	女	（略）	家庭条件极优越，多才多艺是全能， 可惜胎记又自卑，心塞矛盾想不开， 干预及时立梦想，价值引领很重要
10	周 ×	男	（略）	身材瘦小是体委，体育全能力量大， 活泼开朗爱帮忙，各项活动都参加， 明确学习也重要，文化技能一样好
11	张 ×	男	（略）	面有胎记皮肤黝，老师鼓励不自卑， 爱好篮球身体棒，体育运动样样强， 性格热情做舍长，宿舍管理天天赞

续表

序号	姓名	性别	学籍号	特点和需关注的地方
12	项 ××	女	（略）	女孩长相男孩样，做事不走寻常路，曾经打架恐吓人，及时教育已改正，养成教育要反复，家校沟通是关键
13	吴 ××	男	（略）	思想境界极其高，光荣入伍人称赞，学习成绩是榜样，技能训练不落后，行为习惯要加强，多加提醒多进步
14	韦 ××	女	（略）	办事干脆又利落，纺织代表技能强，讲卫生来会管理，宿舍舍长威信高，自管能力稍不足，提醒多次要记牢
15	王 ××	女	（略）	身材高大声音响，语文代表名声旺，语文晨读成特色，谁人经过谁人夸，行为养成也重要，生活细节须调整
16	万 ×	男	（略）	家庭艰苦多关爱，自信缺少欠表达，沉默内敛话很少，勤劳肯干劳动委，工作方法要提醒，组织集体共劳动
17	黄 ××	女	（略）	感情丰富爱写作，任她语文课代表，男女交往要关注，做事原则分清楚
18	张 ×	女	（略）	家庭困难父母忙，不识字来难帮忙，多次家访多帮助，学会感恩更努力
19	张 ××	女	（略）	单亲家庭又重组，性格坚强又独立，学习优秀品质好，目标明确不放弃。及时沟通解心结，学会感恩和长大
20	章 ×	女	（略）	善解人意很懂事，英语课程特别好，管理班级有妙招，自我管控需提高，二孩家庭没烦恼，和人相处有一套
21	张 ××	女	（略）	性格锋利自尊强，行为习惯缺点多，自私心理长作祟，大度宽容多熏陶
22	周 ××	男	（略）	思想积极身体壮，励志入伍立功劳。勤学文化和技能，老师同学齐夸赞
23	陈 ××	男	（略）	家境富裕爱帮人，团结同学人缘好。捐赠班服话不多，多多交流会表达
24	李 ××	男	（略）	能言善道手脚慢，劳动活动不见他，思想感化助成长，爱上技能本领大

续表

序号	姓名	性别	学籍号	特点和需关注的地方
25	蒋 ××	男	（略）	单亲家庭爱妈妈，再组家庭不和谐，曾经一度想不开，鼓励安慰展笑颜，懂事听话好帮手，纪律委员就是他
26	周 ××	男	（略）	单亲家庭背景杂，好在性格很开朗，参与活动能力强，课上表达话太多，不受老师的喜爱，教他分寸明尺度
27	张 ××	女	（略）	文化底子非常薄，学习方法要掌握，热情肯干态度好，班长一职威望高，接受事物能力强，即便批评不生怨
28	李 ××	女	（略）	人美嘴甜纪律差，经常犯规不记牢。明确校规与校纪，思想反复经洗涤，家人不问是缺陷，联系家长促成长
29	钮 ××	男	（略）	单亲家庭境复杂，父母不管习惯差，日常管理多出错，多加关注勤谈话，家校共育难度大，耐心关爱感化他
30	肖 ×	女	（略）	二孩家庭的姐姐，心地善良又懂事，学习刻苦又勤奋，彻底颠覆入学分，参加活动灵气足，职校人生全颠覆
31	王 ×	男	（略）	性格爽朗很直接，讲话从不会绕弯，脑子机灵接受强，尤其技能特别棒，超有主见好顶嘴，及时教育需智慧
32	沈 ××	男	（略）	爱好篮球身体棒，身高班级数第二，成绩远比身高低，鼓励他要有信心，掌握方法别自弃，只要努力有奇迹
33	薛 ××	男	（略）	身高超高性格好，别人说他不会恼，性格温和显修养，就是技能不大好，联系老师多帮助，家长一起来帮辅
34	郭 ××	男	（略）	个子高大话语少，平时爱笑不讲话，学习惰性比较足，不会主动去讨教，班级活动少参加，鼓励他要多讲话
35	褚 ××	男	（略）	性子缓慢不讲话，寡言少语少活动，多加关心鼓励他，融于集体立自信
36	周 ××	男	（略）	我们班的最后号，不是说他不优秀，闪光点有很多条，看你怎么去挖掘，鼓励他去朗诵社，登上舞台展光芒

2. 班级特征

（1）专业性质：纺织服装部丝绸工艺专业中专班（2.5+0.5）

（2）班级特点：

大多性格活泼开朗，简单明快不复杂。

入学普遍分数较低，文化基础很薄弱。

多数热爱体育运动，不太爱阅读书籍。

行为较为自由松散，缺规矩意识和追梦激情。

（3）需要关注的领域：

建立理想目标：83% 的学生的奋斗目标和努力方向不太明确。

激发学习兴趣：100% 学生入学分数较低，文化分为 300~400 分。

坚持行为教育：55% 的学生曾有过不太文明礼貌的行为举止。

了解专业职业：77% 的学生对专业性质和职业方向表示困惑。

关注心理健康：19% 的学生曾经产生情感和心理上暂时的迷茫。

挖掘环境资源：42% 的家长受教育程度不高，对学生关注不够。

应对突发事件：93% 的学生不知道如何应对生活中的突发状况。

（4）需要关注的个体：

2 人遇事冲动：转换思维，明辨是非，智慧解决；

3 人心理困惑：了解根源，多元沟通，科学帮扶；

4 人贫困家庭：主动家访，掌握情况，建立自信；

6 人单亲家庭：积极家访，给予关爱，滋养心灵；

9 人沉迷游戏：明确目标，转移注意，价值引领；

注重强势智能培养，搭建平台，分层教育，多元评价。

（5）可能面临的困难：

学生文化基础薄弱，未能掌握学习方法，学习难度比较大；

对录取专业无兴趣，产生逆反抵触情绪，思想工作难度大；

学生自控能力较弱，沉溺游戏现象严重，学生身心影响大；

个别男生身强体壮，遇事冲动不会冷静，及时引导作用大；

学生都处于青春期，情绪波动心思敏感，心理帮扶意义大；

家长受教程度不高，班级活动开展较难，家校沟通难度大；

安全意识非常淡薄，遇到突发束手无策，应急预案作用大。

二、案例介绍

（一）建班目标

“生态丝绸”班以丝绸文化中“柔、韧、精”的品质为抓手，以“美”为目的，培育过程注重“生本、生命、生活”，最后达成“生长”的“绿色生态体验”过程，以文化浸润身心，注重学生德智体美劳全面发展，培养具有良好的职业道德和职业素养，掌握丝绸工艺专业对应职业岗位必备的知识与技能，能胜任丝织生产操作、丝织品质量检测、丝织品贸易及相应服务、管理等一线工作，具备职业适应能力和可持续发展能力的高素质复合型技术技能人才。

“生态丝绸”班建设总体目标和建设细化目标如图 2、图 3 所示。

图 2 “生态丝绸”班建设总体目标

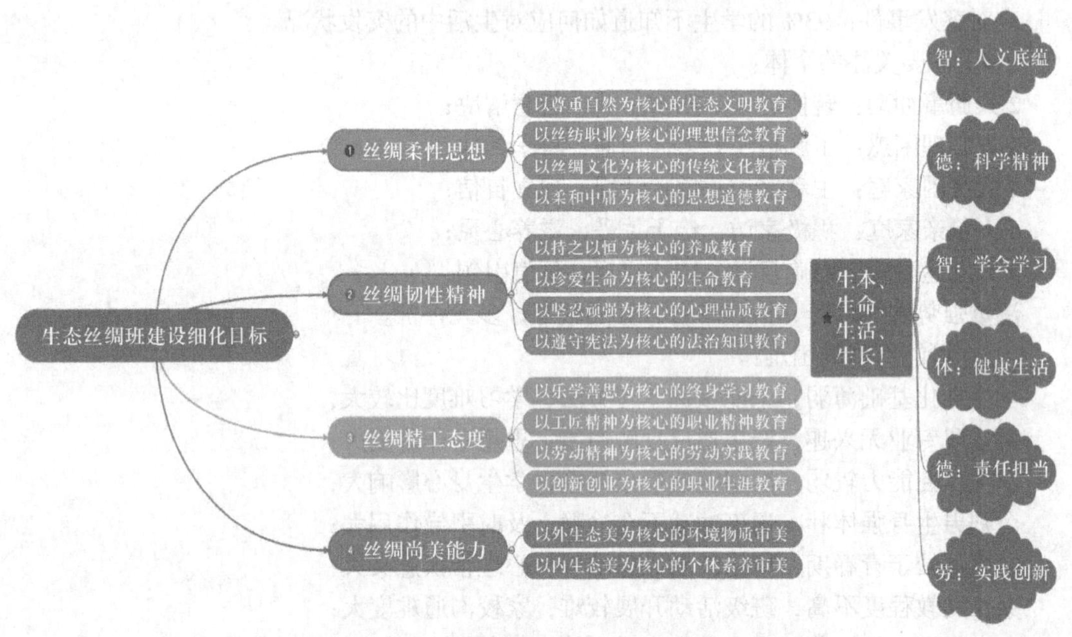

图 3 “生态丝绸”班建设细化目标

（二）建班内容

1. 一年级：柔性思想，尊重“生本”体验

（1）绿水青山，生态文明思想教育。生态绿色：贯彻习近平总书记的“生态文明思想”教育；节约环保主题教育；健康生活方式教育；“节粮节水节电”的“三节”教育；“大气、土地、粮食、水等是有限资源”的基本国情教育；海洋生态文明教育。

（2）追根溯源，柔和传统文化教育。柔软温和：以“天下兴亡，匹夫有责”为重点的家国责任教育；以“仁爱共济、立己达人”为重点的社会关爱教育；以“正心笃志、崇德弘毅”为重点的人格修养教育；丝绸文化史教育；丝绸精神教育；丝绸工艺发展史教育。

（3）纵横经纬，柔美理想信念教育。温柔美好：立足“个人与社会关系”的中国特色社会主义核心价值观教育；以“建国70周年”为主题的爱国主义教育；以“纺织技能、奉献社会”为目标的职业理想教育；以“柔顺和谐”“仁义中庸”为核心的社会公德、职业道德、家庭美德、个人道德品质教育。

（4）儒雅谦逊，柔顺常规管理教育。柔滑顺畅：《中等职业学校学生公约》《江苏省苏州丝绸中等专业学校一日常规》教育；仪容仪表教育；文明礼仪教育；学生自主管理教育；班委、团支部“两位一体”建构；丝绸工艺1713班风学风教育；班级制度教育（每月德育考核积分制、五星级学生制、考核评价制）。

2. 二年级：韧劲意志，尊重“生命”体验

（1）持之以恒，强化行为养成教育。韧性坚持：行为评比教育；“纪律、规则意识”强化教育；卫生习惯坚持教育；“一班一品”文化教育（茶艺社团）；“一班一团”社团文化开展（中华诗词朗诵社）；“谦逊儒雅”涵养提升教育；学习习惯养成教育。

（2）珍惜生命，生命意义安全教育。珍爱珍惜：“珍视生命、保护生命”思想教育；以“尊重、关爱、宽容、共同生活”为主题的“人与他人、人与集体、人与社会、人与自然”相处方式教育；青春期挫折教育、逆境教育；戒烟、戒网瘾、禁毒、防艾滋、心肺复苏等安全教育。

（3）乐观自强，坚韧心理品质教育。坚忍不拔：“每日一练，强体健魄”的身体健康教育；“均衡饮食、荤素搭配”的膳食教育；心理健康知识专题教育；以“自尊、自信、自强、乐群”为目标，“坚忍顽强”为标志的青春期心理和情感帮扶教育（集体心理教育和个体心理帮扶）。

（4）遵纪守法，合格公民法治教育。懂法守法：《中华人民共和国宪法》《中华人民共和国未成年人保护法》《中华人民共和国消防法》《中华人民共和国道路交通安全法》等法律基础知识教育；遵纪守法好公民教育；职业纪律和安全生产纪律教育。

3. 三年级：精工理念，尊重“生活”体验

（1）乐学善思，可持续发展教育。“互联网+”教育：将信息技术与教学有机融合，推动大数据、人工智能、虚拟现实等现代信息技术应用；产教融合、校企合作教育；学生主体性教育；笃实学习态度教育；终身学习和可持续发展教育。

（2）工匠精神，精益求精精神教育。精益求精：实践岗位和职业岗位知识教育；“爱岗敬业、精益求精”工匠精神教育；技能大赛拼搏精神教育。

（3）劳动精神，吃苦耐劳精神教育。勤劳能干：劳动精神、劳模精神教育；劳动知识、技术技能、实训实习“三合一”教育；个人、班级、学校、家庭劳动“四位一体”教育。

（4）创新创业，职业生涯实践教育。创新创造：以能力为本位、以职业实践为主线、以项目课程为主体的模块化专业课程体系的课程改革；现代学徒制人才培养模式，专业能力、综合素质、职业精神的综合教育；“讲安全、守纪律、重质量、讲效率”的职业意识教育；以“创新”“创业”“职业生涯规划”为专题的理论+实践教育。

4. 生态评价：尚美情怀，实现“生长”体验

（1）“外在体验场”评价。从中职生的日常行为习惯，如举止、语言、仪容仪表、卫生、学习、劳动、工作等维度进行评价。从学习成绩的层面，通过期中、期末的全市统考和学业水平测试的成绩来评价。从技能水平的角度，以纺织专业技能的掌握程度来评价。

（2）“内在体验场”评价。德、智、体、美、劳全面评价；从核心素养“文化基础”“自主发展”“社会参与”三个维度6个方面进行评价教育；发展性评价教育；多元智能评价教育。

（三）建班措施

1. 一年级“生本”体验——柔性道德，根深蒂固

【文化育人，奠定思想基础】

（1）打造丝绸“柔美”物质文化，树立爱国意识。立足学生个性发展需求（针对个别学生的“简单粗暴”行为）普及中华“柔性”思想，上善若水，以柔克刚。“一月一主题”的黑板报展示智慧；“生命绿洲”的植物角彰显班级生命力；“线上线下互动读书吧”突出文化内涵；特殊节日特别布置，培育学生爱国情怀和儒雅谦虚的民族气节。

（2）建立丝绸“柔顺”制度文化，树立主人翁意识。结合军训、拓展训练差异化理念指导下的养成教育更能针对主题特征。上好开学第一课“扣好人生第一粒扣子”行为养成教育；制定班级各项规章制度，建立班级公约、每月德育考核制度、星级学生表彰制度、丝绸一日常规、宿舍评比制度等特色制度。另外，根据不同类型的学生，一对一建立“成长档案袋”制度。

（3）渗透丝绸“柔和”精神文化，树立服务意识。围绕“生态丝绸”“社会主义核心价值观”“丝绸传统文化”“丝绸工艺史”“劳动精神”“志愿服务”等主题开设思想讲座。结合丝绸文化、重大节日、民族纪念日，开展以“中国梦”“志愿服务”“爱国心”“责任”“理想”为主题的班会课，树立“以己专业，服务社会”的理想，弘扬中华传统文化。

【★红色教育：“共和国是红色的，不能淡化这个颜色”】

（4）高度重视“红色文化”，树立全过程意识。利用网络、自媒体和各类终端阅读学习红色记忆，登录网上纪念馆、革命遗址和博物馆；阅读红色家书，追思革命先辈；制作动漫、歌曲、艺术等“红色视频”在互联网传播；走访当地老红军，倾听革命故事；举行“唱红歌、讲故事”的文艺比赛；烈士碑前重温党的誓词；为党做生日贺卡。

2. 二年级“生命”体验——韧性坚持，枝繁叶茂

【管理育人，提升技能水平】

（1）继承丝绸“韧性”特点，制度强化班级管理。制度不是一成不变的，管理也需融入智慧。加强对“丝之梦”班干部队伍和“绸之翼”团支部队伍的指导，及时调整管理团队；及时修正不合学生成长规律的班级规章制度，与时俱进；科学指导实现班级科学、民主、自主性管理。利用社会资源，形成多方育人合力。利用实习单位、实训基地、社会实践基地、社区资源、社会名人等，建立“育人共同体”；整合任课教师资源，结合“德育导师制”，实现“全员、全程、全面育人”。

【★处理班级突发事件预案制度】

为提高紧急情况处置的快速反应和协调水平，维护班级正常的教学秩序，根据《中等职业学校德育大纲》及《学生伤害事故处理办法》，建立班级安全应急处理机制。

（2）发扬丝绸“坚韧”品质，活动提升心理品质。开展以“与人相处、青春期心理情感、挫折教育、科学上网、远离艾滋、安全教育”等为主题的班会课活动，“课间10分钟”舒展运动、眼保健操活动；“品尝美味、合理膳食”（针对个别学生过度减肥）主题活动；“师生一对一”（针对个别情感、家庭问题）QQ隐私聊天室；参与校园“法治大讲堂”；举办“模拟法庭”活动。

（3）传承丝绸“工匠”“劳模”“道模”精神。参加社团、实习实训，养成不断探索、爱岗敬业、精益求精、追求卓越的工匠精神。观看《大国工匠》系列片“幸福都是奋斗出来的”，学习高素质劳动者勤于劳动、善于劳动的精神。开展生命安全、绿色上网、艾滋病预防、远离毒品、防火防溺防灾等安全教育，进行“珍惜生命”生命意义教育。

3. 三年级“生长”体验——精工实践，春华秋实

【实践育人，实现成长升华】

（1）撷取丝绸“精致”品质，提升职业精神。“一日下企业”实习教育；“大师进课堂”专题讲座＋技能指导；参加“纺织部工学交替”活动，了解企业工作模式。

（2）汲取丝绸“精细”精神，提高职业技能。继续参加社团、纺织技能类的竞赛、文明风采大赛、创新创业大赛、职业生涯规划大赛，提升技术技能水平。

（3）参悟丝绸“精品”追求，展示职业涵养。继续参加志愿服务，开展“专业技能、志愿服务、回馈社会”的实践教育，运用专业技能“奉献社会、服务他人”。以“创新”“创业”“职业生涯规划”竞赛展现专业技能水平，体验文化自信。

4. 毕业“生态”评价——尚美评价，回归自然

（1）“外在体验场”评价。一是行为养成：对文明言谈举止的评价；适恰尚美的仪容仪表；良好的卫生习惯养成；学习习惯；劳动习惯；工作习惯。二是学业达标：期中期末各科测试评价；学业水平测试。三是技术过硬：1+X证书。不唯学历论人才，学历证书＋若干职业技能等级证书的制度发展成为“高素质技能型人才”。计算机一级B；缫丝工（四级）；整经工（四级）；织布工（四级）。社团评比、五四文艺竞赛、技能竞赛、文明风采竞赛、创新创业大赛、职业生涯规划竞赛等。四是体育过关：通过体育水平测试，拥有健康的身体和心理。

（2）“内在体验场”评价。通过班主任、任课教师、家庭、社会、企业等多方对学生进行思想道德水平的评价；从核习素养“文化基础”“自主发展”“社会参与”三个维度六个方面对学生进行评价；通过三年成长档案袋的记录对学生进行发展性评价；从“德、智、体、美、劳”五方面多元、多维评价学生。

（四）活动安排

月份	佳节	一年级柔性教育奠定基础	二年级韧劲教育强化提高	三年级精工教育改善
9月	9.10 教师节	1. 上好央视“开学第一课”奠定高一思想基础； 2. 军训教育，转换角色适应； 3. 规矩方圆，常规管理教育； 4. 了解专业，柔性思想教育； 5. 尊师重教，感恩反哺教育	1. 上好央视“开学第一课”，巩固高二思想基础； 2. 丝绸小样试织实训； 3. 利用“学习强国”“青年大学习”“安全教育”平台进行学习，升华思想教育	1. 上好央视“开学第一课”，提升高三思想境界； 2. 社会实践活动； 3. 可持续发展和终身学习理念教育
10月	10.1 国庆节 中秋节	1. 欢度国庆，爱国主义教育； 2. 共度中秋，传统文化教育（茶艺社、诗词朗诵社）； 3. 班级文化教育、宿舍文化评比（物质打造 + 制度建立 + 精神凝聚）； 4. 勤劳肯干，劳动卫生评比； 5. 柔美质朴，仪容仪表教育	1. 志愿服务，奉献祖国的“国邦和责任”意识强化教育； 2. 面对挫折，坚韧自信心教育； 3. 加强技能训练，持之以恒，迎接技能大赛	1. 强化专业知识、劳动知识、劳动精神、劳模精神教育，培养精益求精的精工精神； 2. 下车间实习：织造工艺综合实训 / 丝织品贸易综合实训 / 丝织品检验综合实训
11月	11.9 全国消防日 11.21 世界问候日	1. 防火防灾，消防逃生演练； 2. 礼仪之邦，文明礼仪教育； 3. 柔情似水，感恩意识教育	1. 开展励志诗篇朗诵评比，开展青春生命教育； 2. 每日 20 分钟强身健体，锻炼顽强意志，迎接冬季运动会	提高学习能力，做好全面复习，参加迎接学业水平测试
12月	12.1 世界艾滋病日 12.3 国家残疾人日	1. 远离艾滋，健康安全教育； 2. 勿忘国耻，红色爱国教育； 3. 浸润书香，读书节活动； 4. 新年前的自我小结，班级总结大会；星级学生颁奖	1. 12 月 4 日法治宣传日，开展公民法治教育，强化法律意识； 2. 新年前的自我小结，班级总结大会；星级学生颁奖	1. 进行职业生涯规划，提高职业能力； 2. 参加创业创新大赛，参加职业生涯规划大赛，以促使职业能力的提高
1月	元旦 放假	1. 走寻家乡，拍摄最柔一角； 2. 传统佳节，探访最美民俗	1. 迎新文艺汇演，提高才艺技能，展示综合实力； 2. 做好新学期学习、生活规划	1. 18 岁成人礼，强化公民意识 2. 对接实习，职业精神、职业规则、职业素养的教育

续表

月份	佳节	一年级柔性教育奠定基础	二年级韧劲教育强化提高	三年级精工教育改善
3月	3.5 志愿者日 学雷锋日 3.15 植树节	1. 丝织技术综合实训一周； 2. 家长会，家校育人； 3. 植树节，保护环境； 4. 学雷锋，志愿服务	1. 丝织技术综合实训； 2. 志愿者服务进校园、进社区、进敬老院、爱心献血，帮助身边的人	
4月	4月5日前后 清明节 4.22 日世界地球日	1. 环保日，绿水青山教育； 2. 报国情，祭扫烈士陵园； 3. 品美食，说清明风俗	思想动员，组织报名指导参加各级“文明风采”大赛	1. 毕业考试（考核）、毕业教育； 2. 顶岗实习； 3. 校企协同育人； 4. 家校共育人； 5. 互联网媒体育人（QQ、微信、云班课）
5月	5.1 劳动节	1. 劳动节，劳动精神牢记； 2. 运动会，强身健体重要	规划职业，职业生涯规划大赛	
6月	6.6 世界爱眼日	1. 心理日，阳光心理不褪； 2. 爱眼日，健康绿色生活	1. 人际关系，生命教育； 2. 父亲节，感恩教育在身边	
2月 7月 8月	假期	1. 网上安全学习； 2. 假期实习工作	1. 网上安全学习； 2. 假期实习工作	

三、案例效果

（一）柔式管理更为学生接受

中职班主任面对的是身心正处于发育敏感期、桀骜倔强的中职生，简单粗暴的育人方式不能很好地解决问题，反将问题严重化、目标渺茫化。“柔”性教育上善若水、以柔克刚、以退为进，尤其针对身强体壮、性格刚硬、爱惹祸闹事的男生，以“随风潜入夜，润物细无声”的无痕育人方式，用师者大爱胸怀化解矛盾。

生态丝绸的柔性教育理念主要体现在：关爱孩子的心，管理学生方式的民主，与学生相处时的尊重、宽容、理解。“谁爱孩子，孩子就爱他。”生态丝绸班级先后荣获过江苏省优秀班集体、吴江区优秀班集体、校级优秀班集体，学生荣获过江苏省三创学生、江苏省春蕾少年、江苏省优秀班干部等。

在感受到丝绸的柔美之后，学生能够自主地从丝绸文化拓展到茶艺文化，成立“茶艺社团”，聘请专业茶艺师和校内教师共同引领学生习茶、品茶、议茶，汲取中华传统文化精髓，探究为人处事之妙法。

（二）韧性原则促使全面出彩

耐心翻倍，全面撒网，拉长战线——生态丝绸的韧劲体现在不放弃、不抛弃任何一个孩子。比如，冬日的早勤对班主任来说是有难度的，如何让班级制度井然，学生准时到校？我们可以首先召开班委会议落实校纪班规的思想，其次建立家委会紧密督促，最后针对个别学生对症下药。新时代背景下，班主任还可以开拓各种途径，利用手机、微信、qq 等网媒，点对点督促落后的学生。这种做法不仅尊重了学生的自尊、自强、自爱心理，还激发学生团体中的同伴竞争意识，在班级中营造出“人人争先，不当最后”的氛围！

“我的苹果筐里没有烂苹果！”面对班级的纬度，“一个都不放弃”。充分挖掘每个中职学生的强势智能，鼓励其参加市级、省级、国家级的专业技能大赛、四史竞赛、文明风采竞赛、经典朗诵展演等，让学生在具体丰富又多彩的活动中找回自尊，增强自信心，绽放光彩，同时为成为新时代高素质的技术技能型人才奠定扎实的基础。

（三）精致态度贯穿工作始终

以生态丝绸建班目标指导日常的立德树人工作中，就是细化到学生的每一个微表情、每一个小举动、每一句潜台词，精准化对待、精细化处理。如面对身体有残疾、心理有轻度疾病的学生，尊重教育公平的理论，成立班级“呵护队”和宿舍“关爱组”，保证 24 小时有老师同学陪伴、关注动态、及时上报；为每一个学生建立信息档案袋、成长记录袋、日记隐私袋等，深入了解学生个性、心理和家庭组成情况；针对单亲、残疾家庭、先天疾病、精神疾病、心理残障的学生，为其制定个性化的教育和帮扶策略。细致入微的工作态度可以未雨绸缪，防患于未然，将我们的一线工作做得更加踏实、更加沉稳。

（四）情操陶冶铺垫出彩人生

向善向美，是生态丝绸育人的归结点。在建班过程中，我们首先注重对物质环境的美化，因为它直接影响学生心理健康。班主任和学生在班级内部打造“绿意角”，在花架上错落有致地摆放各种植物，并落实花草终身个人护理制度，以花草的生长情况开展评比活动，加强对学生责任心的培养。班级“绿意角”不仅给班级带来生命的活力，也给学生创设了放松身心的氛围，增加了物质空间中的一丝灵动。另如，在班级开辟“青春驿站”，及时更新学生在生活和校园活动中的照片，因留下了学生青春瞬间而深受班级学生的欢迎。其次是对精神世界的美化，帮助学生形成正确的世界观、人生观和价值观。生态丝绸班级定期举办有文化意义的活动，如征文比赛、歌舞比赛、朗诵诗会等；做好文化墙的布置，如粘贴学生自主编排、制作的手抄和墙报，绘制黑板报；建立并打造班级的“黄金屋书吧”，引导学生看有意义、有深度的文化书籍等，既可使学生从中汲取精神源泉，又可培养他们美好的道德情操；开展好“感恩回馈”实践活动，利用“劳动实践周”义务打扫校园卫生，以真情服务回馈学校，利用节假日走进社区，以衣物护理、制作、设计等形式公益服务社区居民，带领学生走进福利院，照顾陪伴孤寡老人……一系列实践性的生态丝绸活动，无疑是对学生善美情操“无声胜有声”的陶冶。

在国务院提出“大力发展职业教育”的今天，在我国职业教育进入飞速发展的时代，职业学校班主任的立德树人工作也亟待创新，去尽快适应职教大发展的新形势。“学无定式，教无定法”“因材施教，因地制宜”，我们充分挖掘、利用了水乡盛泽的地域产业资源、经济资源、文化资源，跟进职业类学校的育人理念，创新一线班主任的育人方法，取得了以“四维织锦法”打造生态丝绸班级的理论系统和实践成果，切实提高了丝绸学校的班主任工作水平！

四、案例分析

1. 一维梭引：确立柔和的丝绸理念

中国历史上的汉武帝开启丝绸之路，后来茶叶作为大宗商品来到丝绸之路上，通过蜿蜒陆路和碧波海路传入西亚乃至欧洲地区。丝绸之路同样是一条“茶叶之路”。在这条“茶叶之路”上，既有车马奔驰的喧嚣，又有舟楫横渡的壮观。纵观中华古文明，历史中的丝绸文化一直与茶文化紧密联系，丝柔若水，水过而无痕。立德树人过程中，撷取“柔”的丝绸特性建设班级。

再者，丝绸面料柔滑柔软，零触感贴合肌肤，给人带来亲切温暖之感。从丝绸面料的特性中，析出育人的至高境界不在于以师者之威严去震慑、以条例去制约、以框架去约束，而在以柔克刚、以善动人、以退为进。洛克在《教育漫话》中谈道：“你的举止应温和，即使惩罚他们，态度还是要镇定，要使他们觉得你的作为是合理的，对于他们是有益的，而且是必要的。”“不是棒槌的击打，潺潺的流水也能让粗糙的石块磨成美丽的鹅卵石。”柔性教育对于身心处于发育敏感期、性格倔强的中职学生更为恰当，教育的效果也更加明显。

2. 二维纬线：练就坚韧不拔的丝绸精神

育人是一件周而复始的工作，并非一蹴而就。“罗马并非一日建成。”学生习惯养成不在于一天，问题解决不在于一时。学生问题大多具有反复性、周期性的特点。研究丝绸的丝线，其虽细却韧性十足，拉扯不易断。故以丝绸“坚韧”的特点作为育人原则，织造锦缎的经线，面对班级学生全面撒网、遍地开花，以“不抛弃、不放弃”的理念对待每一个学生。

坚韧不拔的意志是跟远大理想紧密相连的。明朝爱国名将于谦一生立志忠贞报国，在抵抗外族入侵的战斗中经历种种磨难，他始终永葆清白的情操，矢志不移，真正做到他在《石灰吟》中所说的那样：“粉身碎骨浑不怕，要留清白在人间。”坚信教育中“水滴石穿”“只要功夫深，铁杵磨成针”的奇迹。

3. 三维经线：养成精益求精的丝绸态度

丝绸的精致在于肌理细腻，比发丝还细几十倍的纱织经纬相错，却可以毫厘不差。在班主任工作中洞察细节、精益求精，把精细化育人的态度贯穿于班主任工作。粗枝大叶的管理模式能换得一时表面上的风平浪静，但会潜藏内里的暗流涌动、旋涡丛生。把工作做细化、做精化，是育人过程中应坚持的态度。

4. 四维锦绣：形成向善向美的丝绸情怀

基础布料编制而成，但要处于上乘精品，还得经过后道加工。对学生进行善美情操的陶冶，使我们的育人工作锦上添花、更上层楼。古书记载，吴地养蚕人在一月余的饲养期里精心照护蚕儿；如期间因病、因寒、因毒而致幼蚕成长不顺，养蚕者会动情落泪。其生产过程体现出劳动人民的勤劳善良。太平天国时期，盛泽人民为响应政府号召纷纷募捐自家所织丝绸，全力支持洪杨革命。桑蚕文化中“善美”情怀贯穿始终，体现吴人与丝绸的深度情感。蔡元培说：“美育者，应用美学之理论于教育，以陶养感情为目的者也。”将育人工作效果归向对学生“善美”情怀的培养，促进学生身心健康发展。

案例来源：江苏省苏州丝绸中等专业学校　顾蕊

作 者 简 介

邓泽民，博士，教授，博士生导师。曾任教育部职业技术教育中心研究所科研领导小组副组长、教学过程研究室主任、师资资源研究室主任、办公室主任兼科研办公室主任，中国职业技术教育学会副秘书长、学术部副主任等。是国家第一批部级专业技术拔尖人才。目前担任国家职业教育指导咨询委员会副秘书处主持工作，中国教育科学研究院特聘学术委员。曾留学北美，一直从事职业教育政策、课程、教学、师资等领域的研究工作。参与《职教法》修法调研工作，参与《国务院关于加快发展现代职业教育的决定》《国家职业教育改革实施方案》等国家重大改革研究起草工作。指导论证多所职业技术大学申办建设工作，主持国家社会科学研究基金项目和全国教育科学规划课题 8 项。出版《德国应用科学大学研究》《职业教育教学论》《现代五大职教模式》《职业教育课程设计》《职业教育教学设计》《职业教育行动教学》《职业教育教材设计》《职业教育实训设计》《职业教育专业建设》《现代职业分析手册》《职业教育论文撰写》《以学生为中心的职教改革》《职业教育三教改革》《职业教育师资政策研究》《职业学校学生职业能力形成与教学模式研究》《CBE 理论与在中国职教中的实践》《职业教育课件设计》等 20 余本学术著作。曾获得国家教育科学研究优秀成果奖 2 项，获全国职业教育科学研究成果一等奖 3 项等。

郑重声明

读者意见反馈

为收集对教材的意见建议，进一步完善教材编写并做好服务工作，读者可将对本教材的意见建议通过如下渠道反馈至我社。

咨询电话 400-810-0598

反馈邮箱 zz_dzyj @pub.hep.cn

通信地址 北京市朝阳区惠新东街4号富盛大厦1座

高等教育出版社总编辑办公室

邮政编码 100029